广视角·全方位·多品种

权威·前沿·原创

皮书系列为
“十二五”国家重点图书出版规划项目

新能源汽车蓝皮书

BLUE BOOK OF
NEW ENERGY VEHICLE

中国新能源汽车产业发展报告（2014）

ANNUAL REPORT ON NEW ENERGY VEHICLE INDUSTRY IN CHINA (2014)

中国汽车技术研究中心
日产（中国）投资有限公司／编著
东风汽车有限公司

社会科学文献出版社
SOCIAL SCIENCES ACADEMIC PRESS (CHINA)

图书在版编目（CIP）数据

中国新能源汽车产业发展报告. 2014/中国汽车技术研究中心，日产（中国）投资有限公司，东风汽车有限公司编著. —北京：社会科学文献出版社，2014.8
（新能源汽车蓝皮书）
ISBN 978 -7 -5097 -6282 -0

Ⅰ.①中… Ⅱ.①中… ②日… ③东… Ⅲ.①新能源－汽车－研究报告－中国－2014 Ⅳ.①U469.7

中国版本图书馆 CIP 数据核字（2014）第 161441 号

新能源汽车蓝皮书
中国新能源汽车产业发展报告（2014）

编　　著／中国汽车技术研究中心
日产（中国）投资有限公司
东风汽车有限公司

出 版 人／谢寿光
出 版 者／社会科学文献出版社
地　　址／北京市西城区北三环中路甲 29 号院 3 号楼华龙大厦
邮政编码／100029

责任部门／皮书出版分社（010）59367127
责任编辑／郑庆寰　陈　颖
电子信箱／pishubu@ ssap. cn
责任校对／刘玉清
项目统筹／郑庆寰
责任印制／岳　阳
经　　销／社会科学文献出版社市场营销中心（010）59367081　59367089
读者服务／读者服务中心（010）59367028

印　　装／北京季蜂印刷有限公司
开　　本／787mm×1092mm　1/16
印　　张／21.75
版　　次／2014 年 8 月第 1 版
字　　数／349 千字
印　　次／2014 年 8 月第 1 次印刷
书　　号／ISBN 978 -7 -5097 -6282 -0
定　　价／69.00 元

新能源汽车蓝皮书编委会

摘　要

"新能源汽车蓝皮书"是关于中国新能源汽车产业发展的研究性年度报告，2013 年首次出版，本书为第二册。本书是在日产（中国）投资有限公司和东风汽车有限公司的支持下，在多位新能源汽车及相关行业内资深专家、学者的指导下，由中国汽车技术研究中心汽车产业政策研究室的多位研究人员，以及行业内相关领域的专家共同撰写完成。

本年度报告包括总报告、产业篇、政策篇、调查篇、借鉴篇和附录等六个部分。总报告综述了 2013 年中国新能源汽车产业发展情况；产业篇内容包括中国新能源乘用车产业、动力电池发展现状，驱动电机产业发展动态，新能源汽车推广应用展望，新能源汽车基础设施产业发展环境和 2013 年中国新能源汽车产业竞争力综合评价等内容；政策篇包括对新能源汽车推广应用的国家、地方政策分析和标准化工作进展等内容；调查篇包括新能源汽车推广应用城市案例（北京、上海、广州）、消费者调查、电动汽车安全事故调查、新能源和传统燃油公交车全生命周期成本调查和比较等内容；借鉴篇包括日美欧电动汽车充电设施发展、国外电动汽车标准化工作、美国加州零排放汽车规定及信用积分交易制度、美国加州新能源汽车消费及使用特征等内容；附录包括中国和世界新能源汽车大事记、主要国家及企业新能源汽车销量数据、国内已上市新能源乘用车车型信息等内容。

2013 年，我国新能源汽车产业发展呈现出"前低后高"的发展态势。9 月之前，新能源汽车示范推广政策是否继续实施并不明朗，城市推广活动相对停滞，企业车型推出速度放缓；新一轮推广应用政策出台后，城市和区域积极申报，企业也加快了产业化步伐。尤其是在 2014 年初中央高层的高度关注下，政策支持力度加大，新能源汽车产业发展也步入快车道。2013 年全年新能源汽车销量为 1.76 万辆，但只占整体汽车市场的 0.08%。从产品种类上看，插电式混合动力乘用车产品性能和可靠性明显提升，纯电动汽车仍为新能源汽车主力销售车型。从关键零部件上看，车用动力电池生产配套能力显著增强，但投资扩能过快加剧了行业竞争；驱动电机系统产品日益丰富，上游产业链部分产品实现了对进口同类产品的替代；国内整车电控单元自主研发生产能力显著提升，但芯片设计制造等基础产业仍显薄弱。新能源汽车产业国际竞争力评价结果表明，中国的竞争力综合指数与日本、美国、德国、韩国相比，同比均有小幅下降。新一轮推广应用共有两个批次 39 个城市或区域被纳入范围，计划推广总量超过 30 万辆，主要推广应用城市私人推广工作已经启动。但新的推广城市由于缺乏经验，完成推广应用计划可能颇具挑战，大部分推广城市私人领域的推广任务完成难度较大，需要行业共同努力从政策、基础设施和配套环境等方面给予更有力的支持。截至 2013 年年底，我国已经建成新能源汽车充换电站 492 座，各类充电桩 2.3 万个，但大多数城市私人领域基础设施建设进程相对迟缓。商业模式不断优化升级，对推广应用起到重大推动作用。充电设施建设和运营有新的突破，通过制度创新（如碳排放权交易、信用积分交易）驱动新能源汽车商业化备受关注。政策环境日臻优化，支持力度不断加大，部门协调机制已经建立，地方保护有望破除。

随着新能源汽车推广应用工作的不断深入，发展新能源汽车已引起中央高层的普遍关注和支持。2014 年一季度，国务院副总理马凯多次组织政府及行业举行新能源汽车工作会议，进一步明确了新能源汽车未来重点工作。2014 年 5 月，国家主席习近平在上汽技术中心考察时强调，发展新能源汽车是我国从汽车大国迈向汽车强国的必由之路。同月，“中国电动汽车百人会”在京成立，旨在以促进电动汽车发展为目标，打破行业、学科、所有制和部门局限，搭建一个通过研究和交流推进多领域融合、协同创新的发展论坛。总的来看，我国在推广应用中凸显出体制、机制制约着新能源汽车发展的问题。我们只有依靠体制、机制的不断创新，遇到问题不绕着走，真正解决、落实影响新能源汽车发展面临的问题，上下一条心、全国一盘棋，合力推动机制创新和改革，新能源汽车在我国才能真正迎来发展的春天！

2014 年“新能源汽车蓝皮书”从社会科学的角度，对我国新能源汽车产业发展情况进行了全面系统的分析。该书既从受众的角度让广大读者了解中国新能源汽车产业发展现状和趋势，宣传普及新能源汽车发展理念；又从专业角度客观评价新能源汽车技术和产品，分析产业发展面临的问题并提出建议措施。该书将有助于汽车产业管理部门、研究机构、整车和零部件生产企业、社会公众等了解中国新能源汽车产业，并可为制定新能源汽车产业相关的政策法规提供借鉴和参考。

Abstract

The *NEV Blue Book* is the annual research report on the development of the Chinese new energy vehicles (NEVs), firstly published in 2013 and this book is the second volume. This book was jointly completed by many researchers from the Auto Industry Policy Research Sector of China Automotive Technology and Research Center and field experts under the support of Nissan (China) Investment Co., Ltd. and Dongfeng Automobile Co., Ltd. and under the guidance of many senior experts, scholars and advisors in the field of NEVs and related industries.

This annual report includes six parts, namely, General Report, Industry Chapter, Policy Chapter, Survey Chapter, Reference Chapter and Annexes. The General Report has summarized the development situation of Chinese NEV industry in 2013; Industry Chapter includes the development situation of Chinese new - energy passenger car industry, power battery industry and drive motor industry, the promotion and application situation of NEVs, the development environment of the infrastructure industry, and the comprehensive assessment of the competitiveness of Chinese NEV industry in 2013; Policy Chapter includes the analysis of national and local policies on the promotion and application of NEVs, and the progress of the standardization work; Survey Chapter includes examples of cities in promotion and application of NEVs (Beijing, Shanghai, and Guangzhou), consumers survey, electric vehicle safety accidents survey, full life cycle cost investigation and comparison between new - energy buses and traditional - fuel ones; Reference Chapter includes development of EV charging facilities in Japan, U. S. and Europe, standardization work of electric vehicles abroad, California's ZEVs mandate and credit trading system and the consumption and use characteristics of NEVs in California, U. S., etc.; The Annexes include the big events in the history of NEV development in China and the world, NEV sales in major countries and enterprises, new - energy passenger car models information sold in China, and so on.

In 2013, the development of Chinese NEV industry showed a trend of "low at first and high at last". Before September, whether the policies on NEV demonstration and promotion would continue to be implemented was not clear, thus, the promotion in cities was relatively stagnant, and the enterprises slowed down their progress of launching new models; After the new round policies on NEV promotion and promotion were promulgated, all the cities and regions became active in execution, and enterprises also sped up their steps of industrialization. Especially at the beginning of 2014, with the great attention from the high leaderships of the central government, the policy supporting degree became greater, thus, the development of the NEV industry was accelerated. In the whole year of 2013, the sales volume of NEVs was 17600, only accounting for 0.08% of the overall automobile market. Judging from the product category, the plug-in hybrid electric passenger cars were obviously upgraded in product performance and reliability, and electric vehicles were still the main models of NEVs on sale. Judging from the key components, the supply ability of power battery went up obviously, yet, the too fast expansion of investment had intensified the competition in the industry; The products of the drive motor system were getting richer and richer, and some products of the upstream industry chain replaced the imported like products; The domestic independent R&D and production capacity for complete-vehicle electronic control unit has been greatly improved, but some basic industries such as the chip design and manufacture are still quite weak. The assessment result of the international competitiveness of NEV industry has shown: in comparison with Japan, U.S., Germany and South Korea, China's composite index of competitiveness has dropped a little on the year-on-year basis. The new round of promotion and application has involved 39 cities or regions in two batches, the planned total number of vehicles for the promotion has exceeded 300 thousand, and the major promotion and application for urban private cars has already been started up. Yet, it is predicted that most of the new cities for the promotion will feel hard to fulfill the target owing to their lack of experience, and it will be hard for most of the cities to accomplish their task in the private car area, thus, we shall need associated efforts of the whole industry to give great support from such aspects as the policy, the infrastructure and the matching environment. Up to the end of 2013, China had already built 492 charging stations for NEVs, and 23 thousand charging points of all kinds, but in most of the cities, the progress of infrastructure construction for private cars is still quite slow. The continual optimization and upgrading of the business mode has played a great promoting role for the promotion work. Some new breakthroughs have been made in the construction and operation of charging facilities, and people have realized the importance of using system innovation (such as carbon credit trading, enterprises' credit trading) to drive the commercialization of NEVs. The policy environment is being more and more optimized, thus, the supporting degree is getting greater and greater, the coordination mechanism of different departments has been established, and it is hopeful that the local protective policy will be done away with.

Along with the continual deep - going of the promotion and application of NEVs, the development of NEVs has aroused the common notice and supports from the high leaderships of the central government. In the first quarter of 2014, vice premier Ma Kai sponsored many working conferences on NEVs in the government or in the industry, further clarifying the key tasks in future for NEVs. In May 2014, in his survey at SAIC MOTOR Technical Center, President Xi Jinping stressed that developing the NEVs is the only way for our country to step from a large automobile country to a great automobile power. In the same month, "China EV 100" was set up in Beijing, with the aim to promote the development of electric vehicles, break the limitations in the industry, disciplines, ownership system and departments, and build up a development forum for multi - field amalgamating and concerted innovation through research and exchange. Generally speaking, there are some restricting problems like system or mechanism problems in the promotion and application of NEVs in our country, and only by relying on continual innovation and by directly facing the problems and removing the obstacles for developing NEVs, by the concerted efforts of the whole country, and by new breakthroughs in relevant policy measures and environments, can NEVs really enter a spring of development in China!

From the perspective of social science, *NEV Blue Book* in 2014 conducted comprehensive and systemic analysis on the development status of NEVs in China. This book not only made public readers understand the development status and trends of NEVs and publicized and popularized the concepts involved in the NEV development from the perspective of the mass, but also objectively assessed NEV technology and products and analyzed the facing problems for the industry and thus provided suggestions and measures from the perspective of the professional. It would deepen the understanding of Chinese NEV industry for the automotive management authorities, research organizations, complete vehicle and component manufacturers and the public, etc, and provided reference for formulating policies and regulations related NEV industry.

序

在2013年编写第一本“新能源汽车蓝皮书”的时候，我们对这本书的定位是，通过深入剖析新能源汽车产业发展所面临的问题和挑战，总结经验，为关心新能源汽车产业的各界人士提供了解新能源汽车产业发展的一扇“窗口”、一面“镜子”，提高社会公众对新能源汽车产业的关注度。今年，我们依然按照这一定位组织编写。

时光前行，新能源汽车产业发展历经了至关重要的一年，国家鼓励新能源汽车产业发展的政策体系在逐步完善，市场上各类新能源汽车产品也争相吸引人们的眼球。纵览全球新能源汽车产业发展，创新性的电池基础技术不断涌现，纯电动和插电式电动汽车新品竞相上市，燃料电池汽车开始发售。由此可见，国际范围内新能源汽车技术和产业化进程不断加快，各国在新能源汽车产业发展大道上你追我赶，中国面临的挑战更加严峻。中国只有更快发展，才能在不远的将来实现新能源汽车强国梦，同时也是我们的汽车强国梦。为此，我有几点思考，与大家分享。

一是加快创新步伐，完善技术创新体系。无论是传统汽车还是新能源汽车，技术创新都是必然的要求和选择。只有通过持续创新，才能实现未来的超越。技术创新不仅要有技术人员和科研人员，还要有鼓励创新的环境和氛围，以及有科学的管理、必要的政策支持和能让创新者受益的市场环境。其中，市场环境尤为重要，要让创新者得到实惠，让创新者实现创业。在这些方面，我们虽取得明显进步，但仍需向市场经济发达国家学习成功的经验。另外，建立以市场为导向、合理分工、协同高效的汽车产业技术创新体系，在企业、高校、国家级研究机构等各个层面，建立覆盖应用技术、前沿技术和基础技术创新的主体也是必要的，尤其是基础技术研究和创新更应引起足够重视。

二是善于借用国际资源。要加快发展新能源汽车，企业必须要善于利用国内、国外资源。实践证明，通过国际并购获得关键技术和知识产权，利用国外资源提高技术创新能力是一条可行之路，也是我们的后发优势之一。

三是鼓励更多的产业资本进入。在新能源汽车领域大家谈“鲇鱼效应”比较多了，这是市场经济下的必然选择。适当放开生产条件，能够吸引业内外企业进入新能源汽车生产领域。借用互联网企业的创新精神，为新能源汽车领域带来新鲜血液，形成“鲇鱼效应”，有可能推动我国新能源汽车产业加速发展。但设计生产汽车产品不是容易的事，需要有一定的积累。可能有的企业进来了，而有的企业出去了，有的进来了又出去了，这都是正常的。

四是新能源汽车要更加智能化。未来生产的新能源汽车不但要清洁环保，还要更加智能化，更多采用雷达、传感器、监控装置等驾驶员辅助操作技术，还要实现与信息和互联网技术的深度融合。

五是解放思想，不断探索商业运营模式。从产业化再到商业化，它可以形成一定的盈利模式，使产品真正变成商品。无论是产品层面，还是充电基础设施建设，我们都需要更加开放的创新模式。这也需要来自企业、政府、社会等各方面的积极努力和探索。只有市场认可了、企业盈利了、消费者接受了，新能源汽车才能有未来。

“新能源汽车蓝皮书”作为一个互动交流、传播知识的平台，将继续发挥各方优势，做好决策参考的“智囊”。本书在研究撰写过程中，得到了众多汽车行业和电力行业专家的大力支持和帮助，为本书选题和内容提出了专业和富有价值的意见和建议，在此表示由衷的感谢！社会科学文献出版社也为本书的出版给予了大力支持，做了大量工作，在此一并表示感谢。感谢我们的合作伙伴日产（中国）投资有限公司、东风汽车有限公司联合给予的一贯支持。

本书附录内容由中国汽车技术研究中心张雷、周玮整理。中国汽车技术研究中心琚晶为本书编写给予了大力的帮助和支持。天津市松正电动汽车技术股份有限公司的宁国宝高级副总裁在电控技术分析方面给予了技术指导。全书由本书顾问王秉刚、张书林审阅，并由本书主编、中国汽车技术研究中心汽车技

权威·前沿·原创

社会科学文献出版社

皮书系列

2014年

盘点年度资讯　预测时代前程

社会科学文献出版社 学术传播中心 编制

社会科学文献出版社
SOCIAL SCIENCES ACADEMIC PRESS (CHINA)

社会科学文献出版社成立于1985年，是直属于中国社会科学院的人文社会科学专业学术出版机构。

成立以来，特别是1998年实施第二次创业以来，依托于中国社会科学院丰厚的学术出版和专家学者两大资源，坚持“创社科经典，出传世文献”的出版理念和“权威、前沿、原创”的产品定位，社科文献立足内涵式发展道路，从战略层面推动学术出版的五大能力建设，逐步走上了学术产品的系列化、规模化、数字化、国际化、市场化经营道路。

先后策划出版了著名的图书品牌和学术品牌“皮书”系列、“列国志”、“社科文献精品译库”、“中国史话”、“全球化译丛”、“气候变化与人类发展译丛”“近世中国”等一大批既有学术影响又有市场价值的系列图书。形成了较强的学术出版能力和资源整合能力，年发稿3.5亿字，年出版新书1200余种，承印发行中国社科院院属期刊近70种。

2012年，《社会科学文献出版社学术著作出版规范》修订完成。同年10月，社会科学文献出版社参加了由新闻出版总署召开加强学术著作出版规范座谈会，并代表50多家出版社发起实施学术著作出版规范的倡议。2013年，社会科学文献出版社参与新闻出版总署学术著作规范国家标准的起草工作。

依托于雄厚的出版资源整合能力，社会科学文献出版社长期以来一直致力于从内容资源和数字平台两个方面实现传统出版的再造，并先后推出了皮书数据库、列国志数据库、中国田野调查数据库等一系列数字产品。

在国内原创著作、国外名家经典著作大量出版，数字出版突飞猛进的同时，社会科学文献出版社在学术出版国际化方面也取得了不俗的成绩。先后与荷兰博睿等十余家国际出版机构合作面向海外推出了《经济蓝皮书》《社会蓝皮书》等十余种皮书的英文版、俄文版、日文版等。

此外，社会科学文献出版社积极与中央和地方各类媒体合作，联合大型书店、学术书店、机场书店、网络书店、图书馆，逐步构建起了强大的学术图书的内容传播力和社会影响力，学术图书的媒体曝光率居全国之首，图书馆藏率居于全国出版机构前十位。

作为已经开启第三次创业梦想的人文社会科学学术出版机构，社会科学文献出版社结合社会需求、自身的条件以及行业发展，提出了新的创业目标：精心打造人文社会科学成果推广平台，发展成为一家集图书、期刊、声像电子和数字出版物为一体，面向海内外高端读者和客户，具备独特竞争力的人文社会科学内容资源供应商和海内外知名的专业学术出版机构。

社长致辞

我们是图书出版者，更是人文社会科学内容资源供应商；

我们背靠中国社会科学院，面向中国与世界人文社会科学界，坚持为人文社会科学的繁荣与发展服务；

我们精心打造权威信息资源整合平台，坚持为中国经济与社会的繁荣与发展提供决策咨询服务；

我们以读者定位自身，立志让爱书人读到好书，让求知者获得知识；

我们精心编辑、设计每一本好书以形成品牌张力，以优秀的品牌形象服务读者，开拓市场；

我们始终坚持“创社科经典，出传世文献”的经营理念，坚持“权威、前沿、原创”的产品特色；

我们“以人为本”，提倡阳光下创业，员工与企业共享发展之成果；

我们立足于现实，认真对待我们的优势、劣势，我们更着眼于未来，以不断的学习与创新适应不断变化的世界，以不断的努力提升自己的实力；

我们愿与社会各界友好合作，共享人文社会科学发展之成果，共同推动中国学术出版乃至内容产业的繁荣与发展。

社会科学文献出版社社长

中国社会学会秘书长

2014 年 1 月

“皮书”起源于十七、十八世纪的英国，主要指官方或社会组织正式发表的重要文件或报告，多以“白皮书”命名。在中国，“皮书”这一概念被社会广泛接受，并被成功运作、发展成为一种全新的出版形态，则源于中国社会科学院社会科学文献出版社。

皮书是对中国与世界发展状况和热点问题进行年度监测，以专家和学术的视角，针对某一领域或区域现状与发展态势展开分析和预测，具备权威性、前沿性、原创性、实证性、时效性等特点的连续性公开出版物，由一系列权威研究报告组成。皮书系列是社会科学文献出版社编辑出版的蓝皮书、绿皮书、黄皮书等的统称。

皮书系列的作者以中国社会科学院、著名高校、地方社会科学院的研究人员为主，多为国内一流研究机构的权威专家学者，他们的看法和观点代表了学界对中国与世界的现实和未来最高水平的解读与分析。

自20世纪90年代末推出以经济蓝皮书为开端的皮书系列以来，至今已出版皮书近1000余部，内容涵盖经济、社会、政法、文化传媒、行业、地方发展、国际形势等领域。皮书系列已成为社会科学文献出版社的著名图书品牌和中国社会科学院的知名学术品牌。

皮书系列在数字出版和国际出版方面成就斐然。皮书数据库被评为“2008~2009年度数字出版知名品牌”；经济蓝皮书、社会蓝皮书等十几种皮书每年还由国外知名学术出版机构出版英文版、俄文版、韩文版和日文版，面向全球发行。

2011年，皮书系列正式列入“十二五”国家重点出版规划项目，一年一度的皮书年会升格由中国社会科学院主办；2012年，部分重点皮书列入中国社会科学院承担的国家哲学社会科学创新工程项目。

经 济 类

经济类皮书涵盖宏观经济、城市经济、大区域经济，
提供权威、前沿的分析与预测

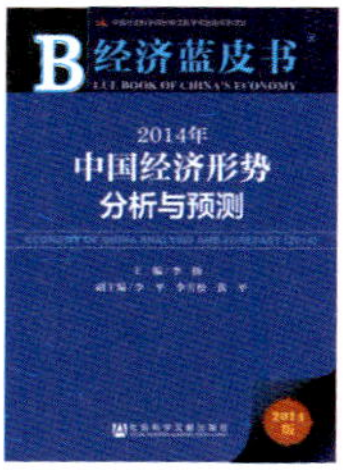

经济蓝皮书

2014 年中国经济形势分析与预测

李　扬 / 主编　　2013 年 12 月出版　　定价 :69.00 元

◆　本书课题为“总理基金项目”，由著名经济学家李扬领衔，联合数十家科研机构、国家部委和高等院校的专家共同撰写，对 2013 年中国宏观及微观经济形势，特别是全球金融危机及其对中国经济的影响进行了深入分析，并且提出了 2014 年经济走势的预测。

世界经济黄皮书

2014 年世界经济形势分析与预测

王洛林　张宇燕 / 主编　　2014 年 1 月出版　　定价 :69.00 元

◆　2013 年的世界经济仍旧行进在坎坷复苏的道路上。发达经济体经济复苏继续巩固，美国和日本经济进入低速增长通道，欧元区结束衰退并呈复苏迹象。本书展望 2014 年世界经济，预计全球经济增长仍将维持在中低速的水平上。

工业化蓝皮书

中国工业化进程报告（2014）

黄群慧　吕　铁　李晓华　等 / 著　2014 年 11 月出版　估价 :89.00 元

◆　中国的工业化是事关中华民族复兴的伟大事业，分析跟踪研究中国的工业化进程，无疑具有重大意义。科学评价与客观认识我国的工业化水平，对于我国明确自身发展中的优势和不足，对于经济结构的升级与转型，对于制定经济发展政策，从而提升我国的现代化水平具有重要作用。

金融蓝皮书

中国金融发展报告（2014）

李　扬　王国刚 / 主编　2013 年 12 月出版　　定价 :65.00 元

◆　由中国社会科学院金融研究所组织编写的《中国金融发展报告（2014）》，概括和分析了 2013 年中国金融发展和运行中的各方面情况，研讨和评论了 2013 年发生的主要金融事件。本书由业内专家和青年精英联合编著，有利于读者了解掌握 2013 年中国的金融状况，把握 2014 年中国金融的走势。

城市竞争力蓝皮书

中国城市竞争力报告 No.12

倪鹏飞 / 主编　　2014 年 5 月出版　　定价 :89.00 元

◆　本书由中国社会科学院城市与竞争力研究中心主任倪鹏飞主持编写，汇集了众多研究城市经济问题的专家学者关于城市竞争力研究的最新成果。本报告构建了一套科学的城市竞争力评价指标体系，采用第一手数据材料，对国内重点城市年度竞争力格局变化进行客观分析和综合比较、排名，对研究城市经济及城市竞争力极具参考价值。

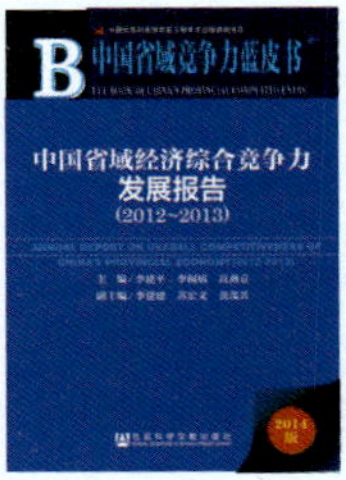

中国省域竞争力蓝皮书

“十二五”中期中国省域经济综合竞争力发展报告

李建平　李闽榕　高燕京 / 主编　　2014 年 3 月出版　定价 :198.00 元

◆　本书充分运用数理分析、空间分析、规范分析与实证分析相结合、定性分析与定量分析相结合的方法，建立起比较科学完善、符合中国国情的省域经济综合竞争力指标评价体系及数学模型，对 2011~2012 年中国内地 31 个省、市、区的经济综合竞争力进行全面、深入、科学的总体评价与比较分析。

农村经济绿皮书

中国农村经济形势分析与预测 (2013~2014)

中国社会科学院农村发展研究所　国家统计局农村社会经济调查司 / 著

2014 年 4 月出版　　定价 :69.00 元

◆　本书对 2013 年中国农业和农村经济运行情况进行了系统的分析和评价，对 2014 年中国农业和农村经济发展趋势进行了预测，并提出相应的政策建议，专题部分将围绕某个重大的理论和现实问题进行多维、深入、细致的分析和探讨。

西部蓝皮书

中国西部经济发展报告（2014）

姚慧琴　徐璋勇 / 主编　　2014 年 7 月出版　　估价 :69.00 元

◆　本书由西北大学中国西部经济发展研究中心主编，汇集了源自西部本土以及国内研究西部问题的权威专家的第一手资料，对国家实施西部大开发战略进行年度动态跟踪，并对 2014 年西部经济、社会发展态势进行预测和展望。

气候变化绿皮书

应对气候变化报告（2014）

王伟光　郑国光 / 主编　　2014 年 11 月出版　　估价 :79.00 元

◆　本书由社科院城环所和国家气候中心共同组织编写，各篇报告的作者长期从事气候变化科学问题、社会经济影响，以及国际气候制度等领域的研究工作，密切跟踪国际谈判的进程，参与国家应对气候变化相关政策的咨询，有丰富的理论与实践经验。

就业蓝皮书

2014 年中国大学生就业报告

麦可思研究院 / 编著　王伟庆　周凌波 / 主审
2014 年 6 月出版　定价 :98.00 元

◆　本书是迄今为止关于中国应届大学毕业生就业、大学毕业生中期职业发展及高等教育人口流动情况的视野最为宽广、资料最为翔实、分类最为精细的实证调查和定量研究；为我国教育主管部门的教育决策提供了极有价值的参考。

企业社会责任蓝皮书

中国企业社会责任研究报告（2014）

黄群慧　彭华岗　钟宏武　张　蒽 / 编著
2014 年 11 月出版　估价 :69.00 元

◆　本书系中国社会科学院经济学部企业社会责任研究中心组织编写的《企业社会责任蓝皮书》2014 年分册。该书在对企业社会责任进行宏观总体研究的基础上，根据 2013 年企业社会责任及相关背景进行了创新研究，在全国企业中观层面对企业健全社会责任管理体系提供了弥足珍贵的丰富信息。

社会政法类

社会政法类皮书聚焦社会发展领域的热点、难点问题，
提供权威、原创的资讯与视点

社会蓝皮书

2014 年中国社会形势分析与预测

李培林　陈光金　张　翼 / 主编　2013 年 12 月出版　定价 :69.00 元

◆　本报告是中国社会科学院“社会形势分析与预测”课题组 2014 年度分析报告，由中国社会科学院社会学研究所组织研究机构专家、高校学者和政府研究人员撰写。对 2013 年中国社会发展的各个方面内容进行了权威解读，同时对 2014 年社会形势发展趋势进行了预测。

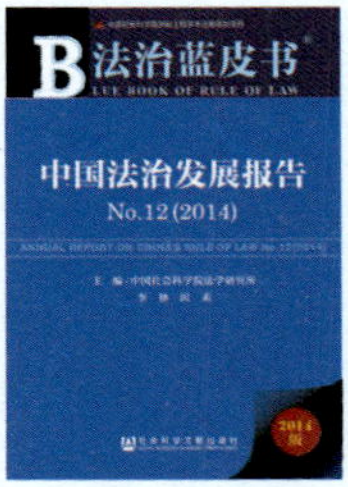

法治蓝皮书

中国法治发展报告 No.12（2014）

李　林　田　禾 / 主编　　2014 年 2 月出版　　定价 :98.00 元

◆　本年度法治蓝皮书一如既往秉承关注中国法治发展进程中的焦点问题的特点，回顾总结了 2013 年度中国法治发展取得的成就和存在的不足，并对 2014 年中国法治发展形势进行了预测和展望。

民间组织蓝皮书

中国民间组织报告（2014）

黄晓勇 / 主编　　2014 年 8 月出版　　估价 :69.00 元

◆　本报告是中国社会科学院“民间组织与公共治理研究”课题组推出的第五本民间组织蓝皮书。基于国家权威统计数据、实地调研和广泛搜集的资料，本报告对 2013 年以来我国民间组织的发展现状、热点专题、改革趋势等问题进行了深入研究，并提出了相应的政策建议。

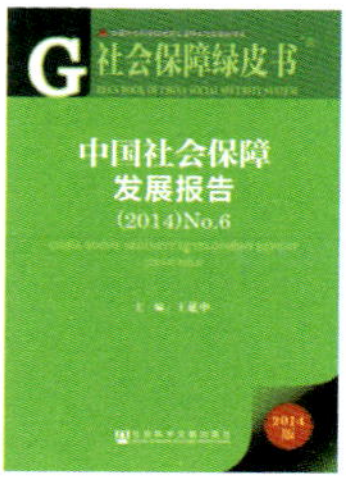

社会保障绿皮书

中国社会保障发展报告（2014）No.6

王延中 / 主编　2014 年 9 月出版　定价 :79.00 元

◆　社会保障是调节收入分配的重要工具，随着社会保障制度的不断建立健全、社会保障覆盖面的不断扩大和社会保障资金的不断增加，社会保障在调节收入分配中的重要性不断提高。本书全面评述了 2013 年以来社会保障制度各个主要领域的发展情况。

环境绿皮书

中国环境发展报告（2014）

刘鉴强 / 主编　2014 年 5 月出版　定价 :79.00 元

◆　本书由民间环保组织“自然之友”组织编写，由特别关注、生态保护、宜居城市、可持续消费以及政策与治理等版块构成，以公共利益的视角记录、审视和思考中国环境状况，呈现 2013 年中国环境与可持续发展领域的全局态势，用深刻的思考、科学的数据分析 2013 年的环境热点事件。

教育蓝皮书

中国教育发展报告（2014）

杨东平 / 主编　2014 年 5 月出版　定价 :79.00 元

◆　本书站在教育前沿，突出教育中的问题，特别是对当前教育改革中出现的教育公平、高校教育结构调整、义务教育均衡发展等问题进行了深入分析，从教育的内在发展谈教育，又从外部条件来谈教育，具有重要的现实意义，对我国的教育体制的改革与发展具有一定的学术价值和参考意义。

反腐倡廉蓝皮书

中国反腐倡廉建设报告 No.3

李秋芳 / 主编　2014 年 1 月出版　定价 :79.00 元

◆　本书抓住了若干社会热点和焦点问题，全面反映了新时期新阶段中国反腐倡廉面对的严峻局面，以及中国共产党反腐倡廉建设的新实践新成果。根据实地调研、问卷调查和舆情分析，梳理了当下社会普遍关注的与反腐败密切相关的热点问题。

行业报告类

行业报告类皮书立足重点行业、新兴行业领域，
提供及时、前瞻的数据与信息

房地产蓝皮书

中国房地产发展报告 No.11（2014）

魏后凯　李景国 / 主编　　2014 年 5 月出版　　定价 :79.00 元

◆　本书由中国社会科学院城市发展与环境研究所组织编写，秉承客观公正、科学中立的原则，深度解析 2013 年中国房地产发展的形势和存在的主要矛盾，并预测 2014 年及未来 10 年或更长时间的房地产发展大势。观点精辟，数据翔实，对关注房地产市场的各阶层人士极具参考价值。

旅游绿皮书

2013~2014 年中国旅游发展分析与预测

宋　瑞 / 主编　2013 年 12 月出版　　定价 :79.00 元

◆　如何从全球的视野理性审视中国旅游，如何在世界旅游版图上客观定位中国，如何积极有效地推进中国旅游的世界化，如何制定中国实现世界旅游强国梦想的线路图？本年度开始，《旅游绿皮书》将围绕"世界与中国"这一主题进行系列研究，以期为推进中国旅游的长远发展提供科学参考和智力支持。

信息化蓝皮书

中国信息化形势分析与预测（2014）

周宏仁 / 主编　2014 年 7 月出版　　估价 :98.00 元

◆　本书在以中国信息化发展的分析和预测为重点的同时，反映了过去一年间中国信息化关注的重点和热点，视野宽阔，观点新颖，内容丰富，数据翔实，对中国信息化的发展有很强的指导性，可读性很强。

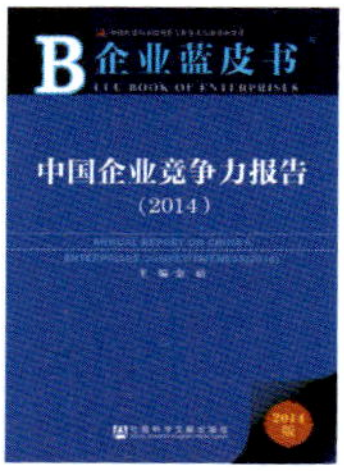

企业蓝皮书

中国企业竞争力报告（2014）

金　碚 / 主编　　2014 年 11 月出版　　估价 :89.00 元

◆　中国经济正处于新一轮的经济波动中，如何保持稳健的经营心态和经营方式并进一步求发展，对于企业保持并提升核心竞争力至关重要。本书利用上市公司的财务数据，研究上市公司竞争力变化的最新趋势，探索进一步提升中国企业国际竞争力的有效途径，这无论对实践工作者还是理论研究者都具有重大意义。

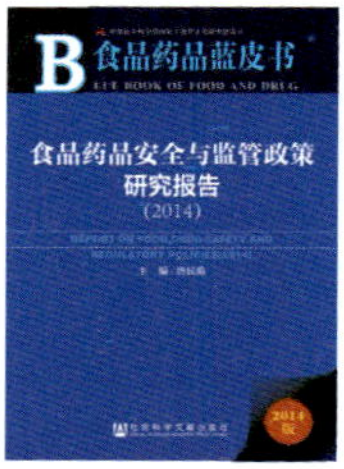

食品药品蓝皮书

食品药品安全与监管政策研究报告（2014）

唐民皓 / 主编　　2014 年 7 月出版　　估价 :69.00 元

◆　食品药品安全是当下社会关注的焦点问题之一，如何破解食品药品安全监管重点难点问题是需要以社会合力才能解决的系统工程。本书围绕安全热点问题、监管重点问题和政策焦点问题，注重于对食品药品公共政策和行政监管体制的探索和研究。

流通蓝皮书

中国商业发展报告（2013~2014）

荆林波 / 主编　　2014 年 5 月出版　　定价 :89.00 元

◆ 《中国商业发展报告》是中国社会科学院财经战略研究院与香港利丰研究中心合作的成果，并且在 2010 年开始以中英文版同步在全球发行。蓝皮书从关注中国宏观经济出发，突出中国流通业的宏观背景反映了本年度中国流通业发展的状况。

住房绿皮书

中国住房发展报告（2013~2014）

倪鹏飞 / 主编　　2013 年 12 月出版　　定价 :79.00 元

◆　本报告从宏观背景、市场主体、市场体系、公共政策和年度主题五个方面，对中国住宅市场体系做了全面系统的分析、预测与评价，并给出了相关政策建议，并在评述 2012~2013 年住房及相关市场走势的基础上，预测了 2013~2014 年住房及相关市场的发展变化。

国别与地区类

国别与地区类皮书关注全球重点国家与地区，
提供全面、独特的解读与研究

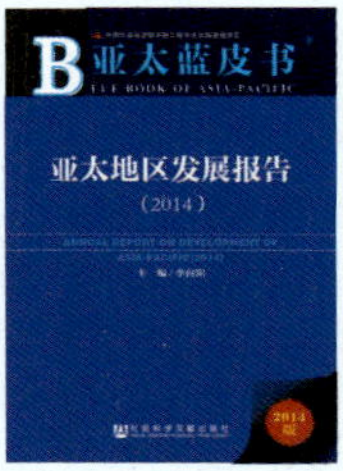

亚太蓝皮书

亚太地区发展报告（2014）

李向阳 / 主编　　2014 年 1 月出版　　定价 :59.00 元

◆　本书是由中国社会科学院亚太与全球战略研究院精心打造的又一品牌皮书，关注时下亚太地区局势发展动向里隐藏的中长趋势，剖析亚太地区政治与安全格局下的区域形势最新动向以及地区关系发展的热点问题，并对 2014 年亚太地区重大动态作出前瞻性的分析与预测。

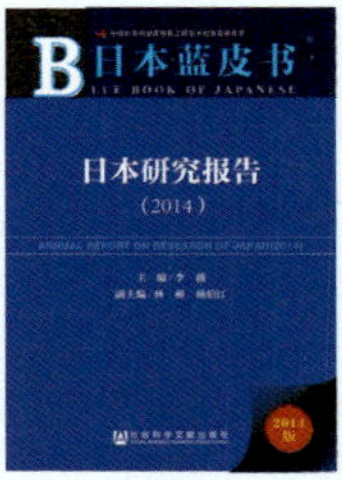

日本蓝皮书

日本研究报告（2014）

李　薇 / 主编　　2014 年 3 月出版　　定价 :69.00 元

◆　本书由中华日本学会、中国社会科学院日本研究所合作推出，是以中国社会科学院日本研究所的研究人员为主完成的研究成果。对 2013 年日本的政治、外交、经济、社会文化作了回顾、分析与展望，并收录了该年度日本大事记。

欧洲蓝皮书

欧洲发展报告 (2013~2014)

周　弘 / 主编　　2014 年 5 月出版　　估价 :89.00 元

◆　本年度的欧洲发展报告，对欧洲经济、政治、社会、外交等面的形式进行了跟踪介绍与分析。力求反映作为一个整体的欧盟及 30 多个欧洲国家在 2013 年出现的各种变化。

拉美黄皮书

拉丁美洲和加勒比发展报告（2013~2014）

吴白乙 / 主编　2014 年 4 月出版　定价 :89.00 元

◆　本书是中国社会科学院拉丁美洲研究所的第 13 份关于拉丁美洲和加勒比地区发展形势状况的年度报告。本书对 2013 年拉丁美洲和加勒比地区诸国的政治、经济、社会、外交等方面的发展情况做了系统介绍，对该地区相关国家的热点及焦点问题进行了总结和分析，并在此基础上对该地区各国 2014 年的发展前景做出预测。

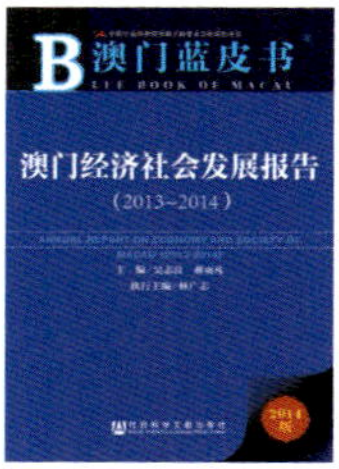

澳门蓝皮书

澳门经济社会发展报告（2013~2014）

吴志良　郝雨凡 / 主编　2014 年 4 月出版　定价 :79.00 元

◆　本书集中反映 2013 年本澳各个领域的发展动态，总结评价近年澳门政治、经济、社会的总体变化，同时对 2014 年社会经济情况作初步预测。

日本经济蓝皮书

日本经济与中日经贸关系研究报告（2014）

王洛林　张季风 / 主编　2014 年 5 月出版　定价 :79.00 元

◆　本书对当前日本经济以及中日经济合作的发展动态进行了多角度、全景式的深度分析。本报告回顾并展望了 2013~2014 年度日本宏观经济的运行状况。此外，本报告还收录了大量来自于日本政府权威机构的数据图表，具有极高的参考价值。

美国蓝皮书

美国问题研究报告（2014）

黄　平　倪　峰 / 主编　2014 年 6 月出版　估价 :89.00 元

◆　本书是由中国社会科学院美国所主持完成的研究成果，它回顾了美国 2013 年的经济、政治形势与外交战略，对 2013 年以来美国内政外交发生的重大事件以及重要政策进行了较为全面的回顾和梳理。

地方发展类

地方发展类皮书关注大陆各省份、经济区域，
提供科学、多元的预判与咨政信息

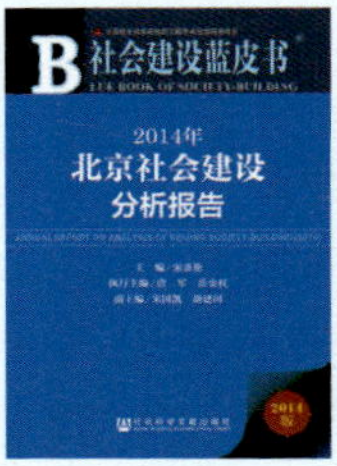

社会建设蓝皮书

2014 年北京社会建设分析报告

宋贵伦 / 主编　2014 年 9 月出版　估价 :69.00 元

◆　本书依据社会学理论框架和分析方法，对北京市的人口、就业、分配、社会阶层以及城乡关系等社会学基本问题进行了广泛调研与分析，对广受社会关注的住房、教育、医疗、养老、交通等社会热点问题做了深刻了解与剖析，对日益显现的征地搬迁、外籍人口管理、群体性心理障碍等进行了有益探讨。

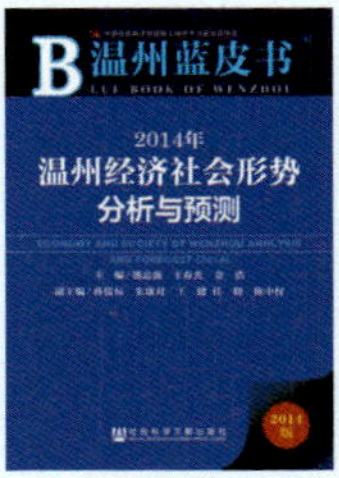

温州蓝皮书

2014 年温州经济社会形势分析与预测

潘忠强　王春光　金 浩 / 主编　2014 年 4 月出版　定价：69.00 元

◆　本书是由中共温州市委党校与中国社会科学院社会学研究所合作推出的第七本“温州经济社会形势分析与预测”年度报告，深入全面分析了 2013 年温州经济、社会、政治、文化发展的主要特点、经验、成效与不足，提出了相应的政策建议。

上海蓝皮书

上海资源环境发展报告（2014）

周冯琦　汤庆合　任文伟 / 著　2014 年 1 月出版　定价：69.00 元

◆　本书在上海所面临资源环境风险的来源、程度、成因、对策等方面作了些有益的探索，希望能对有关部门完善上海的资源环境风险防控工作提供一些有价值的参考，也让普通民众更全面地了解上海资源环境风险及其防控的图景。

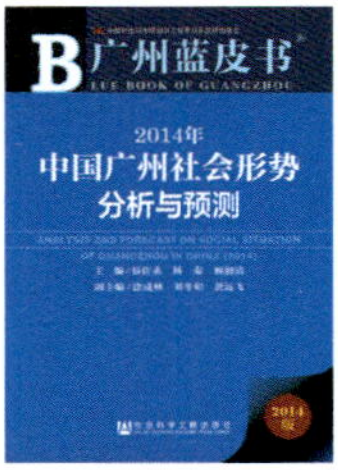

广州蓝皮书

2014 年中国广州社会形势分析与预测

张 强 陈怡霓 杨 秦 / 主编 2014 年 9 月出版 估价 :65.00 元

◆ 本书由广州大学与广州市委宣传部、广州市人力资源和社会保障局联合主编，汇集了广州科研团体、高等院校和政府部门诸多社会问题研究专家、学者和实际部门工作者的最新研究成果，是关于广州社会运行情况和相关专题分析与预测的重要参考资料。

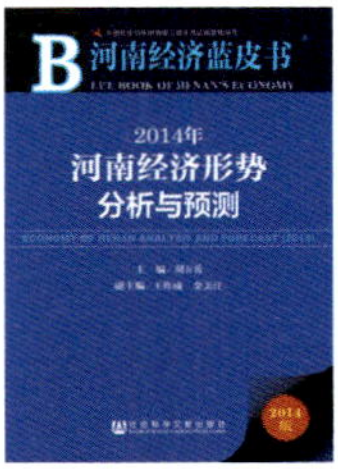

河南经济蓝皮书

2014 年河南经济形势分析与预测

胡五岳 / 主编 2014 年 3 月出版 定价 :69.00 元

◆ 本书由河南省统计局主持编纂。该分析与展望以 2013 年最新年度统计数据为基础，科学研判河南经济发展的脉络轨迹、分析年度运行态势；以客观翔实、权威资料为特征，突出科学性、前瞻性和可操作性，服务于科学决策和科学发展。

陕西蓝皮书

陕西社会发展报告（2014）

任宗哲 石 英 牛 昉 / 主编 2014 年 2 月出版 定价 :65.00 元

◆ 本书系统而全面地描述了陕西省 2013 年社会发展各个领域所取得的成就、存在的问题、面临的挑战及其应对思路，为更好地思考 2014 年陕西发展前景、政策指向和工作策略等方面提供了一个较为简洁清晰的参考蓝本。

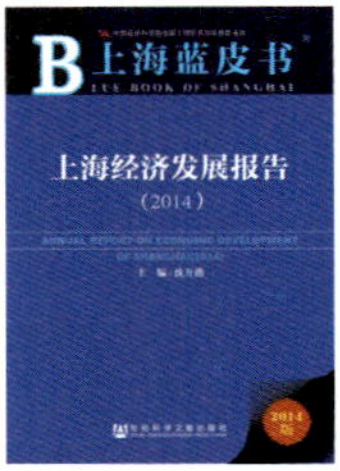

上海蓝皮书

上海经济发展报告（2014）

沈开艳 / 主编 2014 年 1 月出版 定价 :69.00 元

◆ 本书系上海社会科学院系列之一，报告对 2014 年上海经济增长与发展趋势的进行了预测，把握了上海经济发展的脉搏和学术研究的前沿。

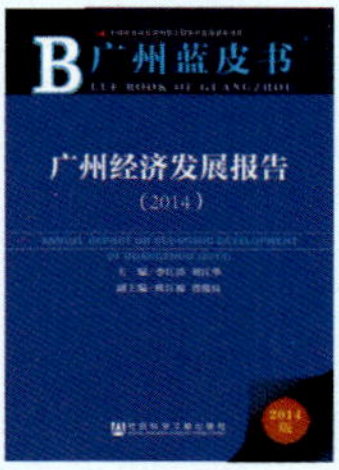

广州蓝皮书

广州经济发展报告（2014）

李江涛　朱名宏 / 主编　2014 年 6 月出版　估价 :65.00 元

◆　本书是由广州市社会科学院主持编写的“广州蓝皮书”系列之一，本报告对广州 2013 年宏观经济运行情况作了深入分析，对 2014 年宏观经济走势进行了合理预测，并在此基础上提出了相应的政策建议。

文化传媒类

文化传媒类皮书透视文化领域、文化产业，
探索文化大繁荣、大发展的路径

新媒体蓝皮书

中国新媒体发展报告 No.4(2013)

唐绪军 / 主编　2014 年 6 月出版　估价 :69.00 元

◆　本书由中国社会科学院新闻与传播研究所和上海大学合作编写，在构建新媒体发展研究基本框架的基础上，全面梳理 2013 年中国新媒体发展现状，发表最前沿的网络媒体深度调查数据和研究成果，并对新媒体发展的未来趋势做出预测。

舆情蓝皮书

中国社会舆情与危机管理报告（2014）

谢耘耕 / 主编　2014 年 8 月出版　估价 :85.00 元

◆　本书由上海交通大学舆情研究实验室和危机管理研究中心主编，已被列入教育部人文社会科学研究报告培育项目。本书以新媒体环境下的中国社会为立足点，对 2013 年中国社会舆情、分类舆情等进行了深入系统的研究，并预测了 2014 年社会舆情走势。

经济类

产业蓝皮书
中国产业竞争力报告（2014） No.4
著(编)者:张其仔　2014年5月出版 / 估价:79.00元

长三角蓝皮书
2014年率先基本实现现代化的长三角
著(编)者:刘志彪　2014年6月出版 / 估价:120.00元

城市竞争力蓝皮书
中国城市竞争力报告No.12
著(编)者:倪鹏飞　2014年5月出版 / 定价:89.00元

城市蓝皮书
中国城市发展报告No.7
著(编)者:潘家华 魏后凯　2014年7月出版 / 估价:69.00元

城市群蓝皮书
中国城市群发展指数报告(2014)
著(编)者:刘士林 刘新静　2014年10月出版 / 估价:59.00元

城乡统筹蓝皮书
中国城乡统筹发展报告（2014）
著(编)者:程志强、潘晨光　2014年9月出版 / 估价:59.00元

城乡一体化蓝皮书
中国城乡一体化发展报告（2014）
著(编)者:汝信 付崇兰　2014年8月出版 / 估价:59.00元

城镇化蓝皮书
中国新型城镇化健康发展报告（2014）
著(编)者:张占斌　2014年5月出版 / 定价:79.00元

低碳发展蓝皮书
中国低碳发展报告（2014）
著(编)者:齐晔　2014年3月出版 / 定价:89.00元

低碳经济蓝皮书
中国低碳经济发展报告（2014）
著(编)者:薛进军 赵忠秀　2014年5月出版 / 估价:79.00元

东北蓝皮书
中国东北地区发展报告（2014）
著(编)者:鲍振东 曹晓峰　2014年8月出版 / 估价:79.00元

发展和改革蓝皮书
中国经济发展和体制改革报告No.7
著(编)者:邹东涛　2014年7月出版 / 估价:79.00元

工业化蓝皮书
中国工业化进程报告（2014）
著(编)者: 黄群慧 吕铁 李晓华 等
2014年11月出版 / 估价:89.00元

国际城市蓝皮书
国际城市发展报告（2014）
著(编)者:屠启宇　2014年1月出版 / 定价:69.00元

国家创新蓝皮书
国家创新发展报告（2013~2014）
著(编)者:陈劲　2014年6月出版 / 估价:69.00元

国家竞争力蓝皮书
中国国家竞争力报告No.2
著(编)者:倪鹏飞　2014年10月出版 / 估价:98.00元

宏观经济蓝皮书
中国经济增长报告（2014）
著(编)者:张平 刘霞辉　2014年10月出版 / 估价:69.00元

减贫蓝皮书
中国减贫与社会发展报告
著(编)者:黄承伟　2014年7月出版 / 估价:69.00元

金融蓝皮书
中国金融发展报告（2014）
著(编)者:李扬 王国刚　2013年12月出版 / 定价:65.00元

经济蓝皮书
2014年中国经济形势分析与预测
著(编)者:李扬　2013年12月出版 / 定价:69.00元

经济蓝皮书春季号
2014年中国经济前景分析
著(编)者:李扬　2014年5月出版 / 定价:79.00元

经济信息绿皮书
中国与世界经济发展报告（2014）
著(编)者:杜平　2013年12月出版 / 定价:79.00元

就业蓝皮书
2014年中国大学生就业报告
著(编)者:麦可思研究院　2014年6月出版 / 估价:98.00元

流通蓝皮书
中国商业发展报告（2013~2014）
著(编)者:荆林波　2014年5月出版 / 定价:89.00元

民营经济蓝皮书
中国民营经济发展报告No.10（2013～2014）
著(编)者:黄孟复　2014年9月出版 / 估价:69.00元

民营企业蓝皮书
中国民营企业竞争力报告No.7（2014）
著(编)者:刘迎秋　2014年9月出版 / 估价:79.00元

农村绿皮书
中国农村经济形势分析与预测（2013~2014）
著(编)者:中国社会科学院农村发展研究所
国家统计局农村社会经济调查司 著
2014年4月出版 / 定价:69.00元

企业公民蓝皮书
中国企业公民报告No.4
著(编)者:邹东涛　2014年7月出版 / 估价:69.00元

企业社会责任蓝皮书
中国企业社会责任研究报告（2014）
著(编)者:黄群慧 彭华岗 钟宏武 等
2014年11月出版 / 估价:59.00元

气候变化绿皮书
应对气候变化报告（2014）
著(编)者:王伟光 郑国光　2014年11月出版 / 估价:79.00元

区域蓝皮书
中国区域经济发展报告（2013~2014）
著(编)者:梁昊光　2014年4月出版 / 定价:79.00元

人口与劳动绿皮书
中国人口与劳动问题报告No.15
著(编)者:蔡昉　2014年6月出版 / 估价:69.00元

生态经济（建设）绿皮书
中国经济（建设）发展报告（2013~2014）
著(编)者:黄浩涛　李周　2014年10月出版 / 估价:69.00元

世界经济黄皮书
2014年世界经济形势分析与预测
著(编)者:王洛林　张宇燕　2014年1月出版 / 定价:69.00元

西北蓝皮书
中国西北发展报告（2014）
著(编)者:张进海　陈冬红　段庆林
2013年12月出版 / 定价:69.00元

西部蓝皮书
中国西部发展报告（2014）
著(编)者:姚慧琴　徐璋勇　2014年7月出版 / 估价:69.00元

新型城镇化蓝皮书
新型城镇化发展报告（2014）
著(编)者:沈体雁　李伟　宋敏　2014年9月出版 / 估价:69.00元

新兴经济体蓝皮书
金砖国家发展报告（2014）
著(编)者:林跃勤　周文　2014年9月出版 / 估价:79.00元

循环经济绿皮书
中国循环经济发展报告（2013~2014）
著(编)者:齐建国　2014年12月出版 / 估价:69.00元

中部竞争力蓝皮书
中国中部经济社会竞争力报告（2014）
著(编)者:教育部人文社会科学重点研究基地
南昌大学中国中部经济社会发展研究中心
2014年7月出版 / 估价:59.00元

中部蓝皮书
中国中部地区发展报告（2014）
著(编)者:朱有志　2014年10月出版 / 估价:59.00元

中国科技蓝皮书
中国科技发展报告（2014）
著(编)者:陈劲　2014年4月出版 / 定价:69.00元

中国省域竞争力蓝皮书
“十二五”中期中国省域经济综合竞争力发展报告
著(编)者:李建平　李闽榕　高燕京　2014年3月出版 / 定价:198.00元

中三角蓝皮书
长江中游城市群发展报告（2013~2014）
著(编)者:秦尊文　2014年6月出版 / 估价:69.00元

中小城市绿皮书
中国中小城市发展报告（2014）
著(编)者:中国城市经济学会中小城市经济发展委员会
《中国中小城市发展报告》编纂委员会
2014年10月出版 / 估价:98.00元

中原蓝皮书
中原经济区发展报告（2014）
著(编)者:刘怀廉　2014年6月出版 / 估价:68.00元

社会政法类

殡葬绿皮书
中国殡葬事业发展报告（2014）
著(编)者:朱勇　副主编　李伯森　2014年9月出版 / 估价:59.00元

城市创新蓝皮书
中国城市创新报告（2014）
著(编)者:周天勇　旷建伟　2014年7月出版 / 估价:69.00元

城市管理蓝皮书
中国城市管理报告2014
著(编)者:谭维克　刘林　2014年7月出版 / 估价:98.00元

城市生活质量蓝皮书
中国城市生活质量指数报告（2014）
著(编)者:张平　2014年7月出版 / 估价:59.00元

城市政府能力蓝皮书
中国城市政府公共服务能力评估报告（2014）
著(编)者:何艳玲　2014年7月出版 / 估价:59.00元

创新蓝皮书
创新型国家建设报告（2013~2014）
著(编)者:詹正茂　2014年5月出版 / 定价:69.00元

慈善蓝皮书
中国慈善发展报告（2014）
著(编)者:杨团　2014年5月出版 / 定价:79.00元

法治蓝皮书
中国法治发展报告No.12（2014）
著(编)者:李林　田禾　2014年2月出版 / 定价:98.00元

反腐倡廉蓝皮书
中国反腐倡廉建设报告No.3
著(编)者:李秋芳　2014年1月出版 / 定价:79.00元

非传统安全蓝皮书
中国非传统安全研究报告（2014）
著(编)者:余潇枫　2014年5月出版 / 估价:69.00元

妇女发展蓝皮书
福建省妇女发展报告（2014）
著(编)者:刘群英 2014年10月出版 / 估价:58.00元

妇女发展蓝皮书
中国妇女发展报告No.5
著(编)者:王金玲 高小贤 2014年5月出版 / 估价:65.00元

妇女教育蓝皮书
中国妇女教育发展报告No.3
著(编)者:张李玺 2014年10月出版 / 估价:69.00元

公共服务满意度蓝皮书
中国城市公共服务评价报告（2014）
著(编)者:胡伟 2014年11月出版 / 估价:69.00元

公共服务蓝皮书
中国城市基本公共服务力评价（2014）
著(编)者:侯惠勤 辛向阳 易定宏
2014年10月出版 / 估价:55.00元

公民科学素质蓝皮书
中国公民科学素质报告（2013~2014）
著(编)者:李群 许佳军 2014年3月出版 / 定价:79.00元

公益蓝皮书
中国公益发展报告（2014）
著(编)者:朱健刚 2014年5月出版 / 估价:78.00元

国际人才蓝皮书
中国国际移民报告（2014）
著(编)者:王辉耀 2014年1月出版 / 定价:79.00元

国际人才蓝皮书
中国海归创业发展报告（2014）No.2
著(编)者:王辉耀 路江涌 2014年10月出版 / 估价:69.00元

国际人才蓝皮书
中国留学发展报告（2014） No.3
著(编)者:王辉耀 2014年9月出版 / 估价:59.00元

国家安全蓝皮书
中国国家安全研究报告（2014）
著(编)者:刘慧 2014年5月出版 / 定价:98.00元

行政改革蓝皮书
中国行政体制改革报告（2013）No.3
著(编)者:魏礼群 2014年3月出版 / 定价:89.00元

华侨华人蓝皮书
华侨华人研究报告（2014）
著(编)者:丘进 2014年5月出版 / 估价:128.00元

环境竞争力绿皮书
中国省域环境竞争力发展报告（2014）
著(编)者:李建平 李闽榕 王金南
2014年12月出版 / 估价:148.00元

环境绿皮书
中国环境发展报告（2014）
著(编)者:刘鉴强 2014年5月出版 / 定价:79.00元

基本公共服务蓝皮书
中国省级政府基本公共服务发展报告（2014）
著(编)者:孙德超 2014年9月出版 / 估价:69.00元

基金会透明度蓝皮书
中国基金会透明度发展研究报告（2014）
著(编)者:基金会中心网 2014年7月出版 / 估价:79.00元

教师蓝皮书
中国中小学教师发展报告（2014）
著(编)者:曾晓东 2014年9月出版 / 估价:59.00元

教育蓝皮书
中国教育发展报告（2014）
著(编)者:杨东平 2014年5月出版 / 定价:79.00元

科普蓝皮书
中国科普基础设施发展报告（2014）
著(编)者:任福君 2014年6月出版 / 估价:79.00元

口腔健康蓝皮书
中国口腔健康发展报告（2014）
著(编)者:胡德渝 2014年12月出版 / 估价:59.00元

老龄蓝皮书
中国老龄事业发展报告（2014）
著(编)者:吴玉韶 2014年9月出版 / 估价:59.00元

连片特困区蓝皮书
中国连片特困区发展报告（2014）
著(编)者:丁建军 冷志明 游俊 2014年9月出版 / 估价:79.00元

民间组织蓝皮书
中国民间组织报告（2014）
著(编)者:黄晓勇 2014年8月出版 / 估价:69.00元

民调蓝皮书
中国民生调查报告（2014）
著(编)者:谢耕耘 2014年5月出版 / 定价:128.00元

民族发展蓝皮书
中国民族区域自治发展报告（2014）
著(编)者:郝时远 2014年6月出版 / 估价:98.00元

女性生活蓝皮书
中国女性生活状况报告No.8（2014）
著(编)者:韩湘景 2014年4月出版 / 定价:79.00元

汽车社会蓝皮书
中国汽车社会发展报告（2014）
著(编)者:王俊秀 2014年9月出版 / 估价:59.00元

青年蓝皮书
中国青年发展报告（2014）No.2
著(编)者:廉思　2014年4月出版 / 定价:59.00元

全球环境竞争力绿皮书
全球环境竞争力发展报告（2014）
著(编)者:李建平　李闽榕　王金南　2014年11月出版 / 估价:69.00元

青少年蓝皮书
中国未成年人新媒体运用报告（2014）
著(编)者:李文革　沈杰　季为民　2014年6月出版 / 估价:69.00元

区域人才蓝皮书
中国区域人才竞争力报告No.2
著(编)者:桂昭明　王辉耀　2014年6月出版 / 估价:69.00元

人才蓝皮书
中国人才发展报告（2014）
著(编)者:潘晨光　2014年10月出版 / 估价:79.00元

人权蓝皮书
中国人权事业发展报告No.4（2014）
著(编)者:李君如　2014年7月出版 / 估价:98.00元

世界人才蓝皮书
全球人才发展报告No.1
著(编)者:孙学玉　张冠梓　2014年9月出版 / 估价:69.00元

社会保障绿皮书
中国社会保障发展报告（2014）No.6
著(编)者:王延中　2014年9月出版 / 估价:69.00元

社会工作蓝皮书
中国社会工作发展报告（2013~2014）
著(编)者:王杰秀　邹文开　2014年8月出版 / 估价:59.00元

社会管理蓝皮书
中国社会管理创新报告No.3
著(编)者:连玉明　2014年9月出版 / 估价:79.00元

社会蓝皮书
2014年中国社会形势分析与预测
著(编)者:李培林　陈光金　张翼　2013年12月出版 / 定价:69.00元

社会体制蓝皮书
中国社会体制改革报告No.2（2014）
著(编)者:龚维斌　2014年4月出版 / 定价:79.00元

社会心态蓝皮书
2014年中国社会心态研究报告
著(编)者:王俊秀　杨宜音　2014年9月出版 / 估价:59.00元

生态城市绿皮书
中国生态城市建设发展报告（2014）
著(编)者:李景源　孙伟平　刘举科　2014年6月出版 / 估价:128.00元

生态文明绿皮书
中国省域生态文明建设评价报告（ECI 2014）
著(编)者:严耕　2014年9月出版 / 估价:98.00元

世界创新竞争力黄皮书
世界创新竞争力发展报告（2014）
著(编)者:李建平　李闽榕　赵新力　2014年11月出版 / 估价:128.00元

水与发展蓝皮书
中国水风险评估报告（2014）
著(编)者:苏杨　2014年9月出版 / 估价:69.00元

土地整治蓝皮书
中国土地整治发展报告No.1
著(编)者:国土资源部土地整治中心　2014年5月出版 / 定价:89.0

危机管理蓝皮书
中国危机管理报告（2014）
著(编)者:文学国　范正青　2014年8月出版 / 估价:79.00元

小康蓝皮书
中国全面建设小康社会监测报告（2014）
著(编)者:潘璠　2014年11月出版 / 估价:59.00元

形象危机应对蓝皮书
形象危机应对研究报告（2014）
著(编)者:唐钧　2014年9月出版 / 估价:118.00元

行政改革蓝皮书
中国行政体制改革报告（2013）No.3
著(编)者:魏礼群　2014年3月出版 / 定价:89.00元

医疗卫生绿皮书
中国医疗卫生发展报告No.6（2013~2014）
著(编)者:申宝忠　韩玉珍　2014年4月出版 / 定价:75.00元

政治参与蓝皮书
中国政治参与报告（2014）
著(编)者:房宁　2014年7月出版 / 估价:58.00元

政治发展蓝皮书
中国政治发展报告（2014）
著(编)者:房宁　杨海蛟　2014年6月出版 / 估价:98.00元

宗教蓝皮书
中国宗教报告（2014）
著(编)者:金泽　邱永辉　2014年8月出版 / 估价:59.00元

社会组织蓝皮书
中国社会组织评估报告（2014）
著(编)者:徐家良　2014年9月出版 / 估价:69.00元

政府绩效评估蓝皮书
中国地方政府绩效评估报告（2014）
著(编)者:贠杰　2014年9月出版 / 估价:69.00元

行业报告类

保健蓝皮书
中国保健服务产业发展报告No.2
著(编)者:中国保健协会 中共中央党校
2014年7月出版 / 估价:198.00元

保健蓝皮书
中国保健食品产业发展报告No.2
著(编)者:中国保健协会
中国社会科学院食品药品产业发展与监管研究中心
2014年7月出版 / 估价:198.00元

保健蓝皮书
中国保健用品产业发展报告No.2
著(编)者:中国保健协会 2014年9月出版 / 估价:198.00元

保险蓝皮书
中国保险业竞争力报告(2014)
著(编)者:罗忠敏 2014年9月出版 / 估价:98.00元

餐饮产业蓝皮书
中国餐饮产业发展报告(2014)
著(编)者:中国烹饪协会 中国社会科学院财经战略研究院
2014年5月出版 / 估价:59.00元

测绘地理信息蓝皮书
中国地理信息产业发展报告(2014)
著(编)者:徐德明 2014年12月出版 / 估价:98.00元

茶业蓝皮书
中国茶产业发展报告 (2014)
著(编)者:李闽榕 杨江帆 2014年9月出版 / 估价:79.00元

产权市场蓝皮书
中国产权市场发展报告(2014)
著(编)者:曹和平 2014年9月出版 / 估价:69.00元

产业安全蓝皮书
中国烟草产业安全报告(2014)
著(编)者:李孟刚 杜秀亭 2014年1月出版 / 定价:69.00元

产业安全蓝皮书
中国出版与传媒安全报告(2014)
著(编)者:北京交通大学中国产业安全研究中心
2014年9月出版 / 估价:59.00元

产业安全蓝皮书
中国医疗产业安全报告(2013~2014)
著(编)者:李孟刚 高献书 2014年1月出版 / 定价:59.00元

产业安全蓝皮书
中国文化产业安全蓝皮书(2014)
著(编)者:北京印刷学院文化产业安全研究院
2014年4月出版 / 定价:69.00元

产业安全蓝皮书
中国出版传媒产业安全报告(2014)
著(编)者:北京印刷学院文化产业安全研究院
2014年4月出版/ 定价:89.00元

典当业蓝皮书
中国典当行业发展报告(2013~2014)
著(编)者:黄育华 王力 张红地
2014年10月出版 / 估价:69.00元

电子商务蓝皮书
中国城市电子商务影响力报告(2014)
著(编)者:荆林波 2014年5月出版 / 估价:69.00元

电子政务蓝皮书
中国电子政务发展报告(2014)
著(编)者:洪毅 王长胜 2014年9月出版 / 估价:59.00元

杜仲产业绿皮书
中国杜仲橡胶资源与产业发展报告(2014)
著(编)者:杜红岩 胡文臻 俞瑞
2014年9月出版 / 估价:99.00元

房地产蓝皮书
中国房地产发展报告No.11(2014)
著(编)者:魏后凯 李景国 2014年5月出版 / 定价:79.00元

服务外包蓝皮书
中国服务外包产业发展报告(2014)
著(编)者:王晓红 李皓 2014年9月出版 / 估价:89.00元

高端消费蓝皮书
中国高端消费市场研究报告
著(编)者:依绍华 王雪峰 2014年9月出版 / 估价:69.00元

会展经济蓝皮书
中国会展经济发展报告(2014)
著(编)者:过聚荣 2014年9月出版 / 估价:65.00元

会展蓝皮书
中外会展业动态评估年度报告(2014)
著(编)者:张敏 2014年8月出版 / 估价:68.00元

基金会绿皮书
中国基金会发展独立研究报告(2014)
著(编)者:基金会中心网 2014年8月出版 / 估价:58.00元

交通运输蓝皮书
中国交通运输服务发展报告(2014)
著(编)者:林晓言 卜伟 武剑红
2014年10月出版 / 估价:69.00元

金融监管蓝皮书
中国金融监管报告(2014)
著(编)者:胡滨 2014年5月出版 / 定价:69.00元

金融蓝皮书
中国金融中心发展报告(2014)
著(编)者:中国社会科学院金融研究所
中国博士后特华科研工作站 王力 黄育华
2014年10月出版 / 估价:59.00元

金融蓝皮书
中国商业银行竞争力报告（2014）
著(编)者:王松奇　2014年5月出版 / 估价:79.00元

金融蓝皮书
中国金融发展报告（2014）
著(编)者:李扬 王国刚　2013年12月出版 / 定价:65.00元

金融蓝皮书
中国金融法治报告（2014）
著(编)者:胡滨 全先银　2014年9月出版 / 估价:65.00元

金融蓝皮书
中国金融产品与服务报告（2014）
著(编)者:殷剑峰　2014年6月出版 / 估价:59.00元

金融信息服务蓝皮书
金融信息服务业发展报告（2014）
著(编)者:鲁广锦　2014年11月出版 / 估价:69.00元

抗衰老医学蓝皮书
抗衰老医学发展报告（2014）
著(编)者:罗伯特·高德曼 罗纳德·科莱兹
尼尔·布什 朱敏 金大鹏 郭弋
2014年9月出版 / 估价:69.00元

客车蓝皮书
中国客车产业发展报告（2014）
著(编)者:姚蔚　2014年12月出版 / 估价:69.00元

科学传播蓝皮书
中国科学传播报告（2014）
著(编)者:詹正茂　2014年9月出版 / 估价:69.00元

流通蓝皮书
中国商业发展报告（2013~2014）
著(编)者:荆林波　2014年5月出版 / 定价:89.00元

旅游安全蓝皮书
中国旅游安全报告（2014）
著(编)者:郑向敏 谢朝武　2014年6月出版 / 估价:79.00元

旅游绿皮书
2013~2014年中国旅游发展分析与预测
著(编)者:宋瑞　2014年9月出版 / 定价:79.00元

旅游城市绿皮书
世界旅游城市发展报告（2013~2014）
著(编)者:张辉　2014年1月出版 / 估价:69.00元

贸易蓝皮书
中国贸易发展报告（2014）
著(编)者:荆林波　2014年5月出版 / 估价:49.00元

民营医院蓝皮书
中国民营医院发展报告（2014）
著(编)者:朱幼棣　2014年10月出版 / 估价:69.00元

闽商蓝皮书
闽商发展报告（2014）
著(编)者:李闽榕 王日根　2014年12月出版 / 估价:69.00元

能源蓝皮书
中国能源发展报告（2014）
著(编)者:崔民选 王军生 陈义和
2014年10月出版 / 估价:59.00元

农产品流通蓝皮书
中国农产品流通产业发展报告（2014）
著(编)者:贾敬敦 王炳南 张玉玺 张鹏毅 陈丽华
2014年9月出版 / 估价:89.00元

期货蓝皮书
中国期货市场发展报告（2014）
著(编)者:荆林波　2014年6月出版 / 估价:98.00元

企业蓝皮书
中国企业竞争力报告（2014）
著(编)者:金碚　2014年11月出版 / 估价:89.00元

汽车安全蓝皮书
中国汽车安全发展报告（2014）
著(编)者:中国汽车技术研究中心
2014年4月出版 / 估价:79.00元

汽车蓝皮书
中国汽车产业发展报告（2014）
著(编)者:国务院发展研究中心产业经济研究部
中国汽车工程学会 大众汽车集团（中国）
2014年7月出版 / 估价:79.00元

清洁能源蓝皮书
国际清洁能源发展报告（2014）
著(编)者:国际清洁能源论坛（澳门）
2014年9月出版 / 估价:89.00元

人力资源蓝皮书
中国人力资源发展报告（2014）
著(编)者:吴江　2014年9月出版 / 估价:69.00元

软件和信息服务业蓝皮书
中国软件和信息服务业发展报告（2014）
著(编)者:洪京一 工业和信息化部电子科学技术情报研究所
2014年6月出版 / 估价:98.00元

商会蓝皮书
中国商会发展报告 No.4（2014）
著(编)者:黄孟复　2014年9月出版 / 估价:59.00元

商品市场蓝皮书
中国商品市场发展报告（2014）
著(编)者:荆林波　2014年7月出版 / 估价:59.00元

上市公司蓝皮书
中国上市公司非财务信息披露报告（2014）
著(编)者:钟宏武 张旺 张蒽 等
2014年12月出版 / 估价:59.00元

食品药品蓝皮书
食品药品安全与监管政策研究报告（2014）
著(编)者:唐民皓　2014年7月出版 / 估价:69.00元

世界能源蓝皮书
世界能源发展报告（2014）
著(编)者:黄晓勇　2014年9月出版 / 估价:99.00元

私募市场蓝皮书
中国私募股权市场发展报告（2014）
著(编)者:曹和平　2014年9月出版 / 估价:69.00元

体育蓝皮书
中国体育产业发展报告（2014）
著(编)者:阮伟 钟秉枢　2014年9月出版 / 估价:69.00元

体育蓝皮书·公共体育服务
中国公共体育服务发展报告（2014）
著(编)者:戴健　2014年12月出版 / 估价:69.00元

投资蓝皮书
中国投资发展报告（2014）
著(编)者:杨庆蔚　2014年4月出版 / 定价:128.00元

投资蓝皮书
中国企业海外投资发展报告（2013~2014）
著(编)者:陈文晖　薛誉华　2014年9月出版 / 定价:69.00元

物联网蓝皮书
中国物联网发展报告（2014）
著(编)者:龚六堂　2014年9月出版 / 估价:59.00元

西部工业蓝皮书
中国西部工业发展报告（2014）
著(编)者:方行明 刘方健 姜凌等
2014年9月出版 / 估价:69.00元

西部金融蓝皮书
中国西部金融发展报告（2014）
著(编)者:李忠民　2014年10月出版 / 估价:69.00元

新能源汽车蓝皮书
中国新能源汽车产业发展报告（2014）
著(编)者:中国汽车技术研究中心
日产（中国）投资有限公司
东风汽车有限公司
2014年9月出版 / 估价:69.00元

信托蓝皮书
中国信托业研究报告（2014）
著(编)者:中建投信托研究中心　中国建设建投研究院
2014年9月出版 / 估价:59.00元

信托蓝皮书
中国信托投资报告（2014）
著(编)者:杨金龙　刘屹　2014年7月出版 / 估价:69.00元

信托市场蓝皮书
中国信托业市场报告（2013~2014）
著(编)者:李旸　2014年1月出版 / 定价:198.00元

信息化蓝皮书
中国信息化形势分析与预测（2014）
著(编)者:周宏仁　2014年7月出版 / 估价:98.00元

信用蓝皮书
中国信用发展报告（2014）
著(编)者:章政 田侃　2014年9月出版 / 估价:69.00元

休闲绿皮书
2014年中国休闲发展报告
著(编)者:刘德谦　唐兵　宋瑞
2014年6月出版 / 估价:59.00元

养老产业蓝皮书
中国养老产业发展报告（2013~2014年）
著(编)者:张车伟　2014年9月出版 / 估价:69.00元

移动互联网蓝皮书
中国移动互联网发展报告（2014）
著(编)者:官建文　2014年5月出版 / 估价:79.00元

医药蓝皮书
中国医药产业园战略发展报告（2013~2014）
著(编)者:裴长洪　房书亭　吴滁心
2014年3月出版 / 定价:89.00元

医药蓝皮书
中国药品市场报告（2014）
著(编)者:程锦锥 朱恒鹏　2014年12月出版 / 估价:79.00元

中国林业竞争力蓝皮书
中国省域林业竞争力发展报告No.2（2014）
（上下册）
著(编)者:郑传芳 李闽榕 张春霞 张会儒
2014年8月出版 / 估价:139.00元

中国农业竞争力蓝皮书
中国省域农业竞争力发展报告No.2（2014）
著(编)者:郑传芳 宋洪远 李闽榕 张春霞
2014年7月出版 / 估价:128.00元

中国总部经济蓝皮书
中国总部经济发展报告（2013~2014）
著(编)者:赵弘　2014年5月出版 / 定价:79.00元

珠三角流通蓝皮书
珠三角商圈发展研究报告（2014）
著(编)者:王先庆 林至颖　2014年8月出版 / 估价:69.00元

住房绿皮书
中国住房发展报告（2013~2014）
著(编)者:倪鹏飞　2013年12月出版 / 定价:79.00元

资本市场蓝皮书
中国场外交易市场发展报告（2014）
著(编)者:高峦　2014年9月出版 / 估价:79.00元

资产管理蓝皮书
中国信托业发展报告（2014）
著(编)者:智信资产管理研究院　2014年7月出版 / 估价:69.00元

支付清算蓝皮书
中国支付清算发展报告（2014）
著(编)者:杨涛　2014年5月出版 / 定价:45.00元

文化传媒类

传媒蓝皮书
中国传媒产业发展报告（2014）
著(编)者:崔保国　2014年4月出版 / 定价:98.00元

传媒竞争力蓝皮书
中国传媒国际竞争力研究报告（2014）
著(编)者:李本乾　2014年9月出版 / 估价:69.00元

创意城市蓝皮书
武汉市文化创意产业发展报告（2014）
著(编)者:张京成　黄永林　2014年10月出版 / 估价:69.00元

电视蓝皮书
中国电视产业发展报告（2014）
著(编)者:卢斌　2014年9月出版 / 估价:79.00元

电影蓝皮书
中国电影出版发展报告（2014）
著(编)者:卢斌　2014年9月出版 / 估价:79.00元

动漫蓝皮书
中国动漫产业发展报告（2014）
著(编)者:卢斌　郑玉明　牛兴侦　2014年9月出版 / 估价:79.00元

广电蓝皮书
中国广播电影电视发展报告（2014）
著(编)者:庞井君　杨明品　李岚
2014年6月出版 / 估价:88.00元

广告主蓝皮书
中国广告主营销传播趋势报告N0.8
著(编)者:中国传媒大学广告主研究所
中国广告主营销传播创新研究课题组
黄升民　杜国清　邵华冬等
2014年5月出版 / 估价:98.00元

国际传播蓝皮书
中国国际传播发展报告（2014）
著(编)者:胡正荣　李继东　姬德强
2014年9月出版 / 估价:69.00元

纪录片蓝皮书
中国纪录片发展报告（2014）
著(编)者:何苏六　2014年10月出版 / 估价:89.00元

两岸文化蓝皮书
两岸文化产业合作发展报告（2014）
著(编)者:胡惠林 肖夏勇　2014年6月出版 / 估价:59.00元

媒介与女性蓝皮书
中国媒介与女性发展报告（2014）
著(编)者:刘利群　2014年8月出版 / 估价:69.00元

全球传媒蓝皮书
全球传媒产业发展报告（2014）
著(编)者:胡正荣　2014年12月出版 / 估价:79.00元

视听新媒体蓝皮书
中国视听新媒体发展报告（2014）
著(编)者:庞井君　2014年6月出版 / 估价:148.00元

文化创新蓝皮书
中国文化创新报告（2014）No.5
著(编)者:于平　傅才武　2014年4月出版 / 定价:79.00元

文化科技蓝皮书
文化科技融合与创意城市发展报告（2014）
著(编)者:李凤亮　于平　2014年7月出版 / 估价:79.00元

文化蓝皮书
中国文化产业发展报告（2014）
著(编)者:张晓明　王家新　章建刚
2014年4月出版 / 定价:79.00元

文化蓝皮书
中国文化产业供需协调增长测评报（2014）
著(编)者:王亚楠　2014年2月出版 / 定价:79.00元

文化蓝皮书
中国城镇文化消费需求景气评价报告（2014）
著(编)者:王亚南　张晓明　祁述裕
2014年5月出版 / 估价:79.00元

文化蓝皮书
中国公共文化服务发展报告（2014）
著(编)者:于群 李国新　2014年10月出版 / 估价:98.00元

文化蓝皮书
中国文化消费需求景气评价报告（2014）
著(编)者:王亚南　2014年2月出版 / 估价:79.00元

文化蓝皮书
中国乡村文化消费需求景气评价报告（2014）
著(编)者:王亚南　2014年5月出版 / 估价:79.00元

文化蓝皮书
中国中心城市文化消费需求景气评价报告（2014）
著(编)者:王亚南　2014年9月出版 / 估价:79.00元

文化蓝皮书
中国少数民族文化发展报告（2014）
著(编)者:武翠英 张晓明 张学进
2014年9月出版 / 估价:69.00元

文化建设蓝皮书
中国文化发展报告（2013）
著(编)者:江畅 孙伟平 戴茂堂
2014年4月出版 / 定价:138.00元

文化品牌蓝皮书
中国文化品牌发展报告（2014）
著(编)者:欧阳友权 2014年4月出版 / 定价:79.00元

文化软实力蓝皮书
中国文化软实力研究报告（2014）
著(编)者:张国祚 2014年7月出版 / 估价:79.00元

文化遗产蓝皮书
中国文化遗产事业发展报告（2014）
著(编)者:刘世锦 2014年9月出版 / 估价:79.00元

文学蓝皮书
中国文情报告（2013~2014）
著(编)者:白烨 2014年5月出版 / 估价:59.00元

新媒体蓝皮书
中国新媒体发展报告No.5（2014）
著(编)者:唐绪军 2014年6月出版 / 估价:69.00元

移动互联网蓝皮书
中国移动互联网发展报告（2014）
著(编)者:官建文 2014年6月出版 / 估价:79.00元

游戏蓝皮书
中国游戏产业发展报告（2014）
著(编)者:卢斌 2014年9月出版 / 估价:79.00元

舆情蓝皮书
中国社会舆情与危机管理报告（2014）
著(编)者:谢耘耕 2014年8月出版 / 估价:85.00元

粤港澳台文化蓝皮书
粤港澳台文化创意产业发展报告（2014）
著(编)者:丁未 2014年9月出版 / 估价:69.00元

地方发展类

安徽蓝皮书
安徽社会发展报告（2014）
著(编)者:程桦 2014年4月出版 / 定价:79.00元

安徽经济蓝皮书
皖江城市带承接产业转移示范区建设报告（2014）
著(编)者:丁海中 2014年4月出版 / 定价:69.00元

安徽社会建设蓝皮书
安徽社会建设分析报告（2014）
著(编)者:黄家海 王开玉 蔡宪 2014年9月出版 / 估价:69.00元

北京蓝皮书
北京公共服务发展报告（2013~2014）
著(编)者:施昌奎 2014年2月出版 / 定价:69.00元

北京蓝皮书
北京经济发展报告（2013~2014）
著(编)者:杨松 2014年4月出版 / 定价:79.00元

北京蓝皮书
北京社会发展报告（2013~2014）
著(编)者:缪青 2014年5月出版 / 定价:79.00元

北京蓝皮书
北京社会治理发展报告（2013~2014）
著(编)者:殷星辰 2014年4月出版 / 定价:79.00元

北京蓝皮书
中国社区发展报告（2013~2014）
著(编)者:于燕燕 2014年8月出版 / 估价:59.00元

北京蓝皮书
北京文化发展报告（2013~2014）
著(编)者:李建盛 2014年4月出版 / 定价:79.00元

北京旅游绿皮书
北京旅游发展报告（2014）
著(编)者:鲁勇 2014年7月出版 / 估价:98.00元

北京律师蓝皮书
北京律师发展报告No.2（2014）
著(编)者:王隽 周塞军 2014年9月出版 / 估价:79.00元

北京人才蓝皮书
北京人才发展报告（2014）
著(编)者:于淼 2014年10月出版 / 估价:89.00元

城乡一体化蓝皮书
中国城乡一体化发展报告·北京卷（2014）
著(编)者:张宝秀 黄序 2014年6月出版 / 估价:59.00元

创意城市蓝皮书
北京文化创意产业发展报告（2014）
著(编)者:张京成 王国华 2014年10月出版 / 估价:69.00元

创意城市蓝皮书
重庆创意产业发展报告（2014）
著(编)者:程宁宁　2014年4月出版 / 定价:89.00元

创意城市蓝皮书
青岛文化创意产业发展报告（2013~2014）
著(编)者:马达　2014年9月出版 / 估价:69.00元

创意城市蓝皮书
无锡文化创意产业发展报告（2014）
著(编)者:庄若江　张鸣年　2014年8月出版 / 估价:75.00元

服务业蓝皮书
广东现代服务业发展报告（2014）
著(编)者:祁明 程晓　2014年1月出版 / 估价:69.00元

甘肃蓝皮书
甘肃舆情分析与预测（2014）
著(编)者:陈双梅　郝树声　2014年1月出版 / 定价:69.00元

甘肃蓝皮书
甘肃县域经济综合竞争力报告　（2014）
著(编)者:刘进军　柳民　曲玮　2014年9月出版 / 估价:69.00元

甘肃蓝皮书
甘肃县域社会发展评价报告　（2014）
著(编)者:魏胜文　2014年9月出版 / 估价:69.00元

甘肃蓝皮书
甘肃经济发展分析与预测（2014）
著(编)者:朱智文　罗哲　2014年1月出版 / 定价:69.00元

甘肃蓝皮书
甘肃社会发展分析与预测（2014）
著(编)者:安文华　包晓霞　2014年1月出版 / 定价:69.00元

甘肃蓝皮书
甘肃文化发展分析与预测（2014）
著(编)者:王福生　周小华　2014年1月出版 / 定价:69.00元

广东蓝皮书
广东省电子商务发展报告（2014）
著(编)者:黄建明 祁明　2014年11月出版 / 估价:69.00元

广东蓝皮书
广东社会工作发展报告（2014）
著(编)者:罗观翠　2014年9月出版 / 估价:69.00元

广东外经贸蓝皮书
广东对外经济贸易发展研究报告（2014）
著(编)者:陈万灵　2014年9月出版 / 估价:65.00元

广西北部湾经济区蓝皮书
广西北部湾经济区开放开发报告（2014）
著(编)者:广西北部湾经济区规划建设管理委员会办公室
广西社会科学院 广西北部湾发展研究院
2014年7月出版 / 估价:69.00元

广州蓝皮书
2014年中国广州经济形势分析与预测
著(编)者:庾建设 郭志勇 沈奎　2014年6月出版 / 估价:69.00元

广州蓝皮书
2014年中国广州社会形势分析与预测
著(编)者:易佐永 杨秦 顾涧清　2014年5月出版 / 估价:65.00元

广州蓝皮书
广州城市国际化发展报告（2014）
著(编)者:朱名宏　2014年9月出版 / 估价:59.00元

广州蓝皮书
广州创新型城市发展报告（2014）
著(编)者:李江涛　2014年8月出版 / 估价:59.00元

广州蓝皮书
广州经济发展报告（2014）
著(编)者:李江涛 刘江华　2014年6月出版 / 估价:65.00元

广州蓝皮书
广州农村发展报告（2014）
著(编)者:李江涛 汤锦华　2014年8月出版 / 估价:59.00元

广州蓝皮书
广州青年发展报告（2014）
著(编)者:魏国华 张强　2014年9月出版 / 估价:65.00元

广州蓝皮书
广州汽车产业发展报告（2014）
著(编)者:李江涛 杨再高　2014年10月出版 / 估价:69.00元

广州蓝皮书
广州商贸业发展报告（2014）
著(编)者:陈家成 王旭东 荀振英
2014年7月出版 / 估价:69.00元

广州蓝皮书
广州文化创意产业发展报告（2014）
著(编)者:甘新　2014年10月出版 / 估价:59.00元

广州蓝皮书
中国广州城市建设发展报告（2014）
著(编)者:董皞 冼伟雄 李俊夫
2014年8月出版 / 估价:69.00元

广州蓝皮书
中国广州科技与信息化发展报告（2014）
著(编)者:庾建设 谢学宁　2014年8月出版 / 估价:59.00元

广州蓝皮书
中国广州文化创意产业发展报告（2014）
著(编)者:甘新　2014年10月出版 / 估价:59.00元

广州蓝皮书
中国广州文化发展报告（2014）
著(编)者:徐俊忠 汤应武 陆志强
2014年8月出版 / 估价:69.00元

贵州蓝皮书
贵州法治发展报告（2014）
著(编)者:吴大华　2014年3月出版 / 定价:69.00元

贵州蓝皮书
贵州人才发展报告（2014）
著(编)者:于杰　吴大华　2014年3月出版 / 定价:69.00元

贵州蓝皮书
贵州社会发展报告（2014）
著(编)者:王兴骥　2014年3月出版 / 定价:69.00元

贵州蓝皮书
贵州农村扶贫开发报告（2014）
著(编)者:王朝新　宋明　2014年9月出版 / 估价:69.00元

贵州蓝皮书
贵州文化产业发展报告（2014）
著(编)者:李建国　2014年9月出版 / 估价:69.00元

海淀蓝皮书
海淀区文化和科技融合发展报告（2014）
著(编)者:陈名杰　孟景伟　2014年5月出版 / 估价:75.00元

海峡经济区蓝皮书
海峡经济区发展报告（2014）
著(编)者:李闽榕　王秉安　谢明辉（台湾）
2014年10月出版 / 估价:78.00元

海峡西岸蓝皮书
海峡西岸经济区发展报告（2014）
著(编)者:福建省人民政府发展研究中心
2014年9月出版 / 估价:85.00元

杭州蓝皮书
杭州市妇女发展报告（2014）
著(编)者:魏颖　揭爱花　2014年9月出版 / 估价:69.00元

杭州都市圈蓝皮书
杭州都市圈发展报告（2014）
著(编)者:董祖德　沈翔　2014年5月出版 / 定价:89.00元

河北经济蓝皮书
河北省经济发展报告（2014）
著(编)者:马树强　金浩　张贵　2014年4月出版 / 定价:79.00元

河北蓝皮书
河北经济社会发展报告（2014）
著(编)者:周文夫　2014年1月出版 / 定价:69.00元

河南经济蓝皮书
2014年河南经济形势分析与预测
著(编)者:胡五岳　2014年3月出版 / 定价:69.00元

河南蓝皮书
2014年河南社会形势分析与预测
著(编)者:刘道兴　牛苏林　2014年1月出版 / 定价:69.00元

河南蓝皮书
河南城市发展报告（2014）
著(编)者:谷建全　王建国　2014年1月出版 / 定价:59.00元

河南蓝皮书
河南法治发展报告（2014）
著(编)者:丁同民　闫德民　2014年3月出版 / 定价:69.00元

河南蓝皮书
河南金融发展报告（2014）
著(编)者:喻新安　谷建全　2014年4月出版 / 定价:69.00元

河南蓝皮书
河南经济发展报告（2014）
著(编)者:喻新安　2013年12月出版 / 定价:69.00元

河南蓝皮书
河南文化发展报告（2014）
著(编)者:卫绍生　2014年1月出版 / 定价:69.00元

河南蓝皮书
河南工业发展报告（2014）
著(编)者:龚绍东　2014年1月出版 / 定价:69.00元

河南蓝皮书
河南商务发展报告（2014）
著(编)者:焦锦淼　穆荣国　2014年5月出版 / 定价:88.00元

黑龙江产业蓝皮书
黑龙江产业发展报告（2014）
著(编)者:于渤　2014年10月出版 / 估价:79.00元

黑龙江蓝皮书
黑龙江经济发展报告（2014）
著(编)者:张新颖　2014年1月出版 / 定价:69.00元

黑龙江蓝皮书
黑龙江社会发展报告（2014）
著(编)者:艾书琴　2014年1月出版 / 定价:69.00元

湖南城市蓝皮书
城市社会管理
著(编)者:罗海藩　2014年10月出版 / 估价:59.00元

湖南蓝皮书
2014年湖南产业发展报告
著(编)者:梁志峰　2014年4月出版 / 定价:128.00元

湖南蓝皮书
2014年湖南电子政务发展报告
著(编)者:梁志峰　2014年4月出版 / 定价:128.00元

湖南蓝皮书
2014年湖南法治发展报告
著(编)者:梁志峰　2014年9月出版 / 估价:79.00元

湖南蓝皮书
2014年湖南经济展望
著(编)者:梁志峰　2014年4月出版 / 定价:128.00元

湖南蓝皮书
2014年湖南两型社会发展报告
著(编)者:梁志峰　2014年4月出版 / 定价:128.00元

湖南蓝皮书
2014年湖南社会发展报告
著(编)者:梁志峰　2014年4月出版 / 定价:128.00元

湖南蓝皮书
2014年湖南县域经济社会发展报告
著(编)者:梁志峰　2014年4月出版 / 定价:128.00元

湖南县域绿皮书
湖南县域发展报告No.2
著(编)者:朱有志 袁准 周小毛　2014年7月出版 / 估价:69.00元

沪港蓝皮书
沪港发展报告（2014）
著(编)者:尤安山　2014年9月出版 / 估价:89.00元

吉林蓝皮书
2014年吉林经济社会形势分析与预测
著(编)者:马克　2014年1月出版 / 定价:79.00元

济源蓝皮书
济源经济社会发展报告（2014）
著(编)者:喻新安　2014年4月出版 / 定价:69.00元

江苏法治蓝皮书
江苏法治发展报告No.3（2014）
著(编)者:李力 龚廷泰 严海良　2014年8月出版 / 估价:88.00元

京津冀蓝皮书
京津冀发展报告（2014）
著(编)者:文魁 祝尔娟　2014年3月出版 / 定价:79.00元

经济特区蓝皮书
中国经济特区发展报告（2013）
著(编)者:陶一桃　2014年4月出版 / 定价:89.00元

辽宁蓝皮书
2014年辽宁经济社会形势分析与预测
著(编)者:曹晓峰 张晶　2014年1月出版 / 定价:79.00元

流通蓝皮书
湖南省商贸流通产业发展报告No.2
著(编)者:柳思维　2014年10月出版 / 估价:75.00元

内蒙古蓝皮书
内蒙古经济发展蓝皮书(2013~2014)
著(编)者:黄育华　2014年7月出版 / 估价:69.00元

内蒙古蓝皮书
内蒙古反腐倡廉建设报告No.1
著(编)者:张志华 无极　2013年12月出版 / 定价:69.00元

浦东新区蓝皮书
上海浦东经济发展报告（2014）
著(编)者:沈开艳 陆沪根　2014年1月出版 / 估价:59.00元

侨乡蓝皮书
中国侨乡发展报告（2014）
著(编)者:郑一省　2014年9月出版 / 估价:69.00元

青海蓝皮书
2014年青海经济社会形势分析与预测
著(编)者:赵宗福　2014年2月出版 / 定价:69.00元

人口与健康蓝皮书
深圳人口与健康发展报告（2014）
著(编)者:陆杰华 江捍平　2014年10月出版 / 估价:98.00元

山西蓝皮书
山西资源型经济转型发展报告（2014）
著(编)者:李志强　2014年5月出版 / 定价:98.00元

陕西蓝皮书
陕西经济发展报告（2014）
著(编)者:任宗哲 石英 裴成荣　2014年2月出版 / 定价:69.00元

陕西蓝皮书
陕西社会发展报告（2014）
著(编)者:任宗哲 石英 牛昉　2014年2月出版 / 定价:65.00元

陕西蓝皮书
陕西文化发展报告（2014）
著(编)者:任宗哲 石英 王长寿　2014年3月出版 / 定价:59.00元

上海蓝皮书
上海传媒发展报告（2014）
著(编)者:强荧 焦雨虹　2014年1月出版 / 定价:79.00元

上海蓝皮书
上海法治发展报告（2014）
著(编)者:叶青　2014年4月出版 / 定价:69.00元

上海蓝皮书
上海经济发展报告（2014）
著(编)者:沈开艳　2014年1月出版 / 定价:69.00元

上海蓝皮书
上海社会发展报告（2014）
著(编)者:卢汉龙 周海旺　2014年1月出版 / 定价:69.00元

上海蓝皮书
上海文化发展报告（2014）
著(编)者:蒯大申　2014年1月出版 / 定价:69.00元

上海蓝皮书
上海文学发展报告（2014）
著(编)者:陈圣来　2014年1月出版 / 定价:69.00元

上海蓝皮书
上海资源环境发展报告（2014）
著(编)者:周冯琦 汤庆合 任文伟　2014年1月出版 / 定价:69.00元

上海社会保障绿皮书
上海社会保障改革与发展报告（2013~2014）
著(编)者:汪泓　2014年9月出版 / 估价:65.00元

上饶蓝皮书
上饶发展报告（2013~2014）
著(编)者:朱寅健 2014年3月出版 / 定价:128.00元

社会建设蓝皮书
2014年北京社会建设分析报告
著(编)者:宋贵伦 2014年9月出版 / 估价:69.00元

深圳蓝皮书
深圳经济发展报告（2014）
著(编)者:吴忠 2014年6月出版 / 估价:69.00元

深圳蓝皮书
深圳劳动关系发展报告（2014）
著(编)者:汤庭芬 2014年6月出版 / 估价:69.00元

深圳蓝皮书
深圳社会发展报告（2014）
著(编)者:吴忠 余智晟 2014年7月出版 / 估价:69.00元

四川蓝皮书
四川文化产业发展报告（2014）
著(编)者:侯水平 2014年2月出版 / 定价:69.00元

四川蓝皮书
四川企业社会责任研究报告（2014）
著(编)者:侯水平 盛毅 2014年4月出版 / 定价:79.00元

温州蓝皮书
2014年温州经济社会形势分析与预测
著(编)者:潘忠强 王春光 金浩 2014年4月出版 / 定价:69.00元

温州蓝皮书
浙江温州金融综合改革试验区发展报告（2013~2014）
著(编)者:钱水土 王去非 李义超
2014年9月出版 / 估价:69.00元

扬州蓝皮书
扬州经济社会发展报告（2014）
著(编)者:张爱军 2014年9月出版 / 估价:78.00元

义乌蓝皮书
浙江义乌市国际贸易综合改革试验区发展报告（2013~2014）
著(编)者:马淑琴 刘文革 周松强
2014年9月出版 / 估价:69.00元

云南蓝皮书
中国面向西南开放重要桥头堡建设发展报告（2014）
著(编)者:刘绍怀 2014年12月出版 / 估价:69.00元

长株潭城市群蓝皮书
长株潭城市群发展报告（2014）
著(编)者:张萍 2014年10月出版 / 估价:69.00元

郑州蓝皮书
2014年郑州文化发展报告
著(编)者:王哲 2014年7月出版 / 估价:69.00元

中国省会经济圈蓝皮书
合肥经济圈经济社会发展报告No.4(2013~2014)
著(编)者:董昭礼 2014年4月出版 / 估价:79.00元

国别与地区类

G20国家创新竞争力黄皮书
二十国集团（G20）国家创新竞争力发展报告（2014）
著(编)者:李建平 李闽榕 赵新力
2014年9月出版 / 估价:118.00元

阿拉伯黄皮书
阿拉伯发展报告（2013~2014）
著(编)者:马晓霖 2014年4月出版 / 定价:79.00元

澳门蓝皮书
澳门经济社会发展报告（2013~2014）
著(编)者:吴志良 郝雨凡 2014年4月出版 / 定价:79.00元

北部湾蓝皮书
泛北部湾合作发展报告（2014）
著(编)者:吕余生 2014年7月出版 / 估价:79.00元

大湄公河次区域蓝皮书
大湄公河次区域合作发展报告（2014）
著(编)者:刘稚 2014年8月出版 / 估价:79.00元

大洋洲蓝皮书
大洋洲发展报告（2014）
著(编)者:魏明海 喻常森 2014年7月出版 / 估价:69.00元

德国蓝皮书
德国发展报告（2014）
著(编)者:李乐曾 郑春荣等 2014年5月出版 / 估价:69.00元

东北亚黄皮书
东北亚地区政治与安全报告（2014）
著(编)者:黄凤志 刘雪莲 2014年6月出版 / 估价:69.00元

东盟黄皮书
东盟发展报告（2013）
著(编)者:崔晓麟 2014年5月出版 / 定价:75.00元

东南亚蓝皮书
东南亚地区发展报告（2013~2014）
著(编)者:王勤 2014年4月出版 / 定价:79.00元

俄罗斯黄皮书
俄罗斯发展报告（2014）
著(编)者:李永全　2014年7月出版 / 估价:79.00元

非洲黄皮书
非洲发展报告No.15（2014）
著(编)者:张宏明　2014年7月出版 / 估价:79.00元

港澳珠三角蓝皮书
粤港澳区域合作与发展报告（2014）
著(编)者:梁庆寅 陈广汉　2014年6月出版 / 估价:59.00元

国际形势黄皮书
全球政治与安全报告（2014）
著(编)者:李慎明 张宇燕　2014年1月出版 / 定价:69.00元

韩国蓝皮书
韩国发展报告（2014）
著(编)者:牛林杰 刘宝全　2014年6月出版 / 估价:69.00元

加拿大蓝皮书
加拿大发展报告（2014）
著(编)者:仲伟合　2014年4月出版 / 定价:89.00元

柬埔寨蓝皮书
柬埔寨国情报告（2014）
著(编)者:毕世鸿　2014年6月出版 / 估价:79.00元

拉美黄皮书
拉丁美洲和加勒比发展报告（2013~2014）
著(编)者:吴白乙　2014年4月出版 / 定价:89.00元

老挝蓝皮书
老挝国情报告（2014）
著(编)者:卢光盛 方芸 吕星　2014年6月出版 / 估价:79.00元

美国蓝皮书
美国问题研究报告（2014）
著(编)者:黄平 倪峰　2014年5月出版 / 估价:79.00元

缅甸蓝皮书
缅甸国情报告（2014）
著(编)者:李晨阳　2014年9月出版 / 估价:79.00元

欧亚大陆桥发展蓝皮书
欧亚大陆桥发展报告（2014）
著(编)者:李忠民　2014年10月出版 / 估价:59.00元

欧洲蓝皮书
欧洲发展报告（2014）
著(编)者:周弘　2014年9月出版 / 估价:79.00元

葡语国家蓝皮书
巴西发展与中巴关系报告2014（中英文）
著(编)者:张曙光　David T. Ritchie
2014年8月出版 / 估价:69.00元

日本经济蓝皮书
日本经济与中日经贸关系研究报告（2014）
著(编)者:王洛林 张季风　2014年5月出版 / 定价:79.00元

日本蓝皮书
日本发展报告（2014）
著(编)者:李薇　2014年3月出版 / 定价:69.00元

上海合作组织黄皮书
上海合作组织发展报告（2014）
著(编)者:李进峰 吴宏伟 李伟　2014年9月出版 / 估价:98.00元

世界创新竞争力黄皮书
世界创新竞争力发展报告（2014）
著(编)者:李建平　2014年9月出版 / 估价:148.00元

世界能源黄皮书
世界能源分析与展望（2013~2014）
著(编)者:张宇燕 等　2014年9月出版 / 估价:69.00元

世界社会主义黄皮书
世界社会主义跟踪研究报告（2013~2014）
著(编)者:李慎明　2014年3月出版 / 定价:198.00元

泰国蓝皮书
泰国国情报告（2014）
著(编)者:邹春萌　2014年6月出版 / 估价:79.00元

亚太蓝皮书
亚太地区发展报告（2014）
著(编)者:李向阳　2014年1月出版 / 定价:59.00元

印度蓝皮书
印度国情报告（2012~2013）
著(编)者:吕昭义　2014年5月出版 / 定价:89.00元

印度洋地区蓝皮书
印度洋地区发展报告（2014）
著(编)者:汪戎　2014年3月出版 / 定价:79.00元

越南蓝皮书
越南国情报告（2014）
著(编)者:吕余生　2014年8月出版 / 估价:65.00元

中东黄皮书
中东发展报告No.15（2014）
著(编)者:杨光　2014年10月出版 / 估价:59.00元

中欧关系蓝皮书
中欧关系研究报告（2014）
著(编)者:周弘　2013年12月出版 / 定价:98.00元

中亚黄皮书
中亚国家发展报告（2014）
著(编)者:孙力　2014年9月出版 / 估价:79.00元

皮书大事记

☆　2012年12月，《中国社会科学院皮书资助规定（试行）》由中国社会科学院科研局正式颁布实施。

☆　2011年，部分重点皮书纳入院创新工程。

☆　2011年8月，2011年皮书年会在安徽合肥举行，这是皮书年会首次由中国社会科学院主办。

☆　2011年2月，“2011年全国皮书研讨会”在北京京西宾馆举行。王伟光院长（时任常务副院长）出席并讲话。本次会议标志着皮书及皮书研创出版从一个具体出版单位的出版产品和出版活动上升为由中国社会科学院牵头的国家哲学社会科学智库产品和创新活动。

☆　2010年9月，“2010年中国经济社会形势报告会暨第十一次全国皮书工作研讨会”在福建福州举行，高全立副院长参加会议并做学术报告。

☆　2010年9月，皮书学术委员会成立，由我院李扬副院长领衔，并由在各个学科领域有一定的学术影响力、了解皮书编创出版并持续关注皮书品牌的专家学者组成。皮书学术委员会的成立为进一步提高皮书这一品牌的学术质量、为学术界构建一个更大的学术出版与学术推广平台提供了专家支持。

☆　2009年8月，“2009年中国经济社会形势分析与预测暨第十次皮书工作研讨会”在辽宁丹东举行。李扬副院长参加本次会议，本次会议颁发了首届优秀皮书奖，我院多部皮书获奖。

社会科学文献出版社
SOCIAL SCIENCES ACADEMIC PRESS (CHINA)

社会科学文献出版社成立于1985年，是直属于中国社会科学院的人文社会科学专业学术出版机构。

成立以来，特别是1998年实施第二次创业以来，依托于中国社会科学院丰厚的学术出版和专家学者两大资源，坚持“创社科经典，出传世文献”的出版理念和“权威、前沿、原创”的产品定位，社科文献立足内涵式发展道路，从战略层面推动学术出版的五大能力建设，逐步走上了学术产品的系列化、规模化、数字化、国际化、市场化经营道路。

先后策划出版了著名的图书品牌和学术品牌“皮书”系列、“列国志”、“社科文献精品译库”、“中国史话”、“全球化译丛”、“气候变化与人类发展译丛”“近世中国”等一大批既有学术影响又有市场价值的系列图书。形成了较强的学术出版能力和资源整合能力，年发稿3.5亿字，年出版新书1200余种，承印发行中国社科院院属期刊近70种。

2012年，《社会科学文献出版社学术著作出版规范》修订完成。同年10月，社会科学文献出版社参加了由新闻出版总署召开加强学术著作出版规范座谈会，并代表50多家出版社发起实施学术著作出版规范的倡议。2013年，社会科学文献出版社参与新闻出版总署学术著作规范国家标准的起草工作。

依托于雄厚的出版资源整合能力，社会科学文献出版社长期以来一直致力于从内容资源和数字平台两个方面实现传统出版的再造，并先后推出了皮书数据库、列国志数据库、中国田野调查数据库等一系列数字产品。

在国内原创著作、国外名家经典著作大量出版，数字出版突飞猛进的同时，社会科学文献出版社在学术出版国际化方面也取得了不俗的成绩。先后与荷兰博睿等十余家国际出版机构合作面向海外推出了《经济蓝皮书》《社会蓝皮书》等十余种皮书的英文版、俄文版、日文版等。

此外，社会科学文献出版社积极与中央和地方各类媒体合作，联合大型书店、学术书店、机场书店、网络书店、图书馆，逐步构建起了强大的学术图书的内容传播力和社会影响力，学术图书的媒体曝光率居全国之首，图书馆藏率居于全国出版机构前十位。

作为已经开启第三次创业梦想的人文社会科学学术出版机构，社会科学文献出版社结合社会需求、自身的条件以及行业发展，提出了新的创业目标：精心打造人文社会科学成果推广平台，发展成为一家集图书、期刊、声像电子和数字出版物为一体，面向海内外高端读者和客户，具备独特竞争力的人文社会科学内容资源供应商和海内外知名的专业学术出版机构。

皮书大事记

☆　2012年12月，《中国社会科学院皮书资助规定（试行）》由中国社会科学院科研局正式颁布实施。

☆　2011年，部分重点皮书纳入院创新工程。

☆　2011年8月，2011年皮书年会在安徽合肥举行，这是皮书年会首次由中国社会科学院主办。

☆　2011年2月，“2011年全国皮书研讨会”在北京京西宾馆举行。王伟光院长（时任常务副院长）出席并讲话。本次会议标志着皮书及皮书研创出版从一个具体出版单位的出版产品和出版活动上升为由中国社会科学院牵头的国家哲学社会科学智库产品和创新活动。

☆　2010年9月，“2010年中国经济社会形势报告会暨第十一次全国皮书工作研讨会”在福建福州举行，高全立副院长参加会议并做学术报告。

☆　2010年9月，皮书学术委员会成立，由我院李扬副院长领衔，并由在各个学科领域有一定的学术影响力、了解皮书编创出版并持续关注皮书品牌的专家学者组成。皮书学术委员会的成立为进一步提高皮书这一品牌的学术质量、为学术界构建一个更大的学术出版与学术推广平台提供了专家支持。

☆　2009年8月，“2009年中国经济社会形势分析与预测暨第十次皮书工作研讨会”在辽宁丹东举行。李扬副院长参加本次会议，本次会议颁发了首届优秀皮书奖，我院多部皮书获奖。

术情报研究所黄永和总工程师终审定稿。

本书的出版虽然凝聚了许多人的心血，但由于时间仓促，书中可能还有不少纰漏和不足，恳请读者、专家给予指正。

2014 年 7 月 11 日

目录

𝔹Ⅰ 总报告

𝔹Ⅱ 产业篇

B Ⅲ 政策篇

B Ⅳ 调查篇

B Ⅴ 借鉴篇

B Ⅵ 附录

CONTENTS

B I General Report

B II Industry Reports

BVI Appendix

总 报 告

General Report

B.1

2013年中国新能源汽车产业发展综述

黄永和*

摘 要:

2013年，我国新能源汽车销量为1.76万辆，仅占汽车整体市场的0.08%。插电式混合动力乘用车产品性能和可靠性明显提升，纯电动汽车仍为新能源汽车的主力销售车型。车用动力电池生产配套能力显著增强，但投资扩能过快加剧了行业竞争。驱动电机系统产品日益丰富，上游产业链的部分产品实现了对进口同类产品的替代。国内整车电控单元自主研发生产能力显著提升，但"芯片"设计制造等基础产业仍显薄弱。新能源汽车产业国际竞争力评价结果表明，中国的竞争力综合指数与日本、美国、德国、韩国相比，均有小幅下降。新能源汽车推广应用

* 黄永和，研究员级高工，中国汽车技术研究中心资深首席专家，汽车技术情报研究所总工程师兼汽车产业政策研究室主任。

正式启动，两个批次 39 个城市或区域计划推广总量超过 30 万辆，主要应用城市的私人推广工作已经启动。截至 2013 年年底，我国已经建成新能源汽车充换电站 492 座，各类充电桩 2.3 万个，但大多数城市的私人领域基础设施建设进程相对迟缓。商业模式不断优化创新，对推广应用起到较大促进作用，充电设施建设和运营有新的突破。政策环境日臻完善，支持力度不断加大，部门协调机制也已建立，地方保护有望破除，但产业的持续发展需要市场机制与政府作用相结合，借鉴加州零排放规定积分交易经验进行制度创新时不我待。

关键词：

新能源汽车　发展　综述

2013 年，我国新能源汽车产业发展呈现出“前低后高”的发展态势。9 月份之前，新能源汽车示范推广政策是否继续实施还不明朗，相关城市的推广活动相对停滞，企业车型推出速度放缓；新一轮推广应用政策出台后，各地区都在积极申报相关项目，企业也加快了产业化步伐。尤其是在 2014 年初中央高层的高度关注下，政策支持力度加大，新能源汽车产业发展步入快车道。

一　产业化进程加快，关键零部件产能快速提升

（一）新能源汽车产业化取得明显进展，但市场规模仍然偏小

2013 年是我国插电式混合动力乘用车产业化取得明显进展的一年，以比亚迪·秦双模混合动力为代表，产品技术成熟度显著提升，基本具备了规模化推广的条件；纯电动乘用车技术水平稳步提升，最大续驶里程显著提升、能量消耗率明显下降，江淮同悦电动车 4 代、北汽 E150 电动车是国内市场的代表性产品。近几年，我国新能源汽车市场销量尽管年均增速较快，但由于基数小，新能源汽车市场规模仍然很小。2013 年我国汽车总销量为 2198.41 万辆，

新能源汽车销量仅为1.76万辆，占整体汽车市场的比例约为0.08%。随着国家和地方鼓励政策的不断增多及企业产品的不断成熟，新能源汽车产业化进程呈现加速发展态势，2014年一季度新能源汽车销量6800辆①，比去年同期增长120%。

总体看，2013年我国新能源汽车发展呈现以下三方面的特点。

一是插电式混合动力乘用车技术开发取得阶段性成果，纯电动乘用车产品技术稳步提升。2013年，有数款接近国际先进水平的插电式混合动力乘用车产品上市，产品性能和可靠性明显提升。主要表现在：纯电续驶里程进一步提高，能耗明显降低，混合动力总成技术进一步优化成熟，代表性产品有比亚迪·秦、上汽荣威550插电式混合动力车。与国外先进水平相比，国内插电式混合动力技术尚存在一定差距，且受混合动力专用发动机技术、机电耦合驱动系统等插电式混合动力专用技术未完全掌握的影响，插电式混合动力系统的集成设计水平相对落后。此外，在混动模式下，我国相关产品燃油经济性仍有较大下降空间，且轻量化水平不高，车辆整备质量也较重。纯电动乘用车方面，中高端产品技术水平接近国际先进水平，初步具备了商业化推广条件，代表性产品有比亚迪戴姆勒腾势电动车、北汽绅宝电动车、东风日产启辰晨风等即将开展推广应用的车型产品；中低端产品进步明显，续驶里程进一步提高，能耗水平进一步优化，典型产品如江淮同悦电动车4代。我国自主开发的纯电动汽车，在整车动力系统匹配与集成设计、整车控制等方面与国际先进水平接近，整车设计已开始由传统汽车改造向全新平台开发过渡，但IGBT②、核心控制芯片等关键部件仍依赖进口。

二是纯电动汽车是主力车型，插电式混合动力乘用车有望实现销量突破。根据中汽协统计数据，在2013年的1.76万辆销量中，纯电动车型销量为1.42万辆，约占新能源汽车销售比例的81%，插电式混合动力车型销量为0.34万辆，约占新能源汽车销售比例的19%。纯电动乘车型仍为销售的主力。尽管新能源汽车年销量已经突破万辆，但占据汽车市场份额的比例仍然很小，尚未

① 根据中华人民共和国工业和信息化部装备工业司月度汽车工业经济运行情况统计整理。

② 绝缘栅双极型晶体管，是一个大功率大电流高耐压电压驱动的半导体器件，在电子电路中的作用像一个开关。

实现规模化销售。到2014年，随着插电式混合动力乘用车成熟车型上市数量的增多，插电式混合动力乘用车呈现较好的市场前景。比亚迪·秦2014年1~4月销量达3294辆，成为同期国内市场销量增速最快的新能源汽车产品，全年销量有望达到万辆，初步实现规模化销售。

三是国内汽车企业纷纷加快产业化步伐，跨国公司布局加快。随着我国政府对新能源汽车推广应用支持力度的不断加大，国内各大汽车企业也不断调整新能源汽车发展规划，加大研发投资力度，扩大合资合作范围，不断提高新能源汽车技术水平。部分企业加快新能源汽车新产品市场投放速度，且继续探索新能源汽车市场推广模式，力求尽快形成规模化销售，并取得一定成效。截止到2014年4月底，如比亚迪汽车已累计销售8000辆新能源乘用车，江淮也累计销售了5400辆同悦电动车。与此同时，跨国汽车公司积极在华开展新能源汽车本地化生产准备，日产、丰田、通用、宝马等企业均已开始新能源汽车的本土化布局，华晨宝马之诺已实现在华量产，东风日产晨风电动汽车已完成商品化准备，预计将于2014年下半年上市。

（二）动力电池发展环境持续优化，投资扩能过快加剧行业竞争

2013年，我国车用动力电池产业环境不断优化，企业投入急剧增长，生产配套能力显著增强，以比亚迪、万向、力神、比克等企业为代表的一些大型具有竞争潜力的动力电池企业正快速成长，通过开展合资合作、走出去、自主创新等方式，增强综合竞争力。随着国际动力电池企业布局我国市场的步伐逐渐加快，我国本土动力电池企业将面临更为严峻地挑战。我国动力电池循环寿命、能量密度进一步提高，锂离子电池低温性能明显改进，成组技术日益成熟；我国动力电池成本明显下降，与国外产品相比，锂离子电池单体性价比优势明显。整体上看，2013年我国车用动力电池产业发展特点主要体现在以下两个方面。

一是动力电池产业化环境不断优化。在政产学研的共同努力下，动力电池产业化形成了强有力的支撑体系。在动力电池总成研发方面，2012年新能源汽车技术创新工程支持了8项动力电池项目。在动力电池原材料研发方面，2013年10月，财政部将2013年拟支持的新材料研发及产业化项目名单进行

了公示，动力电池原材料成为支持的重点领域之一。在动力电池共性技术研发方面，2013 年 12 月，由中国汽车工业协会召集，一汽、东风、上汽、长安、北汽、广汽、华晨等七家整车生产企业，以及北京有色金属研究总院、天津力神共同发起设立“国联汽车动力电池研究院”，联合开展动力电池共性技术研发。在动力电池产业发展方面，2013 年，中国汽车技术研究中心牵头发起成立了“新能源汽车和动力电池产业联席会”，对我国动力电池的技术进展和产业发展进行跟踪，整合了政策研究、检验测试、标准制定等环节，且对我国动力电池产业进行了全方位规范和服务。

二是外资企业进入步伐加快，国内动力电池产能迅速提升。2013 年外资企业进入中国动力电池行业步伐加快。其中包括美国波士顿电池江苏溧阳工厂正式投产，一期投资金额达 1.2 亿美元；韩国 SK 与北京电控、北汽集团合资成立电池模组生产线落户北京，总投资达 6.4 亿元人民币；三星 SDI 计划 5 年内分阶段投资约 6 亿美元，与安庆环新集团、西安高科集团共同合作在西安高新区建设汽车动力电池生产基地。2013 年，中国动力电池投资规模继续加大，据不完全统计，已经正式开工的动力电池投资项目或正式投产项目达 12 项，涉及金额在 150 亿元人民币以上，产品包括动力电池单体、隔膜、正极材料等多个方面。

（三）驱动电机技术稳步提升，产能布局加快

我国拥有丰富的稀土矿产资源和良好的传统电机工业基础，车用驱动电机产业在全球具有明显的比较优势，2013 年取得了稳健发展。

一是驱动电机系统产品日益丰富。随着我国新能源汽车产业化步伐加快，各驱动电机系统企业纷纷加大与整车企业的合作力度，共同开发新型驱动电机及控制器，个别企业现已具备 42 ~ 200kW 的全系列驱动电机及控制器产品的开发和制造能力。

二是相关技术研发取得一定进展。在集中式驱动电机方面，通过多领域集成设计优化，我国多个电机企业已经研制出功率密度超过 3.0kW/kg 的高速高密度永磁电机，并成功应用于多款电动乘用车。但在轮毂、轮边等分布式驱动电机和集成控制器方面，我国开发能力和产品性能明显落后于国际先进水平，

集成控制器功率密度和体积密度相差达50%～60%，芯片集成设计、热设计等方面差距更大。

三是主要驱动电机企业加快生产能力建设。各主要驱动电机企业看好电动汽车市场前景，加大投资力度，推进产能建设，如上海大郡、精进电动和中山大洋等企业的扩产项目预计在两年内陆续投产，上述企业达产后的驱动电机年产能均为10余万台。

四是产业链合作发展取得初步成效。2011年9月，“电动汽车电驱动系统全产业技术创新战略联盟”在上海成立。经过近三年的运行，联盟在高性能硅钢、磁钢、功率模块、膜电容器、旋转变压器、接插件，以及DC/DC变换器等方面取得了大量成果，形成了一批典型产品，实现了对进口同类产品的替代。

（四）整车控制技术

整车控制技术水平对新能源汽车性能有着重要的影响。近年来，在国家和行业的大力投入下，国内整车控制技术研发应用水平显著提升，但与国外同类产品相比仍存在差距。行业发展呈现以下特征。

一是国内整车电控单元自主研发生产能力显著提升。在国家科技部连续三个“五年计划”项目的支持下，我国部分汽车企业通过自主创新或引进消化吸收的方式，初步掌握了整车电控单元的软硬件开发关键技术，并建立了拥有自主知识产权的整车电控单元软硬件平台，实现了整车电控单元产业化和批量应用。

二是国外汽车电子零部件企业仍控制行业发展的核心环节。在全球汽车电气化发展趋势下，国外汽车电子零部件企业均积极开展电动汽车整车电控单元的研发和生产制造。德尔福、大陆、博世等汽车电子行业巨头充分发挥各自在传统汽车发动机ECU和整车操纵动力学控制方面的经验优势，通过与国内整车企业合作，开展面向新能源汽车的整车电控单元的研发和生产，并逐渐成为国内新能源汽车整车电控行业的技术和产品发展走向的引导者。

三是基础产业薄弱。由于我国芯片设计制造能力较弱，可靠性和稳定性差，国内企业更倾向于选择国外整车电控单元的硬件供应商。此外，我国传统车辆电控技术基础薄弱，尤其是在 ABS、EBD、ESC 等车辆主动安全控制技术方面基本被国外主流零部件企业垄断，造成我国整车电控单元只能实现车辆能量管理、驱动、制动等基本功能，而基于车辆主动安全的电动汽车用 ABS、ESP 等整车动力学控制技术、软件诊断功能、监控功能还处在研究阶段，尚未能形成产品。

二 市场推广进入新阶段，进程不断加快

自 2009 年开展节能与新能源汽车示范推广以来，各试点城市积极组织实施财政部、科技部、工业和信息化部、发展改革委（以下简称四部委）批准的工作方案，有关企业也加大节能与新能源汽车产品的开发和市场推广力度，试点工作取得了明显成效。总体看，第一轮节能与新能源汽车示范推广工作后，我国新能源汽车产业综合实力有了较大提升，但仍然存在技术水平低、市场推广进程缓慢、基础设施建设滞后、政策法规体系尚不健全等问题。

2013 年是我国新能源汽车推广应用工作承前启后的一年。第一轮节能与新能源汽车示范推广工作到期，四部委对第一轮 25 个试点城市进行了验收考核。在总结第一轮试点经验基础上，于 2013 年 9 月颁布了《关于继续开展新能源汽车推广应用工作的通知》（财建〔2013〕551 号），正式启动新一轮新能源汽车推广应用工作。总结 2013 年以来我国新能源汽车推广应用情况，主要表现以下几个特征。

（一）推广应用新能源汽车成为节能减排和大气污染防治的重要手段，得到了中央的高度重视

2013 年 7 月，国务院常务会议提出“政府公务用车、公交车要率先推广使用新能源汽车，同步完善配套设施”的要求。随后，国务院又相继印发了《关于加快发展节能环保产业的意见》、《关于印发大气污染防治行动计划的通知》，在这些政策中，都将推广使用新能源汽车作为重要措施之一。国务院副总理马凯分别于 2014 年 1 月、3 月先后两次调研新能源汽车企业，并从组织领导、基础设施、商业模式、政策支持、破除地方保护等方面对新能源汽车推

广应用做出重要部署。2014 年 1 月，国务院总理李克强到西安比亚迪汽车有限公司调研纯电动汽车和研发情况。2014 年 5 月 24 日，国家主席习近平在上汽集团考察时指出“发展新能源汽车是我国从汽车大国迈向汽车强国的必由之路，要加大研发力度，认真研究市场，用好用活政策，开发适应各种需求的产品，使之成为一个强劲的增长点”。中央高层的高度重视，有效推动了新能源汽车的推广应用工作。

（二）中央推广应用政策的延续有效调动了各主体的积极性，主要城市支持政策的出台为扎实推进工作提供了保障

在《关于继续开展新能源汽车推广应用工作的通知》指导下，地方政府纷纷申报新能源汽车推广应用城市，两个批次共计 39 个城市或区域计划推广的新能源汽车总量超过 30 万辆。在推广应用需求带动下，汽车企业纷纷加快研发和产业化布局，行业呈现加快发展的良好局面。此外，北京、上海、广东、江苏等地方政府，在前期示范推广基础上，不断完善基础设施、充电电价等方面的政策，并在限购或限牌方面对新能源区别对待，促进新能源汽车推广使用。兰州、西安、新乡、青岛等新进入推广行列的城市也纷纷出台支持政策，加快推动本地新能源汽车推广应用和产业发展。

（三）推广应用城市数量和区域分布更加广泛，推广计划总量加大

新一轮新能源汽车推广应用的 39 个城市或区域，覆盖了中国主要大中型城市，大多具有较好的汽车产业基础，部分城市具有较好的动力电池产业基础。从地域分布上看，推广应用地域涵盖了东部、中部、西部的主要大中型城市，我国西部地区城市西安、兰州第一次列为新能源汽车推广应用城市。除了以城市为主体进行推广外，还出现了较大范围的城市群或区域推广应用。在推广领域上，公交、出租、公务、环卫、物流等公共服务领域仍然是新能源汽车推广应用的重点。各城市或区域在以上公共服务领域推广新能源汽车的总量达 20.11 万辆，占推广应用总量的 61.94%。在私人领域计划推广新能源汽车总量达 12.36 万辆，占到推广应用总量的 38.06%，特别是北京在私人领域（含租赁）新能源汽车的推广计划达 3 万辆，深圳、上海也分别达 1.6 万辆、6800 辆。

（四）新一轮推广工作开始启动，推广效果开始显现

据中国汽车工业协会统计，2013 年我国新能源汽车生产 17533 辆，比上年增长 39.7%，销售新能源汽车 17642 辆，比上年增长 37.9%。2014 年以来，随着各城市和区域推广应用工作的逐渐开展，新能源汽车推广应用步伐逐步加快。2014 年第一季度，我国新能源汽车生产 6651 辆，销售 6853 辆，产销都同比增长 120%。其中，纯电动汽车产量 4024 辆，销售 4095 辆，产销都同比增长 50%；插电式混合动力汽车生产 2627 辆，销售 2758 辆，产销都同比增长 7 倍多。与上一轮新能源汽车示范推广车辆主要集中在公交等公共服务领域不同，新一轮新能源乘车推广应用乘用车推广数量大幅提升。2014 年第一季度新能源乘用车占总产量的 80%，而客车产量仅占 16%。其中，比亚迪、江淮、奇瑞等国内新能源汽车主要生产企业的乘用车销量都同比实现较大幅度增长。从试点城市看，私人应用的新能源汽车推广工作已经启动。北京市开展了两期新能源汽车摇号，新能源汽车有效个人申请数量达 3332 个。上海市在 2014 年前两个月也已发放 400 余张新能源汽车专用“绿色牌照”。

三　商业模式不断创新，但仍需深入探索

有效的商业模式能为产品搭建一个促进技术进步的平台，还能根据新能源汽车技术现状及市场情况，通过分摊产品成本与新建获利平台等手段，重新分配各环节成本，确保交易各方都获利。2013 年以来，我国新能源汽车商业模式得到不断优化创新，对推广应用新能源汽车产品起到重大推动作用。

（一）已有的商业模式得到进一步优化

杭州电动汽车自驾租赁模式、合肥江淮“定向购买”模式、深圳“车电分离、融资租赁、充维结合”模式，北京的纯电动出租车推广模式，以及郑州的新能源公交车推广模式，在推广应用中得到了进一步优化。此外，比亚迪在已有的纯电动公交、出租领域推广方案基础上，提出了“零元购车、零成本、零风险、零排放”的商业解决方案，在金融运营模式上与国家开发银行、

光大金融租赁等金融机构开展了合作。宇通、安凯等公交企业也在新能源公交车领域提出了纯电动公交车、插电式混合动力公交车等商业应用解决方案，对推广应用新能源公交车起到了较大促进作用。

（二）商业模式更加丰富，分时租赁等国际推广模式开始引入我国主要城市

除了在公交、出租等领域积极完善推广商业模式外，2013 年，物流、私人领域的商业模式也有一定发展。顺丰、申通及上海万象等多家物流企业积极探索新能源物流车运营模式。2013 年 11 月，顺丰速运与普天新能源展开合作，在北京投入 10 辆纯电动汽车，供网络分部收派件、接驳时使用。天津出台了《关于促进快递服务业发展的意见》，鼓励快递企业购置新能源汽车及清洁能源汽车，完善快件末端投递服务体系。此外，2013 年以来，杭州、北京、上海等城市先后开展新能源汽车分时租赁业务。由于分时租赁价格较低（仅 20~30 元/小时）、形式灵活，并可提供网上预约、随取即用、异地还车等便捷服务，广受消费者欢迎。

（三）对充电设施建设和运营商业模式有新的创新

2013 年以来，对整车企业、电池企业、供电企业、运营服务企业、消费者等利益主体，在推广和运营的利益分配上进行了积极的探索。北京提出了由汽车生产企业承担或委托相关机构进行充电条件确认、建设自用充电设施，并纳入其售后服务体系，明确了生产企业负责充电设施的责任。江苏省对充换电设施用电价格、充换电设施服务价格进行了规定，明确了新能源汽车使用环节充电、服务价格利益分配。此外，中央政府也开展了新能源汽车充电基础设施相关政策的制定，进一步明确充电基础设施建设的准入及各主体利益分配问题。

（四）政府部门积极探索发展新能源汽车的长效机制，通过制度创新（如碳排放权交易、企业信用额度积分交易）建立驱动新能源汽车商业化备受关注

北京市、深圳市正在积极探索将新能源汽车的减排量纳入碳排放权交易

中。碳排放交易如能成功引入公交、出租等应用领域，运营单位可将新能源汽车的碳配额收益作为额外收入，用以补贴采购和运行成本。引入碳排放交易可在不增加政府财政支出的情况下，改善新能源汽车运营经济性，提高相关单位推广应用新能源汽车积极性。此外，中国汽车技术研究中心组织召开了“加州零排放汽车计划与中国新能源汽车城市推广应用交流会”，在借鉴美国加州经验基础上，积极研究通过新能源汽车信用额度积分交易制度推动企业发展新能源汽车的积极性。企业信用额度积分和碳排放交易分别从生产端、消费端解决企业发展新能源汽车的成本和利益问题，是政府利用市场机制调动企业发展新能源汽车的有效用手段，从长远看是推动我国新能源汽车可持续发展的有效解决方案之一。

目前，现有商业模式还难以满足新能源汽车产业发展的需求，仍存在众多亟待解决的问题，主要表现在：一是现有商业模式的正常运营主要依赖于政府补贴，还无法实现独立运营。各试点城市推出了电池租赁、融资租赁、共享租赁等多种商业模式来试图解决购置成本高的问题，但在没有财政资金补贴的情况下，各个商业模式都难以持续运营。二是现有商业模式注重短期效益，未与城市建设和交通需求有效结合。现有商业模式没有充分关注和研究城市建设、交通规划、电网改造、土地供应、补贴资金等各个环节相结合的问题，长期来看会出现市场需求潜力不足的情况。此外，不同地区推广商业模式缺乏统一协调机制，由于没有考虑与其他城市商业模式的有效衔接，一旦大规模推广，将有可能制约我国新能源汽车产业化进程。我国新能源汽车产业发展亟须从商业模式上探索更加有效的解决方案。

四　基础设施建设受到重视，私人充电设施有望加快发展

新能源汽车基础设施的建设与发展是新能源汽车产业健康发展的重要前提，是新能源汽车实现大规模推广应用的关键所在。经过第一轮示范推广政策的有效实践，我国新能源汽车基础设施建设开始得到重视，私人充电设施建设有望得到快速发展。

（一）基础设施数量增多

据科技部统计，截至2012年年底，25个试点城市累计建成174座充（换）电站、8107个站外充电桩。分散充电桩、集中充电站与换电站三种方式都得到应用，取得了较好的实践经验。据统计[①]，截至2013年年底，全国累计建成充（换）电站492座，各类充电桩2.3万个（含站内充电桩）。

（二）充换电设施投资呈多元化发展趋势

2013年9月，国家电网公司决定放开新能源汽车充换电设施的投资建设权，允许社会资本在快充、慢充和换电领域开展投资建设。2014年5月27日，国家电网公司在北京召开了“开放分布式电源并网工程、电动汽车充换电设施市场”新闻发布会，发布了《关于做好电动汽车充换电设施用电报装服务工作的意见》，明确支持社会资本参与慢充、快充等各类电动汽车充换电设施建设，国家电网公司将提供方便、快捷、优质的供电服务。这一政策的公布，将进一步推进充换电设施产业的快速发展。

（三）私人充电设施建设流程日益规范

2009~2012年，基础设施建设取得较大进展的城市，诸如北京、上海、合肥、深圳、天津、郑州、杭州等，基本都集中在公共领域（公交车、出租车、环卫车、邮政车等），包括这些城市在内的大多数试点城市私人领域基础设施建设进程相对迟缓，仅合肥、深圳等地取得了一些进展。新一轮示范应用政策实施后，各城市纷纷提升了基础设施的规划建设力度，大力发展新能源汽车基础设施，其中，私人充电设施发展成为主要规划目标之一。如北京市在2014年5月，正式发布了《北京市示范应用新能源小客车自用充电设施建设管理细则》，明确地规定了购买新能源小客车的单位和个人自用充电设施的充电条件确认、用电报装和设施建设流程。

---

① 调研数据，其中充换电站数量与科技部统计口径不一致，较为集中的几个分散充电桩也按站进行统计。

（四）新能源汽车充电电价逐渐明确

2009～2012 年，以广州、深圳、合肥、北京、天津、上海为代表的示范推广城市，大都以一般工商业用电电价对新能源汽车收取充电费用，全国统一的新能源汽车用电服务价格一直没有出台。2013 年以来，国家有关部门积极行动，不断加快政策制定进程，目前，全国统一的用电电价政策正在征求意见过程中。与此同时，各地方政府也充分意识到明确的充电电价对新能源汽车推广的重要性，先期出台了地方充电电价政策。2014 年 3 月，江苏省物价局发布了《江苏省物价局关于明确电动汽车充换电设施用电价格和服务价格的通知》，对江苏省电动汽车充换电设施用电价格及服务价格做了明确规定。

五　中国新能源汽车产业国际竞争力小幅下降

本书课题组根据产业竞争力相关理论，结合新能源汽车产业的特点，并借鉴 2013 年"新能源汽车蓝皮书"的评价指标，构建了新的新能源汽车产业国际竞争力的多层次评价指标体系。新指标体系共分为六个方面：政策环境竞争力、基础竞争力、产业支撑力、显示竞争力、企业竞争力和产品竞争力。与上一年度相比，新指标体系增加了政策环境竞争力指标，并相应增加了三级指标作为补充。评价时采用的定量数据和专家评分均基于 2013 年新能源汽车产业发展情况。评价结果表明：2013 年，我国新能源汽车产业无论是产业支撑力、企业竞争力，还是产品竞争力都比 2012 年有了一定程度的提高。但我国新能源汽车产业仍存在政策支持力度不足、成本相对较高、基础设施不完善等问题。相比国外主要汽车工业发达国家，如美国、日本等，我国新能源汽车产业总体竞争力仍存在较大差距。

（一）2013 年我国新能源汽车产业总体国际竞争力与主要发达国家的差距拉大

运用层次分析法和综合指数法对全部 21 个指标进行综合加权平均的结果表明，中国新能源汽车产业国际竞争力在 5 个评价国家中排名最后，且差距明显。

综合指数是日本的 71%（2012 年为 75%），美国的 73%（2012 年为 83%），德国的 77%（2012 年为 80%），韩国的 88%（2012 年为 89%）。造成此种现象的原因是，我国新能源汽车生产企业对政策依赖性较强，2013 年新能源推广应用政策出现了八个多月的空档期，使整个新能源汽车产业发展速度放缓。

（二）我国新能源汽车企业竞争力与国外领先企业相比，存在一定的差距

除产业竞争力外，本书课题组运用标杆分析法将中国新能源汽车的领先企业比亚迪、江淮与通用、特斯拉、奔驰、日产、现代起亚等国外先进企业进行多指标对比，分析我国新能源汽车企业的竞争力。研究结果表明，我国企业的主要指标如车型数量、价格水平、续驶里程、电耗水平虽然和 2012 年相比有小幅进步，但都与国外领先企业存在差距。

（三）新能源商用车整体竞争力优于乘用车

本书课题组采用专家问卷调查法对新能源汽车产品竞争力进行了评价。专家评分结果表明，我国新能源汽车产品整体竞争力不强，但不同车型的竞争力不尽相同，其中，新能源商用车整体竞争力明显高于新能源乘用车。在新能源乘用车中，插电式混合动力、燃料电池乘用车的竞争力相对较弱，纯电动乘用车竞争力略强于其他三种车型。

六　高层关注推动有力措施加速出台，政策环境日臻优化

虽然第一轮节能与新能源汽车示范推广补贴政策于 2012 年底到期，继续实施推广应用的补贴政策到 2013 年 9 月才推出，但在相关领导的不断推动下，新能源汽车发展自 2013 年下半年以来受到中央政府高层的高度关注。2014 年 1 月、3 月，国务院副总理马凯分别到深圳、合肥调研新能源汽车发展情况，并召开新能源汽车推广应用工作座谈会。在马凯副总理的高度关注下，中央政府部门、推广应用城市、汽车生产企业深入分析新能源汽车示范推广中面临的

问题，尤其是在3月座谈会和调研后，各相关方对组织领导、商业模式创新、公共领域推广、新能源汽车研发和舆论环境等多方面进行了认真梳理，探究制约新能源汽车推广应用的症结，并开始着手解决地方保护、充电设施建设和运营等新能源汽车发展的瓶颈问题。

（一）2013 年以来新能源汽车发展的政策环境日臻优化

2013 年下半年以来政府部门加大了新能源汽车推广应用措施的力度，突出表现在以下三个方面。

1. 新能源汽车政策措施呈现出聚焦性强、范围广、力度大及连续性强的特点

（1）聚焦新能源汽车

第一轮示范推广包括节能与新能源汽车，而本次推广应用的产品只包括新能源汽车，节能汽车不再列入补贴范围，支持产品将集中于纯电动汽车、插电式混合动力汽车、燃料电池汽车。同时，国务院领导进一步明确，发展新能源汽车的国家战略、纯电驱动①导向、政府扶持政策取向不变。

（2）推广应用领域、区域不断扩大

此次推广应用领域不再按照第一轮区分为公共领域、私人消费领域，而是推广应用城市内的购买者都可以享受补贴，同时还进行政策创新，允许城市群申报，河北省、广东省、浙江省等9个城市群都列入推广应用范围。实际上，本次推广应用的范围已从局部示范扩展到全国推广应用，从城市推广到覆盖89个大小区域和城市群，甚至非推广应用城市内的购车者也能享受中央补贴。此外，此轮资金拨付采取了中央财政将补贴资金直接按季度拨付给新能源汽车生产企业的方式，补贴及时到位，激发了企业生产新能源汽车的积极性。

---

① 科学技术部2012年3月发布《电动汽车科技发展“十二五”专项规划》，明确指出全部或大部分工况下主要由电机提供驱动功率的电动汽车称为“纯电驱动”电动汽车，例如纯电动汽车、插电式电动汽车、增程式电动汽车，以及燃料电池电动汽车。2012年6月，《节能与新能源汽车产业发展规划（2012～2020年）》进一步明确以纯电驱动为新能源汽车发展和汽车工业转型的主要战略取向，当前重点推进纯电动汽车和插电式混合动力汽车产业化发展。

（3）支持力度不断加大

行业热切期盼的新能源汽车购置税免征优惠措施提上日程，财政部等部门正积极研究争取 2014 年出台。

（4）破除地方保护，创造公平竞争的市场环境

规定每个推广应用城市必须有 30% 的非本地产品，为优势企业发展提供必要的市场环境。

（5）明确 2015 年后继续实施补贴政策

现行补贴推广政策已明确执行到 2015 年 12 月 31 日，为保持政策连续性，中央财政已明确在本期补贴推广政策到期后将继续对新能源汽车进行补贴。

2. 进一步加强组织领导，在部门协调机制及地方层面推动下形成合力

《节能与新能源汽车产业发展规划（2012～2020 年）》提出，为保证规划实施，国务院批准成立了由工业和信息化部牵头，国家发展和改革委员会、科学技术部、财政部等 18 个部门参加的节能与新能源汽车产业发展部际协调机制。2014 年 4 月 29 日，工业和信息化部召开节能与新能源汽车产业发展部际联席会议第一次会议，各部门研究探讨了节能与新能源汽车发展中存在的主要问题和困难，并明确了《节能与新能源汽车产业发展规划（2012～2020 年）》主要任务的各部门分工。科学技术部牵头开始加强对推广应用城市的督促和考核，地方政府各部门间也将加强协同配合。

3. 投资主体多元化趋势明显，将加快基础设施建设步伐

国家电网于 2014 年 5 月 27 日宣布全面开放分布式电源并网工程与电动汽车充换电设施市场，并向社会正式发布《关于做好分布式电源并网服务工作的意见（修订版）》与《关于做好电动汽车充换电设施用电报装服务工作的意见》。这将更好地促进基础设施建设主体多元化发展，有力促进新能源汽车的推广应用。

（二）未来一年支持新能源汽车产业和市场发展的措施将先后出台

2014 年以来，中央政府部门持续关注新能源汽车发展。尤其是 5 月 24 日习近平考察上海汽车集团股份有限公司时强调：“发展新能源汽车是我国从汽车大国迈向汽车强国的必由之路，要加大研发力度，认真研究市场，用好用活

政策，开发适应各种需求的产品，使之成为一个强劲的增长点。”① 这是习近平首次对新能源汽车发展做出指示。相信在高层领导的持续关注下，各方能解决影响新能源汽车推广中面临的体制、机制问题，新能源汽车相关政策措施、消费环境将不断完善和优化。预计未来一年将会逐步出台以下政策措施。

1. 投资准入将会适度放开，行业外的技术先进企业将会进入新能源汽车领域

按照《汽车产业发展政策》及现行行业管理体制，新能源汽车生产企业必须具有传统能源车型生产资质，虽然传统汽车制造商在汽车制造、研发等方面具有突出的优势，但由于新能源汽车投资较为巨大，同时面临较大的技术风险和不确定性。为此，传统汽车制造商缺乏足够的动力进行新能源汽车研发和产业化生产。按照充分发挥市场配置资源的原则，投资主管部门将制定相应的管理办法，吸纳一些具有新能源汽车研发经验和核心技术，但不具有汽车整车生产资质的企业进入新能源汽车生产领域，投资准入的放开也将促使传统汽车制造商加速新能源汽车的产业化和技术进步。另外，为了规范新能源汽车动力电池产业的健康发展，抑制低水平重复建设并保障产品安全和生产一致性，将对动力蓄电池生产企业和产品实施准入管理。

2. 新能源汽车购置税免征政策将出台

计价 10% 征收的车辆购置税的免征将对降低新能源汽车购置成本起到明显作用。公共汽电车从 2013 年实施购置税免征政策，新能源公交客车也能享受该优惠政策，但是私人消费的新能源乘用车还不能享受，预计新能源汽车免征购置税政策将于 2014 年出台。②

3. 新能源汽车充电价格将会逐步明确

在国家发展和改革委员会、能源局等部门推动下，电动汽车用电价格政策将会明确并享受充电优惠政策。

---

① 刘朋编辑《习近平：发展新能源汽车　迈向汽车强国》，《北京晨报》2014 年 5 月 25 日，http：//www. ce. cn/cysc/jtys/csjt/201405/25/t20140525_ 2868619. shtml。

② 就在本书即将付梓之际，欣闻 2014 年 7 月 9 日国务院总理李克强主持召开国务院常务会议，决定免征新能源汽车车辆购置税：自 2014 年 9 月 1 日至 2017 年底，对获得许可在中国境内销售（包括进口）的纯电动车及符合条件的插电式（含增程式）混合动力、燃料电池三类新能源汽车，免征车辆购置税。有关部门要抓紧制定公布车型目录。

4. 破除地方保护，促进全国统一开放市场的形成

和国外相比，我国庞大的汽车市场及未来持续的汽车需求为我国新能源汽车发展提供了较大的市场空间，上海、北京、广州、天津等城市实施的车辆牌照竞拍、摇号等措施为新能源汽车发展提供了政策空间。随着宝马、大众、特斯拉等跨国公司新能源汽车本土化生产的加速推进，在地方保护政策的制约下，自主品牌新能源汽车发展环境将更加严峻。因此，破除地方保护刻不容缓。相信在有关部门的推动下，未来的地方保护政策将会被逐步废除。

5. 只有市场机制与政府作用相结合，新能源汽车产业发展才能迎来破局

由于新能源汽车投资期长、投资巨大、技术风险不确定，企业不愿意进行前瞻性投资，即发展中面临市场失灵，在产业发展初期有待借助政府之手来加快其进程。但是，产业的发展最终还要依靠市场，党的十八届三中全会决定也明确要求要使市场在资源配置中起决定性作用。在新能源汽车发展充分利用市场机制方面，美国加州在2025年前的零排放汽车发展前期，实施了零排放汽车规定和允许富余积分交易制度，这为技术领先和零排放汽车企业提供了足够的市场激励。我国可借鉴加州等地的成功经验进行必要的制度创新和改革，推出充分利用市场机制的有效措施，与发挥政府作用相结合加快产业化进程，这也有利于财税支持政策的逐步退出。

总之，我国在推广应用中凸显出体制、机制制约新能源汽车发展的问题，如现行住宅模式不利于充电设施的建设，传统的部门分工管理体制在新能源汽车推广应用中无法形成有效的协调配合机制，这些因素制约了新能源汽车的发展。因此，与国外相比，我国新能源汽车的发展和推广应用依然任重而道远。我国只有依靠体制、机制的不断创新，遇到问题不绕着走，真正解决、落实影响新能源汽车发展面临的问题，上下一条心、全国一盘棋，合力推动相机制创新和改革，我国的新能源汽车产业才能真正迎来发展的春天！

产 业 篇

Industry Reports

本篇重点描述我国新能源汽车产业 2013 年取得的主要进展，内容涵盖中国新能源乘用车产业 2013 年发展综述、动力电池发展现状及展望、驱动电机产业发展动态、新能源整车电控单元发展、新能源汽车推广应用现状及展望、新能源汽车基础设施产业发展环境分析和中国新能源汽车产业竞争力综合评价七章内容。

本篇希望通过纵向和横向对比，向读者客观展示我国新能源汽车产业发展取得的最新进展和具备的国际竞争力。一方面，对我国新能源乘用车及关键零部件产业、推广应用、基础设施的发展进行纵向对比，总结过去、剖析现状并展望未来；另一方面，通过与新能源汽车发展领先国家的横向对比，基于 2013 年行业发展实际和评价模型的完善，系统地从产业角度全方位地评价 2013 年我国新能源汽车产业、企业和产品的国际竞争力，以认清国际形势、找准努力方向并把握发展机遇。

B.2

中国新能源乘用车产业2013年发展综述

张雷　周玮　方海峰*

摘　要：

本文首先从技术角度分析2013年我国新能源汽车取得的成果，将从新能源乘用车技术进步、中外新能源汽车技术发展比较等方面展开论述。其次，本文深入分析了近年我国新能源汽车市场发展情况，其中重点分析了2013年新能源汽车分企业、分车型销售情况。最后，本文对内资企业和外资企业在国内发展情况进行了归纳分析，内资企业方面，重点分析了上汽、一汽、东风、北汽、比亚迪、江淮等企业新能源业务发展情况，外资企业方面，重点分析了日产、丰田、本田、宝马、通用等企业在中国的新能源汽车布局情况。总体看，2013年是我国插电式混合动力乘用车产业化取得明显进展的一年，新上市车型技术成熟度显著提升，基本具备了规模化推广的条件，尽管近几年我国新能源汽车市场销量增速较快，由于基数较小，占同期汽车市场份额的比例仍然较低，新能源汽车规模化发展仍然任重道远。

关键词：

新能源汽车　插电式混合动力车型　规模化发展

---

* 张雷，硕士，工程师，中国汽车技术研究中心汽车产业政策研究室；周玮，硕士，工程师，中国汽车技术研究中心汽车产业政策研究室；方海峰，博士，高级工程师，新能源汽车研究部部长，中国汽车技术研究中心汽车产业政策研究室。

一　2013 年新能源乘用车技术进展及典型产品分析

（一）2013 年新能源乘用车技术研发取得阶段性成果

1. 插电式混合动力乘用车

2013 年，我国插电式混合动力乘用车产品研发取得了阶段性成果，数款接近国际先进水平的产品实现上市，产品性能和可靠性明显提升，主要表现在：纯电续驶里程进一步提高，能耗明显降低，混合动力总成技术进一步优化成熟。代表性产品有比亚迪·秦、上汽荣威 550 插电式混合动力等车型。

上汽荣威 550 插电式混合动力轿车是上汽集团推出的第一代插电式混合动力轿车，但其技术水平已接近国际先进水平。荣威 550 插电式混合动力车型和普通动力版的荣威 550 在造型上基本相似，外廓尺寸（长 * 宽 * 高，mm）为 4648 * 1827 * 1479。在动力部分，荣威 550 插电式混合动力车型将搭载一台 1.5 升 VCT 发动机，额定功率达 81kW，而与之匹配的是上汽集团自主研发的一款电驱变速箱。这款电驱变速箱集成了主电动机与 ISG 电机，其中主电机额定功率达 50kW，而 ISG 电机的额定功率为 25kW。电池部分，荣威 550 插电式混合动力车型所配备的电池组则采用上海捷新动力有限公司提供的锂电池，这套电池组的容量为 11.8kW·h。荣威 550 插电式混合动力车与普通的荣威 550 相比，节油率超过 50%，该车纯电续驶里程达 58km，百公里综合油耗为 2.3L。该车售价为 24.88 万元 ~25.88 万元。

“秦”属于比亚迪汽车第二代插电式混合动力车型，与 F3DM 相比，技术水平实现全面提升。在动力系统方面，集成了涡轮增压、燃油直喷等主流先进技术的发动机得到了应用，功率也进一步提高，达 113kW，电机最大功率也达 110kW，整车性能进一步提升，最高车速提高了 20% 以上，加速时间缩短了 42%。在传动系统方面，由 DCT 取代了 CVT，提升了能耗水平。在车型更大、整备质量更重、动力电池总能量减少的前提下，纯电续驶里程比前代仅略有下降，由此可见整车电能消耗控制水平获得提升；在综合工况油耗方面，秦燃油经济性提升明显，由上一代的百公里油耗 2.6L，降低到 1.6L，混合动力模式下，燃油经济性也获得了提升，尽管整车装备质量增加了 10%，但油耗降低了近 10%（见表 1）。

表 1　比亚迪 F3DM 与秦参数对比

对比车型	F3DM	秦
长 * 高 * 宽(mm)	4533 * 1705 * 1520	4740 * 1770 * 1480
整备质量(kg)	1560	1720
动力构成	1. 0L 汽油发动机 +50kW 电机	1. 5L 汽油发动机 +110kW 电机
发动机技术特色	多点电喷	涡轮增压 + 直喷
发动机最大功率(kW)	50/6000rpm	113/5200rpm
发动机最大扭矩(N · m)	90/3500 ~ 4500rpm	240/1750 ~ 3500rpm
变速器类型	CVT 无级变速	DCT 双离合
电池类型	磷酸铁锂电池	磷酸铁锂电池
电池组能量(kW · h)	16	13
电池额定电压(V)	330	506
电机最大功率(kW)	50	110
电机最大扭矩(N · m)	350	250
电机最高转速(rpm)	6000	12000
纯电动续驶里程(km)	80	70
最高车速(km/h)	150	185
0 ~ 100km/h 加速时间(s)	10. 5	5. 9
百公里油耗(综合工况)(L)	2. 6	1. 6
混合动力模式下百公里油耗(L)	6. 5	5. 9

资料来源：工信部：《车辆生产企业及产品公告》。

2. 纯电动乘用车

在纯电动乘用车方面，中高端产品技术水平达到国际一流水平，初步具备了商业化推广条件，代表性产品有腾势电动车、绅宝电动车、启辰晨风电动车等即将上市车型产品；中低端产品取得明显进步，续驶里程进一步提高，能耗水平进一步优化，典型产品如江淮同悦电动车 4 代。国内主流纯电动乘用车产品技术参数详情见表 2。

从产品技术参数看，小型中低端纯电动乘用车续驶里程一般在 150km 以内，最高车速为 100km，装配电池容量约为 20kW · h，大部分采用磷酸铁锂电池；中高端纯电动乘用车续驶里程较长，一般在 200 ~ 300km，最高车速也较高，一般为 140km，装配电池容量较大，一般为 40 ~ 65kW · h，三种主流锂离子电池均有采用，整车装备质量也较重，能耗也更高。

表 2　国内主流纯电动乘用车产品技术参数

产品	上汽 E50	北汽 E150EV	江淮 iev4	启辰晨风	比亚迪 e6	腾势电动车	北汽绅宝
最大续驶里程(km)	120	160	152	175	260	253	170
电池类型	磷酸铁锂	三元材料	磷酸铁锂	锰酸锂电池	磷酸铁锂	磷酸铁锂	三元材料
电池组能量(kW·h)	18	25.6	19.2	24	63.4	47.5	38
30 分钟最高车速(km/h)	112	110	95	125	130	120	130
百公里耗电量(Wh)	14.7	16	12.5	13.7	22.5	18.9	23.8
车辆尺寸(长*宽*高,mm)	3569*1551*1540	3998*1720*1503	4155*1650*1445	4467*1771*1549	4560*1822*1630	4642*1850*1642	4861*1820*1462
轴距(mm)	2305	2500	2400	2700	2830	2880	2755
整备质量(kg)	1080	1370	1200	1494	2380	2090	1760
售价(万元)	23.49	23.98	16.98	—	30.98	—	34

资料来源：工信部：《车辆生产企业及产品公告》，最大续驶里程、售价等参数根据分开资源整理。

江淮同悦电动车作为国内纯电动乘用车明星产品，已历经四代改进，是国内纯电动乘用车技术进步的有力诠释者。同悦第4代电动车相比第3代，外形并无太大改变，配套电池组能量、电机功率也没有改变。但江淮汽车利用轻量化技术，减轻了同悦电动车4.8%的整备质量，并通过优化整车能耗，使车辆最大续驶里程提高了17%，这说明江淮电动汽车能耗控制水平获得显著提升（见表3）。

表3　同悦第3代电动车与同悦第4代电动车

对比车型	同悦电动车3代	同悦电动车4代
长*高*宽(mm)	4155*1650*1445	4190*1650*1445
整备质量(kg)	1260	1200
最大续驶里程(km)	130	152
最高车速(km/h)	100	95
0~50km/h加速时间(s)	6	6
最大爬坡度(%)	25	25
整车百公里能耗(kW·h)	14.6	12.5
电池类型	磷酸铁锂电池	磷酸铁锂电池
电池组能量(kW·h)	19.2	19.2
电池额定电压(V)	307	307
电机类型	永磁同步电机	永磁同步电机
电机额定/最大功率(kW)	18/42	18/42
电机最大扭,矩(N·m)	170	170

资料来源：工信部：《车辆生产企业及产品公告》。

3. 燃料电池乘用车

《国务院关于印发节能与新能源汽车产业发展规划（2012~2020年）的通知》（国发〔2012〕22号）提出，我国将继续开展燃料电池汽车运行示范，提高燃料电池系统的可靠性和耐久性，带动氢的制备储运和加注技术发展，使我国燃料电池汽车、车用氢能源产业到2015年时与国际同步发展。但从当前的行业现状看，作为零污染零排放的燃料电池汽车，近期内不会成为我国汽车行业的焦点，除了上汽等部分企业外，大部分国内汽车企业燃料电池汽车技术研发陷入了停滞阶段。

到2013年年底，上汽集团已经开发出三代燃料电池汽车，第三代燃料电池汽车即为荣威750燃料电池轿车，该车的续驶里程、耐久性、冷启动温度均有大幅度提升，耗氢量也明显降低（见图1）。

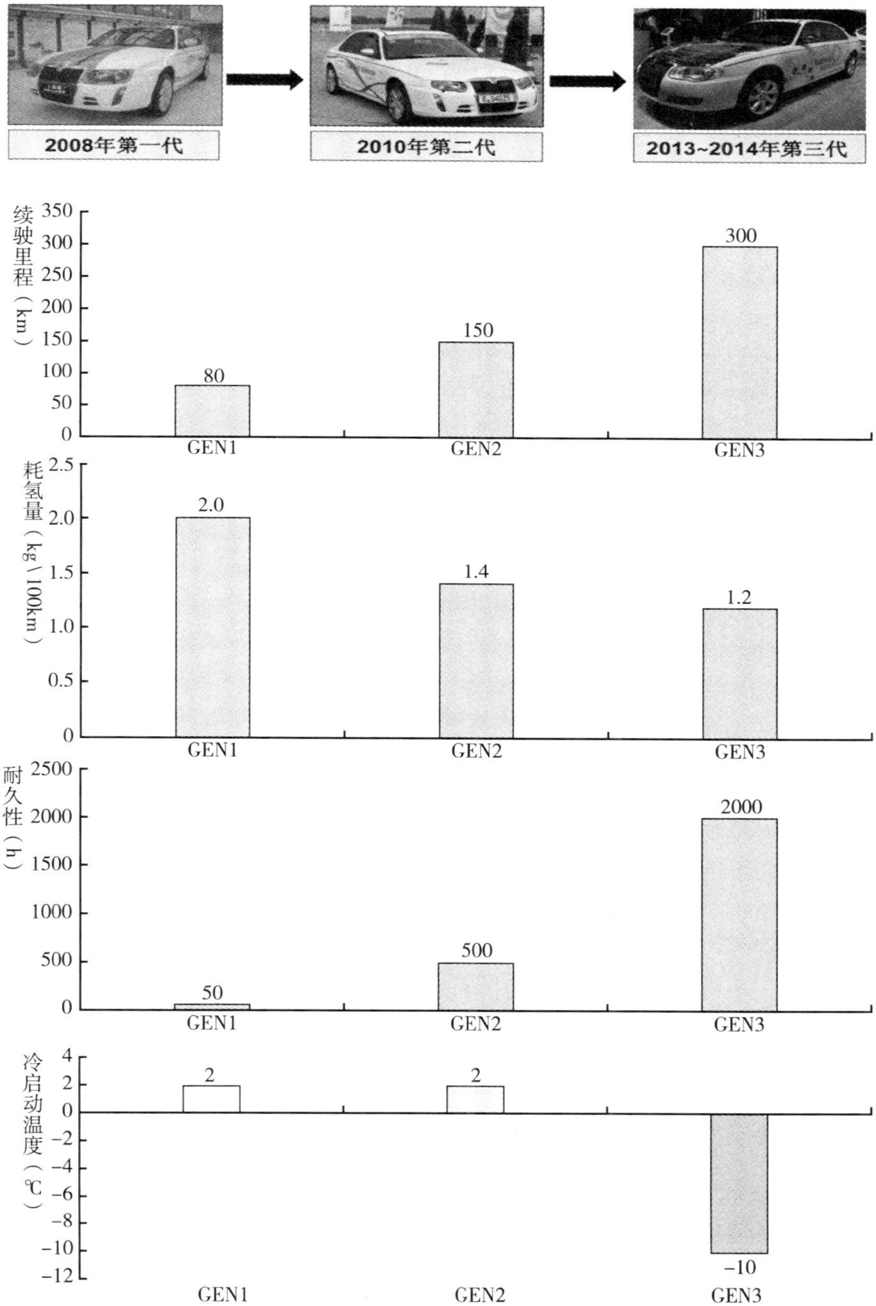

图 1　上汽集团三代燃料电池汽车技术发展情况

2013 年，上汽集团也提出了中长期燃料电池汽车发展规划，规划提出到 2015 年燃料电池车将实现产业化，并在北京、上海等大城市上市销售，先期计划生产 1000 辆，在此之前将先试制 55 辆燃料电池轿车供集团管理人员试用（见图 2）。

图 2　上汽集团中长期燃料电池汽车发展规划

（二）与国外新能源汽车技术先进水平相比，我国新能源汽车技术水平尚存在一定差距

1. 插电式混合动力乘用车

受传统汽车关键技术影响，与国外先进水平相比，国内插电式混合动力技术尚存在一定差距。国内插电式混合动力汽车生产者并未完全掌握混合动力专用发动机技术、机电耦合驱动系统等插电式混合动力专用技术，这造成了插电式混合动力系统集成设计水平的相对落后。整车和零部件工程化不足，产品处于产业化初期，成本较高，整车的节油率和可靠性也有待提高。近年来，我国插电式混合动力乘用车技术研发已取得明显进展，与国际先进水平相比，以比亚迪 · 秦为代表的产品性能已达到主流水平，且有一定的性价比优势、产品成熟度较高，但品牌溢价能力较低，仍需进一步提升。此外，在混动模式下，我国相关产品油耗不如丰田同类产品优越，并且轻量化水平不高，车辆整备质量仍然较重（见表 4）。

表4　中外典型插电式混合动力乘用车产品技术性能对比

车型名称	雪佛兰 Volt	普锐斯 PHEV	秦	插电式荣威550
生产企业	通用	丰田	比亚迪	上汽股份
长＊宽＊高(mm)	4498＊1787＊1439	4480＊1745＊1510	4740＊1770＊1480	4648＊1827＊1479
整备质量(kg)	1700	1420	1650	1670
纯电续驶里程(km)	80	26.4	70	58
最高车速(km/h)	160	180	185	200
0～100km/h 加速时间(s)	9	9	5.9	10.5
电池能量(kW·h)	16.5	8	13	11.8
百公里油耗(L)	2.5 (增程模式下6.5L)	2.6 (混动模式3.9L)	1.6 (混动模式5.9L)	2.3
市场售价(万元)	21.8①	19.5②	18.98	24.88

注：①②美国市场售价折算为人民币，按照人民币对美元6.25∶1。
资料来源：工信部：《车辆生产企业及产品公告》，国外企业产品数据根据公开资料整理。

2. 纯电动乘用车

我国纯电动汽车技术水平与国外接近，但部分核心技术缺乏。我国自主开发的纯电动汽车，在整车动力系统匹配与集成设计、整车控制方面已掌握核心技术，与国际先进水平接近。自主开发的电驱动系统性能测试接近国际先进水平，并能满足示范批量样车需要。但高性能纯电动汽车产品在可靠性和工程化能力上仍落后于国外先进产品。近年，我国纯电动乘用车技术也取得一定进展，与国际先进水平相比，以比亚迪e6为代表的产品性能已达到主流水平，产品成熟度较高，但产品性价比优势不明显、产品轻量化水平不高、能耗仍较高，在品牌溢价能力较低的情况下，产品竞争力不容乐观。此外，部分电机和电池所需部件、材料需进口，同时在控制器基础硬件、芯片、IGBT和信号处理放大部件等核心关键零部件方面仍依赖进口（见表5）。

表5　中外典型纯电动乘用车产品技术性能对比

车型名称	e6	同悦 iEV4	聆风 Leaf	Model s
生产企业	比亚迪汽车	江淮汽车	日产	特斯拉
长＊宽＊高(mm)	4560＊1822＊1630	4190＊1650＊1445	4445＊1770＊1550	4970＊1964＊1435
整备质量(kg)	2380	1200	1440	2108
纯电续驶里程(km)	260	152	228(JC08工况)	500

续表

车型名称	e6	同悦 iEV4	聆风 Leaf	Model s
最高车速(km/h)	130	95	145	200
电池能量(kW·h)	63.4	19.2	24	85
百公里电耗(度)	24	13	15	17
市场售价(万元)	31	17	18.1①	46②

注：①②美国市场售价折算为人民币，按照人民币对美元6.25∶1。

资料来源：工信部：《车辆生产企业及产品公告》，国外企业产品数据根据公开资料整理。

二　新能源汽车市场现状分析

（一）近年我国新能源汽车销量增长较快，但市场规模仍然较小

2013 年，我国新能源汽车销量继续保持高速增长，销量连续两年超过 1 万辆，其中纯电动汽车增速较快，插电式混合动力汽车销量出现起伏。据中国汽车工业协会（以下简称“中汽协”）统计，2013 年，我国新能源汽车产量 1.75 万辆，同比增长了 39.7%，其中纯电动 14243 辆（含 5857 辆 QQ 铅酸型电动车），插电式混合动力 3290 辆；新能源汽车销售 1.76 万辆，同比增长了 37.9%，其中纯电动销售 14604 辆，插电式混合动力销售 3038 辆。从销售车型分类来看，插电式混合动力车型中乘用车占比为 18%，客车占比为 82%；

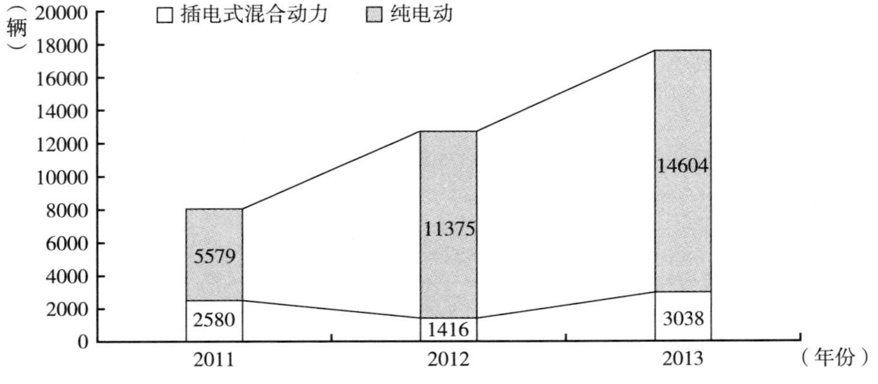

图 3　2011 ~ 2013 年中国新能源汽车销量情况

资料来源：中国汽车工业协会企业产销数据。

纯电动车型中乘用车占比 80%，客车占比 9%，专用车占比 11%。从汽车市场占比来看，2013 年我国汽车总销量为 2198.41 万辆，当年新能源汽车产销量占整体汽车市场的比例约为 0.08%。虽然新能源汽车销量增速较快，但所占市场份额仍然极小，新能源汽车市场尚未实现规模化销售。

（二）近年新能源乘用车产销集中度较高，但企业产销规模仍然较小

目前我国主要乘用车企业均推出了新能源乘用车产品，列入《车辆生产企业及产品公告》的新能源乘用车车型已超过 100 款，但仅有 10 余款新能源乘用车车型在进行市场推广，其他车型尚未推向市场销售。截止到 2014 年一季度，我国累计推广了 38003 辆新能源乘用车，除去 QQ 电动车（铅酸电池）外，我国新能源汽车市场销量位居前列的为同悦电动车、F3DM、e6、秦、康迪小电跑、北汽 E150 电动车等。近年我国主要汽车企业新能源乘用车累计销量详情见表 6。

表 6　近年主要汽车企业新能源乘用车累计销量

序号	生产企业	到 2014 年一季度累计销量（辆）	重点车型
1	奇瑞汽车股份有限公司	14315	QQ 电动车（铅酸电池）
2	比亚迪汽车有限公司	8074	F3DM、e6、秦
3	安徽江淮汽车股份有限公司	5413	同悦电动车
4	上海华普汽车有限公司	2511	康迪小电跑
5	湖南江南汽车制造有限公司	2574	众泰 5008EV、E20 知豆
6	北京汽车股份有限公司	2231	北汽 E150 电动车
7	上海汽车集团股份有限公司	734	E50
8	一汽海马汽车有限公司	461	普力马电动汽车
9	北汽福田汽车股份有限公司	354	迷迪纯电动车
10	重庆长安汽车股份有限公司	304	E30 电动轿车
11	其他企业	1032	
	合　计	38003	

资料来源：中国汽车工业协会企业产销数据。

从销量看，我国汽车公司销售新能源乘用车集中度较高，前6家企业市场占有率超过了92.4%，但单个企业销售新能源乘用车数量仍然较少。除不含装备铅酸动力电池的QQ电动车外，截止到2014年一季度，新能源乘用车销量最多的比亚迪汽车仍然不足万辆，且有3款车型贡献销量；江淮汽车累计销量达5413辆，全部由江淮同悦电动车贡献；上海华普、湖南江南汽车、北汽股份销量也超过了2000辆，这三家企业销量全部由纯电动乘用车贡献，且多为小型纯电动乘用车。

三 主要汽车企业新能源汽车事业进展

（一）中国主要企业集团新能源汽车发展规划及产业化进展

随着我国政府对新能源汽车推广应用支持力度的不断加大，国内各大汽车企业也不断调整新能源汽车发展规划部署，加大研发投资力度，扩大合资合作范围，努力提高新能源汽车技术水平。部分企业加快向市场投放新能源汽车新产品，继续探索新能源汽车市场推广模式，力求尽快形成规模化销售，并取得一定成效，截止到2014年4月底，如比亚迪汽车已销售8000余辆新能源乘用车，江淮也销售5400余辆同悦电动车。

1. 上汽集团：加快新能源汽车研发步伐，未来全系自主车型实现电动化

截至2012年，上汽已投入46亿元用于新能源研发，产品覆盖轻混、强混和纯电动车三个细分领域，在插电式混合动力产品研发方面已投入11.6亿元。“十二五”期间，上汽将再投入60亿元用于研发新能源汽车。2013年8月初，上汽集团与中国航天科工飞航技术研究院签署战略合作协议。根据此次签署的合作协议，双方将在新能源汽车、新材料、无人驾驶、汽车电子、车联网等领域加强合作。2013年10月，上汽发布了未来技术路线，在节能与新能源动力、汽车电子与车联网、整车集成与轻量化等高新科技领域发力。未来MG、荣威旗下所有车型上均有望搭载新能源技术，其中插电式混合动力是发展的重点，未来上汽新能源汽车将占上汽自主品牌汽车总销量的10%～15%（见表7）。

表7 2013年上汽集团新能源汽车发展动态

2013年上市车型情况： • 11月下旬，上汽荣威正式发布了荣威550混动版车型，上市2款车型，售价为24.88万元~25.98万元，这款车百公里综合油耗仅为2.3L，最大续航里程可以达到500km 计划上市车型情况： • 荣威950插电式混合动力车型正在研发中，可能搭载2.0T涡轮增压发动机和TST双离合变速器 • 根据上汽公布的燃料电池车规划，2015年燃料电池车将实现产业化，未来量产成本计划控制在50万元以内，并在北京、上海等大城市上市销售，先期计划生产1000辆	2013年产销情况： • 上汽交付了200辆E50给汽车租赁行业，未来，上汽E50电动车将继续推进新能源汽车租赁业务 • 9月7日，首批10辆上汽荣威E50纯电动汽车在中共中央党校投入运营，开展新能源汽车体验活动 • 上海市政府采购了10辆E50电动车，该车型的市场售价为23.49万元，车身挂DZ开头的上海新能源汽车专用牌照 •2013年全年荣威E50销售600余量 • 已有3款上海牌轿车产品列入工信部公告，50辆上海牌氢燃料电池车已给上汽企业管理人员试用

资料来源：根据公开数据整理。

2. 东风汽车：加大电动汽车研发投入，加快推进产能布局

2013年3月份，东风汽车有意竞购美国菲斯科公司，后宣布放弃，发展战略开始转向开拓小型电动汽车市场。2013年东风电动车公司实施四大战略定位：一是创新营销模式；二是继续做好特种电动车业务；三是做大做强汽车电子控制系统产业化工作；四是牵头做好东风公司面向客户的新能源汽车示范运营工作（见表8）。

表8 2013年东风汽车新能源汽车发展动态

车型动态情况： • 风神E30纯电动轿车将于2014年量产，该车轮廓尺寸与奔驰smart相当，最高时速为80km/h，并且单次充电后续航里程可达110~180km，采用磷酸铁锂电池，这款车的售价尚未公开，可能先期量产100~200台供政府部门进行试用 • 在2013年中国国际节能与新能源汽车展览会（安徽省合肥市）上，东风风神S30 STT、东风风神A60 ISG、东风风神S30 PHEV、东风风神E30、东风风神E30L等5款东风新能源车参展 • 东风汽车公司携东风风神E30、东风风神E30L、东风风神S30-EV、东风风神A60-ISG、东风纯电动帅客等5款新能源汽车参加在上海举行的第15届工博会	产能布局： • 东风汽车集团股份有限公司乘用车公司拟投资20.6亿元，在武汉经济开发区内建设“东风新能源工厂”，年产能12万辆。东风新能源工厂在东风收购原武汉中誉汽车有限公司现有厂区基础上进行改建，包括焊装及场地车联合厂房、涂装车间、总装车间、电子车间等。建成后，要用于新能源汽车、纯电动及传统汽车的混合生产，计划2014年5月投产，届时东风自主品牌的纯电动轿车将随同新工厂投产一起上市

资料来源：根据公开数据整理。

3. 一汽集团：新能源战略调整，加大产品投放力度

2014 年 4 月 20 日，一汽集团董事长徐建一在北京车展上正式发布了“中国一汽新能源汽车战略规划”，进一步明确了新能源汽车产业化发展的方向和目标，提出到 2020 年，完成关键总成资源布局，做熟插电混合动力和纯电动动力平台，掌控核心总成资源；实现 6 个新能源整车平台、16 款车型全系列产业化准备，具备批量投放市场能力；市场份额占 15% 以上，在自主新能源汽车中具有领先的技术优势和市场优势。同时，一汽首批量产新能源汽车奔腾 B50 - PHEV、奔腾 B50 - EV、威志 - EV 和欧朗 - EV 也开始上市，正式进入市场销售，价格为 21.98 万元 ~25.88 万元。

为实现 2020 年的总体目标，一汽分别制定了两个阶段化目标。2016 年，初步形成电机、电池系统的产业化能力，完成重点车型商品化开发；2018 年，通过新能源产品的规模化、产业化发展，支撑四阶段燃油限值目标的实现。

目前一汽新能源汽车战略规划已经指定了具体的实施路径。一汽首先将搭建 4 个新能源乘用车整车产品平台，实现从 A0 级到 C 级新能源汽车全系列覆盖，满足城市及城际等需求，完善两个新能源商用车整车产品平台，覆盖城市公交车和城市卡车。另外，通过系统和总成模块化设计，实现新能源汽车和传统车总成资源最大化共享，全面支撑中国一汽新能源汽车整车开发。

4. 北汽集团：加快布局新能源汽车关键零部件，产业化步伐加快

2013 年上半年，北汽 E150EV 电动车已面向个人销售，2014 年初，该车型进入北京市经信委制定的《北京市示范应用新能源小客车生产企业和产品目录》，进而可获得国家和北京市的双重补贴，到 2014 年第一季度末已有 850 辆新能源汽车在北京市区县以出租车形式做示范运营；北汽与易卡租车合作，开展北汽 E150 电动车个人租赁活动，首批 15 辆电动车已经在清华科技园投放；绅宝 EV 已于 2013 年下半年推出，最大续驶里程达 120km，主要面向北京公务车市场。

2013 年 10 月，北汽相关负责人表示北京消费者购买北汽新能源车时，安装充电桩等问题，北汽相关售后部门将负责协调和买单。北汽研发增程式的新能源轿车，预计 2014 年将实现量产；而北汽新能源全新平台纯电动轿车，预计将于 2015 年批量投放市场。北汽集团在荷兰和意大利两国建立了研发中心，其中荷兰中心主要负责新能源汽车技术和产品核心技术的研发（见表 9）。

表 9　2013 年北汽集团新能源汽车发展动态

2013 年零部件合资情况： • 北汽筹建北汽新能源汽车股份有限公司。成立之后，将成为北汽旗下第二家新能源领域的子公司。新公司目标是与西门子等公司进行合资合作，计划从事从零部件到整车全产业链的研发和生产 • 9 月初，由北汽集团、北京电控公司、韩国 SK 集团三方共同组建 BESK 电池合资公司，预计总投资 10 亿元人民币，计划 2014 年 6 月试投产，BESK 合资公司投产的电池包，设计寿命将达 10 年 20 万公里。借助 BESK 合资公司供应的电池包，北汽生产的纯电动车续驶里程 2014 年将达 200 公里，以后两年每年提升 100 公里	2013 年整车产业化情况： • 10 月 16 日，北汽集团与重庆市江津区政府签署合作框架协议，将建设北汽西南基地，北汽西南汽车生产基地项目分三期进行，一期规划占地 760 亩，建成 10000 辆特种车和 5000 辆新能源汽车生产基地；二、三期拟预留用地 1500 亩，分别建成零部件基地和整车基地 • 北汽新能源汽车公司已经具备了单班年产 2 万台新能源车型的能力，一期最高产能可达 5 万台，未来北汽全系产品电动化，且可能会独立渠道进行销售 • 现阶段北汽新能源基地尚有闲置产能，北汽有望代工生产奔驰电动车 • 8 月初，北汽集团与镇江市政府签署战略合作框架协议，收购镇江汽车，投资 150 亿元人民币建设新基地，一期主要生产 SUV、MPV 等车型，年产能 15 万辆；二期生产中高端乘用车、新能源汽车等车型及汽车发动机等核心零部件

资料来源：根据公开数据整理。

5. 比亚迪汽车：第二代插电式混合动力轿车“秦”上市，积极寻求各地试点城市支持

未来比亚迪将实施“双驱战略”，分为两个层面：一是在传统燃油车和新能源车两个层面都发展节能技术；二是在新能源车领域内，个人市场推广双擎双模，公交市场推广纯电动车。在 2014 年 4 月北京车展上，比亚迪宣布新能源汽车的“542”战略：“5”代表百公里加速 5 秒以内，“4”代表全面电四驱，“2”代表百公里油耗 2L 以内。车展全球首发“唐”，就是“542”战略下诞生的首款插电式混合动力 SUV。

在上海车展上发布的“绿混技术”，将在 2014 年实现全系车型搭载。“绿混技术”类似于大众的“蓝驱技术”，采用磷酸铁锂电池，集合“启停”系统、能量回收等功能，预计将能把百公里油耗降低 1L，每套成本约

为5000元。

2013年12月中旬，比亚迪·秦在北京发布并公布了售价（18.98万元~20.98万元），“秦”整车质保为6年或15万km，电芯终身保修，比亚迪表示当月订单已超过2000辆；同时比亚迪也在拉丁美洲发布了“秦”，计划向多国出口；2014年比亚迪将推出采用轮边电机的双模四驱SUV“唐”。

2013年11月，比亚迪和戴姆勒联手打造的腾势牌电动轿车亮相广州车展，于当年12月列入工信部公告，且在2014年第一季度，先后进入北京和上海的地方目录，获得地方政府补贴资格（见表10）。

表10　2013年比亚迪汽车新能源汽车发展动态

2013年市场推广情况： • 5月，比亚迪在香港地区推出首批45辆e6纯电动的士。在推广阶段主要采取租赁的方式，比亚迪在香港与多家合作伙伴共建了首批3个充电站，分别位于九龙和新界；比亚迪还计划于2015年在香港营运的电动的士数量达到3000辆以上 • 比亚迪联手南京公交集团，年内组建电动出租车公司，首批投放400辆纯电动出租车 • 香港比亚迪与台湾硅能合资设立台湾比亚迪，双方持股比为51%比49%，负责在台湾代理比亚迪品牌电动车，已接获1500余辆比亚迪e6电动车的采购订单 • 陕西省将支持比亚迪在西安成立一家纯电动出租车公司，2013年在西安举行的欧亚经济论坛使用了100辆e6作为通勤保障用车 • 9月，哥伦比亚首都波哥大投入运营了由45台e6组成的南美首只纯电动出租车车队	2013年产能布局情况： • 广汽集团和比亚迪合作的纯电动汽车项目已初步敲定落户增城，广汽集团占股49%，比亚迪控股51% • 比亚迪在西安建设10万辆“秦”混合动力汽车项目 • 11月，南京市和比亚迪股份有限公司签署战略合作框架协议，比亚迪将投资30亿元，在溧水经济开发区上马新能源汽车项目，该项目还包括在南京的新能源汽车研发中心、出口基地和华东总部，同时形成三电配套生产线

资料来源：根据公开数据整理。

6. 江淮汽车：稳步推进电动汽车研发，加快推进市场化

江淮明确了纯电动和重度混合力作为两条技术路线。首先发展短途代步用的纯电动新兴市场，进一步替代混合动力汽车。在产品平台上突出三大产品平台：纯电动车乘用车平台、增程式电动车平台和纯电动商用车平台。江淮汽车2015年将推出第五代爱意为；增程式的研发周期与纯电动同步，2014年，爱意为增程式电动车将上市；重度混合动力的研发周期为2013~2017年，将应用于B级车型；插电式的研发周期为2016~2020年，同样将应用于B级车

型。2014年，江淮同悦电动车计划销售5000辆，2015年计划销售8000辆。江淮“十二五”期间的目标是进入新能源汽车的第一阵营，并且形成10万辆的产销能力。

2013～2015年，江淮汽车将获得财政部将给予公司第五代纯电动轿车平台技术开发项目创新奖励资金2亿元，2013年2月，公司收到安徽财政厅预拨的上述部分奖金8000万元。江淮同悦第四代纯电动轿车已于2014年上市，并进入《北京市当期示范应用新能源小客车生产企业和产品目录》，同年增程式电动轿车也将上市（见表11）。

表11　2013年江淮汽车新能源汽车发展动态

2013年市场推广情况：	产能布局情况：
• 江淮汽车第四代同悦电动车已进入上海地方目录，可在上海销售也能够享受国家补贴5万元和免费的上海车牌 • 11月，江淮首批10辆第四代同悦电动车交付给庐江县政府作为公务用车，庐江县政府也是安徽全省首个使用新能源公务车的政府部门 • 4月，江淮汽车与美国GTA公司在上海正式签署2000辆江淮同悦爱意为纯电动轿车出口协议 • 4月，江淮30辆纯电动出租车已在合肥市投入示范运行	• 11月，江汽大中、轻卡改装车及新能源汽车项目奠基仪式在庐江举行。该项目一期工程占地98亩，投资2亿元，预计2014年9月建成投产，建成后将具备年产10万台商用车标准货箱及1万辆轻卡厢式车的生产能力

资料来源：根据公开数据整理。

7. 吉利汽车：从小型电动汽车切入市场，利用合资合作开展新能源汽车推广

吉利控股集团销售公司总经理刘金良被任命为负责集团新能源汽车营销工作的副总裁，负责集团品牌、市场和产品战略规划的副总裁孙晓东先生兼任集团销售公司总经理职务。吉利计划近两年在电动汽车领域投资20亿元，2012年已完成投资10亿元。

2013年上海车展，吉利汽车发布了全新车型：吉利KC概念车和帝豪EC7电动车。帝豪EC7是第一个成功获得C－NCAP碰撞5星和E－NCAP碰撞4星的自主品牌车型。该车具有中里程（约165km）和长里程（约250km）两套电池组合。150kW电机能使该车实现迅捷的加速性（0到100公里加速小于7秒）和超过200公里/小时的最高车速。

2014年4月18日，吉利汽车在北京发布全新品牌战略，宣布将采用全

新品牌架构和标识，并发布混合动力技术和帝豪 Cross 混合动力概念车（见表 12）。

表 12　2013 年吉利汽车新能源汽车发展动态

2013 年合资合作情况： • 吉利汽车与康迪科技共同组建的合资公司浙江康迪电动汽车有限公司，注册资本为 10 亿元，其中上海华普国润和康迪车业各拥有 50% 权益，该公司主要负责推广城市小型电动汽车。吉利利用康迪电动汽车，将公司原有吉利熊猫 EV、吉利全球鹰 IG 等车型，推向城市小型电动车市场。吉利熊猫小型电动车将作为康迪汽车“纯电动汽车分时租赁”业务的主要车型投放市场，新车在外观方面基本没有做出调整，只是在车标位置换上了康迪车业的 Logo，该车将在杭州面向个人租赁 • 吉利将斥资 15 亿元（约 1.5 亿英镑）在锰铜公司研发节能环保型出租车，未来推出的新款出租车，将包含混合动力与纯电动车两款新能源车型	2013 年市场推广情况： • 帝豪 EC7 电动车初期将主要销往企业用户和公共部门，预计 2014 年第一季度逐步投放市场，第一年销售 3000 辆，到 2016 年希望年销售达 30000 辆 • 吉利纯电动汽车和混合动力汽车量产时间在 2014 年底，在宁波远景基地量产，正式上市时间则在 2015 年，并面向全国市场 • 为推动杭州纯电动汽车微公交项目计划，杭州市西湖区将在 2013 年年底前建成 30 座以上纯电动汽车智能充换电立体车库（含分时租赁配套服务网点设施）。这是杭州设定的五年 10 万辆电动汽车自驾租赁公共交通项目的一部分。上述立体车库及分时租赁服务网点由康迪车业有限公司参与研发和运营，出租所用车辆将包含康迪的电动汽车

资料来源：根据网络公开数据整理。

（二）跨国公司在中国的新能源汽车发展动态

2013 年，中国政府将治理大气污染放到越发重要的位置，并将推广应用新能源汽车作为实现节能减排目标的重要手段而不断加强支持力度。在此背景下，部分合资企业在中国的新能源汽车产品发展战略也做出了明显调整，由过去的观望为主向积极布局、谨慎推广转变。

1. 丰田：全面推动混合动力技术国产化

丰田目前在中国仍将以普锐斯、凯美瑞尊瑞、雷克萨斯等非插电式混合动力作为其市场主力，2013 年旗下混动车型销量已达 2 万辆规模。下一步丰田在华将重点推动混合动力技术的本地化，其位于江苏常熟的丰田汽车研发中心（中国）有限公司已正式投入运营，混合动力系统主要组件的本地化工作正式全面启动。此外，丰田将新能源车型放入合资自主品牌旗下发展，位于天津的一汽丰田技术开发有限公司研发基地项目也已启动，随后发布合资自主品牌“朗世”及纯电动车型发展计划，寄望以此填补其在华新能源车型的空白。

2. 日产：纯电动车型即将投放市场

日产聆风纯电动车上市三年时间里，全球累计销量已突破 10 万辆大关，成为目前全球最畅销的新能源车型，其技术的实用性和可靠性已得到国外消费者认可，并已先后在武汉、广州、大连投入示范运营，积累了大量国内运行经验。东风日产以聆风为模板打造的启辰晨风 e30 纯电动车型已进入工信部公告，并计划于 2014 年正式上市销售，尽管预计其售价较传统车型仍然偏高，但其在质量、安全可靠性等方面的良好记录将为其在出租、租赁以及私人领域的推广应用提供保障。

3. 本田：混合动力国产化工作重新启动

本田在国内电动汽车市场中一直采取较为保守的策略，前期其电动车型主要以进口方式进入中国，混合动力车型国产化步伐也由于种种原因而推迟。但随着中国新能源汽车推广力度的加大，本田也开始加快在华推广普及混合动力车型。2013 年年底，本田技研科技（中国）有限公司在广州成立，该公司的主要工作之一即为在 3 年内实现本田混合动力车型在华生产。

4. 宝马：产品成熟度提升

宝马的用户群体对价格敏感度相对较小，因此宝马电动汽车在国内推广面临的制约因素主要是产品技术的可靠性以及配套充电基础设施布局的完善程度等。因此，宝马在前期通过进口电动车型 MINI – E、ActiveE 等在华开展试乘试驾等活动，在以试探国内新能源汽车市场情况的同时，也积累了大量国内车辆及用户实际使用数据。2013 年夏季，宝马首款正式面向消费者销售的新能源汽车宝马 i3 发布同时，华晨宝马合资自主品牌之诺 1E 纯电动汽车也于 2014 年进入租赁市场，在一定程度上解决了此前缺乏成熟可靠产品的历史。但目前，用户充电条件的完善仍成为制约其产品推广的主要因素之一。

5. 大众：加大新能源汽车投入力度

大众前期在华推广蓝驱技术为主，预计下一步将以插电式混合动力作为推广重点。2014 年初，大众和上汽、一汽签署协议，将在燃料电池和插电式混合动力车方面合作，进一步开发更多环境友好型车型，标志着大众集团新能源汽车技术的本地化工作的启动。在市场方面，大众在前期将主要通过进口方式引入插电式混合动力汽车和纯电动汽车；2016 年前后，逐步实现新能源汽车本土化生产。

6. 特斯拉：产能及充电设施服务能力提升成为未来重点

从 2013 年下半年开始，随着特斯拉在华首家直营店正式开业，其以先进的技术概念、优良的外形设计以及优异的性能表现在中国掀起了一阵热潮，社会各界都对其投以强烈关注，对国内消费者认知新能源汽车知识带来了极大的促进作用。同时，上海等地方政府也在政策上对其给予一定的支持，使其在华市场前景良好。在充电基础设施方面，特斯拉在北京、上海的超级充电站也陆续投入使用，但目前服务范围仍然有极大局限性。此外，其 Model S 产品产能不足问题也是较长时期内制约特斯拉在华推广的重要因素。因此，下一步特斯拉在扩大产能的前提下，通过开放授权、加强与国家电网等企业合作的方式，继续扩大其充电网络覆盖范围。

整体上看，2013 年跨国企业在华新能源汽车发展表现出以下特征。

一是积极在华开展新能源汽车国产化准备。日产、丰田、宝马等企业均已开展新能源汽车的国产化布局，如东风日产晨风电动汽车已完成国产化准备，预计将于 2014 年下半年上市，华晨宝马之诺也已实现在华量产。此外，丰田、本田也积极加速推进混合动力在中国的本土化进程，预计其国产混合动力总成将于 2015～2016 年随新车型一同上市。此外，大众、通用等企业在华新能源汽车业务部署则相对谨慎，近期仍以推动节能车型普及为主，但已将插电式混合动力及小型纯电动汽车作为下一步发展重点，未来 2～3 年内或将加速引进新能源车型。

二是多通过合资自主品牌发展新能源汽车。目前，日产、宝马、大众、戴姆勒、现代、起亚等主要合资企业均通过自主品牌导入新能源汽车车型，其中晨风 e30、腾势纯电动等车型已正式发布。而一汽大众开利、上海大众天越、戴姆勒比亚迪腾势、北京现代首望和东风悦达起亚典悦等多个合资自主品牌更是将新能源汽车作为品牌产品切入点。合资企业通过合资自主品牌发展新能源汽车，既可避免与母品牌直接竞争，也可为未来的新能源汽车市场做好技术和产品储备。部分合资企业合资自主品牌新能源车型情况见表 13。

表 13　部分合资企业合资自主品牌新能源车型情况

整车企业	合资自主品牌名称	车型
一汽大众	开利(KAILI)	纯电动汽车
上海大众	天越(TANTUS)	纯电动汽车
东风日产	启辰(VENUCIA)	晨风 e30
一汽丰田	朗世(RANZ)	纯电动汽车
广汽丰田	—	纯电动汽车
广汽本田	理念(EVERUS)	纯电动汽车
北京现代	首望	500e
东风悦达起亚	华骐(HORKI)	纯电动汽车
比亚迪戴姆勒	腾势(DENZA)	纯电动汽车
华晨宝马	之诺(ZINORO)	之诺 1E 纯电动汽车
长安福特	佳跃	纯电动汽车

资料来源：网络公开资料整理。

三是主要试水大型城市，推广步伐谨慎。东风日产纯电动汽车已先后在武汉、广州、大连等城市投入示范运营，并已积累了较为丰富的实际运行经验，也为其产品国产化扫清障碍。特斯拉 Model S 以及宝马 i3、之诺 1E 纯电动车等车型也于 2014 年正式投放市场，但考虑到基础设施配套条件，先期市场推广重点仍以北上广等特大城市为主。

整体上看，2013 年跨国企业在华新能源发展战略越发清晰，部分企业已开展国产化布局工作，并保持谨慎进入态度，尚未完全发力。但合资企业国外母公司在电动汽车用关键零部件、原材料等方面已具备相当积累，如日产通过底盘结构优化、热泵空调系统的应用进一步提升了其产品的续航水平，丰田通过研发 SiC 半导体大幅降低电驱动系统能耗，宝马则通过应用碳纤维专用底盘显著降低了整车质量。因此，从中长期来看，合资企业将对国内企业造成极大的竞争压力。

小　结

尽管 2013 年度国家政策环境进行了阶段性调整，在一定程度上影响了新能源汽车的市场销量，但汽车企业研发新能源汽车的能力在增强，产业化也取得了一定进展。

总之，我国的新能源汽车市场规模仍然较小，虽然自主品牌的研发起步不晚，在纯电动汽车、插电式混合动力汽车技术开发取得了较大进步，但由于跨国企业技术基础雄厚，不断加大研发力度，在我国加速进行产业化布局，未来，自主品牌企业仍会面临严峻挑战。

B.3

动力电池发展现状及展望

汪继强*

摘　要：

本文首先介绍了2013年国际电池市场发展情况，并对国际动力电池发展趋势进行了简要分析。其次对不同类型电动车辆所用的电池发展和应用情况进行了描述。最后介绍了中国动力电池产业和技术发展最新情况。2013年以来，国际车用动力电池主要呈现三个特点：一是非插电式混合动力汽车（HEV）用电池从氢镍电池向锂离子电池过渡，带动了高功率动力锂离子电池呈上升趋势；二是欧洲微混车辆市场初步形成并快速增长，带动了铅酸电池技术发展和规模生产应用，也推动了超级电容器、钛酸锂负极锂离子电池等技术在该领域的开发和应用；三是以特斯拉等纯电动汽车为代表的新能源汽车成为行业发展的焦点，推动了锂离子电池技术与产业呈现加快发展趋势，各国电池企业都在努力推动动力锂离子电池材料与体系、电池结构、模块和电池包（含管理系统）设计的技术创新。

关键词：

新能源汽车　动力电池

一　2013年国际动力电池市场发展现状与趋势

（一）国际电池市场发展概况

2013年，世界二次电池市场销售额已经达540亿美元，其中铅酸电池销

* 汪继强，教授级高级工程师，原信息产业部电子十八所副总工程师。

售额超过330亿美元，位列第一位；锂离子电池接近180亿美元，位列第二位；镍氢、镉镍电池等约30亿美元。1990~2013年，世界电池市场保持了持续增长态势，其中，锂离子电池是从无到有的变化，增速幅度最大。铅酸电池增速不及锂离子电池，但是其涉及汽车启动、工业（通信、UPS、牵引等），以及近年来轻型电动车快速发展的需求，尽管目前的市场基点高（1990年市场销售已经达160亿美元），但依然处于显著增长中。

1. 电池应用领域

从电池应用领域看，汽车启动、小型电子产品与工业应用仍是蓄电池的三大传统市场，依然保持较好发展势头（见图1）。其中，小型IT电子产品的快速发展推动了以锂离子电池为主导的小型电池市场的高速发展。同时，动力电池的应用市场开始起步，2013年年底电动自行车电池与电动汽车（HEV、PHEV和EV）的销售额分别为约20亿美元和约40亿美元。

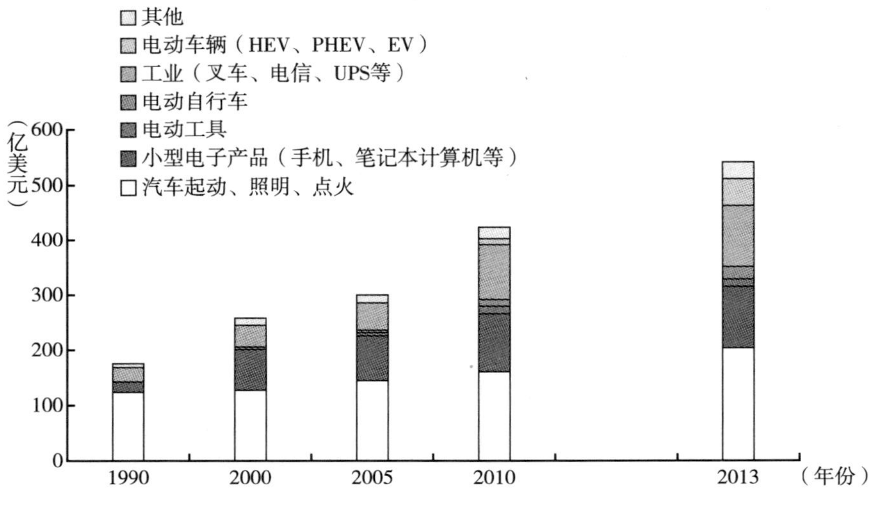

图1　2013年世界二次电池按应用市场的销售统计

资料来源：The Rechargeable Battery Market and Main Trends 2013 - 2015, Christophe PILLOT, the 31st international Battery Seminar, March 10 - 13, 2014.

2. 电池产业布局和品牌结构

从电池产业布局来看，2000 年以前全球 80% 以上锂离子电池产自日本；2000 年后，中国及韩国相继投入锂离子电池产业并陆续量产。目前，中国、日本及韩国生产的锂离子电池占全球产量的 90% 以上。2012 年，日本由于受大地震的影响，全球的市场份额下降，已经被韩国所替代。根据赛迪顾问统计数据显示，2013 年韩国锂电池产量受益于三星、LG 等锂离子电池企业出货量的增加，已经成为全球最大的锂离子电池生产国（见图 2）。

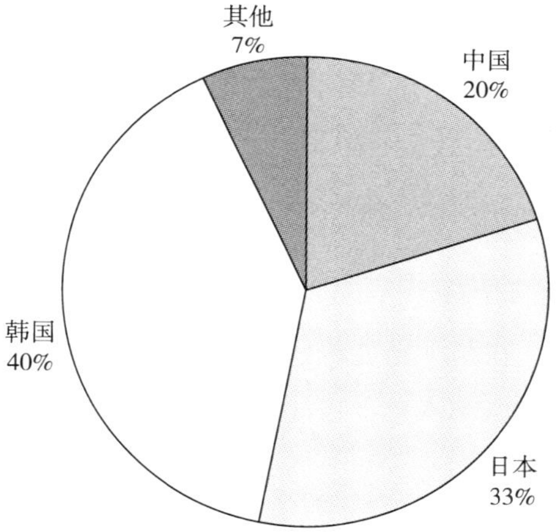

图 2　2013 年全球小型锂离子电池区域结构

从企业竞争格局来看，2013 年，三星已经成为全球最大的锂离子电池生产商，其在全球的市场份额上升至 23.60%，中国的力神、比亚迪、ATL 和比克等公司也处于行业前列。

在动力电池方面，2013 年锂离子动力电池仍处于投入期和小批量的生产阶段。从全球来看，传统锂离子电池生产企业仍然是汽车动力锂离子电池市场的主导者，LG 化学、三星 SDI、力神、比克等企业纷纷在汽车动力电池领域展开了投资和布局，并具备较大的产能（见图 3）。

另外，传统锂离子电池通过与汽车企业合资生产动力电池，如 NEC 与日

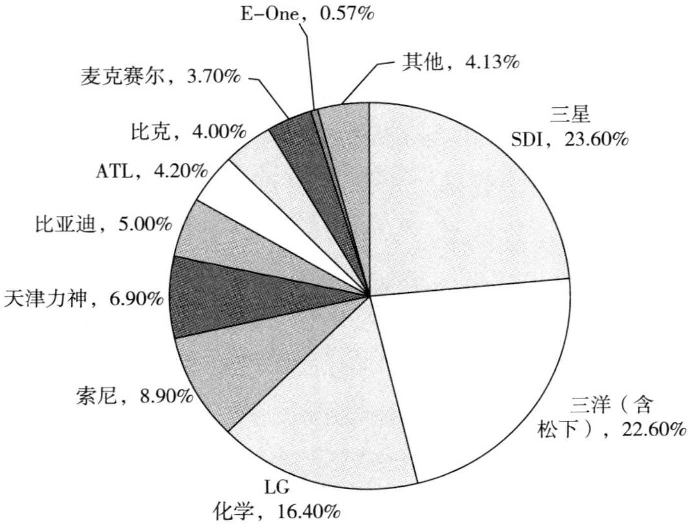

图 3　2013 年全球小型锂离子电池品牌结构

产合资成立 AESC，松下与丰田合资成立 Panasonic EV Energy。锂电池企业通过与汽车企业的合作，在整个新能源汽车产业化初期有利于其渠道的掌控并迅速将动力电池产品用于电动汽车上（见图 4）。

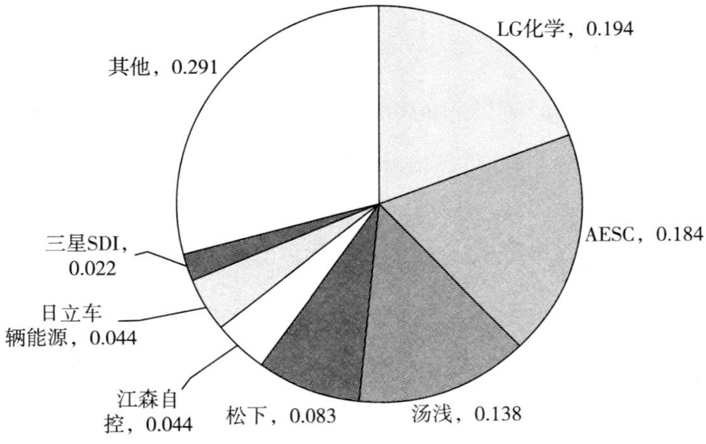

图 4　2013 年全球动力锂离子电池品牌结构

（二）国际电池市场发展趋势分析

由于锂离子电池在能量密度、安全性、成本等方面具有综合优势，随着新能源汽车、非插电式混合动力汽车市场的不断发展，锂离子动力电池近期将成为锂电池产业发展的重点。由于启停装置加能量回收技术成为今后重点推广的节能措施，48V 锂离子电池将成为重要发展方向。此外，随着非插电式混合动力车辆销售增加，氢镍电池还将保持一定的市场容量。但是，氢镍电池的市场份额正受锂电池的挤占，除丰田外，其他大部分汽车公司的混合动力汽车已从氢镍电池转向锂离子电池，预期到 2015 年后采用锂离子电池的 HEV 市场比例将呈显著上升趋势。

二　车用动力电池技术发展与应用概述

（一）不同电动车辆对动力电池的技术要求与可供选择类型

由于混合动力车辆（HEV）涵盖了从微混、轻混、中混、强混、插电式等混合动力车辆，它们对各自所采用的电池技术的要求不尽相同，且供选择的电池类型也呈多样化。插电式混合动力汽车可以依靠纯电驱动行驶，因此其特点与纯电动车辆类似。不同电动车辆对所需动力电池的技术要求如表 1 所示。

表 1　不同电动车辆对电池的要求与可供选择的适用电池类型

车辆类型	标准型燃油车	非插电式混合动力车(HEV)						新能源汽车		
		微混 -1	微混 -2	轻混 -1	轻混 -2	中混	强混	PHEV -1	PHEV -2	EV
电池作用	启动	启/停	制动回收	电力辅助	轻度助力	中度助力	有限驱动	主动力	主动力	主动力
电压(V)	12	12	12 ~ 24	48	45 ~ 120	100 ~ 150	150 ~ 350	150 ~ 600	200	200 以上
可供选择的电池类型	铅酸电池	改进铅酸电池、锂电池			—	—	—	—	—	—
	—	—	—	金属氢化物镍电池				—	—	—
	—	—	锂离子电池							
	—	复合电池(含超级电容器)			—	—	—	—	—	—
	铅碳电池							—	—	—

1. 微混车辆（微混 -1 和微混 -2）

带有启停装置的车辆，电池除了要满足车内音响、照明等电气设备的需要外，还要有频繁输出大电流放电的能力。此外，在为车轮提供动力时，蓄电池需要提供能量支持，以及车载充电机给蓄电池充电时，蓄电池要具备很强的充电性能。与微混 -1 相比，微混 -2 是在“启停”基础上增加了制动能量回收装置，要求电池还具备良好的大电流充电能力，并使电池要处于适当 SOC 状态下工作。此外，电池还必须有足够长的使用寿命。

基于以上特点，传统起动型铅酸电池难于满足这些要求，尤其是使用寿命的要求。因此，针对“启停”系统和制动能量回收（大电流充电）要求，对原富液型起动电池进行了技术改进，开发出了增强型富液电池。同时也在原工业型阀控式铅酸电池基础上，开发出性能优于富液电池的 AGM 电池。这两种电池目前都已经实现了大规模生产，与起动铅酸电池相比成本略有升高，但是依然保持了铅酸电池低廉的价格优势。随着微混车辆的进一步发展，改进型铅酸电池可能成为 2020 年前铅酸电池市场持续增长的重要基础。

2. 轻混车辆（轻混 -1 和轻混 -2）

轻混系统要求具有较高的节油率和较低的成本，因此要求电池具有较高的能量密度、高倍率充放电能力（特别是高充电接受能力）、宽广的操作温度区间（特别是低温下）、较长使用寿命及较低的价格等特点。近期发展中的铅碳电池（或超级电池）在轻混与中混 HEV 上的应用也受到关注。典型的轻混车辆设计方案包括两组电池：一组为铅酸启动电池，另一组采用为 48V 镍氢电池或 48V 锂离子电池。当前的技术方案多采用锂离子电池方案，也有采用超级电容器与锂离子电池复合电源的方案。

3. 中混与强混车辆

中混/强混 HEV 要求电池始终处于荷电保持中，不要求对电池进行单独充电，一般要求在 55% SOC 时有 30 万次循环寿命，电池组能量输出保持在 300 ~ 500W · h，脉冲功率输出保持在 25 ~ 40kW（10 sec 脉冲期间）。中混/强混 HEV 要求电池的尺寸较小（能量较低，一般为 1 ~ 2kW · h），功率与能量输出比率较高（P/E > 15），显然对 HEV 电池突出了高比功率特性要求（包括实现制动能量回收的高充电接受能力），一般比功率可超过 3kW/kg。因此，目前技术状态下，仅有镍氢动力电池、锂离子电池能满足要求。

4. 插电式混合动力汽车（PHEV）

电池需要单独运行和单独充电，在要求电池提供的能量可以确保车辆单独运行一定的距离（美国定为16～65km）外，还要求电池能在5000 次深循环中得到保持；PHEV 需要的电池尺寸增加（能量增至 5～15kW·h），但功率与能量输出比率略有下降（P/E =3～10）。

5. 纯电动汽车（EV）

要求电池具有高比能量特性，较多的深度充放电（80% DOD）循环次数。同时，纯电动汽车要装备较大容量和尺寸的电池以满足较长续驶里程的要求，但功率与能量输出比率要求相对较低，一般在 3 以下。显然，现有锂离子电池技术也只能满足 EV 的基本要求，离期望的 EV 电池的目标比能量、比功率尚有距离。

由此可以按照电池输出能量与输出功率大小特征，描述三种类型动力电池：高功率输出型（HEV 电池）、高能量输出型（EV 电池）和功率/能量混合型（PHEV 电池）。

（二）典型电池产品技术应用进展

HEV 用动力电池既能提供高功率（高比功率），也要能输出较高的能量。当前，HEV 主要采用镍氢电池。随着锂离子电池的不断发展，在满足同样功率的条件下，电池比能量显著提高，并可替代镍氢电池在混合动力汽车上的应用。此外，超级电池、超级电容器等也有可能作为混合动力汽车电池使用。

1. HEV 用金属氢化物镍电池（Ni/MH 电池）技术进展

应用于电动车的高功率型金属氢化物镍电池的主要性能特点是：具有高的充放电比功率及较高的能量密度。如在 1～2kW·h 总能量及 1000～2000W/kg 高比功率输出的情况下，Ni/MH 电池可以用 1C 放电获得 45～50W·h/kg 比能量。当按照能量型电池设计时，该电池的比能量可以提升为 60～80W·h/kg。

图 5a 图显示出 HEV 用 Ni/MH 电池在极高的充放电功率下，以及从 10% DOD 增至 20% DOD 能量输出/输入条件下，依然超过 HEV 的循环寿命目标值，而图 5b 图则表示按电池重量计算出的放电比功率的提升情况。

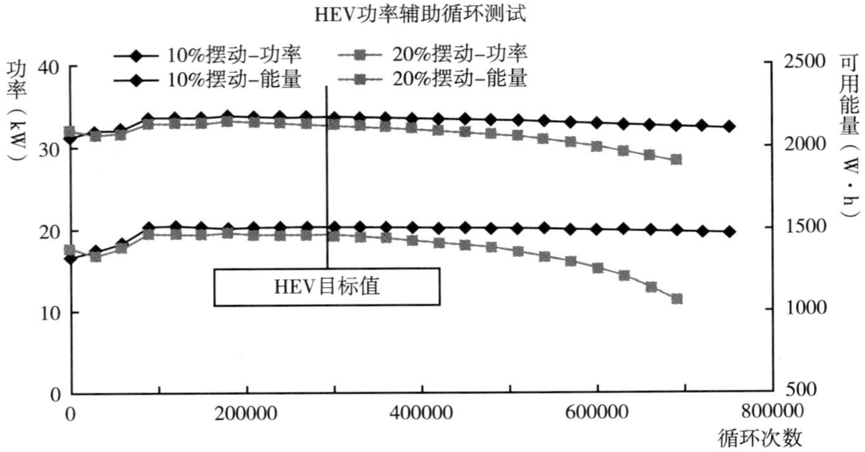

a

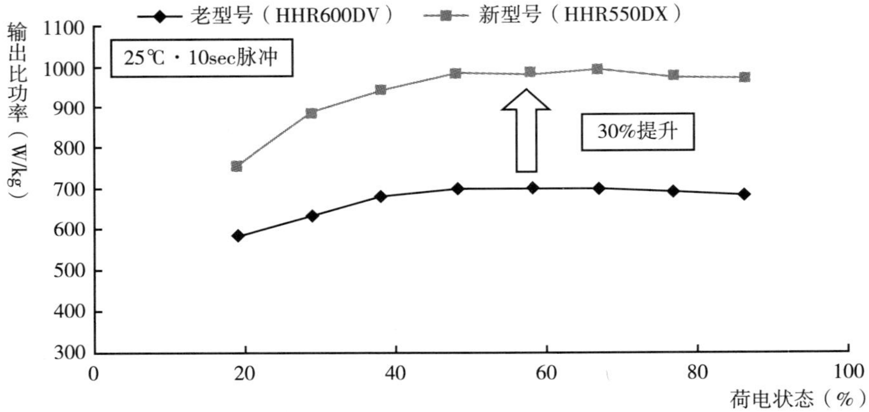

b

图5　HEV 混合动力车用 Ni/MH 电池典型的充放电功率特性提升

丰田汽车 Prius 混合动力选用的是松下小容量方形高功率电池（6.5Ah），其电池组主要性能在新 Prius 中得到提升。其中，单体电池数由 240 只减至 228 只，电压由 288V 降至 274V；总功率输出由原先 21kW 提升至 34kW；电池包比能量也由 44W·h/kg 提高至 46W·h/kg。

金属氢化物镍电池的技术进步主要表现在储氢材料的组分优选，日本 FDK 公司发展了原三洋研制出的 $AB_{3.5}$组成与结构的新型储氢合金材料，具有三个关键性能的改进，包括：①提升比容量（由原 2400mAh 提升至 2013 年的

2450mAh）；②提高稳定性、具有良好荷电保持能力（储存后的荷电保持率由采用 AB_5 的 50%/年提高至 2013 年的 90%/年）；③循环寿命由原 1500 次延长至 6000 次、高的氢活性，具有良好的低温性能等。采用原先储氢材料的电池在 -35℃和 -40℃下几乎不能工作，但 2013 年 500mA 新储氢材料电池下还可以分别放出约 300mAh 和 100mAh，这对电动汽车应用非常有意义（见图 6）。

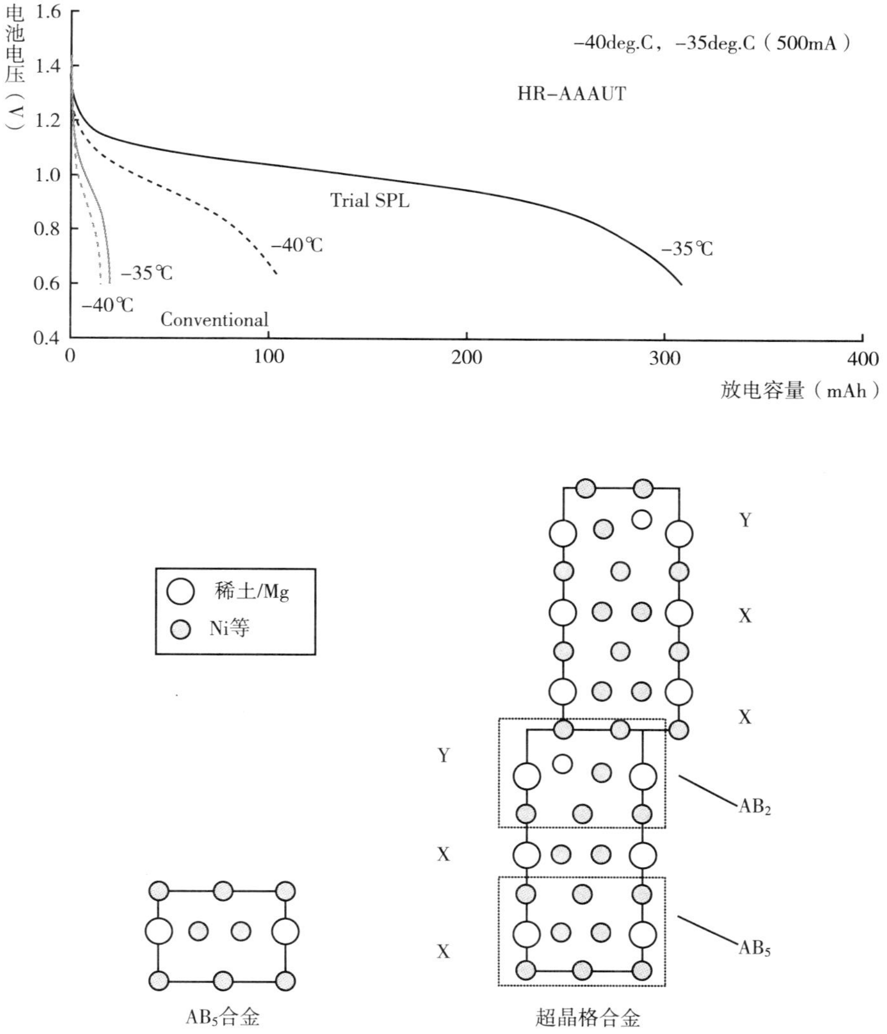

图 6　$AB_{3.5}$ 负极 Ni/MH 电池的低温性能与组成结构

2. HEV 用超级电容器或与蓄电池复合电源的技术进展

混合动力车采用超级电容器的优势在于：①低温性能好，可在 -40℃工作，而一般常规电池在 -20℃以下难以可靠工作；②安全性好，特别是对于公交车，超级电容器是一种安全的电池辅助供电解决方案；③寿命长，使电池使用成本大大降低；④效率可高达 85% ~95%，而电池在类似大电流工作条件应用中，充放电效率显著降低；⑤瞬间输出功率大，有利于车辆的瞬时加速要求；⑥充电接受能力强，能够有效地回收制动时的能量，并将其储存以满足下一次加速对能量的需求。

开发用于混合动力公交车的一种典型超级电容器 B CAP0010 的性能如表 2 所列。

表 2　HEV 公交车用典型超级电容器的性能指标

型号	BCAP0010
电容(F)	2600
串联电阻(mΩ)	0.7(直流)
连续电压(V)	2.5
峰值电压(V)	2.8
额定/最大电流(A)	400/600
循环寿命(次)	$>5\times10^5$

3. HEV 用动力锂离子电池的技术进展

锂离子电池无论比功率还是比能量都能满足各种混合动力汽车的性能要求。随着材料价格下降及锂离子电池规模化生产，成本将不断降低，已经基本具备了与 Ni/MH 电池的竞争优势。由于锂离子电池可以有多元材料体系构成，因此 HEV 用动力锂离子电池可以是多元化的，HEV 用功率型动力锂离子电池的代表性结构与材料体系，如表 3 所示。

表 3　HEV 用功率型动力锂离子电池的代表性结构与材料体系

单体容量	电极结构	正极材料	负极材料	电解质	隔膜	关断机构
5Ah	方形卷绕式	NCM	石墨/SiC	EC 基	干法多层膜	无
5Ah	方形卷绕式	LNO	石墨	EC 基	干法多层膜	有
4.7Ah	方形卷绕式	NCM	硬碳	PC 基	湿法 PE	有

续表

单体容量	电极结构	正极材料	负极材料	电解质	隔膜	关断机构
5. 2Ah	方形卷绕式	NCM/LMO	石墨	EC 基	PE/干法多层	有
4. 4/4. 8Ah	方形卷绕式	LMO/NCM	硬碳/软碳	PC 基	干法多层膜	有
20Ah	方形卷绕式	LNMO	LTO	PC 基	纤维素隔膜	有
5. 3Ah	软包装叠层	NCM/LMO	软碳	PC 基	干法 PP	有
5Ah	软包装叠层	LMO	LTO	PC 基	湿法 PE	有

表 4 列出了两种典型 HEV 用锂离子电池的特性比较。由表 4 可以看出，采用钛酸锂为负极材料的电池，显示了的几个特点，包括在高功率输出下保持长循环寿命和良好的低温性能。同时该电池体系内部短路安全性极高，原因是：短路时，负极转变成低电子导电的尖晶石结构 LTO，使其在短路处有效地抑制了短路放电反应的持续进行，LTO 负极上的短路反应要比石墨负极上低三个数量级。LTO 负极相对于内部短路的快速反应显示出自我保护功能。此外，还具有 1 分钟内快速充电、可充入 80% 额定容量的特性。基于快充电的特性，也被用来设计作为纯电动公交车的动力电源，虽然行驶距离受到限制，但是由于可以快速充电，弥补了其行驶距离不够长的缺点。

表 4　两种典型 HEV 用功率型动锂离子电池特性比较

基本参数	NCA/C 体系	LMNO/LTO 体系
电池结构	铝合金圆柱壳体	铝塑膜软包装
额定容量	6. 8Ah	3. 2Ah
重量	340g	117g
尺寸	Φ38mm × 145mm(含极柱)	110 × 72 × 7mm
额定电压	3. 7V	2. 4V
25℃,10s 输出功率	3470W/kg(7375W/L)	4000W/kg
25℃,10s 输入功率	2295W/kg(4875W/L)	4000W/kg
-30℃,10s 输出功率	—	570W/kg
快充电时间,80% 容量	—	1min
比能量	73. 5W · h/kg	66W · h/kg
寿命	—	3000 次以上,容量保持 90% 以上

4. EV 与 PHEV 用动力锂离子电池的技术进展

锂离子电池无论是比功率还是比能量尚不能完全满足纯电动汽车与插电式混合动力汽车的行驶里程（482km 以上）要求，同时安全性与可靠性（包括寿命及环境适应性等）还需进一步提高，因此各国政府十分重视对新一代电池与材料的研究，以获得比能量更高、成本更低的电池。EV 用动力锂离子电池主要材料体系包括：LNO/C、MNC/C、LFP/C 及 NM/LTO 等。其中，LNO、MNC 通常可与 LMO 混合使用，既能降低成本，也可提升电池安全性；C 可以是不同类型的石墨，也可以是硬碳或软碳。同时可以有壳体式圆柱形、壳体式方形和软包装方形三类电池结构形式。

图 7 表示出当今上市的几款纯电动汽车（含插电式混合动力）所采用动

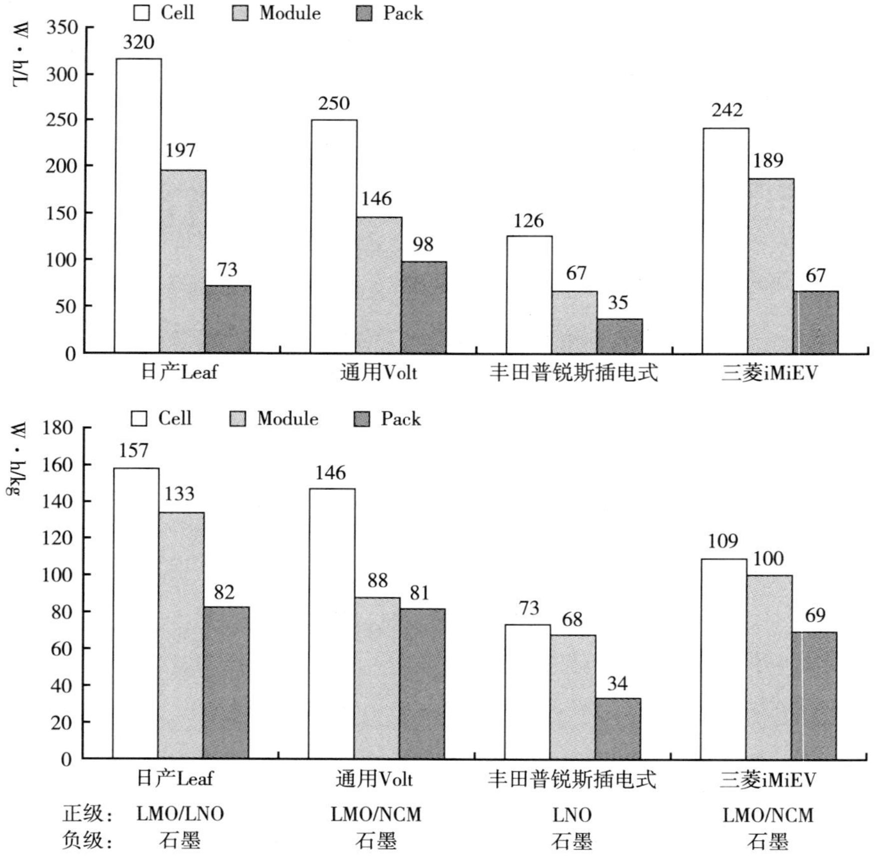

图 7　已上市的几款电动车辆（含插电式）采用动力电池、模块与系统和性能水平比较

力电池材料体系及其达到的比能量水平。可以看出，单体电池的最高比能量水平达到了 157W · h/kg 和 320W · h/l，但是其模块值分别降至 133W · h/kg 与 197W · h/l，系统更进一步降至 82W · h/kg 与 73W · h/L。为了保证车辆综合性能要求，需要添加连接与固定装置、冷却装置、SOC 控制与安全控制装置等必要的附加设计，有效提高了系统的可靠性，但增大了电池的体积及重量，使电池的实际比能量显著降低。

AESC（日产汽车与 NEC 的合资公司）通过对电池系统进行不断优化设计，车载电池系统的比能量已经提升至 100W · h/kg。表 5 与表 6 分别列出了日产 Leaf 纯电动汽车和丰田 Prius 插电式混合动力汽车用电池的基本组成及其成本分析结果。

表 5　日产/AESC 公司 Leaf 叠片式动力电池（3.8V、33.1Ah）组成及成本分析

参数	用量	数值
正极材料 - LMO	231.7g	100mAh/g(70%)
正极材料 - LNO	49.7g	200mAh/g(30%)
PVDF - 12% NMP 比例	158.1g	PVDF 正极总量的 6Wt%
碳黑	15.8g	正极总量的 5Wt%
负极 - 包覆天然石墨	120.4g	330mAh/g
负极 - PVDF12% NMP	52.8g	黏合剂负极量的 5Wt%
电解质	120g	EC + DEC + LiPF6
Al/PP 复合膜	0.12m²	261mm × 216mm × 2
其他部件 - 极耳	2 个	—
铝箔	0.72m²	217mm × 196mm × 17 片
铜箔	0.43m²	220mm × 199mm × 18 片
PP 单层隔膜 + 单层涂层	0.95m²	229mmx202mmx34 张
每瓦时材料成本	0.21 美元/W · h(或约 1.3 元人民币/W · h)	

表 6　丰田公司 Prius 插电式电动车圆柱形动力电池（3.7V、20Ah）组成及成本分析

参数	用量	数值
正极材料 - NCM523	132.3g	155mAh/g(70%)
PVDF - 12% NMP 比例	38g	PVDF 正极总量的 3Wt%
碳黑	15.2g	正极总量的 10Wt%
负极 - 软碳 + MAGX	14.9g + 59.6g	330mAh/g
MBS/CMC	3.9g	黏合剂负极总量的 5Wt%

续表

参数	用量	数值
电解质	75g	PC + DMC + LiPF6
铝壳体	1 个	—
上盖	1 个	—
其他部件 – 极耳	2 个	—
铝箔	0.41m^2	130mm × 3000mm
铜箔	0.43m^2	130mm × 3300mm
PE 多层隔膜 + 陶瓷涂层	0.9m^2	135mm × 3500mm × 2
每瓦时材料成本	0.32 美元/W · h(或约 2 元人民币/W · h)	

此外，美国特斯拉 Model S 的动力电源由 6381 只 18650 电池组成，其标称容量为 3.4Ah。电源模块设计为 9 串 69 并，然后由 11 个模块串联构成完整动力电源，其总能量输出接近 85kW · h。若选取标称容量为 2.6Ah 电池，则能量输出即为约 65kW · h，价格也随之降低。特斯拉选择的上述两档电池都具有较高的比能量，其中 2.6Ah 圆柱单体电池比能量已超过 200W · h/kg，而 3.4Ah 电池则进一步提升到 250W · h/kg 及以上。

三 我国动力电池产业发展概况与趋势分析

（一）我国动力锂离子电池产业发展现状

1. 动力锂离子电池产业发展概况

近年来，我国动力锂离子电池产业呈现加快发展的态势，车用动力电池产业化投入急剧增长，生产配套能力显著增强，截至 2013 年年底，中国动力锂离子电池企业数量超过 100 家，锂离子动力电池产能达 40 亿 Ah①，以比亚迪、万向、力神、比克、ATL 等为代表的动力电池企业正快速成长，通过开展合资合作、走出去、自主创新等方式，不断增强综合竞争力。但由于新

① 赛迪顾问：《2013 年全球锂电池市场中日韩三分天下》，OFweek 锂电网，2014 年 5 月 29 日。

能源汽车市场推广应用效果不佳，多数动力电池企业财务状况仍不乐观。而且，随着国际动力电池企业布局我国市场步伐逐渐加快，我国本土动力电池企业正面临更为严峻的挑战。整体看，2013 年我国车用动力电池产业主要呈现以下特点。

一是产业规模持续扩大，全球市场份额稳步提升。2013 年，我国锂离子电池总产量达 337 亿 W·h，同比增长 14%；销售收入超过 650 亿元，同比增长 5%。其中，智能手机、平板电脑等移动智能终端市场大幅增长，带动消费型锂离子电池市场稳步上升，销售收入同比增长 15%；动力锂离子电池市场增长 30%，销售收入达 40 亿元。在全球锂离子电池市场份额方面，我国锂离子电池产品占全球市场份额比例从 2012 年的 26.9% 上升至 2013 年的 30%，与韩国、日本构成世界“三强”，全球锂离子电池市场份额呈现中、韩、日三分天下的局面。

二是关键材料国产化进程加快，生产设备市场形势向好。锂离子电池 4 大关键材料国产化水平不断提高。2013 年，我国锂离子电池正极材料产量 4.5 万吨，同比增长 25%；负极材料产量 3.5 万吨，同比增长 20%；电解液产量 2.9 万吨，同比增长 20%；隔膜产量 2.65 亿平方米。下游市场增长带动、地方政府支持增大及电动汽车应用提速等因素，激发锂离子电池生产企业投资扩产，带动锂离子电池生产设备需求增长。2013 年，锂离子电池设备销售收入达 40 亿元，同比增长超过 30%。

三是政策聚焦关键原材料，加强国产化政策引导。2013 年 10 月，财政部将 2013 年拟支持的新材料研发及产业化项目名单进行公示，涉及电池方面的项目均为隔膜项目，分别为河北金力新能源材料科技有限公司动力电池用高安全耐热隔膜项目、乐凯集团有限公司高性能锂离子电池隔膜研发产业化及在动力电池上的示范应用项目、青岛海霸能源集团有限公司年产 4000 万平方米高性能锂离子电池湿法 PE 膜项目。12 月，国务院关税税则委员会将电动汽车用镍氢蓄电池单体（容量≥6Ah，比功率≥1000W/kg）进口暂定税率由 6% 提高到 8%，镍氢蓄电池系统（包含蓄电池模块、容器、盖、冷却系统、管理系统等，比功率≥700W/kg）进口税率由 8% 提高到 10%，通过关税的提高以推动相关产品国产化。

四是动力电池和汽车联系更加紧密。2013 年 12 月 23 日，由中国汽车工业协会召集的“推进汽车动力电池发展座谈会暨组建汽车动力电池研究院签字仪式”在北京中国科技会堂举行，一汽、东风、上汽、长安、北汽、广汽、华晨等七家整车生产企业，以及北京有色金属研究总院、天津力神共同发起成立“国联汽车动力电池研究院”。2013 年，中国汽车技术研究中心牵头发起成立了“新能源汽车和动力电池产业联席会”，对我国动力电池的技术进展和产业发展进行跟踪，并整合政策研究、检验测试、标准制定等环节业务，对我国动力电池产业进行全方位研究和服务，为政府决策和行业发展提供必要支持。这两家机构都是以汽车行业相关机构发起成立的，汽车行业对动力电池的介入更加深入，联系更加紧密。

五是动力锂电投资持续高涨，产能进一步过剩。2013 年，中国动力电池投资规模继续加大，据不完全统计，已经正式开工的动力电池投资项目或正式投产项目多达 12 项，涉及投资金额（含计划）超过 150 亿元，产品包括动力电池单体、隔膜、正极材料等多个方面。其中，外资企业芬兰欧洲电池、美国波士顿电池、韩国三星 SDI 开始进军中国动力电池市场，韩国 SK 继续加大中国电池投资力度；国内电池龙头企业力神、比克等也加大电池投资力度，纷纷扩张产能。中国新能源汽车市场当前仍处于起步阶段，大量的动力电池投资导致产能急剧增长，行业竞争将会更加激烈。

六是外资企业进入步伐加快，本土企业面临竞争压力增大。2013 年以来，外资企业进入中国动力电池行业步伐加快。典型案例包括美国波士顿电池江苏溧阳工厂正式投产，一期投资金额达 1.2 亿美元；韩国 SK 与北京电控、北汽集团合资成立电池模组生产线，落户北京，总投资达 6.4 亿元；韩国三星 SDI 动力电池项目落户西安高新区，总投资约 6 亿美元，计划 2015 年投产。外资动力电池企业凭借资金优势和技术优势，加紧在中国布局动力电池，本土动力电池企业将面临更加激烈地竞争，经营压力将进一步增大。

2. 典型动力电池产品技术水平与应用分析

在国家科技部“863”计划的大力支持下，我国动力电池的技术水平有了很大提升，研发的 10Ah 混合动力汽车用功率型锂离子动力电池样品，功率密度达4500W/kg；研发的50Ah纯电动汽车用高能量型磷酸铁锂动力电池样品，能量密度接近140W·h/kg；研发的25Ah纯电动汽车用富锂层状锰酸锂动力电池样品，能量密度达160W·h/kg；研发的25Ah纯电动汽车用锰酸锂和镍钴锰混合材料动力电池样品，能量密度达162W·h/kg。在锂离子动力电池产业化方面，掌握了动力电池的配方设计、结构设计和制造工艺技术，生产线逐步从半自动中试向全自动大规模制造技术过渡，批量生产的20Ah能量型磷酸铁锂动力电池能量密度达127W·h/kg，批量生产的200Ah能量型磷酸铁锂动力电池能量密度达108W·h/kg，批量生产的8Ah功率型锰酸锂动力电池的能量密度达107W·h/kg，在系统集成技术和能力方面取得较大进展和突破，磷酸铁锂动力电池系统的比能量超过了90W·h/kg，循环寿命超过了1000次。锂离子动力电池产业化技术水平已经具备支撑电动汽车开展大规模商业化运行的技术和产业条件。随着技术进步和新能源汽车推广规模不断扩大，动力电池的成本正逐步下降。

总体看，我国锂离子动力电池单体的技术水平与国际基本处于同一水平，但电池成组技术、电池集成技术水平不高，电池技术面向应用研究与开发工作相对薄弱，产业技术创新能力不足，产品标准化工作应进一步加强（见图8、表7）。

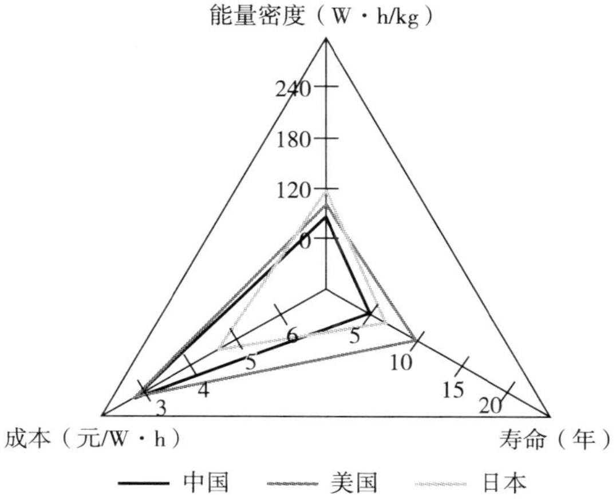

图8　我国电动车用动力锂离子电池的综合性能水平及其与美、日同类电池的比较

表 7　2013 年我国“863”能量型动力磷酸铁锂/石墨锂离子电池的新进展

50Ah LFP 锂离子电池	最终目标	单位	2013 年目标	实际结果
标称电压	≥3.2	V	3.2	3.2
标称容量	50	Ah	50	52.082
比功率	≥650	W/kg	≥600	915.5
比能量	≥140	W·h/kg	≥130	138.5
容量保持率,28d 储存	90	%	90%	>97%
循环寿命	≥3000	次	≥2500	94.1%在 1200 次
安全性	符合国家标准要求			通过测试

下面重点介绍比亚迪电池、力神电池的 2013 年以来的技术进展与应用情况。

（1）比亚迪锂离子电池产品

比亚迪的动力锂离子电池产品系铝壳方形电池设计，虽然单体电池比能量不高，但是比功率均超过 2000W/kg，有利于满足车辆加速和提供高的辅助功率及刹车制动能量回收等要求。表 8 列出了比亚迪动力锂离子电池产品基本参数与生产现状。

表 8　比亚迪电动车用动力锂离子电池产品型号及其基本参数

型号	C20	C11	C19	C12	C16
尺寸(mm)	18*173*117	28*100*376	39*109*420	58*146*410	42*148*195
标称容量(Ah)	25	60	100	225	75
标称电压(V)	3.2	3.2	3.2	3.2	3.2
比能量(W·h/kg)	102	105	100	118	105
比功率(W/kg)	2500	2500	2000	2500	2500
重量(kg)	0.78	1.85	3.30	6.10	2.30
壳体材料	铝	铝	铝	铝	铝
生产状况	规模生产	规模生产	规模生产	规模生产	2014 一季度

近年来，比亚迪通过生产技术不断改进与完善，其产品性能及质量水平得到不断提升，产品具有长的循环寿命（45℃下依然保持较高的循环寿命），

良好的温度特性（－10℃下可充电，0℃充电获得80%额定容量，－30℃下放电获得超过90%的额定容量）及安全性（通过了标准规定的所有滥用实验）等。

比亚迪电池产品已经用于K9纯电动公交车、e6纯电动轿车、F3DM以及秦等新能源汽车产品。由F3DM发展至秦，电池总能量由16kW·h降至13kW·h，重量与体积降低了一半，比能量分别由66.6W·h/L和72.7W·h/kg提升至120W·h/L和131.6W·h/kg，提升非常显著（见表9）。

表9　比亚迪·秦所用动力锂离子电池主要参数

参数	F3DM	秦
单体电池容量(Ah)	50	26A
电池包尺寸(mm)	1896＊967＊131	953＊369＊307
单体电池数	100	152
体积(L)	240.18	107.96
重量(kg)	220.1	98.75
总能量(kW·h)	16	13
标称电压(V)	330	500
电池形状	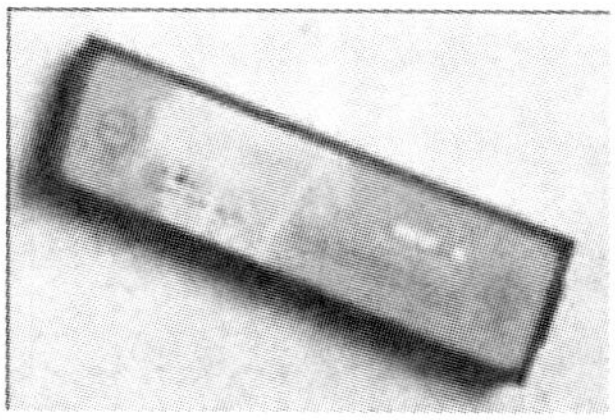	

（2）力神锂离子电池产品

力神电池股份有限公司是国有股份制大型锂离子电池企业，也是最早涉及动力电池开发与生产配套的企业之一。2013年力神动力电池年产能已达32亿W·h，其主要动力电池产品涵盖了HEV、PHEV、EV和电动自行车应用的产品型号。其中，7.5Ah铝壳方形功率型动力电池是已经规模生产与应用的磷酸铁锂（LFP）电池（见表10）。

表 10　力神已生产的动力锂离子电池产品型号与基本参数

型号	电压(V)	容量(Ah)	尺寸 T * W * H (D * H, mm)	正极材料	应用
LP245690	3.6	10.5	24 * 56 * 90	NCM	E - bike
LP2770112	3.2	7.5	27 * 70 * 112	LFP	HEV
LP2770102	3.2	12	27 * 70 * 102	LFP	EV/E - bike
LP2770120	3.2	16.5	27 * 70 * 120	LFP	EV
LP2770134	3.2	20	27 * 70 * 134	LFP	EV
LP2714897	3.2	20	27 * 148 * 97	LFP	PHEV
LP27170120	3.2	35	27 * 170 * 120	LFP	EV
LP44147132	3.2	47	44 * 147 * 132	LFP	EV
LP44147172	3.2	70	44 * 147 * 172	LFP	EV
LP44147272	3.2	125	44 * 147 * 272	LFP	EV
LR1865EC	3.2	1.35	D = 18　H = 65	LFP	EV
LR1865SD	3.6	2	D = 18　H = 65	NCM + LCO	EV
PP09105134	3.65	10	9 * 105 * 134	NCM	PHEV
PP07150240	3.65	20	7 * 150 * 240	NCM	PHEV
PE06300300	3.65	50	6 * 300 * 300	NCM	EV

此外，力神公司的能量型 LFP 正极/石墨负极锂离子电池也已投入规模生产与应用，并应用于纯电动轿车及城市公交车辆。到 2013 年年底采用力神电池的天津市城市公交纯电动巴士已实现安全运行 699 天；累计服务车次达 6 万次，运行总里程已超过 366 万公里，累计充电电量为 540 万 kW · h。其中，累计正向电量为 516 万 kW · h，累计回馈电量有 137 万 kW · h，其能耗比为 1.48kW · h/km（正向电量/运行里程），一年的模组容量衰减约 3%（采用了主动均衡模式，电池的一致性表现良好）。

2013 年，力神在原 LFP 电池技术基础上，开发出采用 NCM 正极的高性能能量型动力电池产品，以及针对启停、微混车辆配套的钛酸锂（LTO）负极功率型动力电池产品，如表 11 所列。

力神电池的 5.5Ah 铝壳方形电池与 6.5Ah 软包装电池采用了三元 NCM 正极材料，负极采用软碳材料，使电池电压提升为 3.6 ~ 3.65V，比能量分别提升至 85W · h/kg 和 110W · h/kg，而电池比功率保持在 4000W/kg 的高位上。如果这类电池能够满足使用寿命与安全要求，将具有较大竞争力。16Ah 电池

表 11　力神开发与生产的启停、微混用功率型电池产品主要性能参数

	HEV			微混“启停”应用
	方形电池	方形电池	软包装电池	圆柱形电池
单体电池 形状与尺寸 （mm）	 27 * 70 * 112	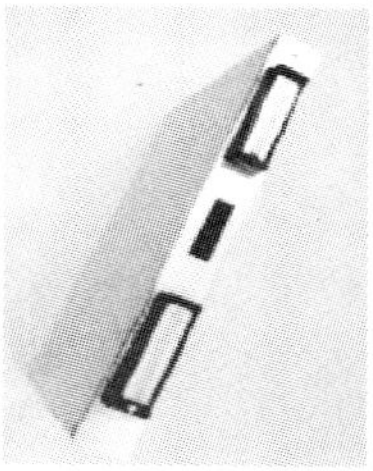 27 * 70 * 112	 12 * 120 * 85	 60 * 114
标称容量（Ah）	7.5	5.5	6.5	16
标称电压（V）	3.2	3.6	3.65	2.5
比功率（W/kg）	2000	4000	4000	4000
比能量（W·h/kg）	62	85	110	55
生产状态	批量生产供货	提供样品	提供样品	提供样品

采用了钛酸锂负极，电池电压下降至 2.5V，但保留了极高的比功率特性，适用于“启停”系统或轻混 48V 电源系统的单体电池产品。同时，2013 年力神也研制出一款 EV 用 3.2Ah 18650 电池，采用富镍三元材料 NCA 为正极材料，4.2V 体系，能量密度达 670W·h/L、240W·h/kg。该电池仅低于特斯拉纯电动车使用 3.4Ah 的 18650 电池（松下公司 NCA 正极的锂离子电池）。

3. 动力电池材料发展概况

2013 年，我国锂离子电池产业发展中具有重要推动作用的是材料国产化发展加速，一些大型材料企业正在逐步发展起来，我国动力电池的产业化发展已经有了基本的材料国产化支撑，一旦市场形成与需求增大，也将进一步推动我国材料产业的加速扩展。

（1）正极材料生产企业：天津巴莫（LCO、NMC）、北京当升（LCO、NMC）、北大先行（LCO、NMC）、中信国安盟固利（LCO、LMO）、湖南瑞祥（LCO、NMC、LMO）、杉杉（LMO、NMC）、浙江金和（NMC）、BYD（LMO、

LFP)、Aleese（LFP)、斯特兰（LFP）等。其中，一些公司已经批量供应给大型国外锂离子企业，如三星、索尼、LG等。

（2）负极材料生产企业：深圳BTR（改性天然石墨、MCMB、Si碳复合材料等）和杉杉（MCMB)、成都兴能等。其中，BTR已经成为世界最大的天然石墨负极材料供应商；此外，成都兴能的LTO负极已经形成规模生产，其产品性能得到诸多用户评价或应用认可。

（3）电解质生产企业：国泰华荣、广东天赐、杉杉、新宙邦、多氟多、天津金牛等已经成为世界知名锂离子电池电解质供应商；特别是到2013年年底，我国锂离子电池电解质中的关键材料LiPF6已实现大规模产业化生产，其中河南多氟多LPF6材料，不仅实现了规模量产，而且保障了产品的质量优异。河南多氟多在LPF6材料典型测试数据显示，其主含量达99.98%（行标：99%)；DMC不溶物：144ppm（行标：≤1000ppm)；水含量：0.7ppm（行标：≤20ppm)；游离酸（HF)：74ppm（行标：≤150ppm）等。国产LiPF6具有明显的市场价格优势，国内LPF6售价约为50～120元/kg（或8～20美元/kg)，而国外材料价格约12～30美元/kg。

（4）隔膜生产供应企业：三家最大的隔膜企业是广东氟塑、深圳星源和河南中科，其他新的生产企业也在建设中。

（二）我国动力氢镍电池产业现状

我国氢镍电池产业规模较小，相关电池企业数量仅有几十家，其中涉及动力电池的主要有湖南科力远、江苏春兰、湖南神舟及上海万宏等企业。此外，山东淄博国利公司正在生产公交车用的电容电池也是基于镍氢电池技术发展起来的。

湖南科力远于2011年收购了日本的湘南CORUN ENERGY株式会社。日本的湘南CORUN ENERGY株式会社原给丰田普锐斯配套。目前，湘南CORUN ENERGY株式会社的生产依然有序进行，已销售17万套车用氢镍动力电池，并取得了盈利。而湖南科力远下属企业湖南科霸汽车动力电池有限责任公司生产的方形氢镍电池，已为上海华普和一汽集团配套。

江苏春兰集团开发与生产容量为8～100Ah氢镍电池，主要配套于混合动力城市客车，且达到规模化生产和商业化应用。其电池 P/E 比值适中，能量密度为 60 ~ 70W · h/kg，功率密度为 1200 ~ 1500W/kg，可进行 10 ~ 30C 的放电倍率，具有较好的低温放电特性，在 –40℃ 的环境温度下放电容量在 85% 以上。

上海万宏生产圆柱形氢镍电池，系由中科院微系统所提供技术支持，为混合动力轿车及客车配套。其产品包括客车用 30 Ah 氢镍动力电池、、客车用 42Ah 氢镍动力电池、轿车用 6.5Ah 氢镍动力电池。装载 36V – 17Ah 氢镍储能系统的别克君越混合动力轿车无故障运行 3.7 万 km，节油率为 23%，高于美国原装电池 50%；336V – 30Ah 氢镍储能系统在长春 362 路公交线上无故障运行 5 万 km/10 个月，一汽集团开始批量采购。

此外，湖南神舟科技公司于 2000 年成立，主要产品为 6.5 ~ 80Ah 的方形塑壳，曾向东风汽车提供电池产品，应用早期运营的城市电动公交车。

从镍氢电池产业配套能力看，我国具有了向 HEV 车辆提供高功率氢镍电池产品的配套能力。

（三）我国铅酸电池产业发展现状

近二十年来，得益于汽车、通信、牵引车辆等的市场快速增长需求，我国铅酸蓄电池产业得到迅速发展，销售额已经达 1000 亿元人民币，在我国电池产业中所占比例最高。

我国政府于 2012 年启动了铅酸电池生产准入制度。准入管理主要成效是：①促进了铅蓄电池行业的产业结构调整；②提高了铅蓄电池企业的工艺装备自动化水平；③通过审核的企业淘汰了手工分捡、刷板、手工称板、手工包板等落后工艺和装备，铅尘污染状况得到显著改善；④通过审核企业铸板、分刷板和化成工序实现相对独立和封闭，实现负压操作，铅烟、铅尘和酸雾得到有效控制，为扩大汽车行业的应用领域提供了条件。

从技术上看，我国阀控式铅酸电池技术发展从无到有，通过自主开发和引进技术，在我国已形成了一个独特的铅酸电池分支产业群（见表 12）。目前，阀控式电池除已广泛应用于通信、电力、不停电电源（UPS）与机车外，也已经成为电动自行车与微型/低速电动汽车的动力电池。近年来，为适应微混车辆（特别是“启停”系统应用）的发展需要，传统启动型铅酸电池技术正在不断改进提升中，包括在阀控式铅酸电池技术基础上，开发了满足微混车辆需求的 AGM 技术与产品，还开发了超级电池技术（铅碳等）、卷绕式电池技术等，涉及的主要企业包括风帆股份有限公司、双登公司和浙江南都等。

表 12　2010～2013 年我国铅酸电池产量与铅消耗量统计

年度	铅酸电池产量(万 kVAh)	铅消耗量(千吨/年)
2010	14416. 68	282
2011	14229. 73	280
2012	17486. 22	320
2013	20502. 74	380

B.4

驱动电机产业发展动态

贡 俊 张舟云*

摘 要：

我国良好的电机工业基础、丰富的稀土资源和有力的新能源汽车扶持政策为车用驱动电机产业的发展提供了有利条件。2013年，我国驱动电机产业发展表现出产品类型多样化、产业能力扩大化和产品技术精细化的特点。在乘用车驱动电机系统和商用车驱动电机系统领域均有多款产品和样品推出；主要驱动电机生产企业产能建设步伐加快；新材料技术、多领域系统集成技术、新型电机技术不断涌现，推动驱动电机系统进一步向高功率密度、高转矩密度、小型化、轻量化发展。同时，车用驱动电机产业对传统电机行业所涉及的电气、电子、机械、材料等多领域发展的依赖程度进一步加强，我国车用驱动电机系统产业链建设初见成效。

关键词：

驱动电机 产业发展 技术进步 产业链

国家《节能与新能源汽车产业发展规划（2012—2020年）》明确提出我国以纯电驱动为新能源汽车发展和汽车工业转型的主要战略取向，强调将重点支持驱动电机系统及核心材料等关键零部件的研发，并提出了“到2015年电驱动系统功率密度达到2.5千瓦/公斤以上，成本降至200元/千瓦以下”的发

* 贡俊，研究员级高工，上海电驱动股份有限公司总经理，国家“十二五”电动汽车重大科技专项总体组专家；张舟云，博士，高级工程师，上海电驱动股份有限公司总工程师。

展目标。本章首先介绍2013年我国驱动电机产业的发展概况，再从技术、价格和产业链等角度对驱动电机产业近几年的发展形势加以分析。

一　我国驱动电机产业发展概况

得益于多项利好政策，近几年我国电动汽车呈现快速发展趋势，其驱动电机系统几乎全部采用国内电机生产企业的产品。当前，我国不同规模的驱动电机系统生产企业20余家。其中，包括较早进入车用驱动电机行业的上海电驱动、上海大郡、精进电动、中山大洋、南车株洲所、天津松正等；也有部分原来从事工业控制系统的企业进入电动汽车行业，如深圳汇川、安徽巨一等。另外，苏州和鑫等一些新兴的驱动电机企业近几年发展较快，现已具备一定的市场竞争力。以下从产品、产能等方面介绍我国专业从事新能源汽车用电机及其控制系统研发、生产和销售的几家主要企业的情况。

（一）驱动电机系统产品日益丰富

2013年以来，我国在乘用车驱动电机系统和商用车驱动电机系统方面均推出了多款产品和样机，部分产品实现批量生产和配套。

在乘用车驱动电机系统产品方面，以上海电驱动和上海大郡为主，为多家乘用车企业开发和配套电机系统，产品系列比较齐全。上海电驱动开发的纯电驱动电机系统产品（见图1a），经过产品持续优化，形成了功率范围涵盖100kW的驱动电机系列化产品，并为国内多款乘用车配套。上海大郡与北汽、东风、广汽、长安等密切合作，开发了A00、A0，以及B级纯电动汽车用驱动电机系统（见图1b），并陆续投产。精进电动在国内乘用车市场也实现了重要突破，公司与吉利、一汽等合作，陆续推出深混动力分流双电机、P2单电机和高速桥驱电机等重点产品（见图1c），应用于混合动力和插电混合动力车型。大洋电机推出适用于A0级、B级纯电动轿车电机及其控制系统产品（见图1d），应用于北汽、长安等纯电动轿车。此外，南车株洲所在乘用车电驱动系统方面也推出了峰值功率75kW铸铜转子感应电机和60kW永磁同步电机；深圳汇川为江淮纯电动轿车、海马纯电动轿车等配套50～80kW集成逆变器系统；安徽巨一自动化为江淮提供第四代纯电动轿车电机及其控制系统；联合电子、上海华域为上汽 E50 纯电动轿车进行配套。这几家企业产品规格相对较少。

a 上海电驱动乘用车电机系统

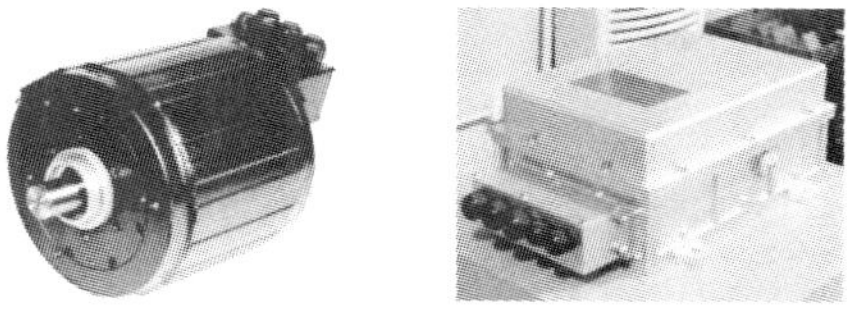

b 上海大郡动力乘用车电机系统

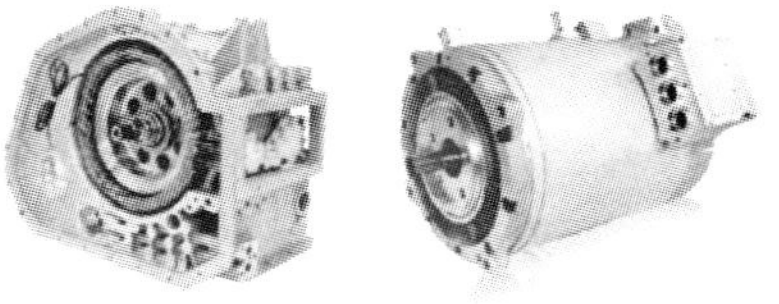

c 精进电动乘用车电机

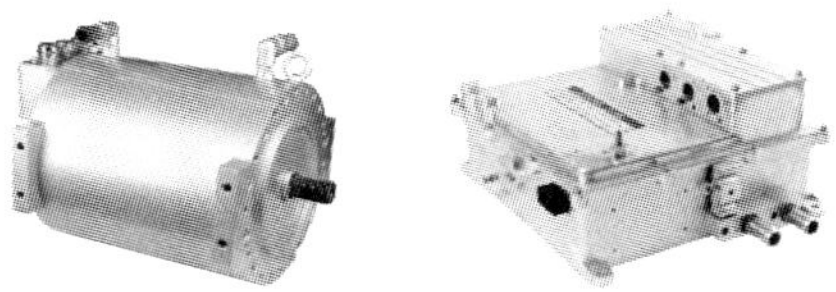

d 大洋电机乘用车电机系统

图 1　国内乘用车电机系统产品

在商用车驱动电机系统产品方面，上海电驱动推出了 65 ~ 200kW 的系列化电动客车用电机及其控制系统产品（见图 2a），分别应用于 10.5 ~ 12m 插电式混合动力客车和 12 ~ 13.7m 纯电动客车。上海大郡开发出应用于增程式城市公交车的发电机与发动机动力总成系统（见图 2b），并针对 6m、8m 的纯电动公交车开发了相应的电机系统。精进电动开发出了一系列商用车电机系统，具有代表性的包括同轴混联双电机系统和 850N · m 高转矩并联混合动力驱动电机系统（见图 2c），产品配套宇通、苏州金龙、恒通、上汽等企业的电动客车。大洋电机也推出了商用车电机及其控制系统产品（见图 2d），主要以特种车辆如纯电动环卫车为主。南车株洲所开发出应用于无轨电车、混合动力客车领域的多种永磁电机和感应电机产品，功率范围涵盖 150 ~ 180kW，峰值转矩从 2500 ~ 3400N · m（见图 2e）。此外，苏州和鑫、天津松正也推出了商用车电驱动总成系统。苏州和鑫联合深圳汇川为宇通客车开发了同轴并联发电机与驱动电机总成、集成控制器总成，为宇通插电式混合动力客车配套超过 1000 台套，系统在价格方面具有竞争力。天津松正推出了双电源动力系统，应用于松正第 IV 代插电式公交车动力系统。该系统采用中空转子，通过与变速箱的一体化设计，采用单端支撑、铸铝机壳，有效减轻了电机重量；两组定子线圈分别由电池、电容供电，集成电机控制器控制实现两组线圈间功率的合理分配，提升了电机效率。

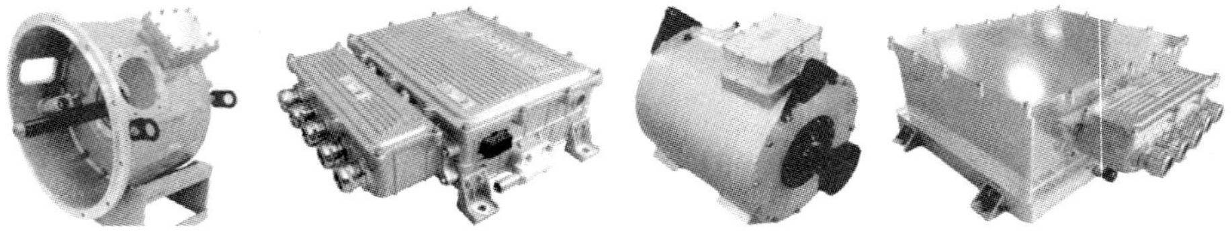

a 上海电驱动商用车电机系统

b 上海大郡动力商用车电机系统

c 精进电动商用车电机系统

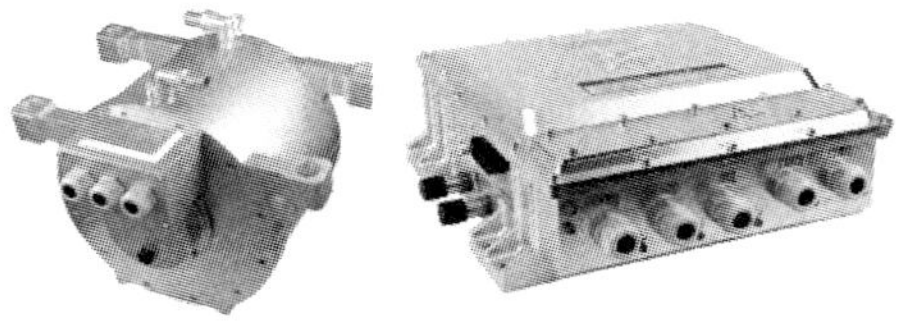

d 大洋电机商用车电机系统

e 南车株洲所商用车电机

图 2　国内商用车电机系统产品

（二）驱动电机产业能力建设加快

在驱动电机产业能力建设方面，上海电驱动在上海闵行基地已具备年产 7 万台套的全系列电机及其控制系统批量生产能力；同时，又投资 4 亿元，在上海嘉定建设年产 18 万台套的生产基地，预计在 2014 年 10 月完成搬迁。上海大郡已初步形成了牵引电机、ISG/APU（增程器发电机）及双电机系统等三个系列产品的生产能力，涵盖了乘用车、轻型商用车、公交车的应用。其还规划在上海嘉定建设研发、试制及生产基地，一期工程预计于 2015 年 4 月完成，达产后可形成年产10万套电机系统的生产能力。精进电动一方面提升北京研发中心的装备水平；另一方面提升产业化能力，上海工厂二期工程已经完工，驱动电机和控制器的年产能提高到10万台套。大洋电机在中山新能源汽车产业基地已形成年产5万台套电驱动系统总成产能，一方面加大设备投入，继续广东中山、湖北孝感两个电动汽车动力系统制造基地的建设，计划于2015年产能达15万台套；另一方面在IGBT（绝缘栅型双极晶体管）模块封装、磁性材料制造方面也形成了相应的量产能力。南车株洲所收购了襄樊牵引电机有限公司，成立了襄阳南车电机技术有限公司，生产能力不断提升。天津松正围绕第Ⅳ代插电式公交车动力系统，已建成年产2万套的驱动电机总成生产线。

总体而言，2013年，我国驱动电机产业发展表现出产品技术精细化、产品类型多样化、产业能力扩大化的特点。当前，我国驱动电机生产企业的产业化和配套能力能够满足我国新能源汽车产业发展配套需求，且部分企业开始为国外汽车企业配套。

二　国内外驱动电机技术进步

（一）国内外驱动电机技术

近年来，从国际范围来看，先进驱动电机技术逐渐成为多学科综合发展的产物。以日本为例，目前其驱动电机在结构、材料等多方面进行了改进，涉及冶金、加工、绝缘材料、工程材料等多个领域。安川电机开发出适用于纯电动汽车和混合动力汽车的“QMET Drive”驱动电机系统（见图3a），并应用于马自达混合动力轿车。该系统的特点是采用了称为“QMET”① 的技术，根据电机的转速来切换电流流经的线圈，从而最大限度利用电机高效率区。日本北海道大学开发出了用于混合动力轿车的铁氧体永磁同步电机。该电机采用双定子盘式结构，样机以较小磁能积，与第一代Pruis驱动电机相当的有效体积，输出功率达50kW。日本名古屋工业大学开发了混合励磁电机，该电机通过协

① QMET：Qualified Magneto-ElectoronicTransmission，可变线圈电机。

调永磁铁和励磁线圈，使二者共同产生磁场。与目前使用的混合动力汽车永磁电机相比，该励磁电机稀土类磁铁的用量减半，功率密度达 3.4kW/kg。日本黑田精工面向本田的新款混合动力车“Insight”研制驱动电机转子铁芯，采用反复冲压工序，在模具内堆叠电磁钢板后组装而成；钢板之间通过铆接进行接合，比“Civic”混合动力车用的铁芯更小、更薄。该公司正在研究钢板间进行粘接的铁芯工艺，以消除铆接工艺增加的钢板间涡流损耗，提高电机效率。日本从事木模制作和电动汽车开发等业务的 Takayanagi 公司采用碳纤维强化树脂（CFRP）材料制造电机壳体，机壳重量降至现有铝合金机壳的 1/5、钢机壳的 1/9。新款丰田 Prius 的发电机采用了昭和高分子的线圈密封材料。该密封材料为热固性树脂，既有可防止发电机线圈接触油及水的密封作用，又具有向外部释放线圈热量的散热材料的功能。

在欧美，博世、大陆等传统的汽车零部件供应商也利用技术优势对驱动电机进行改进和性能提高。以大陆集团为例，大陆已经研制出用于电动汽车的电励磁同步电机（见图 3b）。该款电机峰值功率 70kW，最高转矩 226N · m，最高转速 12000rpm。由于励磁电流可调，该电机可在电动汽车整个速度范围内保持很高的效率，高速运转时优势更为明显。电励磁同步电机还增强了电动车的安全性，同时也摆脱了对稀土金属的依赖。此外，美国特斯拉汽车公司的 Modle S 纯电动汽车采用了异步电机（见图 3c），最大功率为 185kW，最高转矩 270N · m。该电机转子采用铜条转子工艺，并在铁心材料、绕组形式等方面进行优化，在提高电机效率的基础上采用风冷结构简化系统设计。

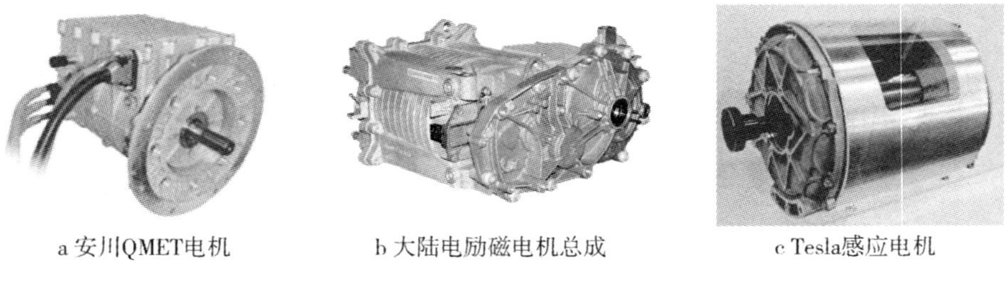

a 安川QMET电机　　b 大陆电励磁电机总成　　c Tesla感应电机

图 3　国外部分电机产品

我国大力研究和推广稀土永磁电机的开发及应用，尤其是近年来高耐热性、高磁性能钕铁硼永磁体的成功开发及电力电子器件的进一步发展，促使稀土永磁同步电机研发向着高速、高转矩、大功率方向发展。在永磁驱动电机技术方面，通过电机多领域集成设计优化，我国多个电机企业已经研制出功率密度超过 3.0kW/kg 的高速高密度永磁电机，并在多款纯电动轿车、插电式混合动力轿车上获得了应用。典型样机如上海电驱动匹配长安 C206 纯电动轿车电机（264TYZ－XS14BA）、精进电动匹配清源纯电动轿车平台电机等。在产品方面，我国多个企业已经形成了功率系列、规格齐全、适用于各类电动汽车的电机及其控制系统产品，且具有较高的性价比和可靠性，特别在商用车应用领域得到充分的验证。

在面向分布式驱动平台方面，集成轮毂电机的电动车轮总成和轮边电机总成具有较大优势。通过将电机设计安装在车轮的轮毂内，输出转矩直接传输到车轮，舍弃传统的离合器、减速器、传动桥等机械传动部件，汽车结构大为简化，车辆空间利用率大大提高，整车总布置和车身造型设计的自由度大大增加；制动能量回收也可以很直接地在轮毂电机驱动车型上得以实现。法国米其林（Michelin）开发出集成悬浮电机、驱动电机及减速机构的电动车轮，功率密度在 4.0kW/kg 以上（见图 4a）；英国 Protean 轮毂电机采用一体轮结构，电机输出能力也达到 80kW/800N · m（见图 4b）；德国 Fraunhofer 轮毂电机集成了电力电子控制器，其功率和转矩分别达到 55kW 和 700N · m（见图 4c）。其他如 TM4 轮毂电机、三菱外转子轮毂电机等也达到较高的技术水平。

a Michelin电动轮

b Protean集成轮毂电机

c Fraunhofer轮毂电机

图 4　国外典型轮毂电机

目前，我国轮毂/轮边电机的研发仍集中在高校和研究所，实际车辆应用中采用轮毂电机的车型很少。其中，具有代表性的是同济大学、清华大学和中国汽车工程研究院。同济大学团队提出采用一体化单摆臂悬架与减速式轮边电驱动总成方案（见图5a），采用摆臂技术可有效降低轮边电机带来的非簧载质量的增加；采用电机与减速器集成可有效提高电机转速，降低电机转矩，从而降低体积和重量；该轮边电机样机峰值功率25kW，电机有效功率密度超过2.7kW/kg。中国汽车工程院与上海电驱动合作，采用分布式驱动系统，开发出集成行星减速器的轮边电机（见图5b）和一体式电动轮毂（见图5c），轮边电机峰值功率达25kW，峰值转矩达375N·m，功率密度达2.0kW/kg。

a 一体式单摆臂电动轮总成　　b 一体式轮边减速电机　　c 一体化电动轮毂

图5　国内轮边电机与轮毂电机总成

（二）国内外电机控制器技术

从国外先进技术的发展趋势来看，车用驱动电机的发展对传统电机行业所涉及的电气、电子、机械、材料等多领域发展的依赖程度进一步加强，驱动电机系统的共同合作提高的趋势越发明显。近年来，国外相继推出了应用于不同车型的电驱动控制器和整车控制器，日本、美国和欧洲一些国家在此领域处于领先地位。在国家计划推动下，各大汽车厂商都推出了相关的控制系统和部件。

丰田Camry混合动力轿车采用集成控制单元PCU，实现对其双行星齿轮排THS型混联式传动系的协调控制（见图6a）。PCU包括双向直流变换电路（DC/DC）、两个电机用逆变电路（DC/AC）及控制电路等。冷却板将PCU分成上下 2 个单元，电机用逆变电路及直流侧电容位于下半部分，其占据总体积的65%，双向直流变换电路位于上半部分，整个 PCU 重 17.86kg，体积 11.7L。丰田2010 款 Prius 混合动力轿车同样采用集成控制单元（PCU）实现对传动系的协调控制（见图 6b）。PCU 包含 4 部分电路：直流侧电容、控制电路，IGBT 驱动电路，逆变电路，以及双向直流变换电路。此外，在 Camry 中，由 4 块 PCB 实现全部电路功能；而在2010 版 Prius 中，全部电路被压缩在 2 块 PCB 上，结构更为紧凑。整个 PCU 重 13kg，体积为 16.2L。2013 款 Pruis 混合动力轿车用 PCU 延续了集成化技术，PCU 体积和重量进一步减小。

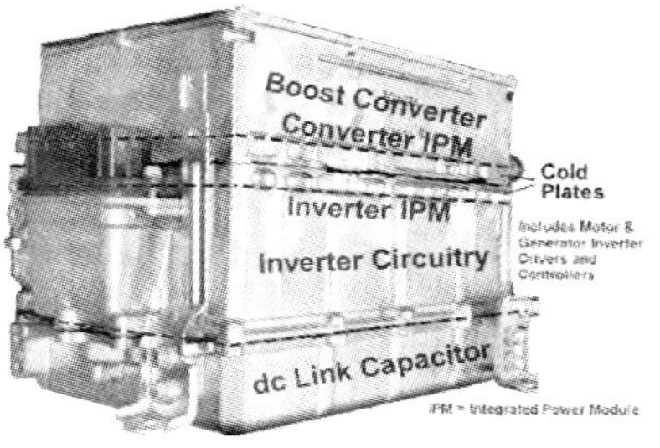

a Camry PCU

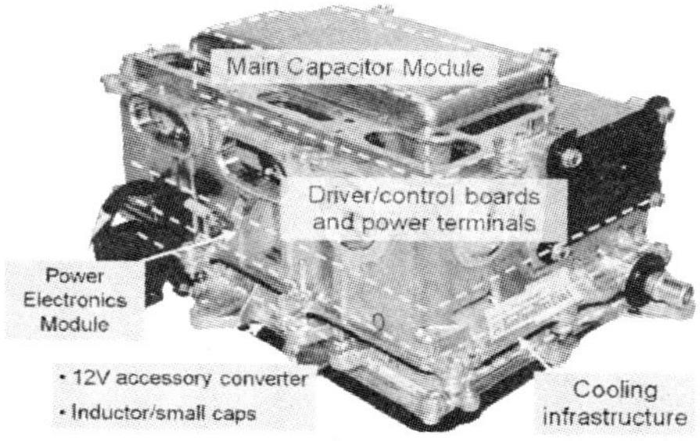

b Pruis PCU

图 6　2007 Camry 与 2010 Pruis PCU 对比

本田公司开发的集成 PCU 已成功应用于混合动力汽车 Civic，构成 PCU 的主要零件包括逆变器、DC/DC 变换器、驱动电机电控单元（ECU）及相电流传感器，其控制功能包括逆变器功能、电机控制功能、动力蓄电池控制功能和 DC/DC 变换器功能。动力电池电控单元与驱动电机电控单元集成在一起，而且各主要装置单独构成集成包，具有小型化、轻量化的优点。

美国通用汽车 Volt PHEV 也采用集成控制单元（TPIM）实现对其双电机混联式传动系的协调控制，可控制电动机与发动机的输出能量分配，并具有能量管理、再生制动、电池状态判断等功能。TPIM 的电气部分包括 4 个组件：控制电路、驱动电路（包含两个驱动电机以及一个油泵电机的功率管模块驱动电路）、功率模块、直流侧电容，并自上而下依次布置。控制电路除了实现对电机的控制功能外，还集成了传动系的控制功能。冷却板位于功率管模块与直流侧

图 7　通用 Volt TPIM

电容之间。整个 TPIM 重 14.5kg，体积 10.7L（见图 7）。

在车用电力电子集成技术方面，我国学术界较早地关注了电力电子系统集成这一重要发展趋势。2002 年，国家自然科学基金会电气工程学科确定了“电力电子系统集成基础理论及若干关键技术研究”的重点项目，开始了电力电子系统集成的初步研究。在 2007 年，科技部启动的“十一五”国家科技支撑计划重点项目《电力电子关键器件及重大装备研制》中也涉及电力电子集成技术的研究工作。从 2010 年开始，科技部、工信部先后启动多个科研项目专项课题，如西安永电电气有限责任公司、中国科学院电工所等联合承担“极大规模集成电路制装备及成套工艺”项目等。通过对 IGBT 进行芯片级研发及封装技术攻关，我国的电力电子水平进一步提升。但是，我国电力电子集成控制器水平与国外先进驱动电机系统技术水平相差较大，单从电力电子集成控制器本体的功率密度和体积密度比较，仍存在较大差距，在芯片集成设计、热设计、产品化设计方面的差距更大。

三　驱动电机产品价格分析

目前电动汽车用驱动电机大体可分为三类：异步电机、永磁同步电机和开关磁阻电机，实际车辆应用以异步电机和永磁电机应用为主。

近两年来，永磁材料的价格波动和特斯拉电动汽车（采用异步电机）的成功使车用驱动电机的类型问题成为电动汽车及驱动电机行业的热门话题之一，本节对永磁电机和异步电机性能、价格方面等做简要分析。

（一）异步电机与永磁同步电机性价比

（1）异步电机

异步电机坚固耐用，生产技术成熟，通过矢量控制或者直接转矩控制，能实现转矩控制，一般能实现小于基速的恒转矩和大于基速的恒功率机械特性，速比（最高转速与基速的比值）一般为2～3。

在早期电动汽车研发中，异步电机应用比较普遍。通用公司早期的电动汽车EV1采用通用电气制造的异步电机驱动。该异步电机为常见的4极铝压铸转子，采用矢量控制。通用EV1异步电机系统的设计师现供职于Tesla公司，或许这是Tesla公司研发电动汽车用4极异步电机的原因之一。为了提高异步电机效率，Tesla公司的异步电机采用铜压铸转子。

虽然异步电机有诸多优点，但其效率比永磁电机低3%～10%，高效区范围小于永磁电机，且体积较大。为此，不少电动汽车异步电机通过提升运行转速来增加电机功率密度。在车速最高时，异步电机需运行在12000～17000rpm。

在异步电机价格方面，产业基础较为成熟，其价格主要受材料影响较大，其中以铜、硅钢、铝等金属材料作为其主要材料，因此异步电机价格总体上受金属材料价格变化影响较大。

（2）永磁电机

永磁电机具有效率高，功率密度高，功率因数大等显著优点，因此被广泛应用于电动汽车驱动系统。

国外车用永磁电机研究和开发中，日本成果较为显著。早在1996年，日本丰田汽车公司的电动汽车RAV4采用内嵌式永磁电机作为驱动电机。而后丰田公司陆续推出采用永磁电机驱动的混合动力汽车Prius、Camry、Lexus，这几款产品销量在同类产品中处于领先地位。

我国车用永磁电机经过十几年的发展，从技术研究向产品开发方向转变。由于我国稀土资源丰富，国内生产的永磁电机性价比优势较大，在我国纯电动乘用车型中应用广泛，在电动客车应用中部分采用异步电机。国内生产永磁电机的主要企业包括上海电驱动、上海大郡、南车株洲电力机车研究所、北京精进电动、大洋电机等公司。在功率（转矩）等级、功率密度和效率等方面，我国车用电机系统的主要技术指标业已达到或者接近国际先进水平。

与异步电机相比较，永磁电机在产业基础方面需要较大的投入，特别在永磁转子制造、永磁电机集成方面需要增加生产设备。在材料方面，永磁电机除了铜、硅钢、铝以外，永磁材料的成本占永磁电机总成价格的15%～20%。永磁电机功率密度、峰值效率、高效率区普遍高于异步电机，相同转矩和功率要求的永磁电机通常较异步电机更小，因此在价格上两者基本相当。

（二）电驱动系统价格控制指标

美国FreedomCAR计划提出了以下技术及成本控制指标（见表1）。

表1　美国FreedomCAR计划中电驱动系统*的技术目标

对比指标	2015**	2020**
成本(美元/kW)	<12	<8
比功率(kW/kg)	>1.2	>1.4
功率密度(kW/L)	>3.5	>4.0
效率(转矩为20%额定转矩,转速10%～100%)	>93%	>94%

*电驱动系统指逆变器、电机、减速器总成。**冷却液最高温度105°C。

我国在“十二五”电动汽车重大工程专项发展规划中，也提出了相应的成本指标（见表2）。

表2　我国车用驱动电机系统的技术目标

对比指标	2015年		2020年	
	乘用车	商用车	乘用车	商用车
系统成本*(元/kW)	200	300	150	240
电机功率密度**,(kW/kg)	>2.7		>3.2	
电机转矩密度**,(N·m/L)	>55		>75	
控制器重量密度,(kW/kg)	>6.0		>10.0	
控制器体积密度,(kW/L)	>8.0		>12.0	
系统最高效率(%)	>94		>94	
系统高效区(η>80%)(%)	>75		>80	

*系统成本指电机及其控制系统的总成本，功率指系统峰值功率。**电机重量按照定转子的重量进行计算，电机体积按照定转子和绕组端部包络体积进行计算。

（三）驱动电机及控制系统成本影响因素分析

影响电机及其控制系统成本的因素主要有以下几个方面。

（1）原材料价格：电机及控制器的材料价格占电机系统总价格的70%以上，其中有以硅钢片、磁钢、IGBT、电容器等占据超过50%的成本比例，因此加快推进原材料和部件的国产化是降低产品价格的主要因素。

（2）生产成本：通过增加自动化生产设备的投入，提高产量，降低产品批量价格，成本降价空间为8%～10%。

（3）提高产品质量和一致性，降低售后服务与维修费用，成本可降低5%～7%。

早在2010年，美国能源部相关研究报告就表明，当前丰田车用电机系统在效率等性能方面与满足规模化应用目标值的差距最小（仅为10%），但在成本方面的差距仍然显著。满足大规模应用的车用电机系统成本目标值是8～10＄/kW（即相当于当前内燃机的单位功率成本）。工业制造经验表明，扩大产能会降低单位功率成本，但要满足电动汽车大规模应用，技术突破至关重要。

四　我国驱动电机产业链发展

2012年7月国家发布了《国务院关于印发节能与新能源汽车产业发展规划（2012—2020年）的通知》，其中鼓励发展一批符合产业链聚集要求、具有较强技术创新能力的关键零部件企业。“电动汽车电驱动系统全产业技术创新战略联盟”依托上海电驱动股份有限公司，于2011年9月在上海成立，其组织模式和组织结构见图8所示。

联盟以电动汽车电机及其控制系统产业链发展为重点，联合国内优势资源，搭建电动汽车电驱动系统产业链技术交流与合作平台，促进优势企业的强强合作，加快促进电驱动系统产业链发展。联盟总体目标是：结合我国节能与新能源汽车产业发展规划及电机产业的比较优势，利用3～5年时间，以电驱动系统全产业链技术发展为目标，开发电机、电机控制器、专用减/变速箱、

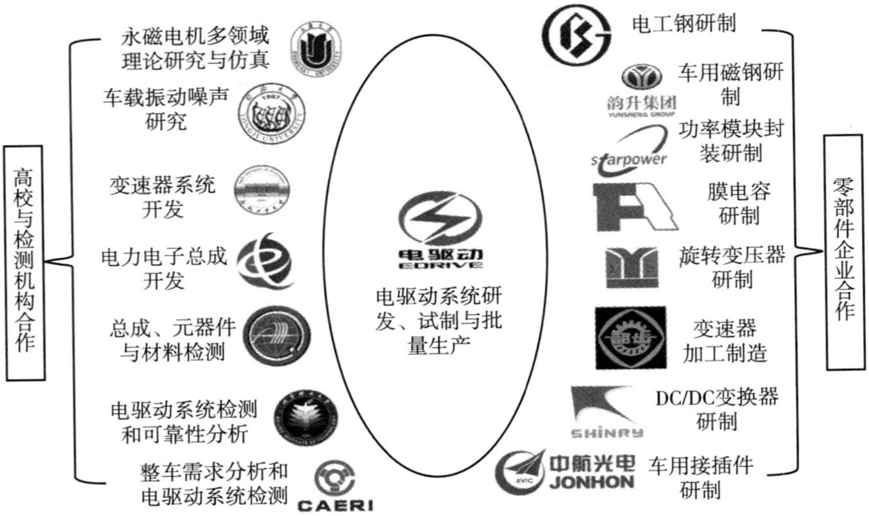

图 8　电动汽车全电驱动系统全产业链产业技术创新战略联盟

DC/DC 变换器等典型产品，开发满足电驱动系统需求的关键材料与关键部件，形成电驱动系统产业链产品的标准体系，建成电驱动系统全产业链技术研发、生产、检测与批量供货能力，并形成市场规模和产业集群。

经过近 3 年的持续运行，联盟在高性能硅钢、高性能磁钢、车用功率模块、车用膜电容器、旋转变压器、车用接插件及车用 DC/DC 变换器等方面取得了大量成果，形成了一大批典型产品，其产品指标和性能可完全替代国外同类产品；在永磁同步电机、硅钢、磁钢、旋变等技术标准方面也取得快速进展。

（一）车用系列化硅钢产品

硅钢产品是用于电机定子的导磁材料，我国硅钢生产企业有宝钢和武钢，在车用硅钢方面，宝钢起步较早。从 2008 年起，上海宝钢开始与上海电驱动合作，于 2010 年开发出 2 个系列 10 个规格的硅钢产品。2012 年宝钢开发出车用高性能导磁材料 B35AV1700、B35AH1700、B30AHV1500 和 B27AHV1500 等四个规格的无取向硅钢新产品，产品性能达到国际先进水平（见图 9），且为上汽、一汽、通用、福特、本田、日产等提供样品或技术服务。其中，应用于上汽荣威 E50 电机的硅钢已实现批量销售，在产品价格方面仅为国外同类产品的 70%。

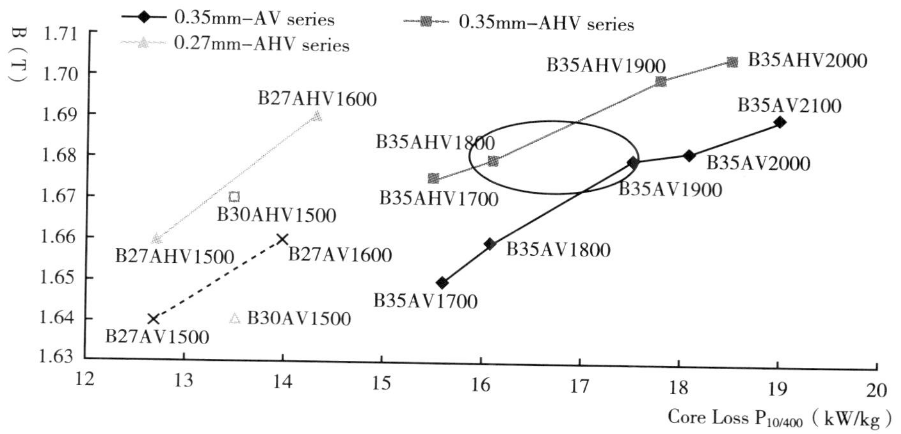

图 9　车用硅钢产品特性

（二）车用功率模块

车用功率模块是电机控制器的功率变换关键部件，在高压大功率应用中常用 IGBT（绝缘栅型双极晶体管），在低压场合常用功率 MOSFET（功率场效应管）。我国 IGBT 模块研发和生产企业较多，其中以嘉兴斯达、南京宏微、深圳比亚迪、株洲电力机车研究所、西安永电等企业为代表。嘉兴斯达与上海电驱动合作开发低压大电流功率 MOSFET 封装产品（见图 10），2009 年完成 720A/100V 功率 MOSFET 开发，测试表明整体性能优于国外同类产品，且产品价格仅为国外产品的 30%，大大降低了电机控制器成本。2012 年开发出 630A/150V 功率 MOSFET，进一步完善了产品系列。该产品已经应用于奇瑞 S11 微型纯电动轿车用电机及其控系统。截至 2013 年年底，已经累计实现销售近 5 万片，实现装车 15000 辆，连续运行时间已经超过 3 年。

在车用 IGBT 功率模块研发方面，嘉兴斯达微电子有限公司已经研发出 800A/650V 乘用车用 IGBT 模块和 600A/1200V、900A/1200V 两个规格的商用

图 10　车用功率 MOSFET 模块及其应用

车用 IGBT 功率模块（见图 11），模块性能实现对国外产品的完全替代，成本仅为国外同类产品的 70%。

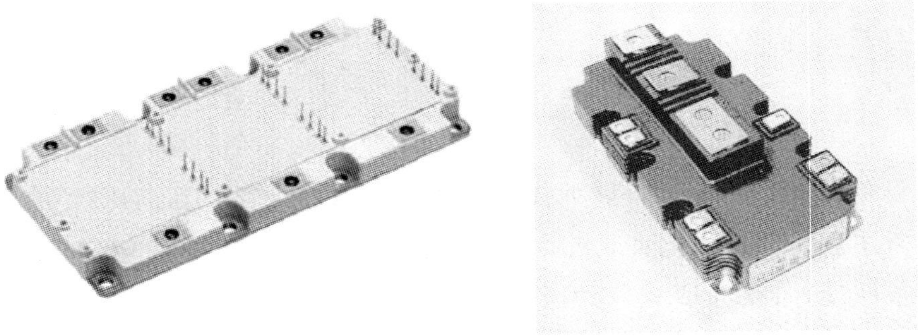

a 800A/650V Pin-fin IGBT　　b 900A/1200V PrimePack

图 11　斯达微电子 IGBT 模块

（三）车用永磁体材料

长期以来，我国以不到世界 50% 的稀土储量供应着全球 90% 以上的稀土用量，我国的稀土开采区面临巨大的环境压力。2010 年，我国开始整合稀土资源，从保护环境和可持续发展角度加强对稀土开采和严格的出口配额管理，后又出台了一系列政策：在资源管理上，对稀土资源实行了保护性开采；在出口管理上，以“出口配额”为手段，综合考虑了稀土资源、国内产能、国际需求；在加工技术方面，推进稀土应用技术的创新。我国通过行业的整合与规范化，对稀土行业与市场产生了积极的影响。然而，我国整合稀土的系列政策引起美国、日本，以及一些欧洲国家的不满，多次向WTO起诉，称中国的稀土政策有违世贸规则。实际上，我国通过加强与其他稀土生产国和消费国的对话与合作，共同研究解决稀土行业发展当中的资源和环境问题，既能保证向国际市场合理供应，又能保护我国生态环境与资源的可持续发展。

稀土烧结钕铁硼永磁体是永磁电机的重要原材料之一，随着永磁电机对功率密度的不断追求，稀土烧结钕铁硼永磁体的性能也不断提升。稀土永磁体制备技术的进步使得永磁体的性价比越来越高，同样性能的永磁体，其成本会因为制备工艺的改进而大幅降低：甩带片技术提高了稀土永磁体熔炼的质量水平，提高了磁钢性能及稳定性；低氧工艺及无氧工艺提升了永磁体的性能；多点控温的烧结过程提升了稀土永磁体的一致性；晶界扩散技术（即渗镝、铽技术）不仅保证了稀土永磁体的性能，而且大大降低了镝、铽元素的含量，有效控制了永磁体的原材料成本。这些产品工艺技术的发展都推动着稀土永磁体向着性价比更高的方向前进，也推动着永磁电机在电动汽车中的应用。

在稀土替代材料方面，近年来以日本为首，多个国家开始研究烧结钕铁硼永磁体的替代技术。日本产业技术综合研究所研究出了不含Dy（镝）的Sm－Fe－N（钐－铁－氮）类磁铁粉末的技术，其磁性能达到了钕铁硼磁钢的80%；日本东北大学研发出了氮化铁（$Fe_{16}N_2$）永磁体，它可以实现比钕铁硼（Nd－Fe－B）类烧结磁铁高30%以上的最大磁能积，达到100MGOe[①]的水平，但其缺点仍然明显，如矫顽力较小，200 ℃以上就会热分解。虽然目前技术水平的替代产品仍无法完全取代烧结钕铁硼产品，但其替代可能性仍然存在。

我国稀土界素有“南赣州、北包头”之说。同时，我国有多个稀土生产企业，如中科三环、烟台正海、烟台首钢、宁波韵升等。宁波韵升高科是中国稀土永磁材料的主要生产基地之一，公司作为德国博世、德国博泽两大传统EPS系统制造企业的在磁体方面第一供应商，2011～2012年提供约800吨的

① MGOe是磁能积单位，兆高·奥斯特，100 MGOe释放热量相当于795.8kJ/m^3。

ABS、EPS 电机用磁体，占其磁体用量的 50% 以上。韵升研制出适用于新能源汽车的烧结铝铁硼磁钢（见图 12a），在高牌号磁钢研制方面，韵升在国内处于领先。

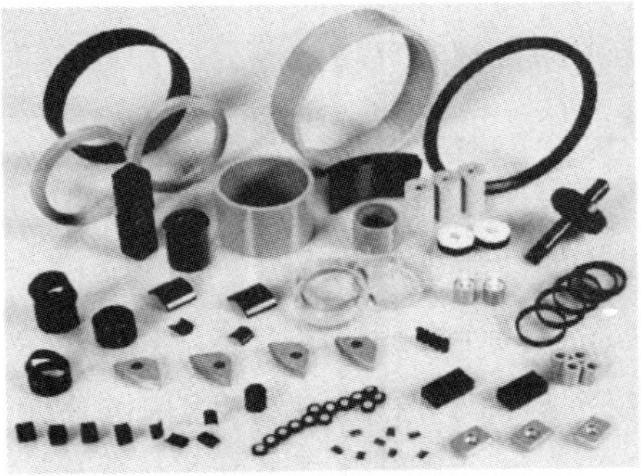

a 烧结铝铁硼稀土永磁材料

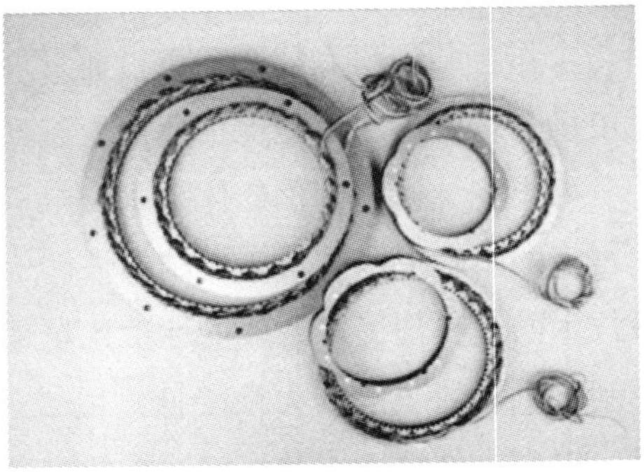

b 车用旋转变压器

图 12　烧结铝铁硼稀土永磁材料与车用旋转变压器

（四）车用旋转变压器

旋转变压器（Resolver）是一种信号电机，用于检测电机转子位置信号，分为绕线式和磁阻式两大类。其中，由于磁阻式旋变具有高可靠性和高环境适应性，其在车用电机领域应用广泛。一直以来，车用旋转变压器市场几乎被日本多摩川垄断，我国旋转变压器在近几年发展迅速，代表性的企业包括上海赢双电机、西安微电子研究所等。从 2006 年开始，上海赢双电机联合上海大学开发车用磁阻式旋转变压器，目前已经形成了车用旋转变压器产品 200 余种（见图 12b），其产品性能可完全替代国外产品。引进自动绕线设备进行旋变定子生产，采用端部塑封技术提高定子防护等级，采用扣片技术进行旋变转子生产，并建成年产 5 万套旋变的生产能力。赢双电机已为国内 50 多家客户配套车用旋变超 2 万台，市场占有率超过 50%。

（五）车用膜电容器

车用膜电容器用于电机控制器中间回路的支撑电容，替代传统电解电容器，具有耐压高、纹波电流大、寿命长、寄生电阻（ESR）和寄生电感

（ESL）低等特点。生产企业以厦门法拉为代表。厦门法拉电子具备年产45亿只薄膜电容器及2500吨金属化膜的能力，研制C42型（MKP62小型化）金属化聚丙烯抗干扰电容器（X2类）、C34/C3A/C3B型高容量密度电容器（见图13）广泛应用于新能源汽车领域，产品性能水平与国外同类产品如AVX、松下、EPCOS相当，国内市场占有率超过30%。

图13　典型规格的车用膜电容器

（六）车用接插件

车用接插件用于高压线束连接。中航光电是具备光、电、线缆组件连接器产品研制生产企业，研发出多个系列车用连接器产品，其中圆形连接器、矩形连接器（见图14）应用于电动汽车领域，作为替代美国安费诺、Tyco、韩国LS产品，为国内多个汽车企业和电机企业进行车用接插件配套。

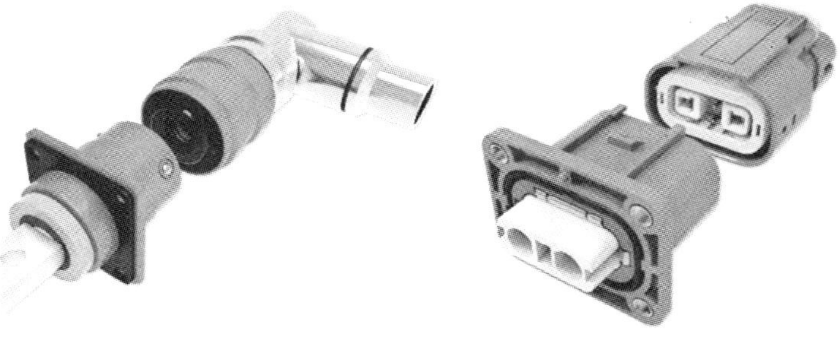

图14　典型车用电连接器

（七）车用 DC/DC 变换器

车用低压 DC/DC 变换器用于将车载高压动力电池电源变换为低压电源，为车载 12V 或者 24V 低压蓄电池和低压部件提供电力。深圳市欣锐特以电力电子类产品的产业化为主，形成规格化、系列化的车用 DC/DC 变换器、车载充电机产品系列，是国内车用 DC/DC 变换器的主要供应商。近期推出 96% 效率的 G5 代 DC/DC 变换器新产品，技术指标达到国际先进水平（见图 15）。

图 15　车用 DC/DC 变换器产品

总　结

（1）在驱动电机产业发展方面，我国有良好的驱动电机研发和生产基础，国内企业通过自主创新和引进新技术，不断提升驱动电机技术水平，不断丰富产品种类，不断扩大产业能力。我国驱动电机技术、产品和产业基本能够满足我国电动汽车产业发展。

（2）在驱动电机价格方面，我国拥有丰富的稀土资源和良好电机工业基础，近年来随着电动汽车数量的提升，电机价格不断降低；但在电力电子控制器方面，受制于当前国外 IGBT 等相对垄断和我国电力电子封测能力限制，控制器产品价格仍偏高。

（3）在驱动电机技术方面，新材料技术、多领域系统集成技术、新型电机技术不断涌现。驱动电机技术向高功率密度、高转矩密度、小型化、轻量化发展，电力电子集成控制器向平台化、模块化、标准化方向发展，驱动电机的功率密度和体积密度越来越高。

（4）在驱动电机产业链方面，车用驱动电机的发展对传统电机行业所涉及的电气、电子、机械、材料等多领域发展的依赖程度进一步加强，驱动电机系统产业链发展需求迫切，产业链发展初见成效。

（5）我国车用驱动电机产业在全球资源条件下具有明显的比较优势，较易进入全球的分工体系，是具有中国特色道路的优势产业。我国驱动电机产业应进一步结合我国产业基础和国情实际，抓住我国继续开展新能源汽车推广应用的有利机遇，整合产业链各环节优势资源，实现重点突破，打造我国驱动电机产业的国际竞争力。

B.5

中国新能源汽车推广应用现状及展望

姚占辉　刘金周　方海峰*

摘　要：

推广应用是加快新能源汽车产业发展的重点工作和主要抓手，2013年是中国新能源汽车推广应用工作承前启后的重要节点。首先，本文从推广规模、技术带动、使用环境、商业模式、政策体系等方面总结了2009～2012年第一轮节能与新能源汽车示范推广工作取得的成效和遗留问题，分析了2013年中国新能源汽车推广应用工作继续开展的政策背景和主要特点。其次，根据相关城市和区域的申报方案，分领域统计分析了2013～2015年各类新能源汽车的新一轮推广应用计划。最后，结合推广经验、政策保障、产业基础等现实因素，展望了新一轮新能源汽车推广应用的工作成效。本文认为，新的推广城市由于缺乏经验，其完成的推广应用计划大都颇具挑战，大部分推广城市私人领域的推广任务完成难度较大，需要行业共同努力从政策、基础设施和配套环境等方面给予更有力的支持。

关键词：

新能源汽车　推广应用　计划

一　上一轮节能与新能源汽车示范推广总结（2009～2012年）

自2009年开展节能与新能源汽车示范推广以来，试点城市按照财政部等

* 姚占辉，工程师，新能源汽车研究部副部长，中国汽车技术研究中心汽车产业政策研究室；刘金周，工程师，中国汽车技术研究中心汽车产业政策研究室；方海峰，博士，高级工程师，新能源汽车研究部部长，中国汽车技术研究中心汽车产业政策研究室。

四部委批准的工作方案，积极组织实施，有关企业加大节能与新能源汽车产品的开发和市场推广力度，试点工作取得了明显成效。示范推广不仅大幅提升了我国节能与新能源汽车技术水平，而且有力地撬动了我国节能与新能源汽车市场，但依然存在市场推广进程缓慢、基础设施建设滞后、政策法规体系尚不健全等突出问题。总结我国 2009～2012 年的节能与新能源汽车示范推广工作，主要呈现以下特征。

（1）推广规模快速扩大，应用领域逐步拓宽，但距离示范推广目标还有较大差距

2009 年以前，全国累计运行的节能与新能源汽车约 500 辆，截至 2012 年年底，示范推广节能与新能源汽车约 3 万辆，其中公共服务领域 2.5 万辆，私人领域 0.54 万辆。但是，我国节能与新能源汽车示范推广试点初期提出的“公共服务领域 5 万辆、私人领域 10 万辆”的推广目标没有完成，公共服务领域仅完成推广目标的 60%，私人领域推广数量不足推广目标的 10%，差距还很大。从推广车型看，非插电式混合动力公交车成为推广数量最多的车型，推广总数超过 1 万辆；非插电式混合动力乘用车总数接近 4000 辆，主要是怠速启停和中度混合动力车型；新能源汽车总数接近 1 万辆，包括纯电动公交车、纯电动乘用车，纯电动专用车等。

（2）技术水平大幅提升，产业化进程明显加快，但与国外先进水平相比仍有较大差距

示范推广工作有力促进了节能与新能源汽车技术进步和产业化水平提高。我国已基本掌握了从整车设计到系统集成等关键技术，产业链初步形成。截至 2012 年年底，我国共计发布了 40 批“节能与新能源汽车示范推广应用工程推荐车型目录”（简称“推荐车型目录”），节能与新能源汽车车型总数达到 628 个，涉及 97 家汽车整车和专用车生产企业。其中，混合动力公交客车产品趋于成熟，主流产品的实际节油率稳定在 20% 左右；面向私人消费者的乘用车性能进一步提升，深圳比亚迪、安徽江淮等企业已形成较强的研发和生产能力，已推出多款具有市场竞争力车型；培育形成了天津力神、杭州万向等一批车用动力电池骨干企业，其产品在技术先进性、安全稳定性等方面提升明显，电池制造成本由 2009 年的 5 元/W·h 降至 3 元/W·h。

我国新能源整车和部分核心零部件核心技术尚未完成突破，动力电池隔膜、驱动电机绝缘栅双极型晶体管（IGBT，Insulated Gate Bipolar Transistor）等关键部件和先进的制造装备还依赖于进口，非插电式混合动力乘用车与国际水平差距明显，整车燃料经济性与国际先进水平相比还有一定差距。

（3）运行环境不断优化，基础设施初具规模，但发展环境和地方保护问题突出

试点城市积极优化新能源汽车使用环境，加快充换电设施建设。深圳、合肥等城市制定了专门的充电优惠电价，广州、上海等城市出台了针对私人购买新能源汽车的免摇号、免拍卖的优惠政策；据不完全统计，截至 2012 年年底，25 个试点城市已建成 174 座充（换）电站、8107 个充电桩。

但是，我国基础设施发展仍存在很多制约因素。这主要包括：没有完整、清晰的国家规划；缺乏基础设施建设用地政策，土地使用权不清晰，用地方式不规范；基础设施建设需要协调电力、国土、物业等多个部门，协调难度大；没有形成可供充换电站持续运营的全国性或区域性的充电电价和运营机制。此外，一些地区未考虑本地技术、产业和人才基础薄弱的现实，盲目支持上马节能与新能源汽车及零部件投资项目，导致重复性建设问题日益突出；在示范推广过程中，部分城市不顾水平高低、质量好坏，无原则地只支持本地企业及产品，严重的地方保护主义制约了优势企业做大做强。

（4）商业模式逐步形成，体制机制不断创新，但政策法规体系尚不健全

经过 2009～2012 年的摸索和实践，25 个试点城市因地制宜探索了整车销售、整车租赁、融资租赁、电池租赁等多种商业推广模式，一定程度上解决了新能源汽车初始购置费用高、投资回收期长等推广难题，并采取特许经营等方式，积极引导社会资本参与充换电设施的投资、建设和运营。

但是，第一阶段示范推广形成的商业模式大都是在政府资金补贴下实现的运营，而且还存在商业模式的利益分配机制不清晰，不同城市商业模式的兼容和衔接不顺等问题。此外，产业配套管理体系还不健全，动力电池回收利用管理体系也没有建立。

二　新一轮新能源汽车推广应用的主要特征

第一轮节能与新能源汽车示范推广工作2012年年底到期，四部委对25个试点城市进行了验收考核。在充分总结第一轮试点经验和问题的基础上，四部委于2013年9月颁布了《关于继续开展新能源汽车推广应用工作的通知》（财建〔2013〕551号），正式启动了新一轮新能源汽车推广应用工作。推广应用政策的延续有效调动了各城市推广应用新能源汽车的积极性。总结2013年以来我国新能源汽车推广应用情况，主要表现以下几个特征。

（1）推广使用新能源汽车成为节能减排和大气污染防治的重要手段，得到中央高度重视。2013年7月，国务院常务会议提出“政府公务用车、公交车要率先推广使用新能源汽车，同步完善配套设施”的要求。随后，国务院又相继印发了《关于加快发展节能环保产业的意见》、《关于印发大气污染防治行动计划的通知》等政策，都将推广使用新能源汽车作为重要措施之一。2014年5月，国家主席习近平指出“发展新能源汽车是我国从汽车大国迈向汽车强国的必由之路，要加大研发力度，认真研究市场，用好用活政策，开发适应各种需求的产品，使之成为一个强劲的增长点”。中央高层的高度重视，将有效推动新能源汽车的推广应用工作。

（2）中央推广应用政策的延续有效调动了各主体的积极性，地方支持政策密集出台为扎实推进提供了保障。在《关于继续开展新能源汽车推广应用工作的通知》的指导下，地方政府纷纷申报新能源汽车推广应用城市，两个批次共计39个城市或区域的方案获得批准，计划推广新能源汽车总量超过30万辆。在推广应用需求带动下，汽车企业纷纷加快研发和产业化布局，行业呈现加快发展的良好局面。此外，北京、上海、广东、江苏等地方政府，在前期示范推广基础上，不断完善基础设施、充电电价等方面支持政策，并在限购或限行方面对新能源汽车区别对待，促进新能源汽车推广使用。兰州、西安、新乡、青岛等新进入推广行列的城市也纷纷出台支持政策，加快推动本地新能源汽车推广应用和产业发展。

（3）新能源汽车商业模式得到进一步优化，分时租赁业务在多个城市迅速兴起。除了在公交、出租等领域积极完善推广商业模式外，2013 年，在物流、私人领域的商业模式也有一定发展。顺丰、申通及上海万象等多家物流企业积极探索新能源物流车运营模式。顺丰速运与普天新能源已于 2013 年 11 月开展合作，在北京投入 10 辆纯电动汽车，供网络分部收派件、接驳使用。天津出台了《关于促进快递服务业发展的意见》，鼓励快递企业购置新能源汽车及清洁能源汽车、完善快件末端投递服务体系。此外，2013 年以来，杭州、北京、上海等城市先后开展了新能源汽车分时租赁业务。由于分时租赁价格较低、形式灵活，并可提供网上预约、随取即用、异地还车等便捷服务，广受消费者欢迎。

（4）积极探索发展新能源汽车的长效机制，碳排放交易、企业信用额度积分交易等新型制度有望成为新能源汽车商业化推广新动力。深圳市自获准试点碳排放交易以来，积极进行公交车和出租车领域碳排放交易的相关研究和规划，北京市也正在积极探索将新能源汽车的减排量纳入碳排放权交易中。碳排放交易如成功引入公交、出租等领域，运营单位则可将新能源汽车的碳配额收益作为额外收入，用以补贴采购和运营成本。引入碳排放交易可在不增加政府财政支出的情况下，改善新能源汽车运营经济性，提高相关单位推广应用新能源汽车积极性。此外，中国汽车技术研究中心在借鉴美国加州零排放汽车计划经验基础上，正在研究利用新能源汽车信用额度积分交易制度提升企业发展新能源汽车的积极性。企业信用额度积分和碳排放交易分别从生产端、消费端解决企业发展新能源汽车的成本和利益问题，充分利用市场机制调动企业发展新能源汽车的积极性，从长远看是推动我国新能源汽车可持续发展的有效解决方案。

三　新一轮新能源汽车推广应用计划

（一）新能源汽车推广应用总体计划

2013 年 11 月，财政部、科学技术部、工业和信息化部、国家发展和改革委员会联合发布了《关于支持北京　天津等城市或区域开展新能源汽车推广应用工作的通知》（财建〔2013〕805 号）。2014 年 2 月，财政部等四部委公布了《关于支持沈阳　长春等城市或区域开展新能源汽车推广应用工作的通知》（财建〔2014〕10号）。

至此，开展新能源汽车推广应用工作的城市或区域累计达39个，涵盖了中国主要大中型城市。初步统计，39个城市或区域计划推广新能源汽车总数超过30万辆，其中最多的城市是北京和深圳，分别为35020辆、35000辆。其他城市中，达到万辆级及以上规模的城市或区域达11个，分别是江苏城市群、河北城市群、天津、西安、武汉、浙江城市群、重庆、福建城市群、广东城市群、广州、上海，剩下的城市或区域推广数量都在5000辆以上。

在新一轮推广计划中，公交、出租、公务、环卫、物流等公共服务领域仍是新能源汽车推广应用的重点。初步统计，各城市或区域在公共服务领域计划推广新能源汽车总量达20.11万辆，占到推广应用总量的61.94%。公共服务领域推广应用最多的城市是深圳市，达1.9万辆，其次是江苏、天津，分别达1.32万辆和1.15万辆，河北省城市群、重庆市也分别达9000辆规模，其他城市或区域公共服务领域推广数量普遍在千辆规模以上。

私人领域新能源汽车推广数量总体规模较大，各城市推广计划差距较大。初步统计，各城市或区域在私人领域计划推广新能源汽车总量达12.36万辆，占推广应用总量的38.06%。私人领域推广应用最多的城市是北京市，达3万辆，其次是深圳、上海，分别达1.6万辆、6800辆。此外，河北城市群、西安、武汉、浙江省城市群、广东城市群、广州都在4000辆以上。天津、郑州、江西城市群、长春、哈尔滨、贵州城市群、云南城市群私人领域推广计划较少，不足1000辆，青岛、成都、潍坊等城市私人领域推广计划为零（见图1）。

（二）新能源汽车推广应用车型计划

新能源汽车推广应用车型计划如下（见图2）。

在新能源公交车领域，2013～2015年推广新能源公交车计划总量达5.78万辆，其中，推广计划前三位城市包括深圳、重庆、郑州，分别达5000辆、3000辆和3000辆；在区域中，江苏城市群和河北城市群数量较多，分别达4035辆、3000辆。北京、云南城市群、浙江城市群、福建城市群、广东城市群、

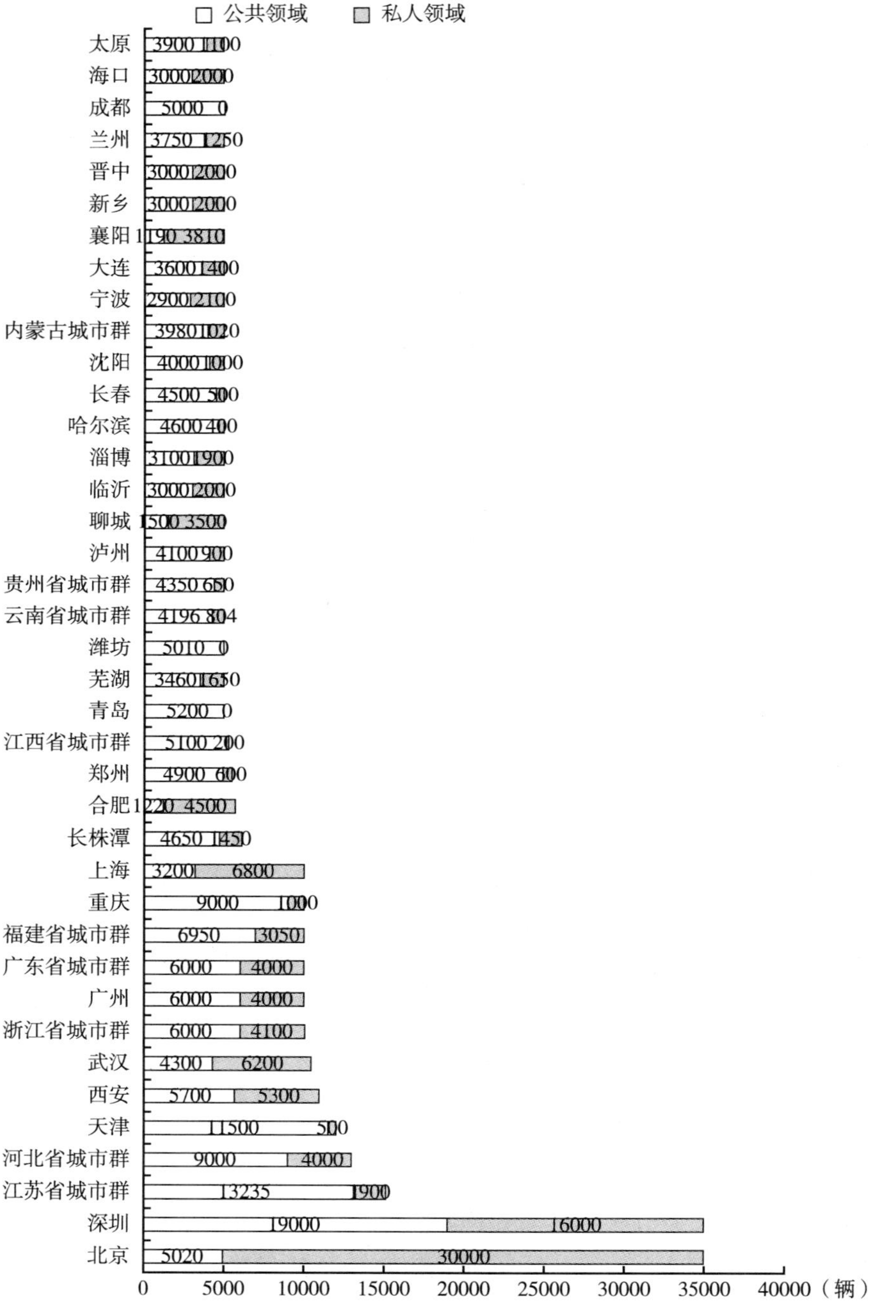

图1　各城市新能源汽车推广计划

资料来源：根据公开数据及调研资料整理。

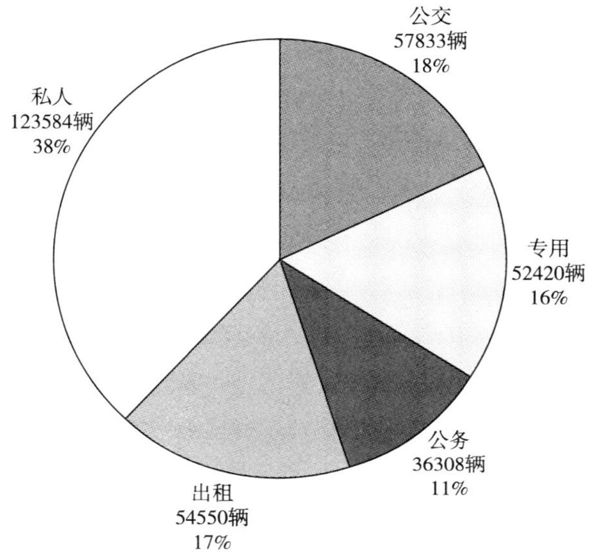

图 2　各领域新能源汽车推广计划

广州、天津、长株潭、青岛等城市或区域推广计划在 2000 辆及以上。推广计划最少的几个城市为襄阳、临沂、芜湖、兰州、新乡，不足 400 辆（见图 3）。

在新能源乘用车领域，推广车型包括私人乘用车、出租车和一般公务用车。2013～2015 年推广新能源乘用车计划总量达 21.45 万辆，其中，私人乘用车推广总量达 12.36 万辆，出租车推广总量达 5.46 万辆，公务用车推广总量达 3.63 万辆。新能源乘用车推广计划前三位城市包括北京、深圳和西安，分别达 3.2 万辆、2 万辆、0.98 万辆，最少的城市泸州、贵州城市群也在 2000 辆以上（见图 4）。

在新能源专用车领域，推广车型包括环卫、物流、邮政等车辆。据初步统计，2013～2015 年推广新能源专用车计划总量达 5.24 万辆。从专用车推广车型看，物流快递用车、邮政 EMS 由于存在较大的现实需求，成为新能源专用车推广的重点领域。从城市看，推广计划最多的城市为深圳，达 10000 辆，其次是江苏城市群、天津和重庆，分别达 4390 辆、3500 辆、3500 辆（见图 5）。

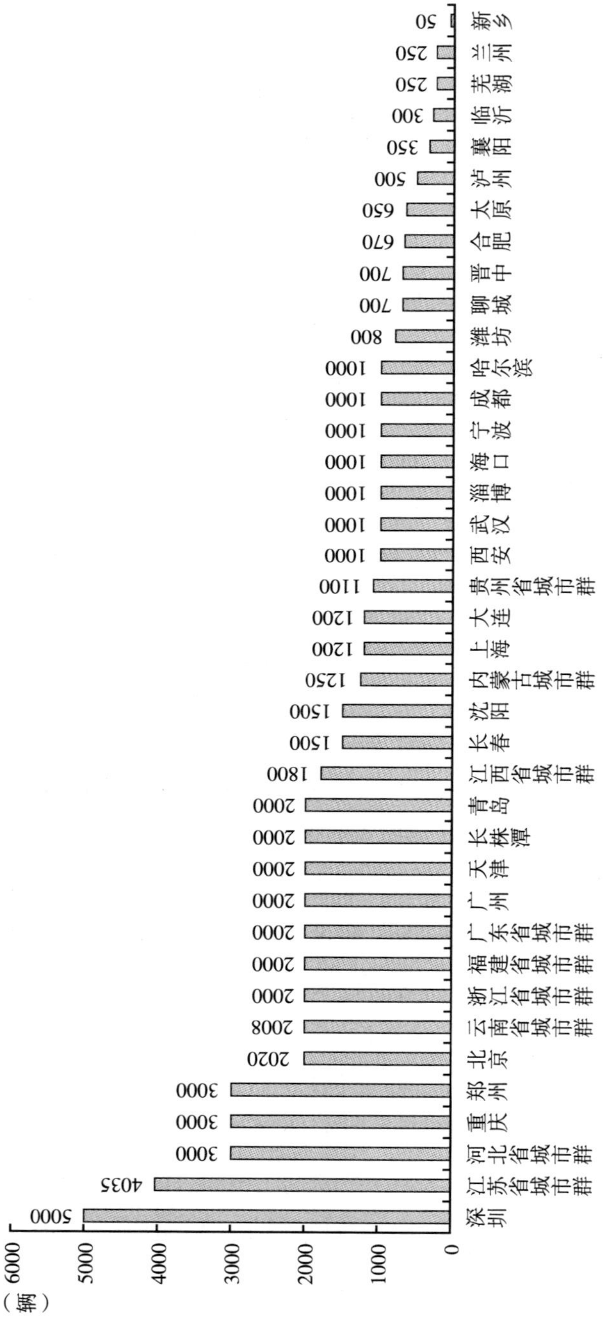

图 3 主要城市新能源公交车推广计划

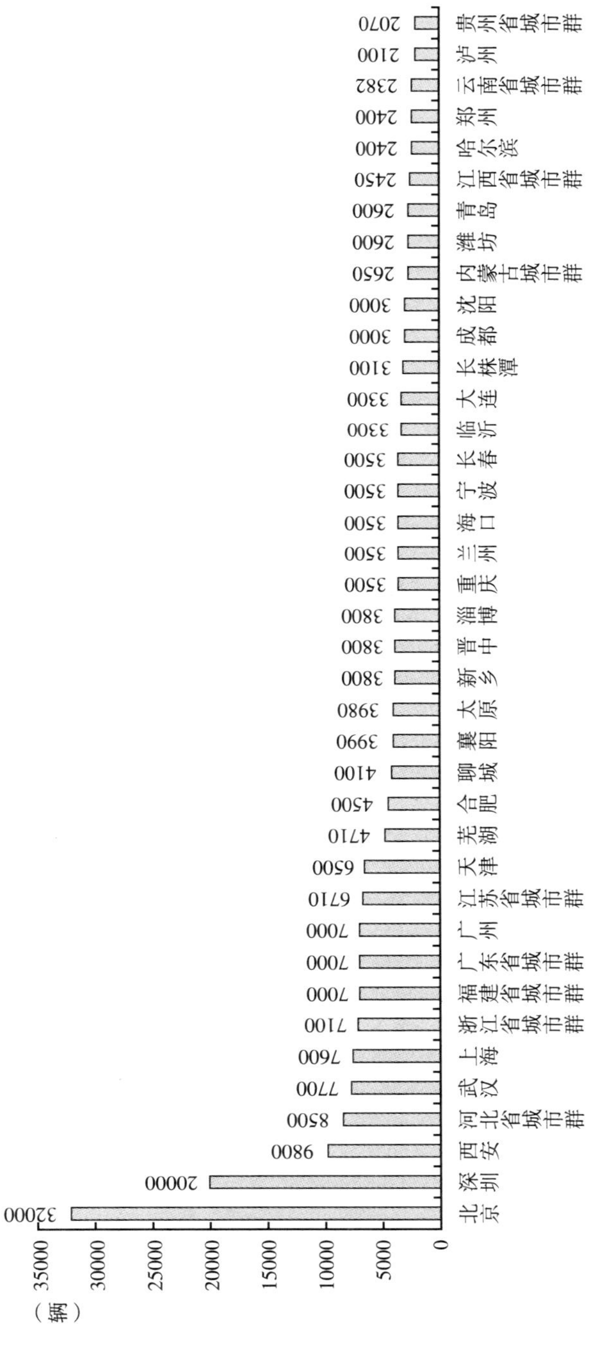

图4　主要城市新能源乘用车推广计划

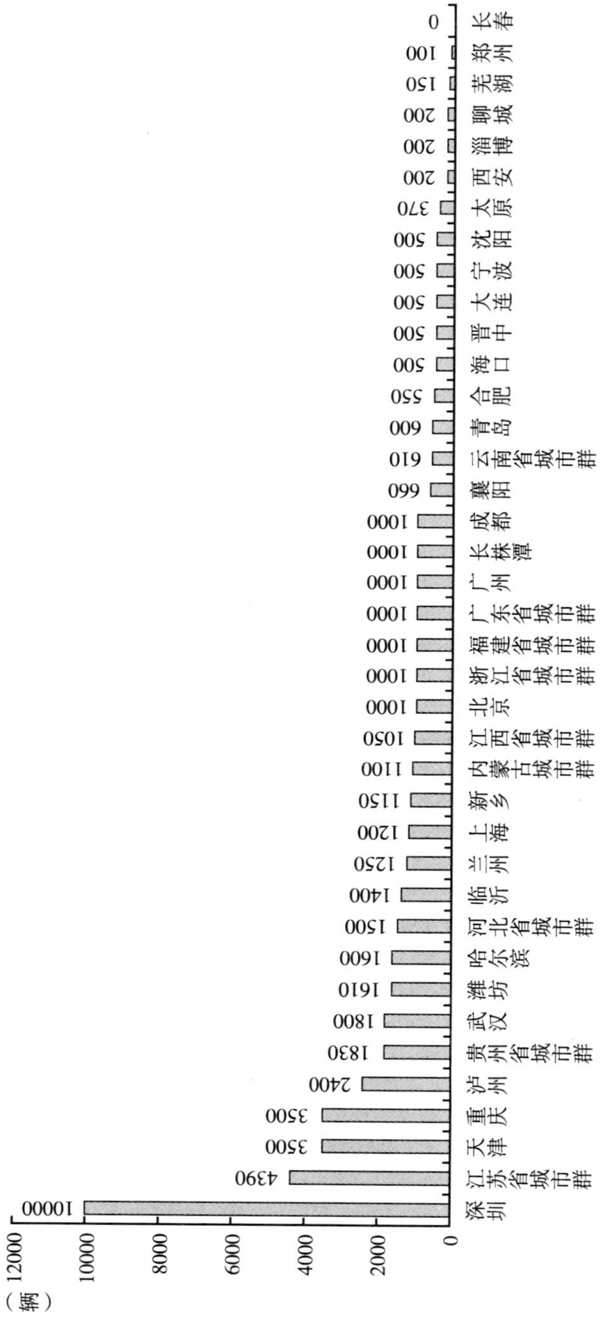

图5 主要城市纯电动专用车推广计划

四 新能源汽车推广应用展望

在新一轮新能源汽车推广计划中，各城市都制定了一定规模的推广计划。在公共服务领域，各城市或区域通过深入挖掘本地市场需求，在公交、公务、环卫、物流等公共服务领域制定了详细的推广计划，对实现公共服务领域电动化具有重要意义。在私人领域，相比上一轮仅有6个私人试点城市，本轮推广应用中大部分城市都制定了私人领域推广计划，有助于推动我国新能源汽车企业开展全国布局，加快新能源乘用车市场化，对推动我国新能源汽车产业发展具有重要的推动意义。但是，由于新能源汽车产业仍处于发展初期，消费者对新能源汽车认可度仍然较低，产业发展环境仍需进一步改善，完成推广应用计划仍存在许多不确定因素。

（1）本轮新能源汽车推广计划总体数量较大，计划完成难度加大。上一轮示范推广中，推广计划最多的深圳市仅有9000辆，其他城市约为1000辆，推广车型主要包括纯电动、插电式混合动力和非插电式混合动力汽车。第二轮新能源汽车推广中，推广城市或区域计划都在5000辆以上，北京、深圳推广数量更是达3万辆以上的规模，不但数量上普遍高于第一轮试点城市，而且推广车型仅含新能源汽车，非插电式混合动力汽车不在推广范围之内。

在公共服务领域，上一轮总体完成率不足60%，仅有郑州、海口完成了推广应用计划，除了南昌、沈阳、成都、昆明等几个完成率较高的城市外，其他城市完成率都较低，部分城市完成率不足50%。本轮推广应用中，虽然总体上已经积累了丰富的推广经验，但推广计划数量大幅增加及不包含非插电式混合动力汽车，预计本轮新能源汽车推广难以完成全部推广计划。

（2）各城市推广经验、产业基础、政策措施、组织保障等方面的差异，导致推广计划完成情况将有较大不同。参加第一轮推广应用的城市，已经初步建立了新能源汽车推广应用组织保障体系、政策支持体系和基础设施体系，并积累了较丰富的新能源汽车推广经验，在第二轮新能源汽车推广中预计会有较高的推广完成率。其中，深圳、合肥、杭州、北京、上海等城市不但具有较好的产业基础，并已经初步建立了较完善的推广保障体系、形成了特色的推广应用模式，预计在新一轮推广应用中会有更好地推广成果。新进入推广行列的试点城市，由于刚刚启动相关工作，预计推广计划完成情况会有较大差距。

（3）从推广应用领域看，公共领域完成率较高，私人领域推广数量会明显增加，但完成计划难度大。在公共服务领域，我国已经积累了较丰富的推广经验，各地方政府在公共服务领域可用的政策操作空间较大，推广计划完成率较高。其中，公交、出租领域仍将是各城市推广应用重点，会有较大规模的推广数量；在物流快递领域，由于具有较大的市场应用需求，随着商业模式的不断创新、完善，会有较高的增长量。在私人领域，北京、上海等摇号、限号城市由于对新能源汽车实行区别对待的政策，可能会促进当地新能源汽车销售，这些城市的私人乘用车会有较大的市场销量。随着分时租赁、共享等新能源汽车租赁业务的不断丰富完善，在乘用车租赁领域会有较大的市场销量。但是，私人领域乘用车推广应用主要由消费环境和市场需求决定，预计多数城市在完成计划时会遇到较大困难。

B.6

新能源汽车基础设施产业发展环境分析

武守喜　史双龙*

摘　要：

完备的基础设施是新能源汽车产业快速发展和大规模推广应用的重要保障。本文在深入调查的基础上，系统总结了相关城市新能源汽车基础设施的建设现状和规划，深刻剖析了基础设施产业发展及各地支持政策情况，并针对突出问题提出了相应的发展建议。虽然我国新能源汽车基础设施建设已经取得了一定进展，但其未来发展还存在许多制约因素，需要在整体规划、标准法规、充电电价和土地保障等方面尽快明确支持政策。

关键词：

新能源汽车　基础设施　发展环境

经过几年的示范推广，我国新能源汽车配套基础设施产业有了一定的发展，初步形成了一定规模的充换电设施服务网络，充换电标准体系不断完善，充换电设施技术性能不断成熟，较好地支撑了新能源汽车示范推广的需要。综合来看，虽然目前基础设施产业发展仍面临管理体制不健全、土地制约、电价不明确、运行监管缺失等诸多问题，但其综合发展环境总体向好，各项工作也朝着积极有序的一面发展。

---

* 武守喜，工程师，中国汽车技术研究中心汽车产业政策研究室；史双龙，高级工程师，国家电网公司。

一　建设现状及规划

2009～2012年，在国家节能与新能源汽车示范推广政策的直接推动下，我国新能源汽车基础设施产业开始起步并得到快速发展。据科技部等四部委统计，截至2012年年底，25个试点城市累计建成174座充（换）电站、8107个站外充电桩（见图1、图2）。分散充电桩、集中充电站与换电站三种模式都得到了应用，取得了较好的实践经验。

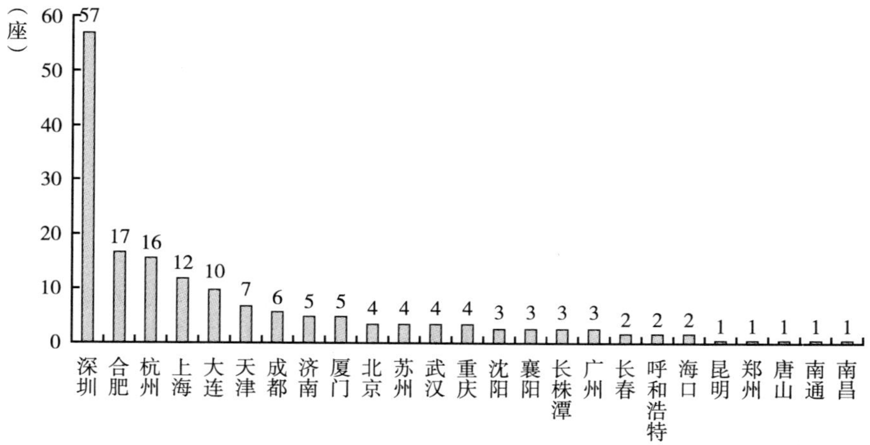

图1　2012年底各示范城市充换电站建设数量

资料来源：《节能与新能源汽车年鉴（2013）》及调研材料。据实地调查，深圳充换电站建设数量为82座。

虽然取得了一定的发展，但我国充换电设施的建设速度仍落后于新能源汽车产业的发展速度，制约效应明显。国务院副总理马凯已把“充电设施建设滞后于整车的研发、生产和推广”定性为目前新能源汽车市场化推广最大的客观矛盾①。此外，这一时期基础设施建设取得较大进展的城市，诸如北京、上海、合肥、深圳、天津、郑州、杭州等，其基础设施建设基本都集中在公共

① 王金玉：《新能源汽车补贴政策影响大　上市企业业绩冰火两重天》，《中国汽车报》2014年4月17日。

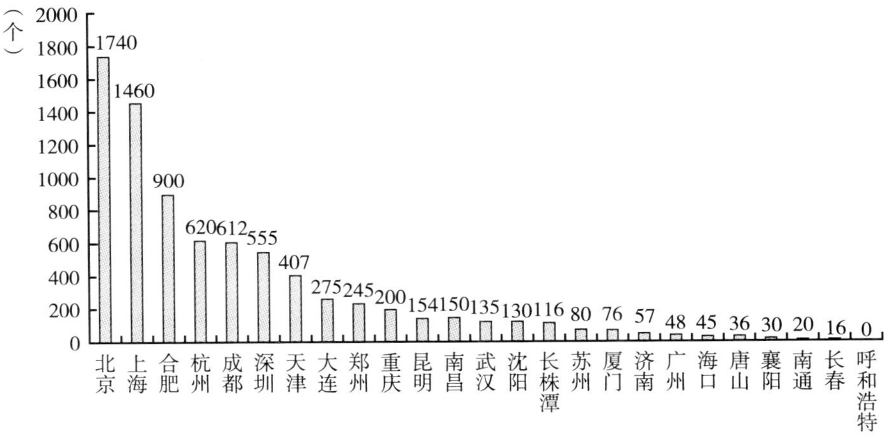

图 2　2012 年底各示范城市充电桩（站外充电桩）建设数量

资料来源：《节能与新能源汽车年鉴（2013）》及调研材料。

领域（公交车、出租车、环卫车、邮政车等），包括这些城市在内的大多数试点城市私人领域基础设施建设进程相对迟缓，仅合肥、深圳等地取得了一些发展。另据调查，已建充换电设施的使用情况也不是很理想。如上海嘉定汽车城电动汽车数据采集和运行监控中心 2013 年 6 月对上海市所有充电桩的总充电次数、总充电量及充电市场进行统计，发现充电桩的实际使用率仅为 6.2%。深圳市 2010 年在莲花二村停车场两侧安装的 27 个充电桩中，屏幕能正常显示的只有 2 台，25 台充电桩不能正常使用①。

综观 2013 年，受推广政策“空窗期”、主要建设企业技术路线调整等因素影响，各城市建设新能源汽车基础设施的积极性普遍不高，我国新能源汽车基础设施建设基本处于停滞状态。据统计②，截至 2013 年年底，我国建成新能源汽车充换电站 492 座，各类充电桩 2.3 万个（含站内充电桩）。除北京、天津、上海、深圳等城市充换电设施数量有小幅度增加外，其他城市多数没有进展。这一年，美国特斯拉汽车公司超级充电站开始进入我国，并于 2014 年

① 蒋琳莉：《小区内设 27 个充电桩仅一业主开电动汽车》，《羊城晚报》2014 年 3 月 11 日。

② 根据公开资料及调研数据整理，其中充换电站数量与科技部等四部委统计的口径不一致，较为集中的分散充电桩也按站进行统计。

4 月份在北京和上海建成投用了一座超级充电站，与此同时，该公司还计划参照在美国的建设模式，谋求在京沪高速公路服务区建设超级充电网络。

2013 年 9 月 13 日，财政部等四部委联合发布了《关于继续开展新能源汽车推广应用工作的通知》（财建〔2013〕551 号），决定继续依托城市尤其是特大城市推广应用新能源汽车。经过两轮申报，四部委最终批准了深圳、北京、江苏（城市群）等 39 个城市或城市群开展新能源汽车推广应用工作。这一轮推广应用，各城市纷纷提升了基础设施的规划建设力度，大力发展新能源汽车基础设施，各地建设计划见图 3。

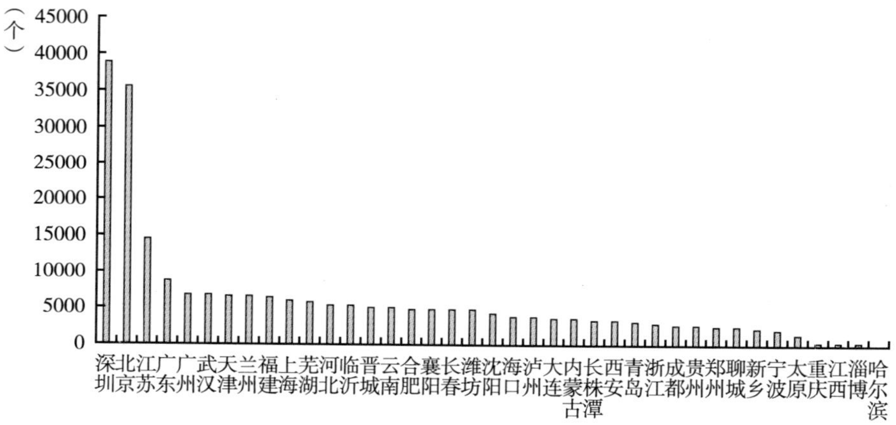

图 3　新一轮推广城市 2013 ~ 2015 年充电桩（站外）建设计划

* 江苏、天津、福建、青岛、浙江、新乡、江苏等地采取充换结合的思路，其他地区以充电为主。

** 哈尔滨统计的是充换电站的数量。

*** 因充电站定义不明确，换电站数量又少，因此不做统计。

资料来源：节能与新能源汽车网，《全国 48 个新能源汽车推广应用城市已建 309 座充换电站、13995 个充电桩》、《首批 28 个新能源汽车试点城市推广计划全览》及调研材料。

需要特别说明的是，2013 年，作为我国大部分省份电力供应主体及新能源汽车基础设施主要投资建设单位之一的国家电网公司开始调整公司充换电设施建设模式及技术路线。将 2009 年确立的“换电为主、插电为辅、集中充电、统一配送”的商业模式调整为“主导快充、兼顾慢充、引导换电、经济实用”，这一调整表明国家电网公司对一般用于公共领域的快速充电设施继续实施“完全主导”，对私人领域的慢速充电设施则完全放开。2014 年，国家电网公司将按照调整后的建设模式，以环渤海、长三角地区和 23 个示范城市为重点，大力推进充换电服务网络建设，年内建成各类充换电站 167 座。同时，自 2014 年起，将在京港澳高速北京至湖南段全长 1500 公里内，平均每 38 公里建设一对电动汽车智能充电服务区，并将联合南方电网公司和社会资本在 2015 年实现全线覆盖。每个快充站将部署 4 台 120 千瓦分体式充电机，可同时供 8 台电动车充电①。在此规划指引下，国家电网公司启动了充换电站设备招标工作，并于 2014 年 4 月 16 日公布了 2014 年第一批招标结果，许继电气、国电南瑞、北京普瑞特、万马电缆等多家上市公司中标。2020 年，将全面建成以“四纵四横”（四纵：沈海、京沪、京台、京港澳，四横：青银、连霍、沪蓉、沪昆）为支撑的、覆盖国家电网公司经营区内的所有示范城市的城际快充网络。

二　产业发展情况

经过几年的实践，我国新能源汽车基础设施产业已取得了初步发展，充换电标准体系不断完善，技术性能、技术路线不断成熟。主要表现在以下几方面。

一是充换电设施投资建设呈多元化发展趋势。国家电网公司作为国内主要的充换电设施建设运营单位，自 2006 年以来，积极开展智能充换电服务网络建设运营，截至 2013 年年底，累计建成 400 座充换电站、1.9 万个充电桩，具备 4.6 万辆新能源汽车服务能力，有力地推动了我国新能源汽车产业发展。另外，国家电网公司编制了“2014～2020 年充换电服务网络规划”，重点在京津冀鲁、长三角地区的国家示范试点城市，构建北京、上海等示范城市绿色出行 5 公里充电服务网络，并建设覆盖所有示范城市的城际互联网络。2014 年 5 月 27 日，国家电网公司在京召开“开放分布式电源并网工程、电动汽车充换电设施市场”新闻发布会，发布了《关于做好电动汽车充换电设施用电报装

① 国家电网公司网站，《国家电网报》。

服务工作的意见》，明确支持社会资本参与慢充、快充等各类电动汽车充换电设施建设，国家电网公司将提供方便、快捷、优质的供电服务。

二是充换电设施标准体系已基本建成。随着我国新能源汽车示范推广应用不断深入，以国家电网公司为代表的充换电设施建设运营企业，与整车、电池及充换电设备研发生产单位紧密配合，积极推进我国充换电设施标准编制工作。经过几年的不断完善，目前已经基本形成了充换电设施标准体系，包括术语、动力电池箱、充电系统及设备、充换电接口、换电系统及设备、充/换电站及服务网络、建设与运行、附加设备等8个部分，共计58项标准，其中14项国家标准、10项行业标准已正式发布，其他标准已报批国标委或正在编制中。

三是充换电设备技术性能已趋于成熟。随着我国新能源汽车示范应用规模的不断增大，充换电设备技术性能日趋成熟。换电设备适用于公交、出租等领域，非车载充电机可为各类型电动汽车服务，交流充电桩主要服务于电动乘用车和小型电动商用车。

（1）非车载充电机

我国非车载充电机可服务于商用车和乘用车两类。服务于商用车的充电机功率为35～450kW，100kW及以下产品居多，输出电压范围一般为350～700V；服务于乘用车的充电机功率为20～120kW，输出电压范围一般为200～500V。非车载充电机主要生产厂家有南瑞集团有限公司、许继集团有限公司、珠海泰坦科技股份有限公司等。非车载充电机主要技术指标见表1。

表1　非车载充电机主要技术指标

主要指标	参数
输入电压	交流3相380V
输入频率	50±2% Hz
稳流精度	≤±1%
稳流精度	≤±1%
纹波系数	≤1%
谐波电流畸变率	采用有源滤波等单机治理措施后小于5%
满载效率	>90%
功率因数	>0.9

（2）交流充电桩

我国交流充电桩产品主要采用交流单相220V，最大输出电流32A，最大功率7kW；部分交流充电桩采用交流三相380V，最大输出电流63A，最大功率44kW。交流充电桩主要生产厂家有南瑞集团有限公司、许继集团有限公司、深圳奥特迅电力设备股份有限公司等。交流充电桩主要技术指标见表2。

表2　交流充电桩主要技术指标

指标	参数
人机界面	液晶或LED
通信方式	3G或GPRS
充电控制	具备PWM充电功率控制功能
充电模式	按时间、按金额、按电量、预约、充满为止等
保护功能	过压保护、欠压保护、过载保护、短路保护以及漏电保护等
防护等级	IP54或IP55

三　政策环境分析

在产业发展初期，政府支持政策将对产业发展起到事半功倍的效果。目前，我国尚未出台全国统一的充换电设施建设规划或用电电价政策，仅北京、上海、广东、江苏、合肥等地方政府出台了相应的政策措施，在城市规划、土地供应、优惠电价等方面支持新能源汽车充电设施的建设，但各城市支持力度不一。

1. 上海

2013年3月29日，上海市人民政府发布了《上海市鼓励电动汽车充换电设施发展暂行办法》（以下简称《办法》）（沪府办发〔2013〕19号）。《办法》有效期自2013年1月1日至2014年12月31日。《办法》将上海市新能源汽车充换电设施分为自用、专用、公用三类。《办法》的发布，使上海市成为全国首个公布新能源汽车充换电设施分类标准及收费模式的城市。《办法》要点见表3。

表3 《上海市鼓励电动汽车充换电设施发展暂行办法》要点

定义		● 自用充电设施，即专为某个私人用户提供充电的交流充电桩设施 ● 专用充换电设施，即专为某个法人单位及其职工提供充电服务的充电设施，以及专为公交、环卫等特定行业的电动汽车提供充换电服务的充换电设施 ● 公用充换电设施，即服务于社会电动车辆的充换电设施
建设原则		● 按照“桩随车走、按需配置”原则建设的自用、专用充电设施 ✓ 在私人用户所在小区（住宅）停车场地建设的自用充电设施 ✓ 在办公场所停车场地以及公交、环卫等特定行业停车场地建设的专用充电设施 ● 按照“合建为主、单建为辅”原则建设的公用充电设施 ✓ 包括在充换电设施示范区*，商业建筑停车场、高速公路服务区、加油站、高架下空间、具备停车条件的道路等场所建设的公用充电设施 ✓ 在市规划重点区域建设的中小型公用充电设施 ● 按照“需求支撑、重在示范”原则建设的专用、公用换电设施 ✓ 结合公交、环卫等行业内的电动汽车示范应用，在中环线以外区域的示范区内建设的换电设施
支持方式	充电电价支持	● 对用户充换电的用电费用和服务费用给予支持 ✓ 对用电费用，按照充换电设施性质收取 ✓ 在示范期内，对自建自用、自建专用的充换电设施免收服务费用
	配电支持	● 电网企业应为电动汽车提供优质、便捷的配套服务 ✓ 电网企业做好电网接入支持，开辟绿色服务窗口，简化办事程序 ✓ 对符合要求的私人用户，其1个自用桩可享受业扩增容费免收政策，外线配套工程费用由电网公司承担，相应形成的资产归电网公司所有
	土地支持	● 对已经核准、备案的充换电设施，给予规划土地政策支持 ✓ 充电桩原则上不征用土地 ✓ 在示范区内合建的充换电设施，规划国土资源部门将在规划参数确定、土地供应方式等方面予以支持 ✓ 对自用、专用充换电设施和列入年度计划的公用充换电设施建设涉及的电力排管工程，优先列入道路掘路计划

* 指上海市划定的2大6小8个新能源汽车示范区。2大：嘉定国际汽车城、崇明岛；6小：上海国际旅游度假区、临港地区、虹桥商务区、杨浦新江湾城、闽行交大校区和奉贤南桥新城。

2. 江苏

2014年3月10日，江苏省物价局发布了《江苏省物价局关于明确电动汽车充换电设施用电价格和服务价格的通知》（以下简称《通知》）（苏价工〔2014〕69号），对江苏省电动汽车充换电设施用电价格及服务价格做了暂行规定。江苏省也因此成为全国首个明确充换电价格的省份（见表4、表5）。

表 4　江苏省电动汽车充换电设施用电价格和服务价格收费标准

收费项目	类型	收费标准
用电价格	经营性充换电设施	暂按江苏省电网销售电价表中大工业用电相应电压等级的电度电价执行，即电压等级为 1～10kV 的执行 0.667 元/kW·h，电压等级为 20～35kV 以下的执行 0.661 元/kW·h，不执行峰谷分时电价
	非经营性充换电设施（如社区、单位、私家车库等）	按所在充换电场所的现行分类电价执行
服务价格	对纯电动汽车换电模式，换电服务价格按车辆行驶里程收取	纯电动汽车换电服务价格（单价）（元/km）= 同车型燃油汽车每公里平均油耗（L/km）×上一季度燃油平均单价（元/L）×90%
	对纯电动汽车充电模式，充电服务价格按充电电度收取	纯电动汽车充电服务价格（单价）（元/kW·h）= 同车型燃油汽车每公里平均油耗（L/km）×上一季度燃油平均单价（元/L）/纯电动汽车每公里耗电量（kW·h/km）×折扣率。折扣率：7 座以下客车暂定为 60%，其他类型按 85% 计算
	说明 1：收取的费用不高于用油成本费用，收取服务费的，不得再另行收取电费。鼓励充换电设施建设运营单位对充换电服务价格给予优惠	
	说明 2：上一季度燃油平均单价是指江苏省物价局官方网站公布的燃油变动价格以执行天数为权重进行加权平均计算得到	
	说明 3：充换电设施服务价格的具体价格水平由当地价格主管部门会同有关部门定期测算、公布最高执行价格	
用电价格和服务价格均为暂行价格。国家出台统一政策后，按照国家政策执行		

表 5　江苏省电网销售电价表

分类			电度电价，元					
			不满 1 kV	1～10 kV	20～35 kV 以下	35～110 kV 以下	110 kV	220kV 及以上
第一类居民生活用电	阶梯电价	月用电量≤230kW·h	0.5283	0.5183	—	—	—	—
		230kW·h<月用电量≤400kW·h	0.5783	0.5683	—	—	—	—
		月用电量>400kW·h	0.8283	0.8183	—	—	—	—
	其他居民生活用电		0.5483	0.5383	—	—	—	—
第二类一般工商业及其他用电			0.882	0.867	0.861	0.852	—	—
第三类大工业用电			—	0.667	0.661	0.652	0.637	0.622
第四类农业生产用电			0.509	0.499	0.493	0.484	—	—

＊苏价工〔2011〕358 号、苏价工〔2012〕182 号文件公布，2012 年 7 月 1 日起执行（表格有删减）。

3. 北京

2014年5月15日，北京市发改委、北京市科委、北京市经信委联合发布了《北京市示范应用新能源小客车自用充电设施建设管理细则》（以下简称《细则》）（京发改〔2014〕1009号）。《细则》明确了购买新能源小客车的单位和个人自用充电设施的充电条件确认、用电报装和设施建设流程规范。《细则》的公布，使北京市成为首个明确私人充电桩安装流程的城市（见图4）。

2014年4月17日，由北京市物业管理行业协会牵头，北京市新能源汽车发展促进中心参与组织，第一批获批在北京销售新能源车的整车企业和北京金隅大成物业管理有限公司、北京天鸿宝地物业管理经营公司、北京天诺物业管理有限责任公司、北京万科物业管理有限公司、北京银达物业管理有限责任公司、北京招商局物业管理有限公司等6家大型物业公司签署合作协议。双方就车企将充电设施纳入售后服务体系、物业公司以及小区支持配合充电设施建设工作等达成共识。与此同时，北京市还在城内六区选取12家物业小区开展充电设施建设示范项目，多家商场及写字楼也将示范安装充电桩①。除了可以申报安装私人充电设施外，北京市电力公司将开放公共充电桩供私人车主使用。2014年4月起，单位和个人新能源小客车车主可在全市46个电力营业厅办理“公共领域电动汽车充电卡”，充值后可在全市对社会开放的公用充电桩进行充电②。随着新能源小客车示范运行数量的增加，可办理“公共电动汽车充电卡”业务的电力营业厅数量也将相应增长。

4. 其他地区

2012年6月2日，合肥市出台了《关于印发合肥市新能源汽车充电桩建设暂行规定的通知》以下简称《通知》（合政办〔2012〕28号），有效期至2013年12月31日。《通知》对新建公建类项目、新建住宅类项目和新建社会公共停车场的充电桩配建数量做了明确规定。其中，新建办公楼、商场、酒店等公建类项目停车位按照不少于20%的比例配建充电桩；新建住宅小区停车位按不少于10%的比例配建充电桩；新建社会公共停车场按不少于20%的比例配建充电桩（小型立体停车场除外）。

---

① 《七小区试点配建电动车充电桩》，《新京报》2014年4月18日。

② 《北京46个电力营业厅可办电动汽车充电卡》，《新京报》2014年4月21日。

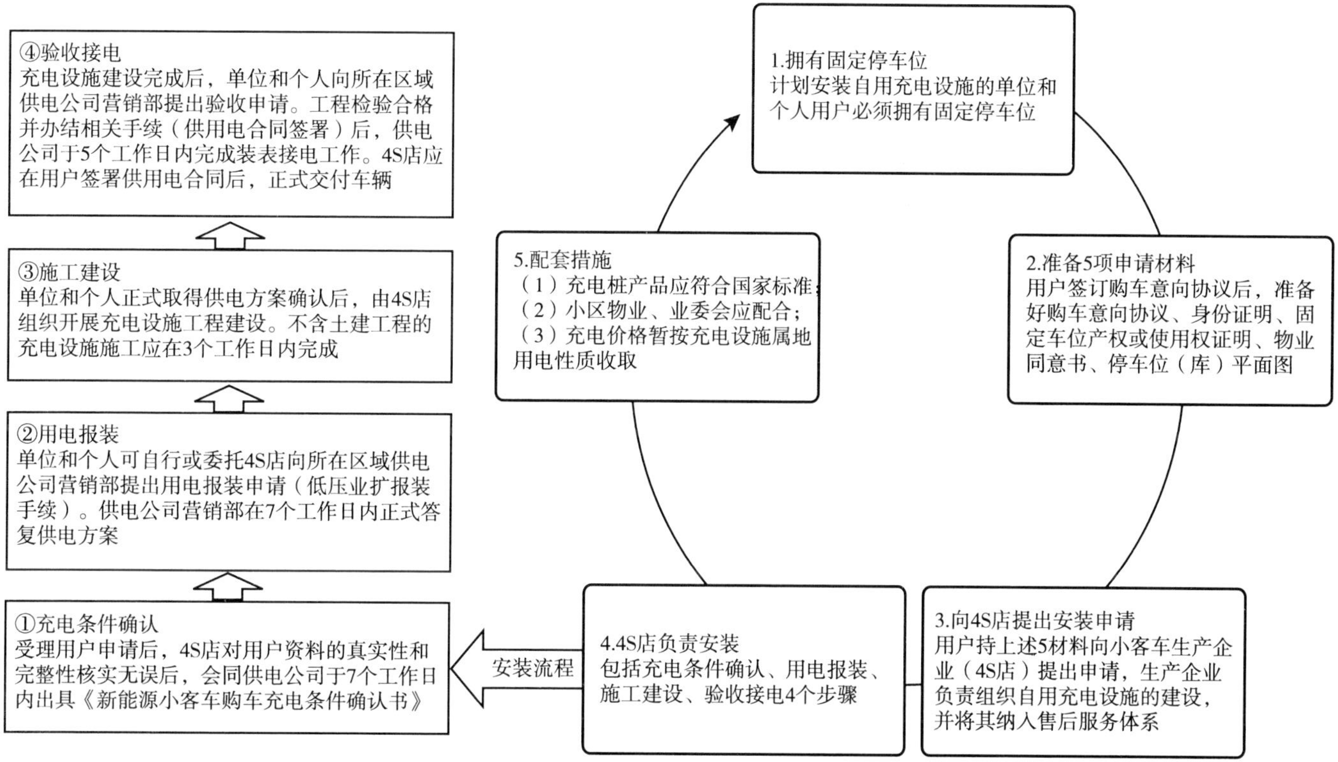

图4　北京市示范应用新能源小客自用充电设施安装流程

广东省于2010年12月出台的《广东省物价局关于电动汽车充电设施用电价格有关问题的通知》（粤价〔2010〕302号）规定，全省（深圳市除外）电动汽车充电设施（含专门服务于电动公交车、出租车的充电设施）用电价格按照各市电价价目表对应电压等级的非工业、普通工业电度电价执行（享受谷期电价优惠）。在社区、单位、公共停车场等非专业充电场所进行充电的，按所在充电场所的现行分类电价及计量方式计收电费。此前，《广东省物价局关于深圳市电动汽车充电设施用电价格问题的批复》（粤价〔2009〕294号）先期规定了深圳市电动汽车充电设施用电价格（按照深圳市电价价目表的单一制普通用电中的“商业及其他”用电价格执行），其中，在谷期时段（23：00至次日7：00）执行深圳市蓄冷空调用电谷期电价（约0.3元/度）。在社区、单位、公共停车场等非专业充电场所进行充电的，按照所在充电场所的现行分类电价及计量方式计收电费。

四　问题及建议

经过几年的摸索实践，我国已在新能源汽车基础设施产业发展的道路上迈出了坚实一步，同时，也跨入了一个需要上下一心、攻坚克难的发展重点时期。因此，要深刻把握社会主义市场经济及产业发展的基本规律，在利益多元、诉求多样的条件下，以推动产业科学、高效、快速发展为出发点，提早确立新能源汽车基础设施有关管理思路和市场机制，积极稳妥地推进新能源汽车基础建设，不断推动新能源汽车产业和消费市场取得新进展。

第一，加强顶层设计，建立清晰明确的新能源汽车基础设施管理机制。一要做好领导工作，建立工信、财政、发改、科技、住建、能源、国土、交通、公安等多部门间协调工作机制，出现问题尽快协商解决，解决问题后工作仍不到位的要问责。二要充分吸取前一阶段试点推广经验，由地方政府牵头，按照各地新能源汽车发展规划，统一编制各城市公共充电设施发展规划，与电网规划相适应，实现城市公共充电设施的健康有序发展。三要加强政策支持力度。财政部门给予充换电设施投资建设及运营补贴或税费减免支持政策，提高充换电设施的运营经济性，吸引社会资本投资建设公共充换电设施。

第二，统一全国新能源汽车充电标准。目前我国已发布 GB/T 20234 和 GB/T 27930 等充电接口相关国家标准，对我国充电设施的规范化发展具有重要意义。但在电动汽车示范运行中，存在部分车辆与充电设备都符合国标，但无法直接充电的现象，经调试后可正常充电，虽对公交、出租等采用专用充电设备的车辆应用影响不大，但随着电动乘用车的推广，需要对充电接口标准中的部分技术内容进一步明确和完善，加快标准统一。因此，应在已发布国家标准基础上，加强充电设备厂商、建设运营单位、车企的技术交流与设备对接测试，推动电动汽车与充电设施充电接口的统一，提高充电设施通用性。在此基础上，加快国标、行标制修订和发布，加强标准的宣贯和执行监督，并积极推进标准的国际化。

第三，建立全国统一的新能源汽车充换电用电价格体系和充换电服务定价机制。电动汽车发展初期阶段，公共充换电设施利用率会很低，若直接按照运营成本制定服务价格，将影响新能源汽车的推广。目前，国家有关部委正在研究制定新能源汽车用电价格政策，但迟迟没有公布。建议尽快公布全国统一的新能源汽车充换电用电价格体系和充换电服务定价机制，在政府补贴的基础上，使新能源汽车用户的使用成本显著低于传统燃油车。

第四，明确基础设施的土地使用问题。目前，大多地方政府尚未出台公共充电设施建设用地政策，且城市中心区停车位又异常紧张，分属国土、规划、住建等多个单位管理，导致公用充电设施建设用地协调难度很大。建议地方政府采取积极措施，切实保障充换电设施的土地供应。

B.7

2013年中国新能源汽车产业竞争力综合评价

时间　霍潞露　周玮*

摘　要：

面对日益紧迫的能源、环境问题，发展以电动汽车为代表的新能源汽车已成为世界各国加快推进交通能源战略转型的重要措施。对我国来说，发展新能源汽车不仅是深入推进节能减排、培育新的经济增长点的重要举措，也是加快我国汽车产业转型升级的战略措施。本文将国内生产制造新能源汽车整车的企业（包括合资企业）作为研究主体，通过与发达国家如美国、德国、日本和韩国的比较，从产业、企业、产品三个层次对国际竞争力进行评价，有利于读者了解我国新能源汽车产业在国际市场中的地位，认清我国新能源汽车产业的优势和劣势，为提高我国新能源汽车产业国际竞争力提供有力依据。

关键词：

新能源汽车　产业　竞争力

引　言

经过2013年的努力，我国新能源汽车产业无论是产业支撑力、企业竞争

* 时间，高级工程师，中国汽车技术研究中心汽车产业政策研究室；霍潞露，高级工程师，中国汽车技术研究中心汽车产业政策研究室；周玮，工程师，中国汽车技术研究中心汽车产业政策研究室。

力还是产品竞争力都比2012年有了一定幅度的提高。但我国新能源汽车产业仍存在政策支持力度不足、成本相对较高、基础设施不完善等问题。相比国外主要汽车工业发达国家如美国、日本等，我国的新能源汽车产业竞争力仍有较大差距。本章对新能源汽车产业、企业和产品的竞争力进行了国际比较，结果表明2013年我国新能源汽车产业国际竞争力比2012年有小幅提升，但由于其他国家进步更快，造成我国新能源汽车产业总体竞争力仍然落后于主要发达国家。造成此结果主要是因为企业对政策依赖性较强，而2013年是我国新能源推广应用政策的空窗期，整个新能源汽车产业发展速度放缓，这也是我国总体产业竞争力与去年同期相比出现下降的主要原因。通过对国内外新能源汽车产业国际竞争力比较分析，了解我国在新能源汽车各领域的优势与差距，为提升我国新能源汽车产业的国际竞争力提供参考。

本章关于中国新能源汽车产业竞争力概念、研究（评价）主体、研究范围、评价参照对象的选择参见2013年的“新能源汽车蓝皮书”，时间跨度的界定基于2013年的新能源汽车产业相关数据和专家评分。

一 产业国际竞争力评价指标体系的构建

（一）指标体系构建的基本思路

本章对新能源汽车产业竞争力评价指标体系构建的方法与上一年度相同，即根据产业竞争力相关理论、结合新能源汽车产业的特点、并借鉴已有关于传统汽车产业竞争力的评价指标，构建新能源汽车产业竞争力的多层次评价指标体系。

（二）评价指标的确定

本次研究的基本思路是从产业链的角度出发，并综合考虑政府在政策、标准、规划方面对新能源汽车政策的支持力度。从宏观、中观、微观角度共六大方面构建汽车产业国际竞争力的指标体系：政策环境竞争力、基础竞争力、产业支撑力、显示竞争力、企业竞争力和产品竞争力。与2012年度相比，该指标体系增加了政策环境竞争力作为二级指标，并相应增加了三级指标作为补充。

（三）评价指标的选择

根据指标体系构建的方法和原则，本文构建了中国新能源汽车产业国际竞争力评价指标体系，共21个指标（见图1）。

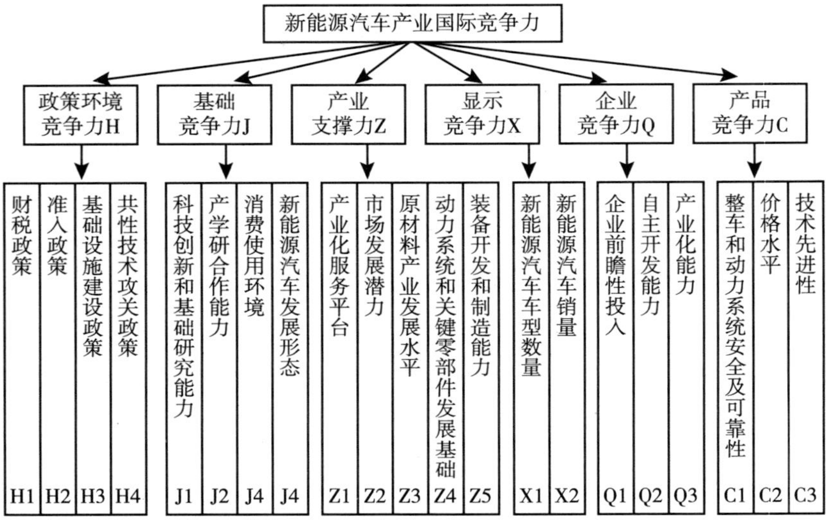

图1　评价指标结构

指标释义如下。

1. 政策环境竞争力

（1）财税政策

财税政策是指政府对新能源汽车在税收优惠、政府补贴等财税政策方面的支持力度。

（2）准入政策

准入政策是指政府在市场准入方面对新能源汽车的放开程度，主要指企业准入政策。

（3）基础设施建设政策

基础设施建设政策是指政府对新能源汽车基础设施建设方面的支持力度和与各相关方利益的协调能力。

（4）共性技术攻关政策

共性技术攻关政策是指政府在共性技术领域对新能源汽车的支持力度。

2. 基础竞争力

（1）科技创新和基础研究能力

科技创新和基础研究能力是运用知识和理论，在新能源汽车领域中不断提供具有经济价值、社会价值的新思想、新理论、新方法和新发明的能力。创新能力是新能源汽车产业基础竞争力的核心。

（2）产学研合作能力

指新能源汽车企业、科研院所和高等学校之间的合作开展科技创新的能力。即以企业为技术需求方，与以科研院所或高等学校为技术供给方之间的合作，其实质是促进新能源技术创新所需各种生产要素的有效组合。

（3）消费使用环境

消费使用环境主要指为消费者提供便利性的条件，主要包括充换电、维修、基础设施、充电设施等完善情况，它是新能源汽车普及的重要因素，是新能源汽车产业发展的基础条件之一，是产业支撑竞争力的重要体现指标。

（4）新能源汽车发展形态

新能源汽车发展形态是指未来新能源汽车与智能电网、智能交通、智能住宅及城市人口出行状态和谐发展的汽车社会形态。

3. 产业支撑力

（1）产业化服务平台

产业化服务平台包括法律、法规、标准体系等，如试验、检测、验证能力，其健全程度是提升新能源汽车产业国际竞争力的支撑要素，是汽车产业发展的基础，是保证新能源汽车产业健康发展的制度条件。

（2）市场发展潜力

市场发展潜力是指新能源汽车未来市场需求规模的发展潜力。新能源汽车发展潜力的大小对其潜在竞争力有较强的影响。

（3）原材料产业发展水平

原材料产业发展水平是指从产业链上游角度出发，考察新能源汽车生产制造过程中原材料产业发展成熟度和原材料企业产品质量价格情况。

（4）动力系统和关键零部件及相关产业发展基础

零部件及相关产业是指向新能源整车厂家提供零部件、设备及原材料的企业，这些企业如果产品质量好，并且和作为供货对象的整车厂进行良好的协作，将会大幅提高整体竞争力。

（5）装备开发和制造能力

装备开发和制造能力是为新能源汽车产业提供生产技术装备的开发和制造能力。

4. 显示竞争力

（1）新能源汽车车型数量

新能源汽车车型数量在一定程度上反映新能源汽车的开发技术水平，是显示性竞争力的重要指标之一。

（2）新能源汽车销量

新能源汽车销售数量是反映政府对新能源汽车产业国际竞争力的政策推动力和市场开放程度最直观、最主要的显示性指标。

5. 企业竞争力

（1）企业前瞻性投入

企业前瞻性投入情况用来反映汽车企业对新能源产品开发的重视程度，是企业研发水平、技术实力、创新能力的综合体现。

（2）自主开发能力

自主开发能力主要指新能源汽车品牌、技术开发能力以及拥有自主知识产权情况。自主开发能力是影响新能源汽车企业核心竞争力的关键因素。该指标也可以用专利数量来定量反映。

（3）产业化能力

产业化能力是指企业采用各种新技术、改进产品性能、提高质量、增加款式而制成新能源汽车新产品并推向市场的能力。新能源汽车产品竞争的焦点之一是新产品产业化，因此，产业化能力是衡量企业市场竞争力的重要指标。

6. 产品竞争力

（1）整车和动力系统安全及可靠性

产品安全及可靠性是决定新能源汽车产业国际竞争力的一个关键因素。一般来讲，较高质量（安全可靠）的产品具有较高的竞争力，并且能够获得较高的附加价值。

（2）价格水平

产品价格是决定新能源汽车产业竞争力的最关键因素之一。因为在同一市场，相同产品价格较低就具有较强的竞争力。新能源汽车产品价格主要从新能源汽车产品成本和使用成本角度考虑，即产品综合成本。

（3）技术先进性

产品技术水平是决定新能源汽车产品竞争力的关键因素之一。新能源汽车是高科技综合性产品，新技术的运用水平决定产品的市场竞争力。这可以从整车构型、动力系统先进性与合理性方面考虑。

（四）评价指标体系权重的确定

本文采用指数综合评价方法对中国新能源汽车产业竞争力进行综合评价，具体流程参见 2012 年的“新能源汽车蓝皮书”。本次指标体系专家调查问卷通过 AHP 法计算评价指标权重，在二级指标体系中，权重最高的为基础竞争力，占 22.1%，权重最低的为显示竞争力，占 6.3%（见图 2）。在三级指标体系中，权重最高的为自主开发能力、整车和动力系统安全及可靠性，分别占 7.2% 和 7.1%，权重最低的为新能源汽车车型数量，占 2.4%（见图 3）。

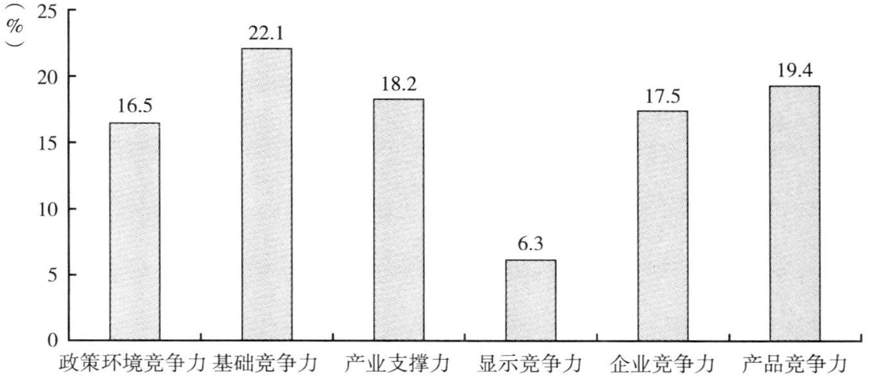

图 2　二级指标权重计算结果

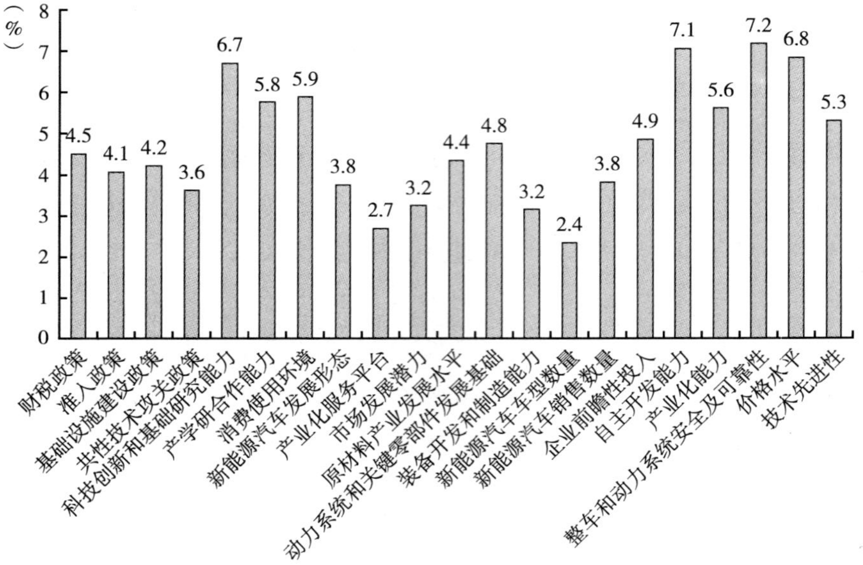

图3　三级指标权重计算结果

二　中国新能源汽车产业竞争力国际比较

（一）中国新能源汽车产业竞争力综合评价指数

中国新能源汽车产业竞争力的综合评价指数是对全部21个指标进行综合加权平均的结果（见图4）。

中国新能源汽车产业国际竞争力在上述5个国家中排名最后，且差距明显。综合指数是日本的71%（2012年为75%），美国的73%（2012年为83%），德国的77%（2012年为80%），韩国的88%（2012年为89%）。与日本、美国、德国、韩国相比2013年分别下降了4个、10个、3个和1个百分点。

（二）中国新能源汽车产业政策环境竞争力综合评价指数

中国新能源汽车产业政策环境竞争力评价指数是对构成基础竞争力的4个

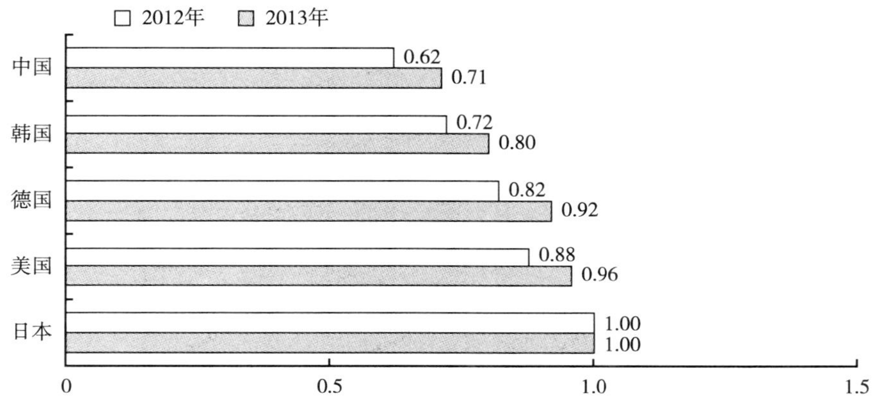

图 4　中国新能源汽车产业竞争力综合评价指数

指标（财税政策、准入政策、基础设施建设政策、共性技术攻关政策）进行综合加权平均的结果（见图 5）。

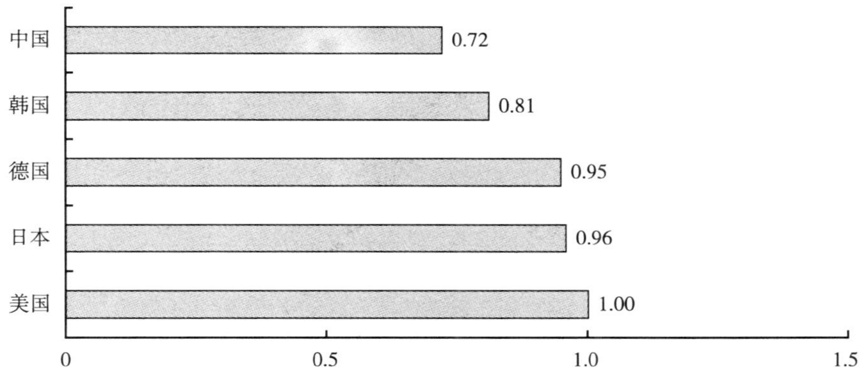

图 5　中国新能源汽车产业政策环境竞争力综合评价指数

我国新能源汽车产业政策环境竞争力在上述 5 个国家中排名最后，综合指数是美国的 72%，日本的 75%，德国的 76%，韩国的 89%。

我国新能源汽车产业政策环境竞争力相对薄弱，在新能源汽车发展政策环境方面，主要表现为：近年来我国在研发、产业化、推广应用等方面出台了多项政策，但系统性不强，还没建立"奖惩分明"的立体政策体系。新能源汽车的发展涉及多个管理部门，相关部门多从自身权责出发开展行业管理和服务，缺乏统筹协调，不能及时、有效地协调解决产业发展过程中面临的突出问题。目前的政策多是阶段性的，延续性不够，这使得企业处于观望状态，且产品开发畏缩不前，不敢持续投入。此外，由于企业对政策依赖性较强，而2013年为我国新能源推广应用政策的空窗期，整个新能源汽车产业发展速度放缓，这也是我国总体产业竞争力与去年同期相比出现下降的重要原因。

（三）中国新能源汽车产业基础竞争力综合评价指数

中国新能源汽车产业基础竞争力评价指数是对构成基础竞争力的4个指标（科技创新和基础研究能力、产学研合作能力、消费使用环境、新能源汽车发展形态）进行综合加权平均的结果（见图6）。

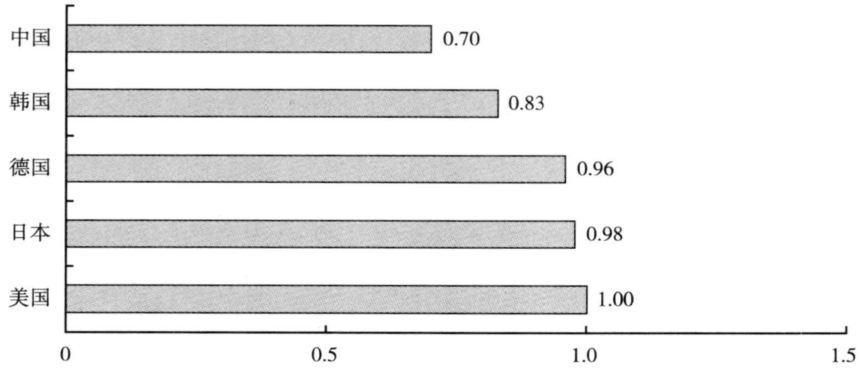

图6　中国新能源汽车产业基础竞争力综合评价指数

我国新能源汽车产业基础竞争力在上述5个国家中排名最后，综合指数是美国的70%（2012年为73%），日本的72%（2012年为71%），德国的73.0%（2012年为73%），韩国的84%（2012年为89%）。产业基础竞争力水平与2012年相比都略有下降。

我国新能源汽车产业基础竞争力相对薄弱，主要表现为：产学研合作能力结合不够紧密，消费使用环境配套不够完善，科技创新和基础研究能力相对较差，新能源汽车发展意识形态不足。我国采用的是以国家为主导、地方政府培育、企业实践的不同主体参与方式，日本和美国分别采用的是产学研一体化、政策支持推动产业发展和政府企业共同促进新能源汽车发展的方式。在科技创新和基础研究方面，我国研究能力不足，起步较晚，缺乏人才支持、知识储备和大量的投入。在消费使用环境方面，扶持政策不明确，各地建设充换电站的审批随意性较大；土地使用权不清晰，用地方式不规范；充电电价不统一，过高或过低都影响到新能源汽车的推广应用。此外，缺乏新能源汽车认知度等也是我国新能源汽车产业基础竞争力较弱的原因。

（四）中国新能源汽车产业支撑力综合评价指数

中国新能源汽车产业支撑力综合评价指数是对构成产业支撑力的5个指标（产业化服务平台、市场发展潜力、动力系统和关键零部件发展基础、原材料产业发展水平、装备开发和制造能力）进行综合加权平均的结果（见图7）。

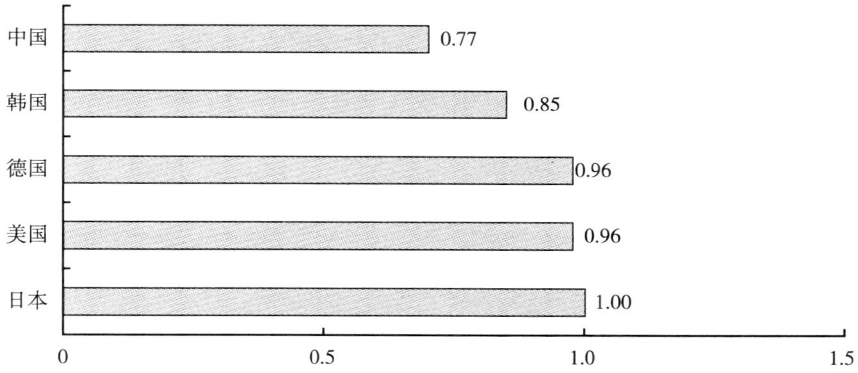

图7　中国新能源汽车产业支撑力综合评价指数

我国新能源汽车产业支撑力在上述5个国家中排名最后，综合指数是日本的77%（2012年为71%），美国的80%（2012年为80%），德国的81%（2012年为82%），韩国的90%（2012年为89%）。产业支撑力水平与2012年相比略有提高。

我国新能源汽车产业支撑力总体水平虽然与2012年相比略有提高，但与发达国家相比仍具有一定的差距，主要表现在我国现有有效的电动汽车标准共有58项，美国SAE电动标准有95项，从标准数量上看相差37项。在产业化服务平台、零部件及相关产业发展基础、原材料产业发展水平方面我国有了一定幅度的提升，但与其他国家相比仍然不足，主要体现在电池方面，缺乏具有快速充电和深度放电、高比功率、高比能量的性能。在原材料发展水平方面，我国目前部分关键原材料还是来自日本和美国等地。以隔膜为例，中国每年的需求量为3亿~5亿平方米，超过60%靠进口，其中主要来自日本东燃和旭化成的两大企业，国内原材料水平仍然无法满足要求。

（五）中国新能源汽车产业显示竞争力综合评价指数

中国新能源汽车产业显示竞争力的综合评价指数是对构成显示竞争力的2个指标（新能源汽车车型数量、新能源汽车销售数量）进行综合加权平均的结果。如图8所示，我国新能源汽车产业显示竞争力在上述5个国家中排名第三，综合指数是日本的3%（2012年为3%），美国的6%（2012年为5%），与韩国基本持平（2012年为75%），是德国的5倍①（2012年为3倍）。

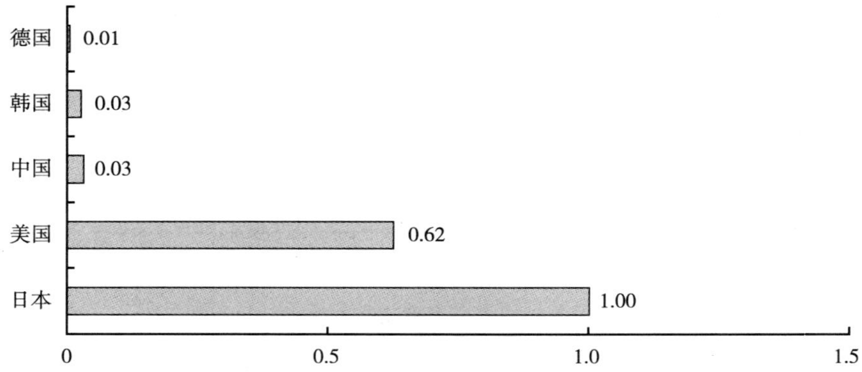

图8　中国新能源汽车产业显示竞争力综合评价指数

中国新能源汽车产业显示竞争力与发达国家相比具有较大的差距。显示竞争力主要表现为消费需求，良好的需求条件能够迅速促进产业规模化，达到降低成本、提高效率的目的。在此方面，我国与美国和日本的差距较大。2013

① 中国得分是0.0345，德国是0.0068，中国是德国的5倍，图8中只显示小数点前两位。

年，中国新能源汽车和非插电式混合动力汽车总销售量为32742辆，其中三类新能源汽车销售量为17642辆，虽然高于德国和韩国，但与美国和日本差距明显（见图9）。

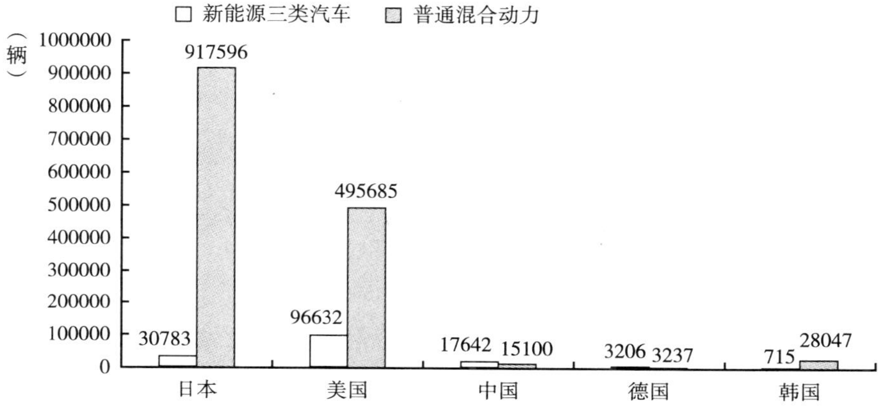

图9　2013 年各国家新能源汽车销售数量

（六）中国新能源汽车企业竞争力综合评价指数

中国新能源汽车企业竞争力的综合评价指数是对构成企业竞争力的3个指标（企业前瞻性投入、自主开发能力、产业化能力）进行综合加权平均的结果（见图10）。

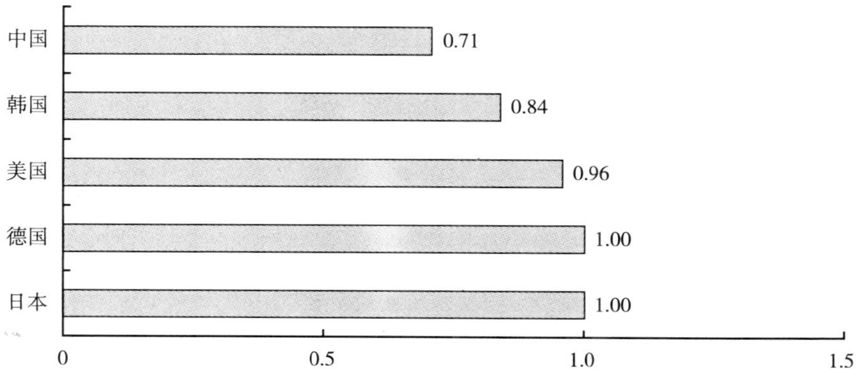

图10　中国新能源汽车产业企业竞争力综合评价指数

我国新能源汽车企业竞争力在上述5个国家中排名最后，综合指数是日本的71%（2012年为65%），德国的71%（2012年为69%），美国的74%（2012年为69%），韩国的84%（2012年为80%），企业竞争力水平有一定提高。

与2012年相比，我国新能源汽车企业竞争力具有一定幅度的提高，但与国外发达国家相比仍然不足，主要表现为：我国汽车企业自主开发能力较弱，企业缺乏前瞻性技术投入，很难实现关键技术突破。特别是部分企业存在上马新能源汽车项目，就能获得政府的专项资金扶持，且在上项目、征地、贷款等环节，也能享受到额外好处的想法来短期生产制造新能源汽车。在产业化能力方面，我国新能源汽车市场占有率虽然不断提高，但依然差距较大。江淮、比亚迪、北汽等企业的数款车型虽已实现了小规模的量产，多家骨干企业也正在加快研发新一代纯电动和插电式混合动力车型，但与国外知名企业相比差距还比较明显，主要表现在企业规模较小、产品型号单一、产品性价比较低等方面。

（七）中国新能源汽车产品竞争力综合评价指数

中国新能源汽车产品竞争力的综合评价指数是对构成产品竞争力的3个指标（整车和动力系统安全及可靠性、价格水平、技术先进性）进行综合加权平均的结果（见图11）。

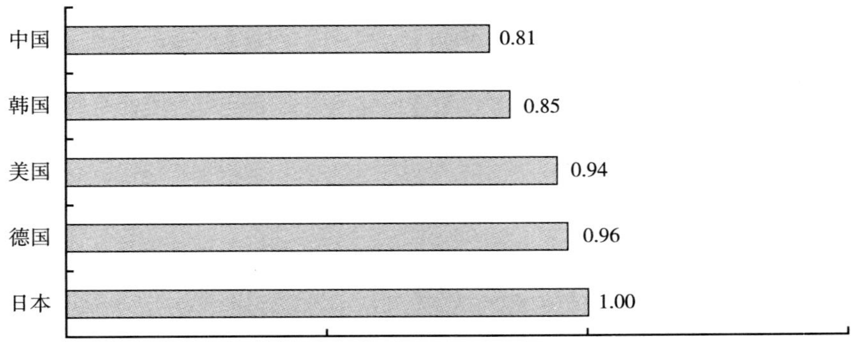

图11　中国新能源汽车产品竞争力综合评价指数

我国新能源汽车产品竞争力在上述 5 个国家中排名最后，综合指数是日本的 81%（2012 年为 75%），德国的 85%（2012 年为 80%），美国的 86%（2012 年为 83%），韩国的 95%（2012 年为 89%），产品竞争力与 2012 年相比提高幅度明显。

目前，我国新能源汽车产品竞争力相对 2012 年而言都具有一定幅度提高，无论是产品相对价格、续驶里程还是百公里电耗量都提升明显。但与日本、美国相比仍然相对较低，主要体现为整车和动力系统安全性，以及可靠性比较低，且在生产质量和技术先进性等方面，与国外先进水平仍有较大差距。在成本价格方面，虽然我国新能源汽车使用成本具有一定优势，但补贴前的购车成本相对于传统汽车普遍高 1 倍多，综合成本竞争优势不明显。在产品续驶里程方面，我国无论是插电式混合动力（如：比亚迪・秦）还是纯电动乘用车（如：比亚迪 e6）续驶里程都明显低于国外主流产品（如通用 Volt、特斯拉 Model S），而百公里电耗量显著高于国外同类型乘用车产品。

三　中外主要新能源汽车企业竞争力对标分析

（一）对标企业及评价指标的选择

1. 对标企业的选择

- 标杆企业

根据对标分析的原理，标杆企业应选择行业内的领先企业，综合考虑企业数据的可获得性，本文把通用、日产、奔驰、现代起亚视为中外新能源汽车企业国际竞争力评价的标杆企业。

- 评价企业

中外汽车企业国际竞争力对标分析是将中国新能源汽车的领先企业与通用、特斯拉、奔驰、日产、现代起亚这样的优秀企业进行多指标的对比，分析我国新能源汽车企业国际竞争力与世界先进汽车企业的差距。为方便起见，本文选择比亚迪和江淮作为我国新能源汽车行业的代表，与通用、特斯拉、日产、奔驰、现代起亚进行对标分析。

2. 评价指标的选择

根据企业国际竞争力的相关理论并结合汽车行业的特点，本书从以下两方面四大指标构建新能源汽车企业国际竞争力对标分析的评价指标（见表 1）。

表 1　企业国际竞争力对标分析评价指标

序号	反映内容	评价指标
1	市场业绩	企业产量规模
2		新产品推出数量
3	产品性能价格比	价格水平
4		续驶里程及能耗水平

（二）中外主要新能源汽车企业竞争力对标分析实证研究

1. 企业产量规模

年产量是规模性指标，江淮、比亚迪与通用、日产、特斯拉等龙头企业在产业规模上差距非常大，2013 年，各企业的年产量规模如图 12 所示。从年产量看，比亚迪新能源汽车年产量为 2703 辆，江淮为 1309 辆，虽然略高于现代起亚和奔驰，但与日产、通用和特斯拉的 47742、28845 和 22363 辆相比，仅为这些企业的 5% ~10%，企业竞争力差距明显。

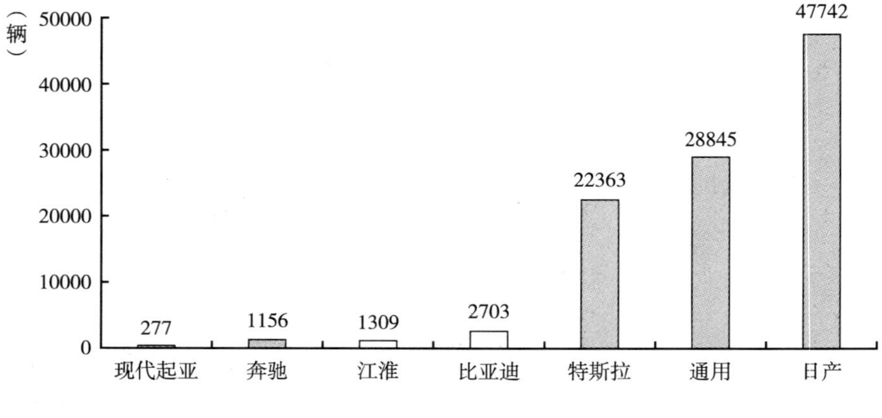

图 12　2013 年各公司新能源汽车年产量

资料来源：http：//www. marklines. com。

2. 新产品推出数量

新产品推出能力是指企业采用各种新技术，改进现有产品的性能，提高其质量，增加款式而制成新能源汽车新产品的能力。由于新能源汽车产业的竞争力主要体现在所提供的产品和服务上，因此新产品的销售份额反映了企业的进步和竞争力的提高能力。新能源汽车产品竞争的焦点之一是新产品，因此，新产品推出数量是衡量企业市场竞争力的重要指标。2013 年各企业新能源汽车推出数量均较少，虽然比 2012 年略有提高，但各个企业在新产品推出能力方面都不是很强，新能源汽车均处在起步阶段（见图 13）。

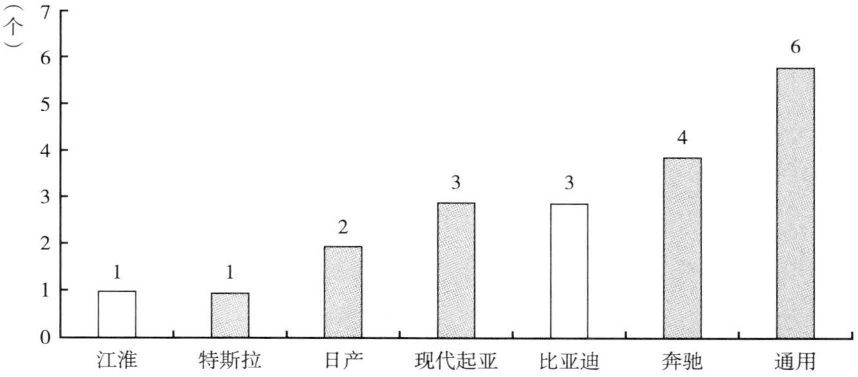

图 13　2013 年各公司新能源汽车车型数量

资料来源：http：//www. marklines. com。

表 2　2013 年各公司新能源汽车车型汇总

企业	车型
比亚迪	秦、e6、K9
江淮	同悦电动车
通用	Volt、Spark、Ampera、Opel Corsa、Sail、Cadillac ELR
奔驰	A 级 E – CELL、Vito E – CELL、B 级 F – CELL、smart fortwo electric drive
日产	聆风(Leaf)、帅客(Succe) A03 EV
现代起亚	i10 BlueOn、ix35 Fuel Cell、Ray EV
特斯拉	Model S

资料来源：http：//www. marklines. com。

3. 价格水平

各品牌新能源汽车在其本国市场上的销售价格（不含税）程度上反映了企业的产品技术水平，从目前情况看，如图 14 所示，虽然插电式混合动力车中比亚迪・秦价格低于通用 Volt，纯电动车中比亚迪 e6 和江淮 iEV 总体水平也低于特斯拉、奔驰 Smart 和日产 Leaf，但是其产品质量和性能有差距。如图 15 所示，从各车型价格与原型车或同类竞品车型价格比较情况看，比亚迪・秦、e6 和江淮 iEV 与传统车的售价差为 115%、200% 和 160%，虽然比 2012 年差距有所缩小，但仍显著高于通用特斯拉 Model S、通用 Volt、奔驰 Smart 和日产 Leaf 与传统车的售价差，说明我国新能源汽车价格水平仍然偏高，企业竞争力偏弱（见表 3）。

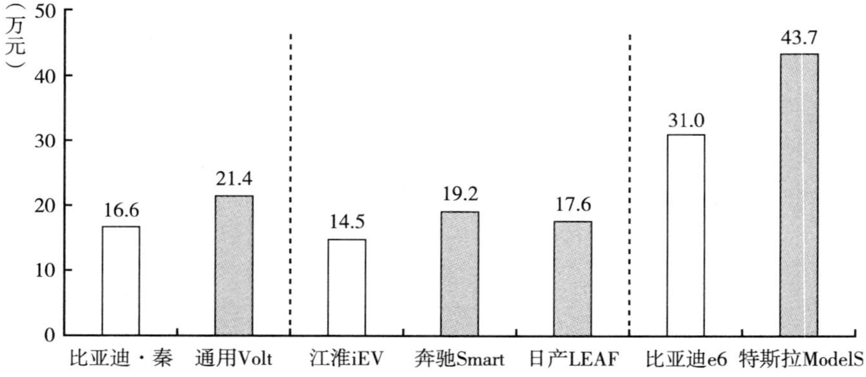

图 14　2013 年各公司新能源汽车产品税前销售价格

资料来源：http：//www. marklines. com。

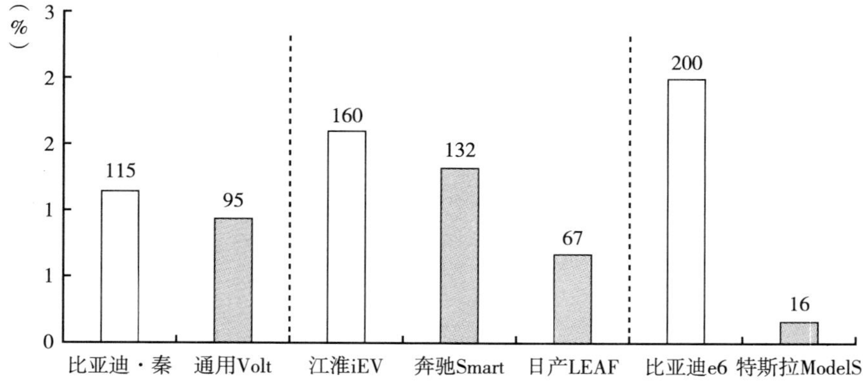

图 15　2013 年各公司新能源汽车产品销售价格与传统车售价差

资料来源：http：//www. marklines. com。

表 3 2013 年各公司新能源汽车与传统车售价对比

单位：万元，%

车型	税前价格	对比车型	售价差
比亚迪·秦	16.6	速锐	115
比亚迪 e6	31.0	思锐	200
江淮 iEV	14.5	和悦	160
通用 Volt	21.4	Curze	95
奔驰 Smart	19.2	Smart for two	132
日产 LEAF	17.6	Tiida	67
特斯拉 ModelS	43.7	BMW M3 Coupe	16

资料来源：http://www.marklines.com，www.autoblog.com，www.car.com。

4. 续驶里程

续驶里程也是指电动汽车在最大电能储备下可连续行驶的总里程。续驶里程在一定程度上反映电动汽车产品技术水平和实用性水平的高低。从图 16 可以看出，具有可比性并折算为美国 EPA 工况标准后的插电式混合动力比亚迪·秦要比通用 Volt 在电动模式下的续驶里程低 20% 左右。纯电动汽车中江淮 iEV 和奔驰 Smart、日产 Leaf 相比续驶里程差别不大。但纯电动汽车中，装备较大容量电池的比亚迪 e6 续驶里程明显低于特斯拉 Model S。如图 17 所示，

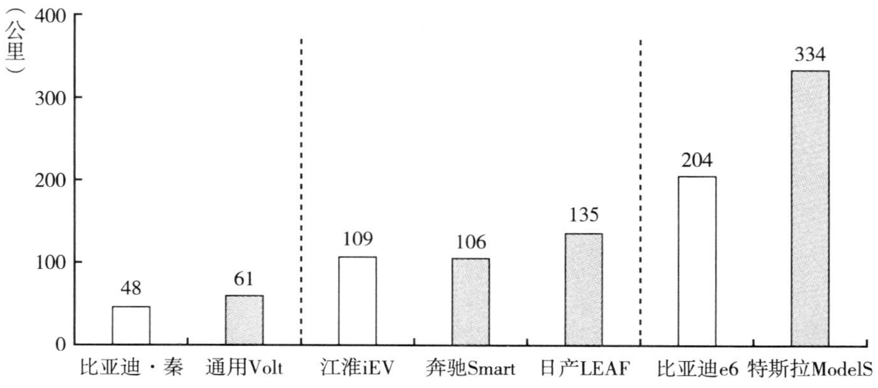

图 16 2013 年各企业主要车型续驶里程

资料来源：http://www.marklines.com，http://www.fueleconomy.gov，根据美国环保部（EPA）公布车辆能耗数据折算。

从百公里电耗量中也可以看出，我国纯电动乘用车企业的产品电耗水平显著高于国外同类型乘用车产品，平均差距为10%～50%。

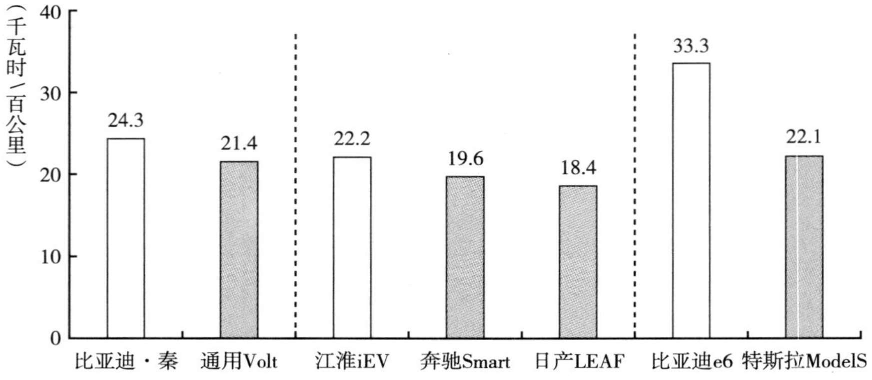

图17　2013年各企业主要车型百公里耗电量

资料来源：http：//www.marklines.com，http：//www.fueleconomy.gov，根据美国环保部（EPA）公布车辆能耗数据折算。

四　产品国际竞争力评价

前文中的产业综合评价和企业的对标分析，是从整体上对中国新能源汽车产业国际竞争力进行综合评价。新能源汽车产品涵盖多类车型，各车型的技术发展水平、国际竞争状况、市场需求状况等方面存在较大差异，国际竞争力也会因此产生差异，所以有必要对我国新能源汽车产品进行分车型的竞争力分析，从而更加深入、全面地分析我国新能源汽车产业的国际竞争力水平。

（一）产品竞争力评价方法说明

新能源汽车产品竞争力评价方法是从具体的产品出发，研究不同车型的国际竞争力状况。本文中新能源汽车产品竞争力评价主要采用专家问卷调查方法，采用10分制原则，请专家针对中国、美国、德国、日本、韩国新能源汽车产品细分车型的国际竞争力进行打分（1～10分分别表示产品竞争力水平很差、较差、很一般、较一般、一般、还可以、较好、好、良好、优秀）。其中乘用车产品细分为纯电动、插电式混合动力、燃料电池、普通混合动力四种车型；商用车细分为纯电动、插电式混合动力、普通混合动力三种车型。同2012 年评价指标体系相比，增加了插电式混合动力商用车指标。

（二）分车型竞争力评价

新能源汽车产品国际竞争力专家问卷统计结果如图 18 所示。

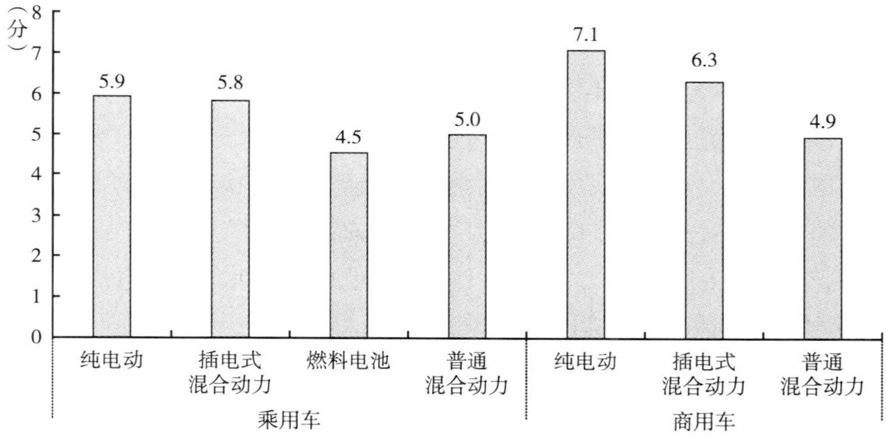

图 18　我国新能源汽车产品分车型国际竞争力评价的专家评分结果

专家评分结果表明，我国新能源汽车产品竞争力的整体水平不高，但各细分车型竞争力水平仍有明显差异。其中，新能源商用车整体竞争力略高于新能源乘用车，纯电动商用车竞争力可评价为“较好”，插电式混合动力商用车可评价为“还可以”，普通混合动力商用车的竞争力水平略低于“一般”；新能源乘用车中，纯电动和插电式混合动力乘用车竞争力略强于其他两种车型，根据评分标准其竞争力水平接近于“还可以”，普通混合动力乘用车的竞争力则只能评价为“一般”，燃料电池乘用车竞争力水平甚至低于“一般”。

同 2012 年相比，乘用车产品中，纯电动和普通混合动力乘用车产品竞争力无明显变化，燃料电池乘用车产品竞争力略有下降，插电式混合动力乘用车产品竞争力水平提升比较明显。商用车产品中，纯电动商用车产品竞争力无明显变化，普通混合动力商用车产品竞争力下滑较为明显。

1. 纯电动汽车竞争力评价

在欧、美、日等发达国家中，纯电动汽车技术已逐步成熟，并开始进行商业化推广。中国纯电动汽车虽然起步不如发达国家早，但从 20 世纪 90 年代起，我国已经开始进行纯电动汽车的初步研究工作。通过产学研结合、集中各方力量联合攻关，目前纯电动汽车关键技术研发工作已取得显著成效，并已初步商业化。

（1）纯电动乘用车

目前我国主要乘用车生产企业均不断增加纯电动乘用车产品研发投入，主要自主品牌乘用车生产企业均已研制出纯电动乘用车产品，多款车型已上市销售，但目前产品竞争力水平仍落后于汽车工业发达国家。

根据专家评价结果，我国纯电动乘用车产品竞争力接近于“还可以”，略高于韩国水平，而美国、德国、日本三国纯电动乘用车产品竞争力明显强于中韩两国，可评价为“较好”，各国中日本竞争力水平最高，接近于“好”。同 2012 年相比，我国纯电动乘用车产品竞争力水平保持稳定（见图 19）。

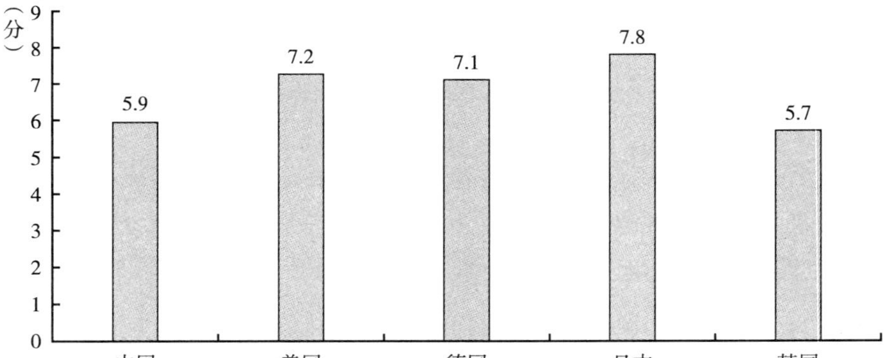

图 19　纯电动乘用车竞争力专家评价结果

（2）纯电动商用车

目前发达国家并未在纯电动商用车车型上大力投入资金进行研发，但由于我国人口众多，发展公共交通更为适合国情，且商用车与乘用车相比各重要技术参数要求不高，较符合国内的技术能力现状，同时我国传统商用车整体具备较强的国际竞争力，产业基础较好，纯电动商用车可以成为我国发展新能源汽车的着力点。现阶段我国纯电动商用车技术水平和整车性能明显提高，产业配套体系初步形成。

根据专家评价结果，我国纯电动商用车产品竞争力可评价为“较好”，超过其他四国水平。同2012 年相比，竞争力水平的优势地位进一步巩固（见图20）。

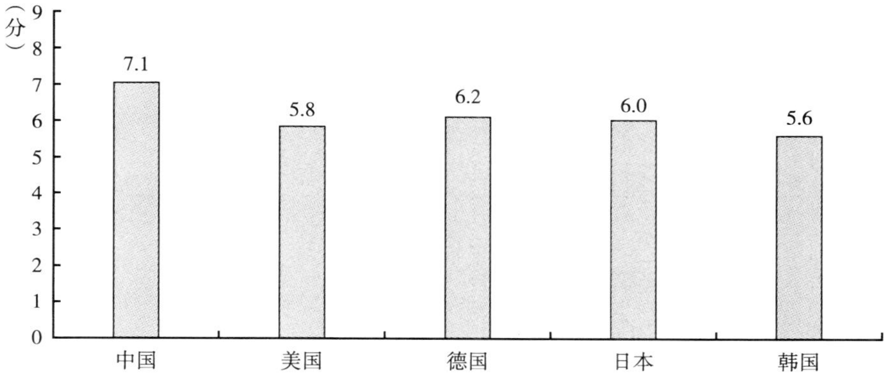

图20　纯电动商用车竞争力专家评价结果

2. 插电式混合动力汽车竞争力评价

插电式混合动力车型同传统混合动力车型相比，电池容量更大，可以在一定距离之内以纯电模式运行而实现零排放；在纯电动车型技术还不完全成熟的情况下，跨国公司越来越多地将插电式混合动力车型作为过渡车型来进行其新能源产业的布局。

中国政府对插电式混合动力车发展也非常重视，不断加强政策扶持以加速其研发和商业化进程。

（1）插电式混合动力乘用车

我国的插电式混合动力乘用车总体仍处于研发阶段，近年来乘用车生产企业对此关注逐步增多，比亚迪、上汽等企业均有自主品牌车型上市销售，但产品性能同美、德、日相比仍有较大差距。

根据专家评价结果，我国插电式混合动力汽车产品竞争力接近“还可以”。从各国对比情况来看，日本插电式混合动力汽车产品竞争力最高，可评价为“好”；美国次之，可评价为“较好”；韩国和中国水平相当。同2012年相比，我国竞争力水平有一定提升（见图21）。

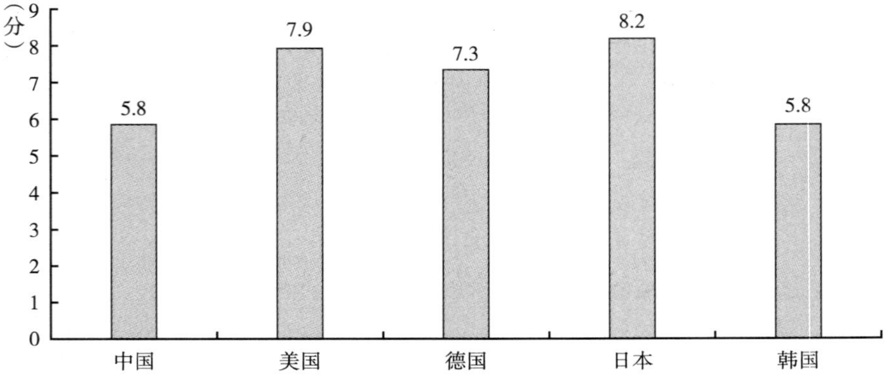

图21　插电式混合动力乘用车竞争力专家评价结果

（2）插电式混合动力商用车

得益于国家补贴政策扶持，插电式混合动力商用车特别是插电式混合动力客车成为新能源汽车发展新的着力点。2013年开始，各新能源客车企业的插电式混合动力客车产品呈现爆发式增长，因此本次评价中也将其加入指标体系中。同时由于我国传统商用车产业基础较好，目前插电式混合动力商用车产品的国际竞争力也居前列。

根据专家评价结果，我国插电式混合动力商用车产品竞争力可评价为“还可以”，略高于美国、德国、日本，明显领先于韩国（见图22）。

3. 燃料电池乘用车竞争力评价

在欧、美、日等国政府对燃料电池技术发展的明确支持下，主要跨国公司均不断加强燃料电池汽车的研发合作，目前产品性能、技术水平已具备一定优势，多家公司已将燃料电池车量产计划提上日程。我国的燃料电池汽车动力系统技术平台的研发几乎同国外同步开展，技术进步明显，但总体上仍处于研发和试验评价阶段，产品性能明显落后于美、德、日。

根据专家评价结果，我国燃料电池乘用车产品竞争力仅能评价为“较一般”。从各国对比情况来看，美国、日本、德国燃料电池乘用车产品竞争力明

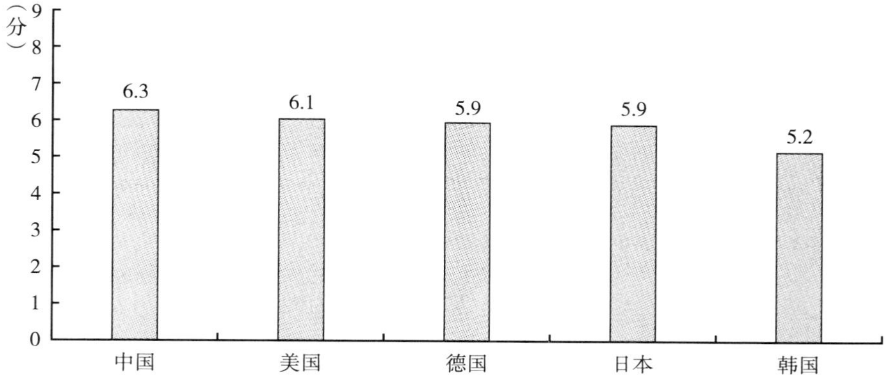

图 22　插电式混合动力商用车竞争力专家评价结果

显较高，可评价为“较好”；韩国竞争力水平也仅为“一般”。同 2012 年相比，我国燃料电池乘用车产品竞争力水平呈下降趋势（见图 23）。

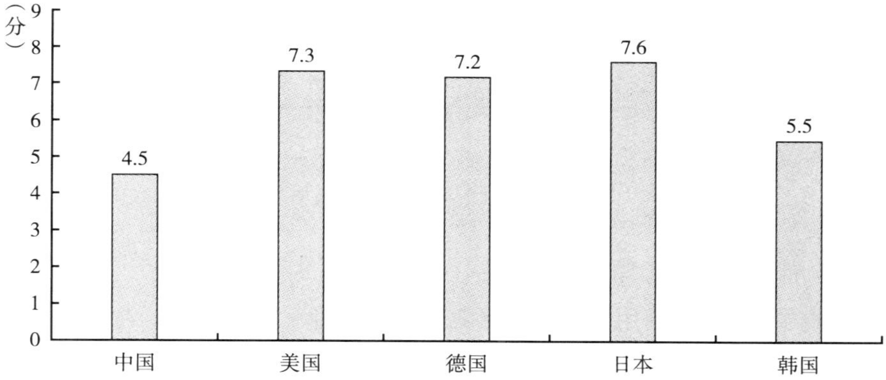

图 23　燃料电池乘用车竞争力专家评价结果

4. 普通混合动力汽车竞争力评价

近年我国普通混合动力技术不断提高，特别是普通混合动力商用车技术发展较快，但随着新能源汽车界定标准出台，非插电式的普通混合动力汽车被划为节能汽车，其可享受的补贴政策优惠幅度明显降低，普通混合动力汽车整体发展进程减缓。

（1）普通混合动力乘用车

目前丰田等跨国公司混合动力技术已较为成熟，商业化程度也较高。而国内部分自主品牌乘用车生产企业虽已步掌握部分关键技术，但在节能效果、系统可靠性等方面与汽车工业发达国家差距明显，配套产业发展也较为落后。

根据专家评价结果，我国普通混合动力乘用车产品竞争力不强，仅能评价为“一般”。从各国对比情况来看，日本普通混合动力汽车产品竞争力最高，接近“良好”，明显强于其他四国；美国和德国次之，可评价为“较好”，韩国和中国产品竞争力水平相当。同 2013 年评价结果相比，中国普通混合动力乘用车产品竞争力水平无明显变化，发展速度较为滞后（见图 24）。

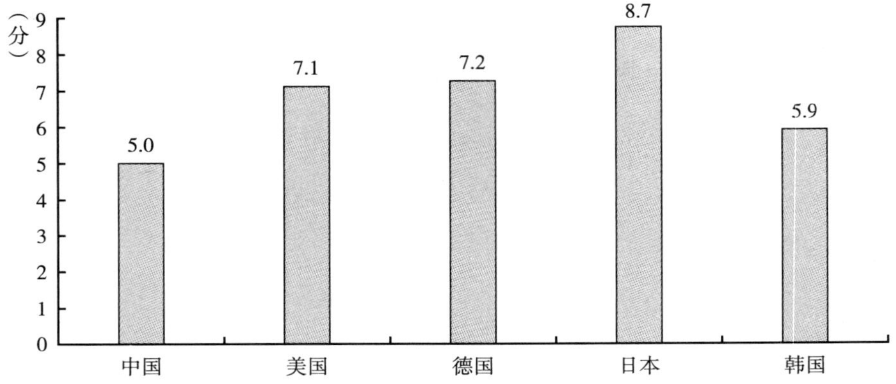

图 24　普通混合动力乘用车竞争力专家评价结果

（2）普通混合动力商用车

我国的混合动力商用车研发主要集中于城市客车。近年来，在国家财税政策激励作用下，许多城市均上马混合动力客车推广项目，北京、上海等城市对混合动力客车推广较为成功，混合动力客车总体技术发展较快。但由于 2013 年 9 月发布的《关于继续开展新能源汽车推广应用工作的通知》中，已不再将普通混合动力客车列入 2013 ~ 2015 年新能源汽车推广应用补贴范围，混合动力客车发展在一定程度上受到影响，技术水平优势逐渐减弱。从国际发展趋势来看，各国均未将混合动力商用车作为发展重点。

根据专家评价结果，五国普通混合动力商用车产品竞争力均评价为“较一般”，其中中国略高于其他四国，接近于“一般”。同 2012 年相比，各国普通混合动力商用车产品竞争力整体表现为下降趋势（见图 25）。

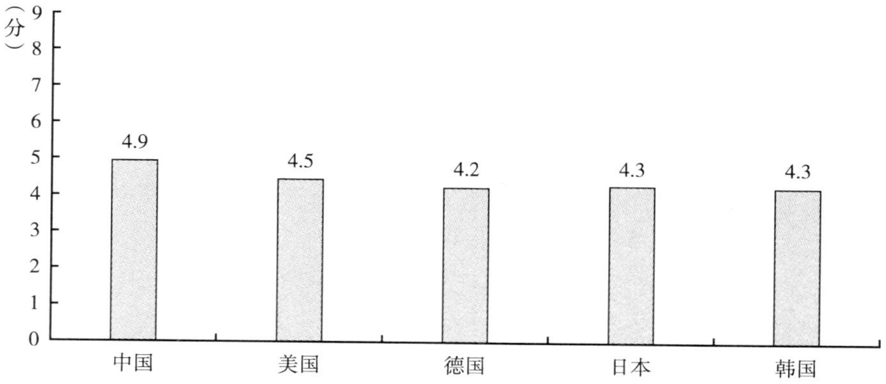

图 25　普通混合动力商用车竞争力专家评价结果

小　结

中国新能源汽车产业国际竞争力的综合评价指数是运用层次分析法和综合指数法，基于 2013 年各国家新能源汽车产业、企业数据及专家评分，对全部 21 个指标进行综合加权平均的结果。结果表明，与 2012 年相比我国新能源汽车产业总体国际竞争力小幅提升，相比国外主要汽车工业发达国家如美国、日本等，我国的新能源汽车产业竞争力仍有较大差距。中国新能源汽车产业国际竞争力在 5 个评价国家中排名最后，且差距明显。综合指数是日本的 71%（2012 年为 75%），美国的 73%（2012 年为 83%），德国的 77%（2012 年为 80%），韩国的 88%（2012 年为 89%）。与日本、美国、德国、韩国相比 2013 年分别下降了 4 个、10 个、3 个和 1 个百分点。造成此结果的主要原因是企业对政策依赖性较强，而 2013 年是我国新能源推广应用政策的空窗期，整个新能源汽车产业发展速度放缓，也是我国总体产业竞争力与 2012 年同期相比出现下降的重要原因。除产业竞争力外，本章运用标杆分析法将中国新能源汽车的领先企业如比亚迪、江淮与通用、特斯拉、奔驰、日产、现代起亚这样的优秀企业进行多指标的对比，结果表明，我国主要指标如企业车型数量、价格水平、续驶里程、电耗水平虽然和 2012 年相比有小幅进步，但与国外领先企业相比都具有一定的差距。在产品竞争力方面，我国新能源汽车产品的整体竞争力不强，但不同车型的竞争力不尽相同。其中，新能源商用车整体竞争力明显高于新能源乘用车；新能源乘用车中，插电式混合动力、燃料电池乘用车的竞争力相对较弱，纯电动乘用车竞争力略强于其他三种车型。

政 策 篇

Policy Reports

2013年9月，财政部等四部委颁布《关于继续开展新能源汽车推广应用工作的通知》（财建〔2013〕551号），标志着我国新能源汽车推广进入新阶段。为此，本篇中的《国家新能源汽车推广应用相关政策分析及展望》一文分析了中央政府新一轮推广应用政策的特点，并结合新能源汽车推广中存在的问题和2014年以来的政策趋势，有针对性地提出了相关建议。

目前，有39个城市和城市群被批准为新能源汽车推广应用城市，一些城市走在前面，出台了相关政策措施，本篇中的《新能源汽车推广应用地方政策比较分析》一文对地方政府出台的资金补贴、基础设施、推广模式、组织保障等措施进行了比较分析，以便对新进入推广应用的城市提供决策参考。

为系统谋划和协调推进战略性新兴产业标准化、全面提升标准化服务、支撑和引领战略性新兴产业发展的能力和水平，国家标准化管理委员会会同国家发展和改革委员会、科学技术部、工业和信息化部等9部委制定了《战略性新兴产业标准化发展规划》。本篇中的《中国新能源汽车标准化工作进展》一文对中国新能源汽车标准体系、标准化工作动态、充电设施标准化工作分别进行了介绍。

B.8

新能源汽车推广应用相关政策分析及展望

张冬明*

摘　要：

作为战略性新兴产业的新能源汽车产业，受政府政策的影响较大。本章在对2013年以来的新能源汽车推广应用相关政策进行梳理的基础上，分析了中央政府新一轮推广应用政策的特点，探讨了目前相关支持政策存在的主要问题，并对政策趋势进行了展望，最后有针对性地提出了相关建议。

关键词：

支持政策　推广应用　政策趋势　建议

随着能源和环境问题的日益突出，新能源汽车得到了中央政府的高度重视。2014年一季度，国务院副总理马凯多次召开政府主管部门及行业企业座谈会，讨论新能源汽车发展问题，强调国家发展新能源汽车要坚持四个不变，即“国家发展新能源汽车战略不变、以纯电驱动为新能源汽车发展和汽车工业转型的战略取向不变、确定的节能与新能源汽车的规划目标不变、政府政策扶植的政策取向不变”，进一步明确了新能源汽车发展的方向和路线，这更加坚定了业界发展新能源汽车的信心。

一　新能源汽车推广应用相关政策

（一）宏观政策

2013年1月，国务院印发了《能源发展“十二五”规划》，提出将石油

* 张冬明，工程师，中国汽车技术研究中心汽车产业政策研究室。

对外依存度控制在61%以内，到2015年形成50万辆电动汽车充电基础设施体系。2013年8月，国务院印发了《关于加快发展节能环保产业的意见》，并提出加快实施节能与新能源汽车技术创新工程和加强动力电池技术创新，在北京、上海、广州等城市扩大公共服务领域新能源汽车示范推广范围，抓紧研究制定政府机关及公共机构购买新能源汽车的实施方案。2013年9月，国务院印发了《大气污染防治行动计划》，提出大力推广新能源汽车，并重点在北上广等一线城市公交领域应用节能与新能源汽车（见表1）。

表1　新能源汽车相关宏观政策及要点

政策名称	政策要点
《国务院关于印发能源发展"十二五"规划的通知》(国务院2013年1月1日发布)	到"十二五"末,将石油对外依存度控制到61%以内 将智能电网和新能源汽车基础设施作为发展重点,推动能源生产和利用方式变革 在新能源汽车基础设施建设方面,结合插电式混合动力、纯电动等新能源汽车发展需要,在北京、上海、重庆等重点新能源汽车推广城市建设充电设施(包括充电桩,充换电站等),到2015年,形成50万辆电动汽车充电基础设施体系 研发高性能动力电池和储能设施,建立新能源汽车供能装备制造、认证、检测以及配套标准体系
《国务院关于加快发展节能环保产业的意见》(国务院2013年8月11日印发)	技术创新:加快实施节能与新能源汽车技术创新工程;加强动力电池技术创新,重点解决动力电池系统安全性、可靠性和轻量化问题;加强驱动电机及核心材料、电控等关键零部件研发和产业化 示范推广:加快完善充电基础设施,示范推广纯电动汽车和插电式混合动力汽车、空气动力车辆等;在北京、上海、广州等城市扩大公共服务领域新能源汽车示范推广范围,每年新增或更新的公交车中新能源汽车的比例达60%以上,开展私人购买新能源汽车和新能源出租车、物流车补贴试点 政府采购:政府普通公务用车优先采购新能源汽车,择优选用纯电动汽车;抓紧研究制定政府机关及公共机构购买新能源汽车的实施方案
《国务院关于印发大气污染防治行动计划的通知》(国务院2013年9月10日印发)	公交、环卫等行业和政府机关要率先使用新能源汽车,采取直接上牌、财政补贴等措施鼓励个人购买 北京、上海、广州等城市每年新增或更新的公交车中新能源和清洁燃料车的比例达60%以上
《2014~2015年节能减排科技专项行动方案》(科技部、工信部2014年2月印发)	推进新能源汽车在公共交通等领域的规模化推广示范,结合青奥会等大型运动会和大型活动,实施新能源汽车示范项目 继续推进"十城千辆"工程,推动新能源汽车技术进步和产业发展
《2014年政府工作报告》(2014年3月修改稿)	在"努力建设生态文明的美好家园"中"出重拳强化污染防治"一段,增加"推广新能源汽车",以加快新能源汽车产业发展,推进节能减排,促进大气污染防治

（二）新能源汽车推广应用政策

为继续培育和发展新能源汽车市场，在2009年开始的节能与新能源汽车示范推广工程到期后，财政部等四部委于2013年9月联合发布了《关于继续开展新能源汽车推广应用工作的通知》，进一步扩大了试点范围，提高了推广总量目标。2013年11月和2014年1月，财政部等四部委先后确定两批推广应用城市，共包含39个城市和城市群。根据各城市推广计划，至2015年年底，推广新能源汽车将超过30万辆。

2014年2月，四部委又发布《关于进一步做好新能源汽车推广应用工作的通知》，提出加大中央补贴扶持力度，破除地方保护，并首次提出要在2015年以后继续实施补贴政策，保证了政策连续性（见表2、表3）。

表2　新能源汽车推广应用相关政策及要点

政策	城市推广要求	财政补贴	补贴退坡机制
《关于继续开展新能源汽车推广应用工作的通知》（财政部、科技部、工信部、国家发改委2013年9月17日发布）	继续依托城市（重点是特大城市和大气污染严重地区）推广新能源汽车，重点区域包括京津冀、长三角、珠三角等 推广数量要求：至2015年，特大城市和重点区域累计推广不低于1万辆，其他城市和区域不低于5000辆。其中重点提及外地品牌占比不低于30% 公共服务领域要求：新增或更新的公交、公务、物流、环卫车辆中新能源汽车比例不低于30%	补助标准：纯电动、插电式混合动力（含增程式）乘用车按纯电续驶里程给予3.5万元～6万元补贴；纯电动、插电式混合动力（含增程式）客车按车身长度给予25万元～50万元补贴；纯电动专用车按电池容量每千瓦·时补贴2000元，不超过15万；燃料电池乘用车和商用车分别给予20万元和50万元补贴 基础设施：对充电设施建设给予财政奖励	2014年和2015年，纯电动乘用车、插电式混合动力（含增程式）乘用车、纯电动专用车、燃料电池汽车补助标准在2013年标准基础上分别下降10%和20% 纯电动公交车、插电式混合动力（含增程式）公交车标准维持不变
《关于进一步做好新能源汽车推广应用工作的通知》（财政部、科技部、工信部、国家发改委2014年1月28日发布，2月8日公布）	明确了补贴申报时间、流程及所需材料	补贴推广政策于2015年12月31日到期后，中央财政将继续实施补贴政策	纯电动乘用车、插电式混合动力（含增程式）乘用车、纯电动专用车、燃料电池汽车2014年度的补助下降标准从原来的10%调整为5%；2015年度的补助下降标准从原来的20%调整为10%

续表

政策	城市推广要求	财政补贴	补贴退坡机制
《关于支持沈阳长春等城市或区域开展新能源汽车推广应用工作的通知》(财政部、科技部、工信部、国家发改委 2014 年 1 月发布)	创造良好的新能源汽车应用环境和建设符合国家标准要求的基础设施 尽快明确并落实地方性鼓励政策 不得设置或变相设置障碍限制采购外地品牌新能源汽车,如设置地方性标准、地方性车型目录等,对已经施行的应尽快整改	—	—

表 3　第一、二批推广应用城市及城市群名单

城市	北京、天津、太原、晋城、大连、上海、宁波、合肥、芜湖、青岛、郑州、新乡、武汉、襄阳、广州、深圳、海口、成都、重庆、西安、兰州、沈阳、长春、哈尔滨、淄博、临沂、潍坊、聊城、泸州
湖南省城市群	长株潭地区(长沙、湘潭、株洲)
河北省城市群	石家庄(含辛集)、唐山、邯郸、保定(含定州)、邢台、廊坊、衡水、沧州、承德、张家口
浙江省城市群	杭州、金华、绍兴、湖州
福建省城市群	福州、厦门、漳州、泉州、三明、莆田、南平、龙岩、宁德、平潭
江西省城市群	南昌、九江、抚州、宜春、萍乡、上饶、赣州
广东省城市群	佛山、东莞、中山、珠海、惠州、江门、肇庆
内蒙古城市群	呼和浩特、包头
江苏城市群	南京、常州、苏州、南通、盐城、扬州
贵州城市群	贵阳、遵义、毕节、安顺、六盘水、黔东南州
云南城市群	昆明、丽江、玉溪、大理

* 昆明市作为单独试点城市进入第一批名单后，在第二批名单中又被纳入云南省城市群中，为避免重复，本表将昆明归入云南省城市群。

2014 年一季度，国务院副总理马凯在对新能源汽车产业进行系统调研的基础上，召开了多次行业企业座谈会，布置了包括加快充电设施建设、创新商业模式、加大公共服务领域推广应用等在内的八项重点工作，并将各项工作具体落实到相关政府主管部门，其中着力提及要坚决破除地方保护，制定全国统一的准入标准和统一目录，“对地方准入政策该取消取消，该治理治理，该座谈座谈”，同时提出进一步研究混合动力客车补贴和新能源汽车车辆购置税减免、停车费优惠、过路过桥费减免等政策。

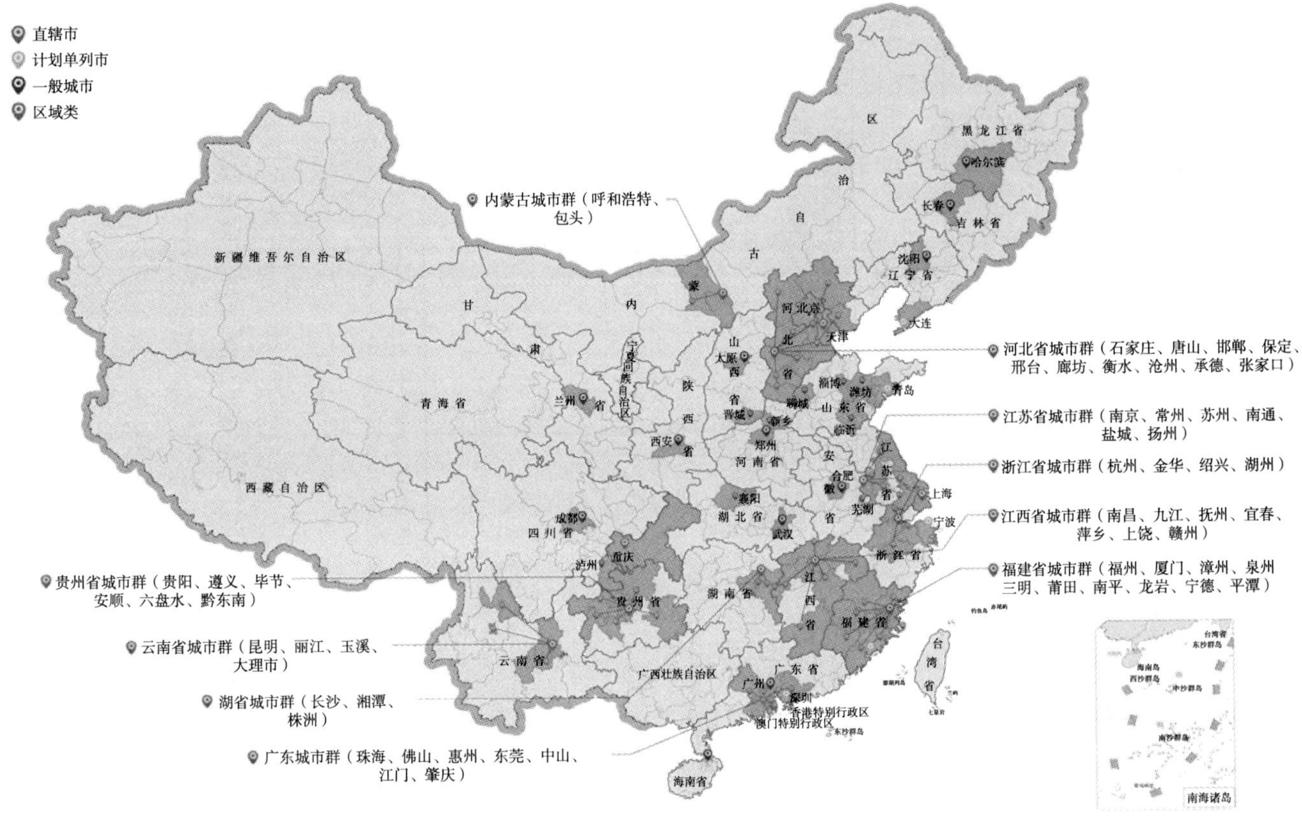

图 1　新能源汽车推广应用城市及区域分布

二　新一轮推广应用政策特点分析

2013～2015年的新能源汽车推广应用工作（本章将2013～2015年的新能源汽车推广应用工作，简称为新一轮推广应用工作，并将2009～2012年的节能与新能源汽车示范推广工程简称为上一轮示范推广工程）是在总结上一轮示范推广工程经验基础上进行的，对政策推广思路和相关要求做了比较大的调整和优化，主要表现在以下几个方面。

（一）大幅提高了城市推广应用的相关要求

上一轮示范推广工程要求每个城市的推广目标不低于1000辆，新一轮推广应用工作就不同级别城市和区域分别提出了推广目标要求，其中特大城市和重点区域不低于10000辆，其他城市和区域不低于5000辆，由于推广车型中剔除了上一轮示范推广中的非插电式混合动力汽车等节能汽车，车型仅为新能源汽车，推广范围也由上一轮示范推广工程以公交和私人用车为主扩大到公务、物流、环卫等领域，并规定新增的公交，物流和环卫用车新能源汽车占比不得低于30%，无论从推广目标还是推广车型方面，推广难度都大为提高。

（二）为推动区域协同推广，提出允许城市群申报推广

新一轮推广应用工作在城市作为推广主体的基础上，鼓励以城市群进行联合申报，以推动城市之间协同推广和建立一体化的基础设施，推动新能源汽车大面积推广和应用。

（三）为建立公平竞争的市场环境，对城市提出了外地品牌占比要求

在上一轮示范推广工程中，虽然也提出要采用招标方式进行推广，并要求各地方政府建立公平竞争的开放市场环境，但在实际操作过程中，各地大多对外地品牌产品销售进行了限制，严重阻碍了优势企业的做大做强。新一轮推广应用工作明确提出推广应用车辆中外地品牌不低于30%的要求，以破除地方保护壁垒。

（四）对补贴标准进行了调整和优化

在纯电动乘用车方面，上一轮示范推广工程补贴标准根据动力电池组容量确定，按3000元/kW·h给予补贴，总额不超过6万元，并未就续驶里程进行要求；新一轮推广应用工作，纯电动乘用车按续驶里程进行补贴，80～150km每车补贴3.5万元，150～250km每车补贴5万元，250km以上的每车补贴6万元，这有利于企业加强轻量化、动力电池和电控等相关技术的研发和推广。在纯电动客车方面，上一轮示范推广工程中，车长超过10米才可获取中央补贴，新一轮推广应用工作中6米以上的纯电动客车就可获得补贴，按车身长度最多可享受50万元的补贴，进一步扩大了城市纯电动客车的推广范围。

（五）提出建立推广应用城市淘汰和奖励机制

上一轮示范推广工程尽管要求试点城市提出推广目标，但并无健全的管理和惩罚机制，导致绝大多数城市未完成上报目标。新一轮推广应用工作提出要对试点城市进行年度考核评估，未完成年度目标的将被淘汰。同时，新一轮推广应用工作也提出由中央财政安排专项资金对示范城市给予综合奖励。

（六）政策的连续性和稳定性得到明显加强

2012年底上一轮示范推广工程结束后，后续政策在经历了长达半年多的空窗期后，直到2014年9月才出台，政策不明朗导致大部分新能源汽车企业长时间处于观望期。新一轮新能源汽车推广应用工作开展不到半年时间，财政部等即印发了《关于进一步做好新能源汽车推广应用工作的通知》，首次明确推广应用政策于2015年12月31日到期后，中央财政将继续实施补贴政策，这表明中央政府更加注重新能源汽车政策的连续性，坚定了业界发展新能源汽车的决心。

三　推广应用其他相关政策

为推动新一轮推广应用工作顺利开展，国家在准入管理和基础设施建设等方面也出台了相关配套措施。2014 年 5 月，中机中心受工业和信息化部委托发布了《关于调整部分新能源汽车产品公告申报示范运行区域要求的通知》，对新能源汽车产品申报公告的运行区域进行了调整，以推动新能源汽车产品在全国范围内的顺利推广。

2014 年 5 月，国家电网在北京召开“开放分布式电源并网工程、电动汽车充换电设施市场”新闻发布会，向社会正式发布《关于做好分布式电源并网服务工作的意见（修订版）》与《关于做好电动汽车充换电设施用电报装服务工作的意见》，决定全面开放分布式电源并网工程与电动汽车充换电基础设施市场，社区配套充换电设施将执行居民生活电价（见表4）。

表 4　新能源汽车其他相关政策及要点

政策名称	政策要点
《关于调整部分新能源汽车产品公告申报示范运行区域要求的通知》(中机中心 2014 年 5 月 21 日发布)	对于属于发展期、成熟期的新能源汽车产品，申报公告时，不再要求在公告参数“其他”栏中注明示范运行区域、提供产品示范运行区域的批文
《关于做好分布式电源并网服务工作的意见(修订版)》、《关于做好电动汽车充换电设施用电报装服务工作的意见》(国家电网 2014 年 5 月发布)	扩大分布式电源适用范围，积极支持社会资本投资分布式电源并网工程 加大配套电网投资和建设力度，由分布式电源接入引起的公共电网改造部分由国家电网投资建设，保障分布式电源接入电网，为各类社会资本投资分布式电源并网工程提供优质服务 支持社会资本参与慢充、快充等各类电动汽车充换电设施市场，包括居民客户在自有产权或拥有使用权的停车位建设的充电设施，及其他非居民客户在公共区域建设的充换电设施 国家电网在充换电设施全过程服务中，不收取任何服务费用，并投资建设因充换电设施接入引起的公共电网改造 在国家出台充换电设施用电价格政策前，居民低压客户及居民社区配套充换电设施用电执行居民生活电价，其他客户执行国家规定的目录销售电价

四　当前存在的主要问题分析

虽然新能源汽车产业的发展主要是依靠汽车行业自身的努力，但是新能源汽车市场的培育，更需要能源行业、城乡建设等行业和政府部门的支持，以及消费者消费意识的转变。因此，针对当前存在的突出问题，建立多部门参与、分工明确、共同支持的政策扶持体系，并进一步加强顶层规划的设计和优化，统筹各相关部门，完善新能源汽车消费环境。

（一）新能源汽车的发展涉及多个政府管理部门，相关部门多从自身权责出发进行行业管理和服务，但缺乏统筹协调

基础设施建设缺少总体规划，在建设方案、建设主体、运营模式、电价机制等方面没有明确的指导方案。研发、产业化和推广等环节的政策存在脱节现象，如在研发方面支持非插电式混合动力客车的开发，而新一轮推广应用工作的补贴政策只支持纯电动和插电式混合动力客车推广。

（二）新能源汽车发展存在木桶效应[①]，需要政策支持弥补短板

新能源汽车普及初期，财税补贴激励、产业链培育、充电基础设施建设、公平竞争市场的建立、商业模式创新、消费环境完善等都是缺一不可的，某一方面存在短板都会直接制约新能源汽车整体的发展。在产业链培育、充电基础设施建设、商业模式创新、消费环境完善方面应尽快进行部署，出台相关政策弥补短板，例如，在推广应用方面，购车补贴已出台，建议尽快明确基础设施等使用环节方面的鼓励措施。

（三）新能源汽车产业准入门槛过高

新能源汽车在投资、研发、生产规模、设计、安全等方面与传统汽车有较大差别，在跨行业资本、技术融合、发展规模、研发设计和制造等方面，有可能创造出新能源汽车新的发展模式。但目前国家对新能源汽车实行与传统汽车同样严格的投资和准入管理，导致社会资本进入新能源汽车产业难度过大，制约发展模式的创新。

---

① 木桶效应是指一只木桶盛水的多少，并不取决于桶壁上最高的那块木块，而恰恰取决于桶壁上最短的那块。

（四）地方保护主义仍较严重

在新能源汽车推广工作中，多数地方政府对本地产品采购热情明显高于外地产品，部分地方政府通过实施地方标准、地方目录等方式设置或变相设置障碍限制采购外地品牌车辆，互相设置壁垒，甚至有些城市要求外地品牌车辆必须匹配本地零部件才能享受地方的优惠政策，强行“拉郎配”。地方的行政干预导致新能源汽车市场被人为地割据、封闭，这是产业发展缓慢的重要原因之一。严重的地方保护制约了优势企业做大做强，同时，也在一定程度上保护了落后的企业和产品，人为限定了消费者的购买范围，降低了用户体验，不利于新能源汽车的市场培育。

五　新能源汽车相关政策展望

我国面临的能源和环境问题日益突出，发展新能源汽车已刻不容缓。根据中国石油集团统计，2013 年我国石油对外依存度达 58.1%①，同时根据环保部统计的 2014 年一季度 74 个主要城市空气质量状况，平均达标天数仅为 53.1%，重度及严重污染天数达 13.1%②。北京市环保局发布的数据表明，机动车排放占本地 $PM_{2.5}$ 来源的比重在 30% 以上③，发展新能源汽车已成为交通领域解决上述问题的重要途径之一。

随着新能源汽车推广应用工作的不断深入，新能源汽车产业的发展已引起中央高层的普遍关注和支持。2014 年 1 月，国务院总理李克强在西安比亚迪汽车公司考察时强调新能源汽车能改善城市污染和噪音问题，要倡导人人使用和加强政府示范；2014 年一季度，国务院副总理马凯多次组织政府主管部门和行业企业举行新能源汽车工作会议，进一步明确了新能源汽车未来重点工作；2014 年 5 月，国家主席习近平在上汽技术中心考察时强调，发展新能源汽车是

---

① 中国石油集团经济技术研究院：《2013 年国内外油气行业发展报告》。

② 环保部网站，http：//www.zhb.gov.cn/gkml/hbb/qt/201404/t20140425_ 271012.htm。

③ 北京市环保局网站，http：//www.bjepb.gov.cn/bjepb/323474/331443/331937/333896/396191/index.html。

我国从汽车大国迈向汽车强国的必由之路。国家对新能源汽车产业的支持力度正逐步加大，未来新能源汽车相关政策主要有以下几个方面的发展趋势。

（一）将加大基础设施建设和运营力度

基础设施已成为制约新能源汽车产业健康有序发展的瓶颈，并已引起政府主管部门的重视，预计未来国家将进一步完善基础设施运营模式，加强充电桩等建设规划，建立统一充电标准，并给予新能源汽车充电价格优惠。

（二）将进一步破除地方保护

虽然国家已经明确各城市在新一轮推广应用工作中外地品牌推广数量不得低于30%，但部分城市仍优先采购本地产品，变相采取地方保护，如部分城市出台了地方新能源汽车企业及产品市场准入条件，并设置了推广产品和车型目录，有的城市甚至要求企业对动力电池等零部件实行本地采购。财政部等四部委2014年2月发布的《关于支持沈阳长春等城市或区域开展新能源汽车推广应用工作的通知》明确要求，各城市或区域不得设置或变相设置障碍限制采购外地品牌新能源汽车，如设置地方性标准、地方性车型目录等，对已经施行的应尽快整改。2014年5月，工信部在京召开推广应用城市座谈会，会议主要议题之一就是清理地方保护政策。新能源汽车地方保护问题已得到相关部委的高度重视，预计将出台相关文件，进一步规范地方保护行为，并有望在全国范围内建立统一的准入标准。

（三）将出台有利于新能源汽车推广的税费政策

相对于传统汽车，新能源汽车整体售价较高，导致消费者需承担较高的购车税额，为提高消费者购买积极性和推动新能源汽车产业市场化，将来可能降低新能源汽车购置和使用环节成本，如减免车辆购置税以及过路过桥费和停车费等。

（四）将加快公务用车和公共服务领域推广

公务车和公共服务领域用车对市场需求具有导向作用，公务用车采购新能源汽车已成大势所趋，国务院副总理马凯也提出要加大新能源汽车在公务用车领域的应用，预计国家将出台相关文件，明确公务用车采购新能源汽车的具体操作办法，同时通过财政补贴等方式加大公共服务领域推广力度。

（五）将继续加大新能源汽车研发支持力度

2014 年 3 月，国务院副总理马凯在深圳召开新能源汽车推广应用座谈会时强调，要加大新能源汽车研发力度，促进新能源汽车技术进步，在充电、电池、电机、电控、服务体系等方面进行联合攻关；2014 年 5 月，国家主席习近平在上汽技术中心考察时强调，要加大新能源汽车研发力度，未来可能加大对动力电池、电机、电控等关键零部件的研发支持力度，以培育高品质和有竞争力的新能源汽车产品。

（六）车用动力电池生产企业及产品准入条件有望出台

目前国家已经实施铅酸蓄电池行业准入制度，对规范铅酸蓄电池行业企业散乱的现状起到了良好效果。工信部于 2012 年 12 月组织开展了我国锂电池行业和车用动力电池企业基本情况调查工作，以摸清我国锂电池行业现状，为制定锂电池、车用动力电池的安全标准及生产企业的准入条件提供了依据。根据上述调查，国家相关主管部门将起草锂电池行业和车用动力电池行业准入条件，对企业产能、生产条件、产品安全和生产一致性等情况进行明确要求，有利于规范锂电池行业和车用动力电池行业的发展及技术水平。

（七）新建纯电动乘用车投资相关管理办法有望出台

目前，国家对新能源汽车投资项目实行过于严格的管理办法，导致社会资本进入门槛过高，新管理办法的出台将有望降低新建纯电动乘用车投资项目的相关要求，一些具有纯电动乘用车研发技术的汽车行业外企业和社会资本有望将资金投入到新能源汽车的研发和生产中，将有力推动了新能源汽车产业发展和技术进步。

六　完善新能源汽车推广应用相关政策的建议

总体来看，我国虽已构建了新能源汽车政策支持框架，但目前购置和使用成本较高、基础设施建设滞后、投资门槛过高等仍严重制约新能源汽车产业的健康发展。下一步应着重在购置和使用税费优惠、基础设施建设、政府采购、投资管理、试点城市和区域考核等方面出台有力措施，以进一步引导市场消费和推动新能源汽车产业可持续健康发展。

（一）进一步降低新能源汽车购置税和使用环节税费

目前国家已实施对公共交通领域车辆免征购置税，新能源公交车也能享受到优惠政策，解决了公交企业推广新能源汽车时所承担较高税收的问题。建议参照公交车领域购置税优惠政策，出台新能源乘用车购置税减免政策，进一步降低消费者购置环节税负。同时降低使用环节费用，如减免停车费、过路过桥费和高速公路通行费等。

（二）出台充换电基础设施建设鼓励办法

在上一轮示范推广工程中，基础设施建设严重滞后导致新能源汽车推广工作进展缓慢。新一轮推广应用工作提出了由中央财政安排资金对示范城市给予充电设施建设等方面的奖励，但仍建议国家尽快出台相关政策，对适度超前建设充换电基础设施的试点城市给予资金支持，提高各试点城市和区域建设基础设施的积极性。

（三）尽快出台新能源汽车政府采购实施方案

政府公务用车对于市场消费具有明显的导向作用，2013 年 8 月出台的《国务院关于加快发展节能环保产业的意见》重点提出要抓紧研究制定政府机关及公共机构购买新能源汽车的实施方案。建议尽快研究制定和出台新能源汽车在政府公务用车等领域推广应用的实施方案，并设置较高采购比例，加强新能源汽车在政府机关、事业单位、国有企业等公务用车领域的应用。

（四）地方政府应在新能源汽车免限行和享受优先路权等方面出台鼓励措施

在进一步提高消费者购置和使用新能源汽车积极性方面，地方政府尚有一定的政策空间，如北京、上海、广州、天津、杭州等汽车限购城市已经对新能源汽车实行了区别对待的鼓励措施。对新能源汽车实行免摇号和免竞拍措施不仅操作简单，而且在提高消费者购买积极性的同时未增加地方财政负担，建议已经实行汽车限行的城市也适时出台新能源汽车免限行措施。同时，给予新能源汽车优先路权（如可使用公交车辆专用车道、新能源货车不受市区限行要求等），设置新能源汽车专用停车位，这些也是鼓励消费者购买和使用新能源汽车的有效措施。

（五）出台试点城市和区域考核办法，淘汰推广不力的城市和区域

目前，仍有部分试点城市和区域推广工作进展缓慢，建议从推广目标完成率、基础设施建设、支持政策、地方财政补贴等方面建立完善的考核体系，加大考核力度，对于未达标的城市和区域进行惩罚。

B.9

新能源汽车推广应用地方政策比较分析

姚占辉*

摘　要：

财政部等四部委颁布《关于继续开展新能源汽车推广应用工作的通知》（财建〔2013〕551号）以后，各城市积极申报新能源汽车推广应用城市。目前，共计39个城市或区域被批准开展新能源汽车推广应用工作，覆盖了主要汽车产业生产基地和动力电池聚集区域。但是，推广城市新能源汽车支持政策制定进程总体缓慢，城市间存在较大差异，部分城市已经在资金补贴、基础设施、推广模式、组织保障等方面，出台了新的政策措施来鼓励和引导新能源汽车消费，但多数城市仍在研究探索中，甚至有的城市才刚刚启动工作。新能源汽车推广意义重大，任务紧迫，地方政府应加大政策支持和推广应用工作的力度，以加快我国新能源汽车推广应用工作进程。

关键词：

新能源汽车　推广应用　地方政策　分析

一　新能源汽车推广应用城市概况

2013年11月，财政部、科学技术部、工业和信息化部、国家发展和改革委员会联合发布《关于支持北京　天津等城市或区域开展新能源汽车推广应

* 姚占辉，工程师，新能源汽车研究部副部长，中国汽车技术研究中心汽车产业政策研究室。

用工作的通知》（财建〔2013〕805号），同意北京、天津等28个城市或区域开展新能源汽车推广应用工作。新一轮（本文将2013～2015年新能源汽车推广应用称为新一轮推广应用或第二轮，而将2009～2012年的节能与新能源汽车示范推广称为上一轮示范推广或第一轮示范推广，下同）第一批试点城市包括京津冀地区（北京、天津、河北城市群）、长三角地区（上海、宁波及浙江城市群）、珠三角地区（深圳、广东城市群）、福建城市群、江西城市群、安徽、青岛、河南、湖北、湖南、海南、四川、重庆、云南及西安、兰州等西部地区城市。2014年2月8日，财政部等四部委公布了《关于支持沈阳 长春等城市或区域开展新能源汽车推广应用工作的通知（财建〔2014〕10号）》，新增东北三省会城市（沈阳、长春、哈尔滨）、山东四个城市（淄博、临沂、潍坊、聊城）、泸州等8个城市以及内蒙古、江苏、贵州、云南等4个区域。

至此，开展新能源汽车推广应用工作的城市或区域累计达39个，覆盖了中国主要大中型城市。初步统计，39个城市或区域计划推广新能源汽车总数超过30万辆，其中最多的城市是北京和深圳，分别为35020辆和35000辆。其他城市中，达万辆级及以上规模的城市或区域达12个，分别是河北城市群、天津、西安、武汉、浙江城市群、重庆、上海、广州、长春、广东城市群、福建城市群和江苏城市群。

从新一轮的推广应用申报城市来看，主要呈现以下特点。

（1）参加推广应用的城市多具有较好的汽车产业基础或动力电池产业基础。在新能源汽车整车方面，北京、天津、深圳、武汉、浙江省城市群、上海、重庆、福建省城市群、珠三角城市群、广州、长株潭、合肥、郑州、江西省城市群、芜湖、成都、沈阳、长春、江苏省城市群等有较多的新能源汽车整车企业，并有多款车型列入了《节能与新能源汽车示范推广应用工程推荐车型目录》；在动力电池方面，北京、天津、浙江省城市群、上海、珠三角城市群、深圳、合肥、江西省城市群、新乡等有较好的动力电池产业基础，是我国动力电池及其原材料的主要聚集区域（见表1）。

（2）推广应用城市数量明显增加，区域分布更加广泛。从数量上看，第一轮示范推广城市仅有25个，而第二轮推广应用的城市或区域达39个，城市总数量达88个。除济南外，第一轮示范推广城市大多参加了第二轮新能源汽

表1　推广城市主要新能源汽车整车及动力电池相关企业

序号	城市/城市群	主要新能源汽车整车企业	主要动力电池企业
1	北京	北汽新能源、北汽福田、重庆长安、北京华林、北京凯特、北京现代、北京天路通	北京普莱德、中信国安盟固利、北京国能、北京波士顿、北京光宇、北京力神科技
2	深圳	深圳比亚迪、深圳五洲龙	深圳沃特玛、长河动力、深圳比克、深圳今朝时代
3	河北省城市群	长城汽车	—
4	天津	一汽夏利、一汽丰田、清源电动车	天津力神、天津比克、天津捷威、天津神鹿、天津光宇、天津中聚
5	西安	比亚迪、陕西通家	咸阳威力克
6	武汉	东风汽车、武汉九通、东风扬子江、湖北世纪中远车辆	湖北国通青山新能源
7	浙江省城市群	吉利汽车、浙江豪情、金华青年、金华康迪、宁波神马、浙江飞碟、浙江万丰	万向、浙江兴海、浙江佳贝思、赛恩斯能源、微宏动力
8	上海	上汽集团、上海大众、上海申沃、上海通用、上海万象、上海华普	上海恒动、卡耐电池、上海三玖电气
9	重庆	重庆长安、重庆力帆、重庆恒通、重庆五洲龙、重庆瑞驰	—
10	福建省城市群	东南汽车、东风裕隆、福建龙马环卫装备、厦门金龙、厦门金旅、西虎汽车	—
11	珠三角城市群	比亚迪、五洲龙、广汽集团、广汽乘用车、东风日产、珠海广通、广东信源物流	东莞 ATL、中山中炬森莱、珠海高密锂电、广东五洲龙、珠海银通
12	广州	广汽集团、广汽乘用车、广汽客车、东风日产	力柏能源、鹏辉电池
13	长株潭	江南汽车、南车时代、长沙比亚迪、湖南恒润、长沙中联重工	湖南科力远
14	合肥	江淮汽车、安凯汽车、昌河汽车、合肥森隆专用车	合肥国轩、华霆（合肥）动力
15	郑州	郑州日产、宇通客车、宇通重工、海马轿车、少林汽车、河南红宇、河南森源重工	河南海奥通新能源
16	江西省城市群	江铃控股、江铃改装车、江西凯马百路佳、昌河铃木、江西博能上饶	赣州市孚能科技、江西科慧
17	青岛	—	青岛海霸
18	芜湖	奇瑞汽车	—

续表

序号	城市/城市群	主要新能源汽车整车企业	主要动力电池企业
19	太原	山西宇星	—
20	海口	一汽海马、海马轿车	—
21	成都	四川汽车、一汽(四川)专用汽车、重汽集团成都王牌	—
22	兰州	兰州吉利	兰州金川科力远
23	晋中	—	—
24	新乡	—	河南新太行、环宇赛尔
25	襄阳	东风襄阳旅行车	—
26	大连	一汽客车(大连)	—
27	宁波	—	—
28	内蒙古城市群	—	—
29	沈阳	华晨汽车、华晨宝马、深圳五洲龙、华晨金杯	—
30	长春	一汽集团、一汽大众、长春华奥、长春北车电动汽车、吉林省高新电动车	长春国基电子科技
31	哈尔滨	哈飞汽车、黑龙江龙华汽车	哈尔滨光宇
32	江苏省城市群	苏州金龙、南京金龙、南汽集团、黄海客车、常州东风汽车、东风悦达起亚、江苏奥新、江苏常隆客车、江苏陆地方舟、江苏尼欧凯汽车、江苏九州车业、盐城中威、扬州亚星客车、一汽客车(无锡)、张家港市江南汽车	苏州星恒、江苏中大、常州高博能源、南京中大青山、苏州冠硕
33	淄博	淄博国利新电源、齐盛新能源科技、淄博正大电源、山东唐骏欧铃	—
34	临沂	山东沂星、新大洋、沂达电动汽车	—
35	潍坊	北汽福田、瑞驰汽车	山东泰汽、山东威能
36	聊城	中通客车	—
37	泸州	—	—
38	贵州省城市群	贵州万达客车	—
39	云南省城市群	云南美的客车	—

车推广应用。这些城市由于已经积累了一定推广应用经验，在第二轮新能源汽车推广应用之初就着手制定系统的推广应用方案，并制定相关鼓励政策。从地域上看，推广应用地域涵盖了东部、中部、西部的主要大中型城市。和上一轮示范推广不同的是，首次有西北地区城市（西安、兰州）列为新能源汽车推广应用城市（见表2）。

表2　新能源汽车推广应用城市地域分布

序号	地区	城市
1	东北地区	哈尔滨、长春、沈阳、大连
2	华北地区	北京、天津、河北省城市群、太原、晋城、内蒙古城市群
3	华东地区	上海、江苏省城市群、浙江省城市群、宁波、江西省城市群、青岛、淄博、临沂、潍坊、聊城、合肥、芜湖、福建省城市群
4	华南地区	广东省城市群、广州、深圳、海口
5	华中地区	郑州、新乡、武汉、襄阳、长株潭
6	西南地区	贵州省城市群、云南省城市群（含昆明）、重庆、成都、泸州
7	西北地区	西安、兰州

（3）除了以城市为主体进行推广外，出现了较大范围的城市群或区域推广应用。在上一轮节能与新能源汽车示范推广中，湖南省、广东省就跨城市开展新能源汽车示范推广与充电基础设施建设进行了积极的探索；国家电网公司确定了智能充换电服务网络发展模式，并于2011年相继建成了“智能充换电服务网络浙江示范工程（省内城际互联）”和“苏沪杭城际互联工程（省际互联）”两大示范工程。在第二轮推广应用中，出现了河北省、浙江省、福建省、江西省、广东省、内蒙古、江苏、贵州、云南等9个城市群，涵盖了56个城市，区域推广范围扩大（见表3）。

（4）多数新进入的城市缺乏推广应用经验。新能源汽车推广应用是一项系统工程，涉及部门多、组织任务繁重。在新一轮推广应用中，有22个新加入新能源汽车推广应用的城市或区域，这些城市或区域由于缺乏推广应用经验，需要一定时期的摸索过程。应通过良好的推广应用经验交流，推动新进入城市学习经验，少走弯路，做好相关工作（见表4）。

表 3　新一轮推广应用城市群及其城市

序号	城市群	涵盖城市
1	河北省城市群	石家庄（含辛集）、唐山、邯郸、保定（含定州）、邢台、廊坊、衡水、沧州、承德、张家口
2	浙江省城市群	杭州、金华、绍兴、湖州
3	福建省城市群	福州、厦门、漳州、泉州、三明、莆田、南平、龙岩、宁德、平潭
4	江西省城市群	南昌、九江、抚州、宜春、萍乡、上饶、赣州
5	广东省城市群	佛山、东莞、中山、珠海、惠州、江门、肇庆
6	内蒙古城市群	呼和浩特、包头
7	江苏城市群	南京、常州、苏州、南通、盐城、扬州
8	贵州城市群	贵阳、遵义、毕节、安顺、六盘水、黔东南州
9	云南城市群	昆明、丽江、玉溪、大理

表 4　新能源汽车推广应用城市分析

	城市/城市群
同时进入第一轮、第二轮的城市	北京、上海、重庆、长春、大连、杭州、武汉、深圳、合肥、长株潭、昆明、南昌、天津、海口、郑州、厦门、苏州、唐山、广州、成都、沈阳、南通、襄阳、呼和浩特
第二轮新进入城市/城市群	河北省城市群：石家庄（含辛集）、邯郸、保定（含定州）、邢台、廊坊、衡水、沧州、承德、张家口 西安 浙江省城市群：金华、绍兴、湖州 福建省城市群：福州、漳州、泉州、三明、莆田、南平、龙岩、宁德、平潭 广东省城市群：佛山、东莞、中山、珠海、惠州、江门、肇庆 江西省城市群：九江、抚州、宜春、萍乡、上饶、赣州 芜湖 太原 兰州 晋城 新乡 宁波 内蒙古城市群：呼和浩特、包头 哈尔滨 江苏省城市群：南京、常州、盐城、扬州 淄博 临沂 潍坊 聊城 泸州 贵州省城市群：贵阳、遵义、毕节、安顺、六盘水、黔东南州 云南省城市群：丽江、玉溪、大理

* 济南是第一轮节能与新能源汽车示范推广城市，但未申报第二轮新能源汽车推广应用城市。

二　地方支持政策比较

为开展新能源汽车推广应用工作，各试点城市都制定了明确的推广应用计划、基础设施建设规划。部分城市结合自身特点，在资金补贴、基础设施、推广模式等方面已经制定了一系列政策措施来鼓励和引导新能源汽车消费。

（一）推广应用补贴政策

在中央推广应用补贴政策基础上，各地方政府纷纷表示对购买新能源汽车继续给予地方资金补贴支持。已经出台的地方政策有《北京市示范应用新能源小客车财政补助资金管理细则》（京财经一〔2014〕449号）、《上海市鼓励购买和使用新能源汽车暂行办法》（沪府办发〔2014〕21号）、《关于推广应用节能和新能源等环保型公交车的实施意见》、《江苏省人民政府关于加快新能源汽车推广应用的意见》（苏政发〔2014〕51号）等文件。这些政策对本地新能源汽车补贴标准进行了明确规定，基本按照与国家1∶1比例配套。此外，北京还对新能源乘用车设置单独摇号指标，上海给予新能源乘用车免费专用牌照额度，并对新能源公交车给予较大力度的购置补贴和运营补贴（见表5、表6）。

表5　北京、上海、江苏新能源乘用车推广应用补贴标准

城市	购置补贴标准	其他
北京	● 纯电动小客车按照续驶里程(R)给予补助 ➢80≤R<150:2014年3.325万元;2015年3.15万元 ➢150≤R<250:2014年4.75万元;2015年4.5万元 ➢R≥250:2014年5.7万元;2015年5.4万元 ● 燃料电池小客车:2014年19万元;2015年18万元 ● 2016年和2017年补助标准按照2015年标准执行,汽车生产企业享受中央和本市财政补助总额最高不超过车辆销售价格的60%	从2014~2017年,北京增量小客车指标额度中有17万个是新能源小客车指标,其中四年指标数量分别为2万个、3万个、6万个、6万个
上海	● 符合要求的车型按照中央补贴标准1∶1比例配套 ● 对直接或组织员工一次性购买新能源汽车超过10辆的法人单位,再给予2000元/辆的财政补助 ● 对汽车生产厂商,每回收一套动力电池,给予1000元的补助	消费者购买新能源汽车用于非营运的,免费发放专用牌照额度。消费者购买新能源汽车用于营运的,优先发放相关专用营运额度

续表

城市	购置补贴标准	其他
江苏	• 2014 年省财政按照中央财政补贴标准的 40% 给予购置补贴 • 纯电动乘用车 2.5 万元/辆 • 燃料电池乘用车 8 万元/辆 • 2015 年省财政根据中央财政补贴标准,结合推广实际再确定补贴标准	各市财政按照不低于中央补贴标准的 60% 给予购置补贴。裸车、电池分离销售的,按车辆、电池成本比例享受财政补贴

表 6　上海、江苏新能源商用车推广应用补贴标准

城市	购置补贴标准	其他
上海	• 纯电动(含电电混合)公交车按照车长给予补助 ➢6m≤车长<8m:21 万元/辆 ➢8m≤车长<10m:28 万元/辆 ➢车长≥10m:35 万元/辆 • 插电式混合动力(含增程式)公交车:25 万元/辆,仅补贴 10m(含)以上车型 • 超级电容公交车:15 万元/辆 • 油电混合公交车:50 万元/辆 • 双源无轨公交车:55 万元/辆 • LNG 公交车:30 万元/辆	给予 8 年运营补贴,首次运营补贴在购置时支付。第二年开始:上一年度单车年平均行驶里程在 5 万公里以上(LNG 公交车 6 万公里以上)的,全额支付当年运营补贴;上一年度单车年平均行驶里程低于前述公里数的,当年运营补贴予以同比例扣减 • 纯电动(含电电混合)公交车:16.5 万元/年 • 插电式混合动力(含增程式)公交车:7 万元/年 • 超级电容公交车:5 万元/年 • 油电混合公交车:3 万元/年 • 双源无轨公交车:5 万元/年 • LNG 公交车:6.5 万元/年
江苏	• 2014 年省财政按照中央财政补贴标准的 40% 给予购置补贴 ➢纯电动客车:20 万元/辆 ➢插电式混合动力(含增程式)客车:10 万元/辆 ➢超级电容、钛酸锂快充纯电动客车:6 万元/辆 ➢纯电动专用车:按电池容量 800 元/kW · h、最高 6 万元/辆 ➢燃料电池商用车 20 万元/辆	• 各市财政按照不低于中央财政补贴标准的 60% 对购置新能源汽车进行补贴 • 裸车、电池分离销售的,按车辆、电池成本比例享受财政补贴 • 2015 年江苏省财政根据中央财政补贴标准,结合推广实际再行确定补贴标准

(二)企业和产品市场准入条件

北京、上海等城市对企业和产品进入当地销售提出了准入要求。北京市发布了《北京市示范应用新能源小客车管理办法》(2014 年 1 月 1 日起实施,有效期至 2017 年 12 月 31 日),对在北京市销售的新能源汽车和产品执行准入政策。上海市发布了《上海市鼓励购买和使用新能源汽车暂行办法》(沪府办发〔2014〕21 号),新能源汽车企业和产品需满足上海市地方相关要求才能进入上海市销售或者给予上海地方补贴。此外，江苏对汽车生产企业也提出了在每个推广城市设立1个固定售后服务点并负责保养维护、对报废电池自行或指定专门单位进行回收处理和再利用等要求（见表7）。

表7　北京、上海新能源乘用车企业和产品的准入条件

城市	管理方式	产品条件	企业条件	惩罚措施
北京	对新能源小客车生产企业及产品实施目录管理。（企业和产品都需要进入北京市地方目录）	基本要求：纳入《北京市示范应用新能源小客车生产企业和产品目录》，应明示主要参数指标和产品质量担保承诺 车型范围：纯电动乘用车及燃料电池乘用车	产能要求：10000辆 售后服务：设有5家（含）以上维修服务中心；24小时不间断救援服务；承担或委托相关机构组织单位和个人的充电条件确认、建设自用充电设施，并纳入其售后服务体系 质保要求：车辆不低于3年或6万公里（以先到者为准）；动力电池等关键零部件不低于5年或10万公里（以先到者为准） 安全监控：具有对整车、动力电池、驱动电机等进行实时监测的设施和能力	实行产品退出机制：产品已停产的；单一车型累计总销量500辆以下发生2起非人为安全事故的；单一车型累计总销量500辆（含）以上有超过1%（含）产品发生非人为安全事故的 实行企业退出机制：销售量低于一定规模（2014年为500辆＜含＞，2015年起为1000辆＜含＞）的；发生过重大安全或质量事故（爆炸、起火、漏电等）等，并造成人员伤亡或恶劣社会影响的
上海	对汽车生产企业和产品进行认定，符合条件的，列入本市新能源汽车登记车型目录	基本要求：符合上海市确定的地方要求并列入新能源汽车登记车型目录 车型范围：纯电动、插电式混合动力（含增程式）和燃料电池汽车	售后服务：具备一定的产能规模和完善的售后服务及应急保障体系；对动力电池等关键零部件提供不低于5年或10万公里质保 安全监控：具备远程监控能力，相关数据应接入本市确定的新能源汽车公共数据采集平台	凡提供虚假信息、骗取补助资金、专用牌照额度和专用营运额度的，一经查实，将给予追缴补助资金、注销专用牌照额度和专用营运额度等处理

截止到2014年5月底，北京市已经发布了《北京市示范应用新能源小客车生产企业及产品目录》（第1批第1、2期），共有6家企业、7款产品进入北京地方目录，产品全部为纯电动轿车，目录内产品都能获得北京市地方购置补贴。上海市发布了7批《上海私人购买新能源汽车试点车型信息表》，共有8家乘用车企业的13款产品进入上海市新能源汽车试点车型信息表，目前能获得上海市地方补助的车型有5款产品，分别是上汽荣威E50、上汽荣威550plug－in、上海通用赛欧Springo、力帆LF7002CEV和比亚迪·秦（见表8、表9）。

表 8 《北京市示范应用新能源小客车生产企业及产品目录》（第 1 批第 1、2 期）

企业目录			
序号	企业名称	注册地	详细地址
1	安徽江淮汽车股份有限公司	合肥	安徽省合肥市东流路 176 号
2	北京汽车股份有限公司	北京	北京市顺义区顺通路 25 号 5 幢
3	比亚迪汽车工业有限公司	深圳	深圳市坪山新区坪山横坪公路 3001 号
4	重庆长安汽车股份有限公司	重庆	重庆市江北区建新东路 260 号
5	华晨宝马汽车有限公司	沈阳	沈阳市大东区山嘴子路 14 号
6	上海汽车集团股份有限公司	上海	上海市张江高科技园区松涛路 563 号 1 号楼 509 室
产品目录			
序号	企业名称	商标	产品名称
1	北京汽车股份有限公司	北京牌	纯电动轿车
2	比亚迪汽车工业有限公司	比亚迪牌	纯电动轿车
3	安徽江淮汽车股份有限公司	江淮牌	纯电动轿车
4	北京汽车股份有限公司	北京牌	纯电动轿车
5	比亚迪汽车工业有限公司	腾势牌	纯电动轿车
6	华晨宝马汽车有限公司	之诺（ZINORO）牌	纯电动轿车
7	上海汽车集团股份有限公司	荣威牌	纯电动轿车

表 9 《上海私人购买新能源汽车试点车型信息表》（1～7 批）

单位：万元

批次	企业	产品名称	补助前售价	中央补助	上海补助
第一批	上汽	荣威 E50	23.49	3.5*	4
	上海通用	赛欧 Springo	25.8	5*	4
第二批	力帆	LF7002CEV	24.98	5*	4
		LF7002EV	26.7	5*	待定
第三批	奇瑞新能源	SQR7001ELS18	17.48	3.5*	不符合
		SQR7000BEVS184	16.98	3.5*	不符合
第四批	江淮	HFC7000AEV	16.98	5	待定
第五批	北汽股份	E150 BJ7000B3D - BEV	24.98	4.75	待定
	比亚迪	E150BJ7000B3D1 - BEV	25.98	4.75	待定
	秦	18.98（尊贵）、20.98（旗舰）	3.325	3	—
第六批	上汽	荣威 550plug - in	24.88（豪华）、25.98（旗舰）	3.325	3
	比亚迪	e6	30.98（豪华）、33（精英）	5.7	待定
第七批	比亚迪	腾势	36.9～39.9	5.7	待定

* 第 1～3 批车型中央补助金额根据 2013 年中央财政新能源汽车推广应用补助标准测算。

（三）基础设施支持政策

上海、江苏在基础设施支持政策方面进行了有益的探索。上海市发布了《上海市鼓励电动汽车充换电设施发展暂行办法》（沪府办发〔2013〕19号），对充电基础设施建设原则、分类、资金补贴标准等做出了明确规定。江苏省发布了《江苏省人民政府关于加快新能源汽车推广应用的意见》（苏政发〔2014〕51号）和《江苏省物价局关于明确电动汽车充换电设施用电价格和服务价格的通知》（苏价工〔2014〕69号），不但在基础设施建设模式上进行了规定，而且对用电价格和充电设施服务价格进行了说明。基础设施作为新能源汽车推广应用的重要保障，虽然得到各试点城市高度重视，但试点城市对基础设施的支持力度与投资规模相比仍然偏小。基础设施建设费用高、投资回收期长，仅依靠企业资金难以维持，未来新能源汽车大规模推广尚须加大基础设施建设支持力度（见表10）。

表10　部分试点城市基础设施支持政策

城市群	建设模式	补贴方式
北京	• 自用充电桩采用“桩随车走”，由汽车企业统筹组织充电桩建设，各小区物业给予支持；公用充电桩采用“政府主导、统筹建设、专业运营”模式 • 单位写字楼等办公场合、公用停车场等配建充电桩按照“自主建设、市场运营”，实施建管运分离；大型公共交通枢纽（P+R）、公共停车位等公共场合规划建设不低于10%的充电设施	• 对私人自用充电设施，政府不给予补贴，对公用充电设施和公共领域车辆充电设施，政府补贴30%
上海	• 按照“桩随车走、按需配置”原则建设的自用、专用充电设施，按照“合建为主、单建为辅”原则建设的公用充电设施，按照“需求支撑、重在示范”原则建设的专用、公用换电设施 • 用户所在单位可采用自建或委托代建等方式建设专用充电设施；私人用户可通过自建、委托代建等方式建设自用交流充电桩 • 用户在购车时，可向汽车经销商提出1～2个公共区域充电设施建设地点建议，汽车经销商应定期向交通和道路主管部门反馈公共区域充电设施建设需求，市能源主管部门应会同交通、规划国土资源部门在编制区域充电设施发展规划时综合考虑	• 对充换电设施建设运营公司投资，且符合扶持条件的充换电设施给予不超过30%的财政资金支持，补贴资金在市节能减排专项资金中安排
杭州	• 政府协调解决新能源汽车能量补给站等基础设施的建设用地、电网布置、专用设施配备等方面的问题 • 每年从安排一定比例的专项资金，补贴能量供应站的建设和维护保障费用	• 充电站等配套基础设施建设项目，按实际投入额（不含土地）给予20%的补助。能量供应站按实际投资额给予不高于50%补助

续表

城市群	建设模式	补贴方式
合肥	• 新建办公楼、商场等共建类项目充电桩不少于总规划停车位数20% • 新建住宅小区充电桩按不少于小区总规划停车位数10%的比例配置新建社会公共停车场充电桩不少于总规划停车位数20%的比例	• 给予设备投资总额5%补助，单个设施最高补助不超过100万
深圳	• 住宅区将按现有停车位的5%配置充电桩，社会公共停车场按现有停车位的10%进行基本配置	—
江苏城市群	• 新建居住小区和公共停车场均要预留一定比例的充电停车位 • 各推广城市可在省电力公司或其他有实力、有经验、有意愿的运营商中自主确定新能源汽车充换电服务运营商。服务运营商根据统一规划和车辆运营需求，建设新能源汽车充换电服务网络并负责维护。有自建自用需求的用户，在符合统一规划的前提下，经批准可自建充换电设施并负责维护。供电部门配合做好业扩、增容等服务 • 为电动公交客车和出租汽车服务的充电设施尽量结合现有公交场站、公共停车场建设。对电动公交客车充换电站用地，可按划拨方式供应	对充换电服务运营单位承建的充换电设施费用，省财政给予15%补贴

此外，《江苏省物价局关于明确电动汽车充换电设施用电价格和服务价格的通知》首次对新能源汽车用电和服务价格进行了规定，对国家和其他省市具有很好的借鉴作用。该政策将新能源汽车用电价格分为“充换电设施用电价格”和“充换电设施服务价格”两部分。

一是充换电设施用电价格。充换电设施用电价格是指电网经营企业对电动汽车充换电设施用户销售电能的价格，分为经营性充换电设施和非经营性充换电设施两类。

经营性充换电设施用电价格暂按江苏省电网销售电价表中大工业用电相应电压等级的电度电价执行，即电压等级为1～10kV的执行0.667元/kW·h，电压等级为20～35kV以下的执行0.661元/kW·h，不执行峰谷分时电价。

对非经营性充换电设施用电价格，社区、单位、私家车库等的用电价格按所在充换电场所的现行分类电价执行。

二是充换电设施服务价格。充换电设施服务价格是指充换电设施建设运营单位向电动汽车用户提供服务，所收取的服务费用，分为换电模式和充电模式两类。

对于纯电动汽车换电模式，换电服务价格按车辆行驶里程收取，即：纯电动汽车换电服务价格（单价）（元/km）=同车型燃油汽车每公里平均油耗（L/km）×上一季度燃油平均单价（元/L）×90%。

对纯电动汽车充电模式，充电服务价格按充电电度收取，即：纯电动汽车充电服务价格（单价）（元/kW·h）=同车型燃油汽车每公里平均油耗（L/km）×上一季度燃油平均单价（元/L）/纯电动汽车每公里耗电量（kW·h/km）×折扣率。折扣率：7座以下客车暂定为60%，其他类型按85%计算。[①]

（四）商业推广模式

推广应用城市结合各地情况采用了不同的新能源汽车商业推广模式，其中最典型的商业模式包括杭州电动汽车自驾租赁模式、合肥江淮“定向购买”模式、深圳“车电分离、融资租赁、充维结合”模式。此外，上海在分时租赁、北京在纯电动出租车推广及青岛在纯电动公交车换电模式上也积累了丰富的经验。总体看，各种模式市场切入点各不相同，各具特色，为进一步创新商业模式提供了借鉴（见表11）。

表11　部分试点城市典型商业推广模式

城市	推广车型	推广模式	补贴政策及付费方式
杭州	纯电动乘用车（康迪纯电动:2人座和4人座车）	自驾租赁模式(微公交):只租不售,分时计费。全部采用纯电动汽车和可充电式立体车库,租车站分布在机场、车站、商业中心、居民小区等需建站区域,为用户提供一种在运营区域内租车自驾的出行方式 已经建成并投入使用的立体微公交车库2个,未来的设想每5~10km公里,将有1个“微公交”站点	用户凭有效身份证和驾驶证,填写一张租赁合同,用信用卡或现金预付1000元就可以租用,费用为每小时20元,24小时营业
合肥	纯电动乘用车（江淮同悦EV）	定向购买模式:针对特定消费者销售纯电动汽车 主要面向三类客户人群:汽车产业链上下游企业、相关科研单位和高校、普通消费者	按照产品成本价格,并在扣除国家、地方政府及企业补贴后,对特定人群进行销售

① 根据《江苏省物价局关于明确电动汽车充换电设施用电价格和服务价格的通知》（苏价工〔2014〕69号）整理。

续表

城市	推广车型	推广模式	补贴政策及付费方式
深圳	纯电动公交车（比亚迪 K9、五洲龙纯电动公交车）	“车电分离、融资租赁、充维结合”模式：车电分离即将公交车进行裸车和动力电池价值的分离，公交企业就裸车进行购置，中国普天就配套电池进行购置；融资租赁即由公交企业向交通银行下属的金融租赁公司贷款，支付新能源购车费用，电池则由公交企业以租赁方式分 8 年付款；充维结合即由中国普天专门负责充电设施的充电、服务维护与营运	公交企业支付裸车购置价格；电池则由公交企业以租赁方式分 8 年付款；运营服务费用由公交企业支付给中国普天，总成本原则上不高于同类燃油车的燃油成本 *
深圳	纯电动出租车（比亚迪 e6）	成立专业新能源出租车公司：由深圳巴士集团和比亚迪公司按照 55%∶45% 的比例共同出资组建了深圳市鹏程电动汽车出租有限公司，专门开展纯电动出租车运营。对纯电动出租车牌照 5 年免使用费	每月有 3500 度电贴，超出部分电价按 1.18 元/kW·h 计算；电动出租车起步价 10 元(燃油出租车起步价 13 元)；免除 2 元燃油附加费；每辆车每天向公司上缴 720 元
北京	纯电动乘用车（北汽 E150）	分时租赁模式：由易卡先锋和北汽集团合作，首先选取清华大学、北京理工大学启动租赁活动。力争到 2017 年实现“电动北京伙伴计划”双百工程，即在全市 100 个科技园区、100 所学校（院所）实现电动汽车租赁全覆盖，建成公共“园校”电动共享租赁网络	日租为 159 元，月租为 3999 元，时租 2 小时 59 元；4 小时租赁和 18 点至次日 8 点半的夜租都是 99 元；白天 4 小时以上的租赁按日租计价，即 159 元；需交 3000 元租车押金和 2000 元违章押金
北京	纯电动出租车（北汽福田迷迪、北汽 E150、长安 E30、现代守望）	区域电动出租车推广模式：在 8 个远郊区县中推广纯电动出租车。一般由区级政府、国家电网、汽车企业等共同出资成立专门的区域电动车出租公司，进行市场化运作。区域电动出租车只能在各区县范围内运行，不能进入市区。各电动出租车公司采取车辆承包经营、对员工进行统一管理（发工资、上五险），制定任务定额，并对车辆进行实时监控	充电站收费一般为 0.81 元/kW·h；出租车运营起步价 8 元，2 元/km，不收取燃油附加费 **
上海	EVCARD 同济大学电动汽车	校园分时租赁模式：先期进行校园试点（同济大学），后期将拓展私人市场；支持异点借还车	1 小时起租，每小时租赁价格 30 元起，日租金 131 元起，此价格包含了保险、维修和电力费用。*** 以雪佛兰赛欧 Springo 为例，日租金 180 元、手续费 10 元，总费用为 190 元/日
青岛	纯电动公交车（上海申沃、山东沂星等）	换电模式：公交企业购买裸车；电网公司向电池厂商租赁电池，并负责建设充换电站；公交车在站内统一更换电池；电池的维护保养工作由电网公司负责，公交企业只需向电网支付电池充电电费	电池充电费用主要由基础充电电价、换电站资产维护及修理费用分摊、电池租赁价格综合核算确定，由于换电站建站成本较高，并未考虑换电站的建站成本分摊

* 《电动出租车运营的深圳样本》，http：//www.chexun.com/2013－11－07/102147656.html。

** 《北京 8 区县 950 辆纯电动出租车低价受欢迎》，http：//auto.sohu.com/20131028/n389055338.shtml。

*** 《全国八个电动汽车分时租赁项目齐发》，http：//www.cnautonews.com/xnyqc/201404/t20140403_300249.htm。

（五）组织保障措施

新能源汽车推广应用是一项系统工程，涉及部门多、组织任务繁重。要完成推广任务，不但要组建以一把手或主管领导负责的、多个部门组成的工作组，而且要建立分工明确、责任权利对等的工作机制和有效的惩罚措施。主要推广城市基本都成立了专门的推广应用工作小组，并以当地政府主要领导任组长，以多个政府部门参与组成工作组的方式，开展新能源汽车的组织保障工作（见表12）。

表12　主要试点城市组织保障措施

城市	领导小组及组成部门	领导小组办公室及职能	相关措施
北京	新能源汽车推广应用联席会议制度，召集人为市委市政府主管领导；成员：市科委、发展改革委、经济信息化委、财政局、国土局、环保局等	办公室设在北京市科委，并成立专业推进工作小组，包括：综合协调组、基础设施组、商业模式组、服务保障组、统计宣传组	以北京理工大学电动车辆国家工程实验室为依托单位成立技术专家组，负责组织技术进步、安全支撑、标准制定等。成立北京市新能源汽车发展促进中心，专职协助开展产业发展和推广应用相关工作
上海	上海市新能源汽车推进领导小组，分管副市长为组长；成员：市财政局、市科委、市经信委、市发改委、市建交委、市交港局等	办公室设在市经信委，负责制定推进方案、组织协调、节点评审以及最终验收等	成立专家指导委员会，负责制定总体应用规划、技术方案认定和应用单位指导等
合肥	节能与新能源汽车发展领导小组，市长任组长；成员：财政局、科技局、经信委、发改委等20多个部门	设在科技局，负责示范推广及产业发展的日常工作。领导小组下设有产品组、技术组、示范运营及基础设施建设组、检测和监控组、政策组等，负责具体的推进工作	市政府出资，与合肥工大、江淮汽车、巨一联合组建新能源汽车研究院，解决示范运营中问题和难题。市政府资助成立的由20多家企业、大学、科研院所共同组建的合肥市新能源汽车产业发展联盟，研究制定产业发展的宏观战略
深圳	深圳市新能源汽车推广应用领导小组及办公室，由市长担任组长；成员：市发展改革委、科工贸信委、财政委、规划国土委、人居环境委、交通运输委、监察局、国资局、城管局、各区政府和新区管委会、公安交警局等	设在市发展改革委，负责日常协调和考核工作	设立公交车和出租车推广应用专项工作组；相关政府职能部门及各区（新区）政府主要负责人要与市政府签署推广应用年度责任书，相关工作任务纳入绩效评估范围

续表

城市	领导小组及组成部门	领导小组办公室及职能	相关措施
杭州	杭州市节能与新能源汽车发展协调小组”。由市政府分管副市长担任组长，市政府分管副秘书长，市经委主任担任副组长	协调小组下设办公室，设在市经委，负责制定方案，示范推广工作的整体协调与管理、监督	市发改委、经委、建委、旅委、科技局、财政局、财政局、国土资源局、规划局、质监局、交通局、环保局、城管办、公安局、交通警察局、电力局，萧山区政府，市城建投资集团，市公交总公司等为领导小组成员单位
郑州	郑州市新能源汽车示范推广领导小组，市长担任组长；成员：财政局、科技局、工信委、发展改革委、交通委、公安局、规划局、环保局、供电公司等相关职能部门和各开发区主要领导	办公室设在科技局，负责组织研究、制定郑州市新能源汽车示范推广计划，制定服务机构及配套设施规划；定期召开领导小组会议	成立专家咨询组，由生产企业、应用企业、科研机构和高等院校的相关领域专家组成
青岛	新能源汽车推广应用联席会议制度，市长作为总召集人；成员：财政、科技、经信、发改、交通、国土资源、规划等部门和公交、交运、供电等单位	办公室设在科技局，组成专职团队，负责日常事务管理，承担示范推广相关的信息和数据收集、汇总、分析、报送，并配合做好阶段考核、专家论证工作	

三　对地方推广应用政策的评价和未来展望

（一）少数城市已经形成了较完善的新能源汽车推广政策体系，多数城市仍在探索中

从城市来看，北京、上海已经制定了较为完善的新能源汽车推广政策体系。如北京已经对新能源乘用车出台了《北京市示范应用新能源小客车管理办法》，在购置补贴、企业和产品条件、基础设施等方面也分别出台了相关实施细则，基本建立了新能源汽车推广应用的政策体系。上海市在新能源汽车购买和使用、企业和产品准入条件、基础设施方面都出台了政策措施；江苏省出台了《江苏省人民政府关于加快新能源汽车推广应用的意见》，作为全省新能源汽车推广的总体指导文件。广东省发布了《关于加快推进珠江三角洲地区

新能源汽车推广应用的实施意见》，明确了新能源汽车推广的重要任务、交待措施和分类补贴标准。除此之外，西安市、武汉市、天津市也颁布了新能源推广相关鼓励政策。除以上几个城市外，其他城市还没有出台具体的政策措施，尤其是新进入推广应用的城市，对新能源汽车的推广工作仍处在探索中，很多关键问题尚没有明确的工作思路，出台可操作性的政策措施还需一段时间。

（二）各地政策措施中地方保护主义倾向明显

地方的《目录》管理、增加的地方检测，即使抱着市场开放的态度来实施，也增加了企业进入地方市场的成本（尤其是外地企业）。由于推广应用城市大多都有本地的新能源汽车相关企业，在未来出台的政策措施中，其难免不存在借助推广应用之机，扶持本地企业加快发展的利益取向。地方保护不但限制了消费者的选择权，而且增加了企业的资金投入和时间成本，不利于新能源汽车产业健康发展和优势企业的做大做强。

（三）地方推广工作滞后尚难以保障新能源汽车推广工作任务的完成

一是多数城市和地区仍在研究探索中，甚至有的城市才刚刚启动工作，距离 2015 年底仅有不到两年的时间，难以完成原来制定的 3 年推广任务。二是政策支持广度、深度不够。从北京、上海已经出台的政策看，虽然基本建立了政策支持体系，但很多具体的政策细节尚需根据消费者购车和使用情况进一步完善、改进，与消费者使用相关的基础设施规划、建设保障及充电费用、充电服务费用等众多政策尚未出台。三是公交、出租、环卫、公务等公共领域仍是各地方政府推广应用的重点，但是在私人领域仍在探索中，尚没有成熟的推广经验，私人领域能否完成推广计划除了需要政府深入改善推广应用环境外，还需要消费者对产品的高度认可，这是一个长期的过程。

（四）以城市群或区域开展推广工作的地方政府，尚没有形成有效的保障措施

通过区域合作建设能覆盖范围更广的电动化交通网络，为新能源汽车提供

更加便捷的充换电服务，弥补新能源汽车续驶里程较短的不足，从而促进新能源汽车私人消费的推广。同时，区域合作也是打破地方保护壁垒、提升市场竞争公平性的有效措施，有利于实力较强的新能源汽车企业整合区域资源，在市场竞争中做大做强。但是，区域推广也面临着重大挑战。一是受制于现有的政府管理体制，区域推广面临省级（含直辖市）行政区域协调难度大、区域内产业竞争和地方保护、推广应用效果缺乏有效监督等问题。二是区域内省市间财政能力有较大的差异，地方政府主管领导对推广的重视程度不同也会影响地方财政投入的差异，这就造成相关省市很难形成区域一盘棋，在落实中有偏差。

总体看，地方政府作为新能源汽车推广应用工作的实施主体和责任主体，在新能源汽车推广应用中承担着主要工作任务，其政策支持力度、支持方式直接决定了推广应用总体效果。因此，建议地方政府高度重视新能源汽车推广应用工作，加强组织，积极创新，尽快研究出台明确的支持措施和推广任务的分解。一方面，建议地方政府加强财政资金支持力度，在新能源汽车购置、充电基础设施建设等方面尽快出台相关支持政策。另一方面，建议用好用活现有政策，注重在使用环节给予更多的支持措施，如限购、限号城市对新能源汽车进行区别对待、给予交通通行便利、给予运营补贴等，同时，也要加强政策创新，努力解决新能源汽车推广中面临的各项问题。

B.10

中国新能源汽车标准化工作进展

孟祥峰 *

摘　要：

随着中国电动汽车产业化的加速推进，中国新能源汽车标准体系建设、国内标准制修订和国际标准协调也都进入新的阶段，并取得重要进展。《战略性新兴产业标准化发展规划》已正式印发，电动汽车标准化技术路线图的研究制定工作正式启动；电动汽车正常使用时的安全要求、电动汽车碰撞后的安全要求、电动汽车用锂离子电池系统测试规程等10项标准完成制修订，充电基础设施标准体系基本建立，即将开展充电接口和通信协议等重要标准的修订完善；积极参与国际标准法规的研究制定，在国际标准法规提案方面取得突破。

关键词：

标准体系　标准制修订　基础设施　国际标准提案

一　中国新能源汽车标准体系进入新阶段

（一）制定战略性新兴产业标准化发展规划

为贯彻落实《国务院关于加快培育和发展战略性新兴产业的决定》、《“十二五”国家战略性新兴产业发展规划》和《标准化事业发展“十二五”规划》的部署及要求，系统谋划、协调推进战略性新兴产业标准化，全面提升

---

* 孟祥峰，博士，高级工程师，中国汽车技术研究中心标准化所。

标准化服务，支撑和引领战略性新兴产业发展的能力和水平，促进战略性新兴产业的快速健康和可持续发展，国家标准化管理委员会会同国家发展和改革委员会、科学技术部、工业和信息化部等9部委，制定了《战略性新兴产业标准化发展规划》（以下简称《规划》），并于2013年11月联合印发。

《规划》的新能源汽车部分给出了2015年和2020年新能源汽车的标准化发展目标：

- 到2015年，基本建立新能源汽车及充电设施标准体系，建设2项标准综合体，完成新能源汽车关键技术标准30项；及时贯彻实施各项标准；推动新能源汽车及充电设施领域国际标准中国提案，主导相关国际标准制定；实施和推动新能源汽车产业综合标准化工程；
- 到2020年，完善新能源汽车标准体系，基本满足大规模产业化和商业化运行以及政府管理需要，进一步提升主导和参与新能源汽车领域国际标准的水平。

《规划》中明确了新能源汽车标准化工作的开展重点。

①新能源汽车整车：安全、能耗和排放、电磁兼容（EMC）等方面。

②新能源汽车关键系统、零部件：动力蓄电池，驱动电机系统、减速器和变速箱系统以及整车控制系统，电动空调系统和电制动系统等方面。

③新能源汽车配套基础设施：充换电/加氢基础设施、设备和服务等方面。

《规划》确定的新能源汽车产业标准体系框架如图1所示。

按照《战略性新兴产业标准化发展规划》关于“成体系、成系统推进标准制定和标准体系建设”的要求，围绕战略性新兴产业发展急需，国家标准委组织编制的《2014年战略性新兴产业标准综合体指导目录》，已于2014年5月发布。该目录中有关新能源汽车部分重点包括电动汽车整车、动力蓄电池、充电基础设施等三个方面。

（二）正在制定中国电动汽车标准化技术路线图

按照国家相关部委的要求，全国汽车标准化技术委员会正在牵头并联合相关机构制定《中国电动汽车标准化技术路线图》（以下简称《路线图》）。《路线图》是中国电动汽车标准化工作的具体目标和工作计划的说明性文件，制

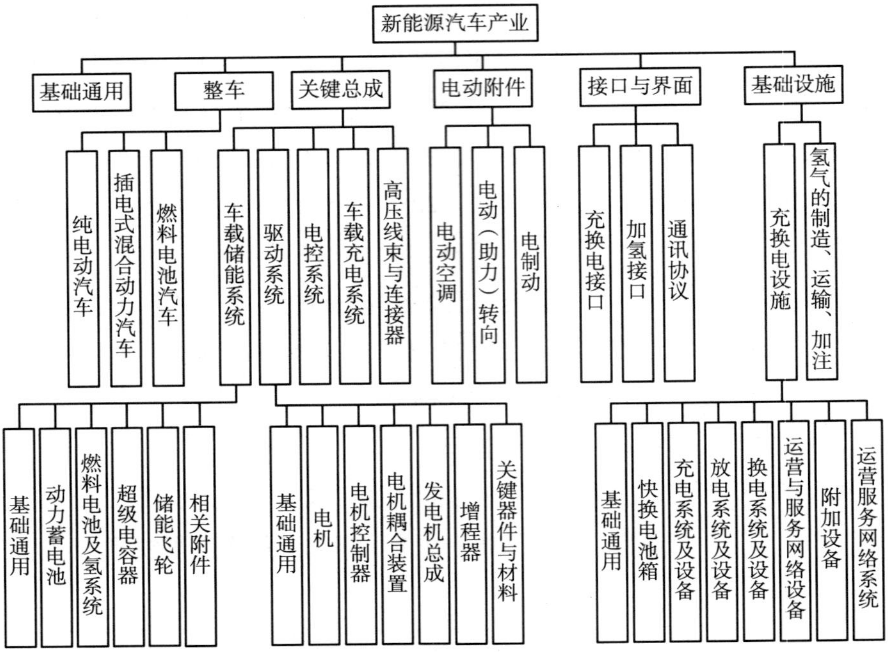

图1　新能源汽车产业标准体系框架

定《路线图》的目的是用简单易懂、形象化的方式来表达中国电动汽车标准化的具体目标和工作计划，使利益相关方能更好的理解和参与中国的电动汽车标准化工作。《路线图》制定过程中，重点考虑了我国电动汽车发展现状、产业发展规划及标准化基础，参考了美国和德国的电动汽车标准路线图，并计划在2014年底完成。

《路线图》（草稿）的起止时间：2014～2025年，并根据标准化工作实施期限分为紧急（2014年1月至2015年12月）、短期（2016年1月至2017年12月）、中期（2018年1月至2020年12月）、长期（2021年1月至2025年12月）共4个阶段。

《路线图》的范围包括电动车辆、基础设施、界面与通信和相关产业。其中电动车辆包括国家公告管理范围内的电动乘用车、客车、专用车以及摩托车，不包括目前公告管理之外的低速电动车（老年代步车）、电动高尔夫球车等非道路车辆；基础设施包括充换电关键设备、充换电站建设规划、充换电站服务网络等；接口与界面包括电动汽车与充换电及加氢设施之间，与车联网、智能交通与智能电网之间，车与车之间的接口、通讯、识别、计量、付费和增值服务等；相关产业包括电动汽车及电池的运输、回收利用、教育培训、抢险救援等。

二 中国电动汽车标准化工作最新进展

2013 年 1 月至 2014 年 5 月，全国汽车标准化技术委员会完成了一系列重要标准制修订，完成标准报批稿 10 项，其中涉及电动汽车高压安全国标修订 3 项、碰撞安全国标制定 1 项，高压系统电压等级国标制定 1 项，锂离子蓄电池系统测试规程国标制定 2 项，电池相关的汽车行业标准制修订 3 项（见表 1）。

表 1　2013 年度完成的标准报批稿

序号	标准性质	标准名称	目前状态	制修订
1	GB/T 18384.1	电动汽车　安全要求　第 1 部分:车载储能装置	报批	修订
2	GB/T 18384.2	电动汽车　安全要求　第 2 部分:功能安全和故障防护	报批	修订
3	GB/T 18384.3	电动汽车　安全要求　第 3 部分:人员触电防护	报批	修订
4	GB/T	电动汽车正面碰撞安全要求	报批	制定
5	GB/T	电动汽车整车强电用电系统及零部件电压等级平台技术规范	报批	制定
6	GB/T	电动汽车用锂离子动力蓄电池测试规程 第 1 部分:高功率应用	报批	制定
7	GB/T	电动汽车用锂离子动力蓄电池系统测试规程　第 2 部分:高能量应用	报批	制定
8	QC/T	电动汽车动力蓄电池电池箱通用要求	报批	制定
9	QC/T	电动汽车用锌空气蓄电池	报批	制定
10	QC/T 741 - 2006	车用超级电容器	报批	修订

另外，一系列重要标准取得进展。

动力蓄电池单体/模块国家标准的制定。多年以来，2006 版的几项汽车行业动力蓄电池标准一直作为准入管理的依据。基于多年的实验数据的积累和电池标准化工作组的充分准备，自 2013 年开始动力蓄电池单体和模块国家标准的制定，已形成工作组草案，包括《电动汽车用动力蓄电池技术要求及试验方法 安全》、《电动汽车用动力蓄电池技术要求及试验方法 电性能》、《电动汽车用动力蓄电池技术要求及试验方法 循环寿命》、《电动汽车用动力蓄电池型号、规格及尺寸》等四项标准。

动力蓄电池系统标准的制定。动力蓄电池系统级别参考了 ISO 12405. 1《电驱动道路车辆—锂离子电池包和系统测试规程—第 1 部分 高功率应用》和 ISO 12405. 2《电驱动道路车辆—锂离子电池包和系统测试规程—第 2 部分 高能量应用》，我国已完成了两项对应国标的报批稿；对应 ISO 12405. 3《电驱动道路车辆—锂离子电池包和系统测试规程—第 3 部分 安全要求》的国家标准正在积极制定，同时作为对该标准的补充，另一项汽车行业标准《电动汽车用动力蓄电池系统通用要求》已完成工作组草案并进行了多次讨论。

增程器与驱动电机行业标准的制定。在电机方面，GB/T 18488《电动汽车用电机及其控制器》两项国标修订稿已经完成报批。在此基础上，2013 年启动了驱动系统相关的汽车行业标准，包括：《电动汽车用减速器总成技术条件》、《电动汽车用异步电机技术条件》、《电动汽车用永磁同步电机技术条件》、《电动汽车增程用发电机技术条件》。另外，《电动汽车低速提示音》、《插电式混合动力电动乘用车技术条件》等也形成了工作组草案。

三 充电基础设施标准化工作

充电基础设施的布局完善是新能源汽车推广应用的重要基础，而标准则是推动充电基础设施建设的重要依据和有力推手，为此国家标准化管理委员会、科学技术部、工业和信息化部、国家能源局等相关部委高度重视充电基础设施标准化。在四部委的高度关注和大力支持下，自 2010 ~ 2013 年，充电基础设施标准化工作取得重要的阶段性进展。2013 底至 2014 年初，国家标准化管理委员会组织标准化技术委员会、地方城市和相关企业开展了前期工作系统总结和梳理，分析了不足和存在的问题，并对下一步工作进行了系统规划。

（一）工作回顾

2010年，国家标准委会同科学技术部、工业和信息化部、国家能源局，建立了电动汽车充电技术及设施标准化工作部门推进会机制（以下简称四部委机制）。近年来，在相关方面积极推动下，电动汽车充电技术及设施标准体系基本建立，相关科研项目有序实施，一批重要标准先后发布，国际标准化工作取得实质性突破，国际标准化合作稳步开展，标准化试点及时启动，有力支撑了电动汽车推广应用和产业发展。

近年来，在四部委机制的推动下，我国充电基础设施标准体系已经初步建立。规划形成了包括术语、动力电池箱、充电系统及设备、充换电接口、换电系统及设备、充/换电站及服务网络、建设与运行、附加设备等8个部分，约58项标准的标准体系，其中已批准发布26项，正在制修订的计划项目26项。充电接口及协议标准已成为汽车企业、充电设备制造商、充电设施建设与运营商组织生产和建设的重要依据，多数企业已自觉依据标准开展设计研发和生产。各相关部门、行业和企业通过多种形式采用电动汽车充电技术与设施标准，有力地推动了标准的实施，对规范电动汽车产业发展，支撑电动汽车推广应用，提高充电设备质量，规范充电设施建设都起到了积极作用。

（二）2013年度标准研究和制定进展

1. 科技与标准紧密互动，专项工作取得丰硕成果

2010年年底，在国家标准委的建议和推荐下，科技部在国家“863”计划“电动汽车关键技术与系统集成”重大项目框架下，针对充电技术及设施标准化需求，支持开展了7项电动汽车充电技术及设施标准科研课题，主要涉及电动汽车充换电站建设标准、充电设备电气检测技术及标准、充放电设施智能用电技术、充放电接口技术及安全防护标准、充电设施国际标准提案以及充电设施计量计费技术及标准。到2013年年底，这7项课题都已结题并完成研究任务，课题研究形成的科研成果，在相关标准研制和国际标准化工作中起到了重要支撑作用。

2. 继续推进标准制修订，新发布 8 项标准

2013 年度共完成充电相关标准 8 项，其中国家标准 2 项，能源行业标准 6 项。涵盖充换电站通用要求和建设技术导则，工程施工和竣工验收规范、更换设备通用要求、充电设备检验规范、监控系统技术规范及通信协议（见表 2）。

表 2　2013 年度发布的充电基础设施标准

标准编号	标准名称
GB/T 29781 - 2013	电动汽车充电站通用要求
GB/T 29772 - 2013	电动汽车电池更换站通用技术要求
NB/T 33004 - 2013	电动汽车充换电设施工程施工和竣工验收规范
NB/T 33006 - 2013	电动汽车电池箱更换设备通用技术要求
NB/T 33008. 1 - 2013	电动汽车充电设备检验试验规范 第 1 部分:非车载充电机
NB/T 33008. 2 - 2013	电动汽车充电设备检验试验规范 第 2 部分:交流充电桩
NB/T 33009 - 2013	电动汽车充换电设施建设技术导则
NB/T 33005 - 2013	电动汽车充电站及电池更换站监控系统技术规范
NB/T 33007 - 2013	电动汽车充电站/电池更换站监控系统与充换电设备通信协议

（三）梳理总结现有不足，确定下一步工作重点

1. 接口互换性标准急需修订

在前期充电设施规模化建设和应用过程中，发现部分车辆与充电设备都符合国标，却出现无法一次握手、直接充电的现象。虽然经调试后可正常充电，但不便于消费者正常使用。为此，需要修订细化充电接口互换性标准，特别是 GB/T 20234 充电接口系列标准和 GB/T 27930 直流充电通信协议标准需要立即修订。

2. 标准宣传和实施力度需要加强

一些城市、汽车企业和充电设备设施制造企业，特别是新获批开展电动汽车推广应用的城市或区域，还没有全面掌握国家标准和行业标准批准发布和制修订情况，急需面向应用、形成并推广标准化成套解决方案，强化宣传力度，保障标准实施。

3. 继续强化标准与科技互动

目前，国际国外在电动汽车无线充电、大功率快速充电等新技术领域均已

开展相关标准化工作。然而，现阶段充电技术及设施标准化工作还主要着眼于成熟的、已进行市场推广的技术和产品，在无线充电、交流大功率充电、车联网、电动汽车与智能电网互动等充电技术和设施发展的新领域中，尚未开展有针对性的标准预研究工作，亟须进一步密切标准与科技的互动，尽快组织相关方面的科研力量，尽早开展系统性的科研工作。

四 国际合作交流与国际标准提案

中国在电动汽车研发和产业化方面具有较好的基础，在电动汽车标准化工作方面也走在了世界的前列。最近几年，国内标准化机构在做好国内标准制修订的基础上，也加大了参与国际标准法规的力度，这些活动在2013年取得了突破性进展。

（一）参与WP29全球技术法规的活动

2012年3月WP29在《1998年协定书》框架下批准成立了电动汽车安全（EVS）和电动汽车与环境（EVE）两个非正式工作组。中国作为两个工作组的副主席，和其他国家一起，积极推动两个工作组相关活动的开展。为了配合与支撑EVS和EVE的工作，工业和信息化部装备工业司组织国内企业和专家成立了与之相对应的国内协调工作组和专家组。针对EVS和EVE的具体内容，组织国内相关企业积极参与讨论、开展试验验证、提出相应的提案。

在EVS方面，中国根据国内电动汽车安全测试和推广应用经验，针对具体内容积极提出中国提案。在2013年EVS第四次会议上，成立了7个研究小组（TF），分别是TF1整车防水、TF2低电能、TF3电解液泄露、TF4电池系统、TF5电池单体模块、TF6电池荷电状态和TF7电池耐火试验。中方负责牵头组织TF1和TF5的研究，同时也参与了其他5个小组的跟踪研究。在研究过程中，中国积极共享电动汽车研究和应用的经验，并采取务实合作的态度，积极推动电动汽车安全全球技术法规的协调和制定。EVS第5次会议将于5月13到15日在美国召开，中国将有10名专家和政府代表组成团队参加，继续和国际同行总结前期研究成果，讨论和完善EVS－GTR的框架和草案。

在EVE方面，中国作为副主席国家积极推动《电动汽车与环境法规参考指南》的撰写。2013年该参考指南基本已完成撰写，EVE工作组正在考虑向污染与能源工作组（GRPE）和车辆法规协调论坛（WP29）提交关于延长EVE工作时间的申请，以便对参考指南中提出的后续工作开展深入研究，如有必要启动相关GTR的制定。EVE参考指南中确定的下一步工作包括：电动汽车续驶里程与能量消耗、电动汽车能耗综合评价、动力电池耐久性、动力电池回收利用。

（二）参与ISO和IEC的标准协调

在国际标准方面，2013年中国继续积极参与国际标准化组织（ISO）、国际电工委员会（IEC）的活动，国际标准化工作取得新的突破。包括ISO/TC22/SC21（电动车辆分标委）、IEC/TC69（电动道路车辆技术委员会）、IEC/TC23/SC23H（充电接口）、ISO/TC22/SC22/SC23（电动摩托车），并在电动汽车直流充电接口（IEC 62196－3）、直流充电站（IEC 61851－23）、直流充电通信协议（IEC 61851－24）、动力电池规格尺寸（ISO PAS 16898）等多个方面提出了中国的提案，并已成为这些国际标准规范的重要组成部分。同时，作为牵头国家也正在主导制定电动汽车换电站（IEC 62840）、电动摩托车术语（ISO 13062）、电动摩托车锂离子电池（ISO 18243）等标准。

（三）积极开展双边合作交流

1. 中美标准化交流合作

2009年，中美两国政府发表《中美联合声明》，双方建立了中美清洁能源联合研究中心，双方已举办多届电动汽车和动力电池方面的技术交流。在双方的标准化机构方面，中国汽车技术研究中心（CATARC）和美国汽车工程师学会（SAE）已有多年的合作历史，双方于2013年6月签订了战略合作协议，双方将在电动汽车和动力电池等标准方面进行交流、协调与合作。

2. 中日标准化交流合作

中日电动汽车标准化机构，中国汽车技术研究中心（CATARC）和日本汽车研究所（JARI）之间自2010年开始建立了定期交流合作机制。2013年中日双方在电动汽车正常使用时的电气安全、碰撞后的安全、动力蓄电池性能测试和安全技术条件等方面开展了多次深入的交流。

作为正在进行产业化推广的战略性新兴产业，电动汽车标准化工作既具有良好的机遇，同时也面临很大的挑战，电动汽车标准化工作还任重道远。电动汽车标准化工作必须紧跟产业化发展，调动企业实质性参与标准制定的积极性，同时应积极参与国际标准法规的制定和协调，最终促进中国标准体系逐步完善，不断满足产业发展和政府管理的新要求。

调　查　篇

Survey Reports

本篇主要关注国内新能源汽车推广应用城市、消费者对新能源汽车的认知和需求，以及行业关注的一些热点问题。

继2013年调查了合肥、深圳、杭州三个示范推广效果较好的城市之后，2014年我们为读者们解析了另外三个较为典型的城市——北京、上海、广州。这三个城市都有较好的汽车产业基础，北京长效的政策周期、对充电问题的高度关注，以及分时租赁和电动出租车示范运营等模式创新；上海推广政策的细致设计、对进口电动车发放免费牌照，以及试乘试驾中心；广州示范运营和推广应用的务实稳健、高比例的充电站/桩规划，都给人留下印象深刻。

为进一步了解消费者对新能源汽车的认知情况，如日常行驶习惯和对新能源汽车、充电基础设施的需求，我们专门进行了问卷调查，显示出一些有趣的结论。电动汽车的安全性是社会各界重点关注的话题之一，我们从国内、国外一些典型的电动汽车安全事故出发，为读者分析了电动汽车安全事故发生的原因，从中也可看出生产企业和监管部门为提高电动汽车安全性而做出的努力。

此外，我们还关注了新能源客车的推广，比较分析了电动公交车和传统燃油公交车全生命周期的综合成本，二者在购买、运营环节究竟有何不同，感兴趣的读者可深入阅读。

B.11

新能源汽车推广应用城市案例（北京、上海、广州）

侯华亮*

摘　要：

北京、上海、广州三个城市都是2013年确定的第一批新能源汽车推广应用城市。北京提出到2015年年底推广应用3.5万辆新能源汽车，上海和广州均提出了1万辆的目标。三个城市出台了免摇号或免牌照费的鼓励措施，地方购买补贴、基础设施建设和充电费用政策等也相继出台。

关键词：

新能源汽车　推广应用　城市　北京　上海　广州

一　北京市

（一）城市概况

北京市是2013年确定的第一批新能源汽车推广应用城市之一。之前，北京也是全国节能与新能源汽车示范推广试点城市及私人购买新能源汽车补贴试点城市之一。

汽车保有量。2013年末，北京市常住人口2114.8万人①，民用汽车保有

* 侯华亮，副总工程师，高级工程师，中国汽车技术研究中心汽车技术情报研究所。

①《北京市2013年国民经济和社会发展统计公报》。

量[①] 518.9 万辆，比 2012 年增加 23.2 万辆，增长率 4.7%。千人汽车保有量 245.4 辆，远高于全国平均千人汽车保有量（93.2 辆）。私人汽车保有量为 426.5 万辆，同比增加 19 万辆，增长率 4.7%；私人轿车 311 万辆，同比增加 12.8 万辆，增长率 4.3%。

公共汽车和出租车。2013 年末北京市公共电汽车运营线路有 813 条，比上年末增加 34 条；运营线路长度 20575km，比上年末增加 1028km；运营车辆 22486 辆，比上年末增加 340 辆。2012 年末，客运出租小汽车保有量为 66646 辆，与 2011 年相同[②]。

经济增长。北京市 2013 年生产总值（GDP）为 19500.6 亿元。按常住人口计算，全市人均地区生产总值达到 93213 元（按年平均汇率折合 15052 美元）。

空气质量。2013 年，北京市全年优良天数加起来共有 176 天，不足总天数的一半，重度污染及以上的天数累计有 58 天，占到全年天数的 15.9%，平均 6~7 天就有一次重度污染。2013 年全市 $PM_{2.5}$ 年均浓度为 89.5 $\mu g/m^3$，超过年均 35$\mu g/m^3$ 的国标[③] 1.56 倍。如此严重的大气质量引起了人们的忧虑和不安[④]。北京市环保局的分析表明，北京全年 $PM_{2.5}$ 来源中，区域传输占28%~36%，本地污染排放占 64%~72%。而在本地污染源中，机动车占比为 31.1%[⑤]。

城市战略定位。2014 年 2 月 26 日，中共中央总书记、国家主席、中央军委主席习近平要求北京市明确城市战略定位，坚持和强化首都全国政治中心、文化中心、国际交往中心、科技创新中心的核心功能，深入实施人文北京、科技北京、绿色北京战略，努力把北京建设成为国际一流的和谐宜居之都。

（二）本地产业

2013 年，北京市汽车产量 203.8 万辆，比 2012 年增长 22.0%。汽车制造

① 保有量数据中，不含三轮汽车和低速货车。

② 北京市统计局网站，《北京市统计年鉴 2013》。

③ 指 GB 3095 - 2012《环境空气质量标准》。

④ 北京人大常务委员会网，关于《北京市大气污染防治条例（草案）》的说明。

⑤ 余荣华：《北京公布大气细颗粒物最新源解析：三成本地污染物来自机动车》，《人民日报》2014 年 4 月 16 日，第 9 版。

业实现利润289.6亿元，增长28.7%。北京市的整车生产企业主要有北京汽车集团有限公司（北汽集团）、北汽福田汽车股份有限公司（北汽福田）、长安汽车北京公司（北京长安）。除北汽福田外，北汽集团还下属有北京奔驰、北京现代、北京汽车、北汽新能源等整车企业。

自2009年开始，北汽集团便全面开展新能源汽车业务。通过与大洋电机、普莱德电池、爱思开电池等零部件厂商合作，掌握了电池、电机、电控系统三大电动汽车核心部件及全产业链生产能力。2014年3月21日，北汽新能源（北京新能源汽车股份有限公司）挂牌成立，为北汽集团搭建了新能源汽车市场化的产业发展平台，统一管理北汽新能源汽车的研发、制造和销售。北汽集团还与美国Atieva公司①签订股权认购协议，成为第一大股东。北京市目前生产的新能源汽车产品包括8～18m等系列新能源公交车，2～16t等系列新能源环卫车，北汽E150、C70、C30，长安E30，北汽福田迷迪等新能源乘用车。

北京市已形成以整车为龙头，涵盖大三电、小三电②的完整产业链条，围绕北汽、福田和长安等整车企业布局建设“一园两基地”，包括大兴采育新能源汽车科技产业园、昌平新能源汽车设计制造产业基地、房山长安新能源汽车产业基地，实现集聚发展。新能源汽车相关企业有90多家。

（三）推广应用

组织保障。为推广新能源汽车，北京市建立了新能源汽车联席会议制度。市委市政府主管领导为召集人，成员单位有市科委、发展改革委、经济信息化委、财政局、国土局、环保局等十多家。办公室设在北京市科学技术委员会，成立了专业推进工作小组，如综合协调组、基础设施组、商业模式组、服务保障组、统计宣传组。以北京理工大学电动车辆国家工程实验室为依托单位成立了技术专家组，主要负责组织技术进步、安全支撑、标准制

① 是一家研究、开发和生产电动汽车核心动力系统的高科技公司，拥有曾参与过包括特斯拉在内的众多款电动汽车的研发的团队。

② 大三电指电池、电机驱动和电子控制，小三电指电动转向、电动制动、电动空调。

定等。

推广目标。北京市新能源汽车示范推广涉及公交、环卫、出租、物流、公务、集团及私人等领域。截至 2013 年底，累计投入示范运营节能与新能源汽车约 5000 辆。2013 ~2015 年，计划重点推动区域出租、租赁等示范运营，促进私人细分市场发展，推广应用新能源汽车 3.5 万辆。其中，在集团客户和私人领域推广应用电动乘用车累计不低于 3 万辆，在公交、公务、环卫等公共领域计划更新电动汽车 5000 辆。

推广车型。截至 2014 年 5 月底，北京市发布了第 1 批 2 期新能源小客车目录，共 7 个车型。根据“2014 年北京市小客车指标各期配置数量的通告”，2014 年北京市示范应用新能源小客车指标有 2 万个，其中，个人指标和单位指标分别占 50%，各为 1 万个，分六期分配。截至 2014 年 4 月底，北京市通过摇号配置了二期新能源小客车指标。其中，单位指标第一、第二期均为 1666 个，合计 3332 个；个人指标第一、第二期分别为 1428 个和 1904 个，合计 3332 个。个人指标第二期中签率为 92.3%。

基础设施建设。北京市已建成高安屯、北土城、航天桥、马家楼及四惠等 5 座大中型充换电站，西黄庄及祁家豁子 2 座公交直充站，并充分利用桥下空间、P+R（停车换乘）停车场等建成 98 个充电桩群，共计 3000 多个充电桩。积极探索在加油站、售电窗口、4S 店、科技园、高校等建设充电设施。计划到 2015 年建成充电桩 3.57 万个；配套完成 1 ~2 座燃料电池车辆用加氢站的建设和示范应用①；到 2017 年，建成充换电站 107 座，充电桩 18.8 万个②。

商业运营模式。北京市已形成区域电动出租车示范运营、分时租赁的新能源汽车商业运营模式。区域电动出租车示范运营实现续驶里程、运营模式、基础设施三者的有机融合，这既能有效治理黑车、切实改善郊区居民出行、增强新能源汽车体验，同时也是治理 $PM_{2.5}$ 的重要举措。由于受续驶里程以及充电桩的限制，目前北京市的电动出租车全部在郊区进行试点，每辆车每月享有约 3000 元的政府补贴。2011 年，首批北汽福田迷迪纯电动出租车在延庆县开始

① 节能与新能源汽车网，http：//www.Chinaev.org。
② 北京 2013 ~2017 年机动车排放污染控制工作方案。

示范运行。从2012年4月开始，陆续在延庆、房山、密云、平谷、大兴、昌平、怀柔、通州、顺义等区县扩大纯电动出租车的示范运行，并计划到2017年在全市10个郊区县示范运行5000辆以上，基本实现郊区县全覆盖。易卡绿色（北京）汽车租赁有限公司的电动汽车分时租赁，通过市场化机制整合停车位、基础设施、电动车等各方资源，重点在科技园、院所和大型社区等开展共享租赁，增强了消费者体验，促进了基础设施建设，有助于加快新能源汽车的推广应用。

推广政策。北京市2014年2月份发布了《北京市示范应用新能源小客车管理办法》，对单位和个人购买新能源小客车，由市财政按照中央补助标准1:1给予一次性补助。随后相继发布了《北京市示范应用新能源小客车生产企业及产品审核备案管理细则》、《北京市示范应用新能源小客车财政补助资金管理细则》、《北京市示范应用新能源小客车自用充电设施建设管理细则》，细化了相关政策措施（见表1、表2）。

表1　北京市新能源汽车推广应用政策

实施领域	具体内容	政策依据
公共领域补助	明确了发展纯电动汽车市级补助原则、车辆充电等相关运营费用标准。如出租、邮政等领域，按照1:1比例对企业追加地方财政补助资金	《北京市纯电动车示范推广市级补助暂行办法》，2011年发布，有效期延长至2016年12月
新能源小客车购买补助	无偿获得新能源小客车指标 按照中央补助标准1:1给予地方补助（2013~2017年），但国家和本市财政补助总额最高不超过车辆销售价格的60%	《北京市示范应用新能源小客车管理办法》，2014年2月发布 《北京市示范应用新能源小客车财政补助资金管理细则》，2014年3月发布
基础设施	加快基础设施建设审批。到2017年，建成充换电站107座、充电桩18.8万个 居民住宅小区内自用充电设施按照本市居民电价标准收取，不执行阶梯电价；其他充电设施按照本市一般工商业电价标准（非工业峰谷电价）收取	《北京市2013~2017年机动车排放污染控制工作方案》，2013年10月发布 《北京市示范应用新能源小客车自用充电设施建设管理细则》，2014年5月发布

表 2　北京市 2014 ~ 2015 年新能源小客车补助标准

单位：元

车辆类型		纯电续驶里程 R(工况法、公里)					
		80≤R<150		150≤R<250		R≥250	
纯电动乘用车	年份	2014	2015	2014	2015	2014	2015
	中央补贴	33250	31500	47500	45000	57000	54000
	地方补贴	33250	31500	47500	45000	57000	54000
	合计	66500	63000	95000	90000	114000	108000
插电式混合动力乘用车(含增程式)R≥50		不在补助范围内					
燃料电池乘用车	年份	2014			2015		
	中央补贴	190000			180000		
	地方补贴	190000			180000		
	合计	380000			360000		

* 根据财建 11 号《关于进一步做好新能源汽车推广应用工作的通知》，中央补贴 2014 年在 2013 年标准基础上下降 5%，2015 年在 2013 年标准基础上下降 10%。北京地方补贴按照中央补助标准 1∶1 配套。

资料来源：《北京市示范应用新能源小客车财政补助资金管理细则》

（四）点评

北京市为推广应用新能源汽车做出了很大的努力，一些好的经验值得借鉴。

补贴政策时效长。北京市明确提出购买新能源小客车所给予的 1∶1 配套补助政策将执行到 2017 年，这在全国范围内也非常罕见。政策的长期明确和持续稳定将有助于新能源汽车的长期推广。

关注基础设施及充电。考虑到新能源汽车推广“最后一公里”的难题，北京市在政策设计上对基础设施建设和使用给予了充分关注。对不同类型的充电设施，充电价格按照充电设施属地用电性质收取，这有很强的操作和指导性。其中，居民住宅小区内自用充电设施按照本市居民电价标准收取，不执行阶梯电价①。此外，还要求物业服务企业应当无条件配合自用充电设施的安

① 从 2012 年 7 月 1 日起，北京开始实行阶梯电价，每户家庭一年用电在 2880 度以内不涨价，电价为 0.48 元/度。月均用电量在 241 ~ 400 度以及 400 度以上的，分别上涨 0.05 元/度和 0.30 元/度。

装，不得借机收取费用。据了解，北京市还在进一步研究新建小区的充电桩问题，新建小区以后会要求建设一定比例的充电桩。

但是，北京的新能源汽车管理政策也面临涉嫌地方保护的争议。争议主要有两点：一是插电式混合动力小客车未被纳入目录，二是地方目录备案管理增加了企业的资金和时间成本。有评论认为，《北京市示范应用新能源小客车管理办法》中只有纯电动汽车，与2012年国务院发布的《节能与新能源汽车产业发展规划（2012～2020年）》指出的新能源汽车产业发展技术路线不符，即“以纯电驱动为新能源汽车发展和汽车工业转型的主要战略取向，当前重点推进纯电动汽车和插电式混合动力汽车产业化”。① 相对于纯电动汽车，插电式混合动力汽车的优势是不过度依赖充电基础设施，在当前阶段，这确实可以有效解决消费者的充电焦虑问题，但因为仍然有汽油发动机，插电式混合动力汽车在排放方面不如纯电动汽车。北京市地处北方，冬季气温较低，夏季还有暴雨天气，增加一些国家标准未覆盖的测试要求有一定的客观需求，其他城市也有类似的情况。所以，近期科技部、工信部等四部委正在对新能源汽车推广应用的地方政策进行梳理。对于各地特殊的要求，如北方地区冬季的汽车电池耐低温性、夏季的车辆涉水性等，都有可能通过统一制定技术规范来进行评价。

二　上海市

（一）城市概况

上海市是2013年确定的第一批新能源汽车推广应用城市之一。之前，上海也是全国节能与新能源汽车示范推广试点城市及私人购买新能源汽车补贴试点城市之一。

汽车保有量。2013年末，上海市常住人口2415.15万人②，民用汽车保有量235.1万辆，比2012年增长10.4%。千人汽车保有量97.3辆，略高于全国平均

① 《南辰：拆掉阻碍新能源车发展的窄轨道》，2014年5月12日，新华网。

② 《上海市2013年国民经济和社会发展统计公报》。

千人汽车保有量（93.2 辆）。私人汽车保有量为 163.38 万辆，同比增长 15.6%。

公共汽车和出租车。2013 年末，上海市有公交运营车辆 1.67 万辆，运营出租车 5.06 万辆。全年优化调整公交线路 307 条，其中新辟 94 条。

经济增长。上海市 2013 年生产总值（GDP）为 21602.12 亿元，人均生产总值达 9.01 万元（约折合 1.45 万美元）。其中，汽车制造业工业总产值 4884.08 亿元，比上年增长 15.9%。

空气质量。上海市环境空气优良天数为 241 天，空气质量指数优良率为 66%。$PM_{2.5}$年日均值为 62μg/m³，超出《环境空气质量标准》（GB 3095－2012）新二级标准 27μg/m³；PM_{10}年日均值为 82μg/m³，超出新二级标准 12μg/m³。环保部门分析数据显示，上海市 $PM_{2.5}$的污染源中，流动源的污染贡献率已达 25.8%①。

（二）本地产业

2013 年上海市汽车产量为 226.89 万辆，比上年增长 15.5%。上海市的整车生产企业主要有上海汽车、上海大众、上海通用、上海华普汽车、上海申沃客车、上海汇众等，以及华域汽车、上海汽车变速器、联合电子等一大批汽车零部件企业。另外，上海市还有众多的整车和零部件技术中心和跨国公司总部。

新能源汽车领域，上海汽车荣威 E50 纯电动轿车、荣威 550 插电式混合动力轿车和上海通用赛欧 Springo 纯电动车已实现批量生产、上市销售；超级电容客车已在中国香港、加拿大等地开展试运行，新开发的超级电容牵引车正在上海港口进行验证运行。

上海市通过加大招商引资与产业基地建设力度，吸引多家国内外三电（电池、电机、电控）企业落户上海。通过整车产业的带动，新能源汽车的关键零部件产业链不断完善，如生产动力电池的上海航天电源、上海捷新、上海恒动、上海卡耐等；生产车用驱动电机的上海电驱动、华域电机、上海大郡等；生产动力系统与电控的上海雷博、上燃动力、中科深江等。

① 《污染日 124 天　市环保局发布 2013 年环境状况公报》，上海市政府门户网站，2014 年 6 月 5 日；上海市环境保护局：《2013 年上海市环境保护状况公报》。

（三）推广应用

组织保障。成立由分管副市长为组长，市财政局、市科委、市经信委、市发改委、市建交委、市交港局等局委办负责人组成的上海市新能源汽车推进领导小组，负责总体工作指导以及与四部委对接。领导小组办公室设在市经信委，负责制定推进方案、组织协调、节点评审以及最终验收等。成立专家指导委员会，负责制定总体应用规划、技术方案认定和应用单位指导等。

推广目标。到 2015 年计划推广应用 10000 辆以上新能源汽车。其中：2013 年 400 辆左右，2014 年 2100 辆左右，2015 年 7500 辆左右。按照车型分为乘用车 7600 辆、客车 1200 辆、专用车 1200 辆左右。基础设施，到 2015 年新建各类充电桩 6000 个左右、加氢站 1 座。

推广车型。截至 2014 年 5 月底，上海市共发布了 7 批私人购买新能源汽车补贴试点车型产品信息，共 13 款车型。

推广政策。上海市的推广政策分为三个方面，即新能源汽车产业发展政策、私人购买新能源汽车实施办法及操作性文件与基础设施配套建设有关政策。2014 年 5 月，发布了《上海市鼓励购买和使用新能源汽车暂行办法》、《关于推广应用节能和新能源等环保型公交车的实施意见》，明确了对公交车、乘用车等车型的推广政策。早在 2013 年 3 月就发布了《上海市鼓励电动汽车充换电设施发展暂行办法》，对投资充换电设施给予资金支持（见表 3）。

表 3　上海市新能源汽车推广应用政策

实施领域	具体内容	政策依据
客车	公交车：购置补贴，在购置环节按照车型给予一次性定额补贴，分车型不同，15 万元/辆～55 万元/辆；运营补贴，对于使用节能和新能源等环保型公交车所增的运营成本，按照 8 年运营周期给予相应的补贴，分车型不同，3 万元/辆～16.5 万元/辆 其他客车的财政补助：15 万元/辆～50 万元/辆	《关于推广应用节能和新能源等环保型公交车的实施意见》，2014 年 5 月发布 《上海市鼓励购买和使用新能源汽车暂行办法》，2014 年 5 月发布（有效期至 2015 年 12 月 31 日）
乘用车	免费发放新能源汽车专用牌照（对进口新能源汽车：将发放 3000 个免费车牌，但尚未公布具体政策） 纯电动乘用车补助 4 万元/辆，插电式混合动力乘用车补助 3 万元/辆；燃料电池乘用车补助 20 万元/辆	《上海市鼓励购买和使用新能源汽车暂行办法》，2014 年 5 月发布（有效期至 2015 年 12 月 31 日）

续表

实施领域	具体内容	政策依据
基础设施	启动了公共充电桩规划建设方案的编制工作 对充换电设施建设运营公司投资且符合扶持条件的充换电设施，给予不超过30%的财政资金支持 对用户充换电的用电费用和服务费用，尽可能予以支持	《上海市鼓励电动汽车充换电设施发展暂行办法》，2013年3月发布

（四）点评

上海市的新能源汽车推广政策设计得较为细致和完善。一方面，除了针对不同车型的购置补助方案外，在使用、运营环节也有详细的扶持政策，如对公交车的运营补助、对基础设施配套建设的规划和投资补助、充换电费用的支持等；另一方面，也充分考虑了本地的一些特殊情况，如对电动车产品涉水的可靠性要求等。还通过上海国际汽车城的电动汽车试乘试驾中心，让消费者深度体验新能源汽车出行方式。但与北京一样，上海市对新能源汽车的一些特殊要求和备案管理制度，也面临地方保护的争议。

上海市成为全国首个针对进口新能源车型发放免费牌照的城市。上海针对普通车牌照一直实行拍卖的政策，目前的普通车牌拍卖价格约7万元~12万元，而新能源汽车可以免费获得车牌。上海市计划在2014年拿出3000张免费牌照给购买进口纯电动车的消费者①，相当于给进口新能源汽车一笔不小的地方补贴。如果能争取到特斯拉在上海投资设厂，这一笔先期投入在经济上也比较合适。

三　广州市

（一）城市概况

广州市是2013年确定的第一批新能源汽车推广应用城市之一。之前，广州市于2010年成为全国第二批节能与新能源汽车示范推广试点城市。

① 《上海发放进口电动车3000张免费牌照　尚无执行方案》，2014年5月14日，第一电动网。

汽车保有量。2013 年末，广州市常住人口 1292.68 万人①。机动车保有量为 248.9 万辆，其中汽车保有量为 215.3 万辆，中小客车占 182.7 万辆②。千人汽车保有量 166.6 辆，高于全国平均千人汽车保有量（93.2 辆）。另据统计，2012 年末，广州市 204.16 万辆的民用汽车保有量中，私人汽车有 164.69 万辆；民用轿车保有量为 110.28 万辆，其中私人轿车 98.52 万辆，增长 10.9%。2012 年末，广州市居民家庭平均每百户家用汽车拥有量为 32 辆③。

公共汽车和出租车。2013 年末，广州已开通公交线路 968 条，公交车辆保有量达 1.29 万辆，出租车保有量 2.2 万辆④。

经济增长。广州市 2013 年生产总值（GDP）为 15420.14 亿元，其中，汽车制造业完成工业总产值 3346.84 亿元，增长 24.0%。人均生产总值约为 11.9 万元（折合约 1.9 万美元）。

空气质量。2013 年，广州市环境空气质量达标天数为 260 天，同比增加 4 天，达标天数比例为 71.2%，同比增加 1.3 个百分点，未出现重度污染和严重污染。除二氧化硫已达标外，二氧化氮、PM_{10}、$PM_{2.5}$等三项指标未达到国家标准，与公众期盼相比仍有较大差距。其中，$PM_{2.5}$年平均浓度为 53μg/m^3，超过国家《环境空气质量标准》（GB 3095－2012）二级标准 0.51 倍，比 2012 年上升 3.9%。PM_{10}年平均浓度为 72μg/m^3，超过国家二级标准 0.03 倍，比 2012 年上升 4.3%⑤。

（二）本地产业

2013 年，广州市汽车产量 180.53 万辆，同比增长 30.4%。已经形成较完整的整车生产和零部件配套体系，汽车产业已成为第一支柱产业。除三大日系整车企业（东风日产、广汽本田、广汽丰田）外，以广汽集团为代表的自主品牌汽车的研发和产业化工作也取得重大进展。

---

① 《广州市 2013 年国民经济和社会发展统计公报》。

② 广州市交通委员会：《广州交通运输月报》2014 年第 1 期。

③ 《广州市 2012 年国民经济和社会发展统计公报》、《广州市统计年鉴（2013）》。

④ 新浪网。

⑤ 广东省环境保护厅网：《2013 年广州市环境状况公报》。广东省政府网。

通过开展试点示范工作，形成了包括新能源整车、动力电池及其管理系统、电控系统、电动空调等在内的较完整产业链，车型涵盖轿车、客车、专用车等各类车型。广汽集团自主研发生产了混合动力、插电式混合动力、纯电动等多款新能源“传祺”轿车；东风日产自主品牌“启辰晨风”纯电动轿车预计2014年9月上市销售；广汽本田在本田和理念品牌下都有计划推出电动车；北汽集团华南基地于2014年4月建成，计划生产纯电动轿车。

通过示范推广，节能与新能源客车产品得到不断改进，广汽集团现已拥有LPG+电混合动力、LNG+电混合动力、油+电混合动力、纯电动等近10个系列，20多个车型。以此为带动，广汽集团与近20个新能源汽车零部件配套商建立了合作关系，这同时也能吸引新能源汽车部件、配套充电设施等企业落户广州。

新能源汽车关键零部件。在东风日产纯电动车“启辰”项目的带动下，为之配套的动力电池项目落户广州，项目建成后可实现动力电池及其控制系统年产能5万台（套）。广汽研究院、广州力柏能源科技有限公司、广州鹏辉能源科技股份有限公司、广州市益维电动汽车有限公司、广州天赐高新材料股份有限公司正在推进锂离子动力电池及其管理系统和关联新材料、专用电机、增程器、控制系统、充电装备等的研发与产业化。

（三）推广应用

组织保障。广州市已经成立了以市长为组长，分管市长为副组长，成员单位包括市发展改革委、市经贸委、市科技和信息化局等19个部门和单位的广州市新能源汽车发展工作领导小组，负责统筹协调新能源汽车发展工作，研究确定重大事项，协调解决重大问题。领导小组办公室设在市发展改革委。此外，还成立了广州市新能源汽车发展专家咨询委员会。实践证明，领导小组是示范推广工作顺利推进的重要保障。

上一阶段的示范推广工作。2010～2012年，广州市在公交出租、环卫邮政、公务等领域累计示范推广了2771辆节能与新能源汽车。其中，获得国家补贴的有2067辆，包括：非插电式混合动力车1929辆，纯电动汽车138辆。共建设配套充电站（桩）52个。包括大学城充（换）电站、亚运城电动汽车充电站、赛马场电动汽车换电体验站、加氢站和48个充电桩。

新一轮推广应用总体目标。到2015年，力争推广应用10000辆新能源汽车。其中，私人领域推广总量力争达到4000辆，出租车推广1000辆，推广公务车2000辆。

基础设施建设计划。计划建设各类充电站105个，各类充电桩（机）9970个。出租车、公务车、私家车除按1∶1配套7000个自用交流充电桩外，还考虑在商场、超市、酒店、影院、机场、火车站等停车时间相对较长的区域同步按5∶1的桩车比配套建设1400个社会公用交流充电桩及相应的小型快充站（见表4）。

表4　广州市2013～2015年基础设施建设计划

单位：个

充电站/桩	2013	2014	2015	合计
充电站	190	2726	7054	9970
充电桩	9	36	60	105

商业模式。2014年，广州市将率先在国有企业试点开展新能源公务用车推广应用，鼓励组建新能源汽车租赁公司为公务活动提供租车服务。研究通过租赁等模式择机在党政机关及事业单位领域推广。2014年计划推广应用新能源公务车580辆，2015年推广应用1420辆。

政策保障。广州市在新能源汽车车辆购置补贴、车辆运营补贴、基础设施建设补贴及交通管理等方面出台了一系列支持政策，形成了较为完整的政策体系。2010年3月出台了《广州市发展新能源汽车行动方案》，明确了未来十年新能源汽车发展的指导思想、发展目标、主要任务、具体措施及分工。2012年，将用于新能源汽车发展的专项资金纳入市战略性主导产业专项资金统一安排、管理，并出台了《广州市节能与新能源汽车示范推广配套资金管理暂行办法》。2013年7月出台的《广州市中小客车总量调控管理办法》明确规定，新能源汽车不受机动车上牌指标数量限制（见表5）。

广州市还计划制定公交、出租、公务、专用车等领域新能源汽车推广应用的具体实施办法和私人用车领域新能源汽车推广应用实施细则，制定过路过桥费、停车费、充电价格等优惠办法，新能源汽车设置专用标识，不受机动车尾

表 5　广州市新能源汽车推广应用政策

实施领域	具体内容	政策依据
公共领域	配置专项资金:支持公共服务领域节能与新能源汽车示范推广有关基础设施建设、车辆购置与营运、关键技术研发、整车及零部件产业化等试点工作	《广州市节能与新能源汽车示范推广配套资金管理暂行办法》,2012 年 11 月发布
新能源中小客车*	不限购:单位和个人不需再通过摇号或竞价申请增量指标 车辆购置补贴:对列入推荐车型目录的新能源中小客车和节油率超过 20% 的混合动力中小客车,在办理车辆注册登记后,按每辆 1 万元的标准给予的购置补贴(2010 ~2012 年) 明确 2013 ~2015 年按照中央补助标准 1∶1 给予地方补助	《广州市中小客车总量调控管理办法》,2013 年 7 月发布 《广州市节能与新能源中小客车购置补贴试行办法》,2012 年 12 月发布 《广州市新能源汽车推广应用工作方案》和《广州市 2014 年新能源汽车推广应用工作计划》,尚未发布*
基础设施	适时开展充电设施城际互联网络建设 在商场、超市、酒店、影院、机场、火车站及新建居民小区和部分现有小区配建充电设施,在部分公共停车场和市政道路停车场划定一定比例停车位供新能源汽车专用,并配备充电设施	尚未出台具体政策**

* 根据《广州市中小客车总量调控管理办法》,中小客车是指符合公安部《机动车类型术语和定义》中机动车规格术语分类表规定的中型、小型和微型载客汽车。中型指车长小于 6000mm 且乘坐人数为 10 ~19 人的载客汽车;小型指车长小于 6000mm 且乘坐人数小于等于 9 人的载客汽车,但不包括微型载客汽车;微型指车长小于等于 3500mm 且发动机气缸总排量小于等于 1000mL 的载客汽车。

** 截止到 2014 年 5 月底。

号等限行限制，允许新能源汽车在公交专用车道行驶等，为新能源汽车使用创造良好的消费环境。

（四）点评

广州市新能源汽车示范推广工作比较务实稳妥。在第一阶段示范运营期间，作为第二批示范城市，虽然起步较晚，但在示范运营过程中，坚持量力而行，注重实际与抓住重点、稳步推进相结合，而且示范推广车辆目标完成率达 100. 8%，取得了较好的示范效果。相比较而言，新一轮推广应用的 1 万辆目标，在特大型城市中并不算高，在 2015 年之前完成的可能性较大。但是，广州市新能源汽车的地方补助标准出台时间略晚，可能对推广应用有一些影响。

B.12
消费者调查

张 雷　方海峰*

摘　要：

为了对新能源汽车消费者的消费行为进行科学的评价，客观了解中国未来新能源乘用车的市场需求，课题组对北京、上海、天津、长春等全国10多个城市的884名消费者进行了问卷调查，调研方式采用线上与线下实地调研相结合，调查人员男女的比例接近1∶1。调查问卷从六个方面进行设计：一是企业认知度及选购品牌倾向性方面的调查，备选企业尽量覆盖主流乘用车企业；二是用途及购买考虑因素调查，消费者购买并使用新能源乘用车用途及关注的性能因素是重点调查的内容；三是期望售价及性能需求调查，新能源乘用车比传统燃油车售价高多少、纯电动乘用车的最大续驶里程和最高车速需求是我们调研的重点；四是停车条件及充电需求调查，停车条件与充电设施建设密切相关，了解充电需求有助于探索合理的商业模式；五是支持政策需求调查，通过对消费者的调研，希望了解消费者最期望的支持政策；六是消费者背景调查，通过对消费者的背景进行调查，使我们了解不同类型消费者的消费能力、消费习惯等。从消费者角度来看，新能源汽车市场化仍存在较多困难，当前新能源汽车性能及售价尚未达到消费者的期望，新能源汽车的使用环境也未达到消费者要求。

* 张雷，工程师，中国汽车技术研究中心汽车产业政策研究室；方海峰，博士，高级工程师，新能源汽车研究部部长，中国汽车技术研究中心汽车产业政策研究室。

关键词：

新能源汽车　消费行为　性能需求　政策需求

一　企业认知度及选购品牌倾向性调查

在企业认知度方面，问卷提供了 30 家中外汽车企业供消费者选择。如图 1 所示，在对哪些汽车公司生产新能源汽车印象比较深刻的调查中，选择比亚迪的消费者占到了 18.5%，选择丰田的消费者占据 9.7%，选择奇瑞的消费者占据 7.1%。此外，选择特斯拉、宝马、一汽、大众、日产、吉利、本田、江淮和上海汽车的消费者比例分别位列第 4～12 位，比例从 7% 到 3.1% 依次降低。企业认知度位居前 12 的企业中，外资品牌和自主品牌均为 6 家，表现相当，其中比亚迪通过不断地推出新产品，来获取知名度领先的位置。

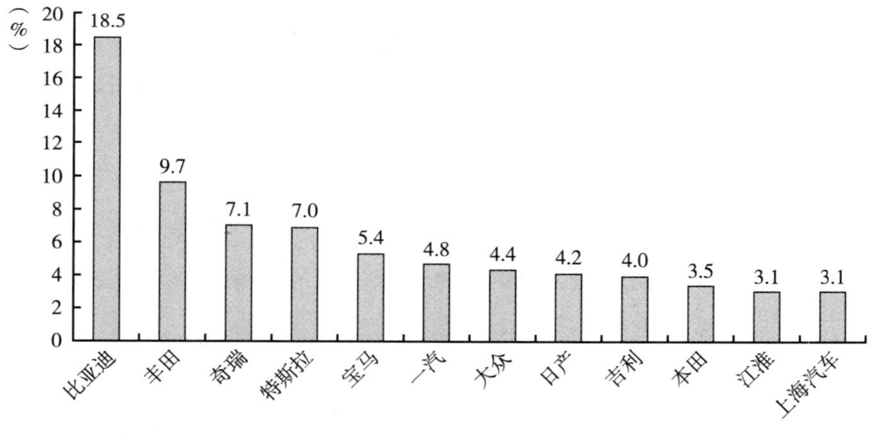

图 1　新能源汽车企业调查结果

如图 2 所示，在新能源乘用车选购品牌倾向性调查方面，大部分消费者根据性价比选择新能源乘用车，占到了总数的 42.7%，37.1% 的消费者选择合资品牌，20.1% 的消费者选择自主品牌。新能源汽车性价比仍是影响消费者决策的重要因素，价格高难以获得消费者的青睐。

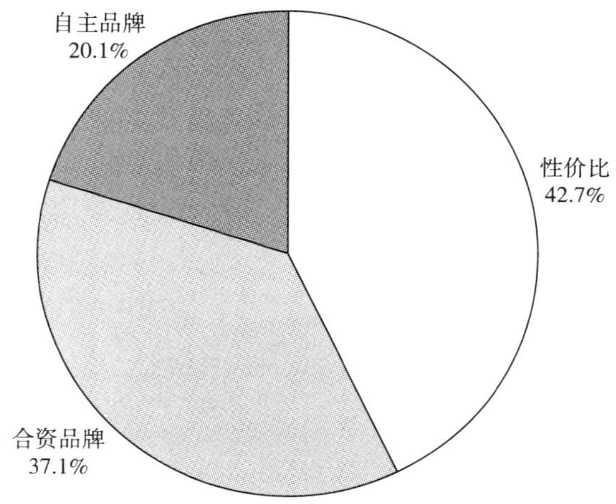

图 2　新能源乘用车选购品牌倾向性调查结果

二　用途及购买考虑因素调查

如图 3 所示，在购买新能源乘用车的主要用途方面，大部分消费者选择新能源乘用车作为上下班和日常出行的主要工具，分别占 58.3% 和 16.7%，选择家庭备用车和郊游娱乐的消费者分别占 13.5% 和 11.5%。购买新能源乘用车的目的仍然是作为代步工具使用。统计结果说明中国初次购车为主的市场消费特征，同时也说明消费者普遍接受了购置新能源乘用车主要用于短途出行的观念。

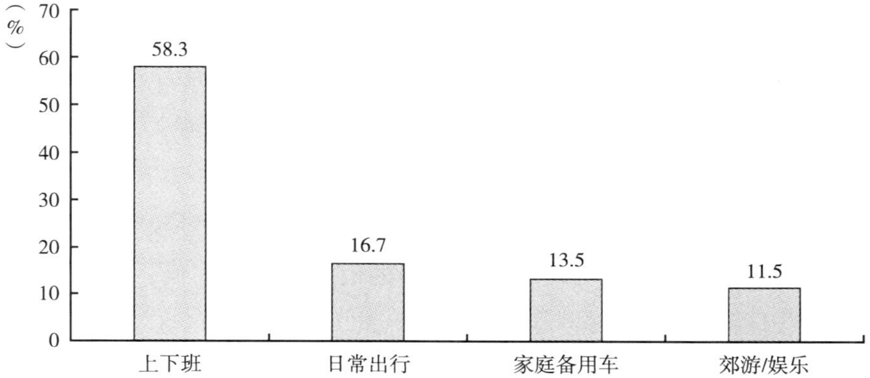

图 3　新能源乘用车购买用途调查结果

如图 4 所示，在新能源乘用车的选购意愿方面，大部分消费者对性能存疑，选择观望的占比达 60. 8%，另有 17. 8% 的消费者并不打算购买，仅 21. 4% 的消费者考虑购买新能源乘用车。调查结果说明中国消费者还没有强烈购买新能源乘用车的欲望，目前仍处于观望中，新能源乘用车市场短期内较难打开。

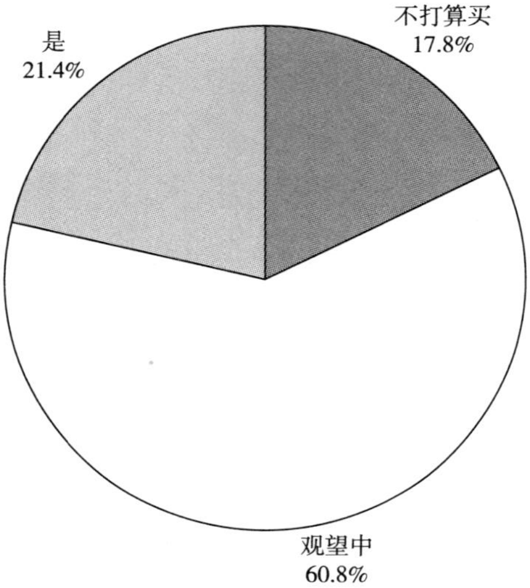

图 4　新能源乘用车购买意愿调查结果

如图 5 所示，在消费者暂不考虑购买新能源乘用车的原因方面，有 31. 7% 的消费者认为新能源汽车技术仍不成熟，16. 2% 的消费者认为购买价格太高，另外基础设施不完善、电安全性有待提高也是重要原因。从统计数据可以看出，中国消费者对新能源乘用车的技术成熟度仍不放心，另外价格太高、基础设施不完善也是阻碍市场推广的重要原因。

如图 6 所示，在消费者购车方式方面，84. 2% 的消费者倾向于购买整车，而打算购买裸车（租赁电池）或租赁整车的消费者比例很低。从调查结果可以看出，中国消费者希望购买新能源乘用车的方式仍然是以整车购买为主，当前开展新能源汽车整车租赁业务仍存在较大困难。

如图 7 所示，在消费者购买新能源乘用车考虑重点因素方面，大部分消费

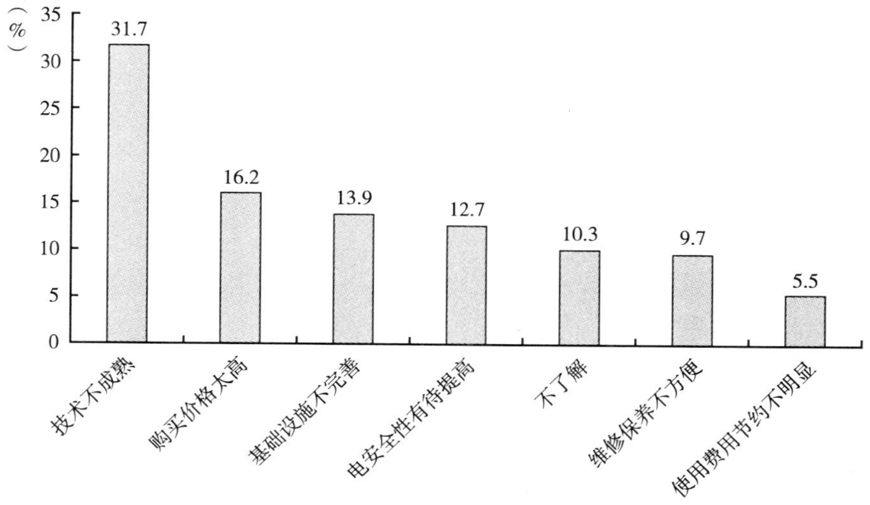

图 5　暂不考虑购买新能源乘用车的原因调查结果

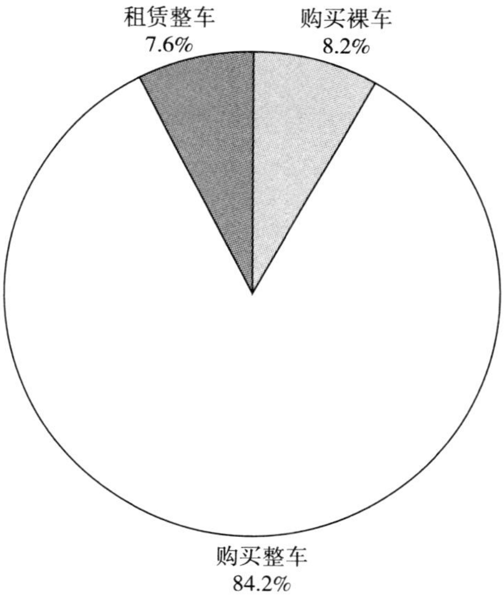

图 6　消费者购车方式调查结果

者看重使用新能源乘用车能够节省使用费用和节能环保，分别占调查人数的38.8%和36.3%，而对行车噪声低、容易驾驶、尝鲜新事物等因素，消费者则不太重视。调查结果充分说明消费者购买新能源乘用车最希望的是节省使用费用，同时能够促进节能环保。

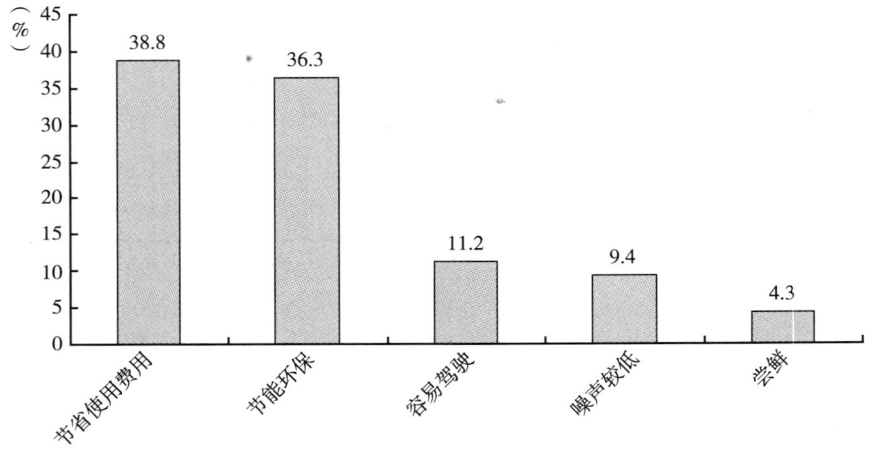

图 7　购买新能源乘用车考虑因素调查结果

如图 8 所示，在调查消费者重点关注新能源乘用车性能方面，大部分消费者对续驶里程和充电时间非常关注，分别占调查人数的 27.1% 和 24.0%，对安全性和动力性关注的比例也达到了 18.3 和 17.2%，而对操纵性、配置、舒适性及外观等因素，消费者则不太关注。调查结果充分说明纯电动乘用车的续

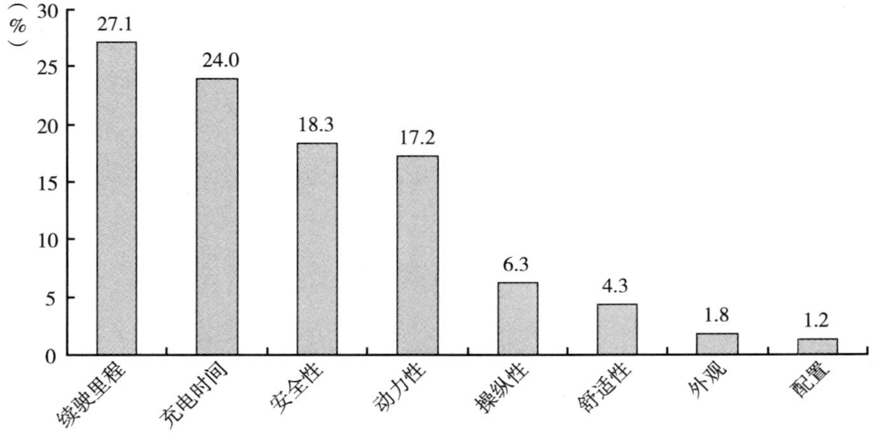

图 8　消费者关注的新能源乘用车性能调查结果

驶里程和充电时间仍不能充分满足消费者的需求，并且消费者对安全性、动力性也有所疑虑。

三　售价及性能需求调查

如图 9 所示，在可接受新能源乘用车比传统乘用车售价高的比例调查中，绝大部分消费者选择新能源乘用车售价比传统乘用车高 10% 可以接受，21.2% 的消费者选择售价高 10% ~20% 可以接受，仅约 5% 的消费者选择售价高 20% 以上可以接受。由此可见，消费者并不愿意为新能源乘用车承担更多的购置成本，而目前新能源乘用车售价普遍比对应级别传统乘用车售价高过 50%，这也是新能源乘用车市场难以打开的根本原因之一。

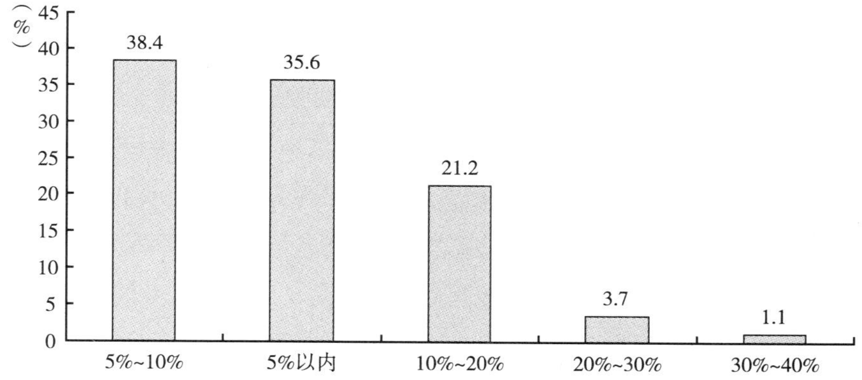

图 9　愿意接受新能源汽车比传统汽车售价高的比例调查结果

如图 10 所示，在期望购买的新能源乘用车价格区间方面，有 28.6% 的消费者选择 8 万元 ~12 万元的新能源乘用车，20.4% 的消费者选择12 万元 ~15 万元的新能源乘用车，19.3% 的消费者选择 5 万元 ~8 万元的新能源乘用车，15.3% 的消费者选择 15 万元 ~20 万元的新能源乘用车，选择 5 万元以下和 20 万元以上售价的新能源乘用车的消费者比例较低。从调查结果可见，消费者期望购买的新能源乘用车售价较为集中在 8 万元 ~15 万元，占到调查人数比例的近 50%，这个售价区间应该引起生产厂家和政府决策部门足够的关注。

在纯电动乘用车最大续驶里程需求方面，22.8% 的消费者希望纯电动乘用

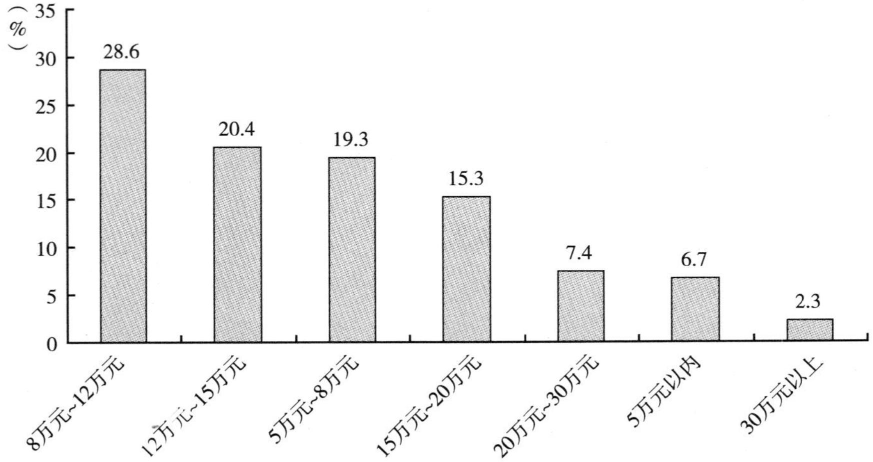

图 10　新能源乘用车价格区间调查结果

车最大续驶里程为 200 ~ 300km，17.2% 的消费者希望纯电动乘用车最大续驶里程为 150 ~ 200km，而希望纯电动乘用车最大续驶里程为 100 ~ 150km 的消费者也达 15.5%，而 100km 以下或 400km 以上最大续驶里程的纯电动乘用车需求并不高。从调查结果可以看出，最大续驶里程为 150 ~ 300km 的纯电动乘用车是消费者需求较大的车型范围，这个续驶里程也基本可以满足消费者中短途出行的需要（见图 11）。

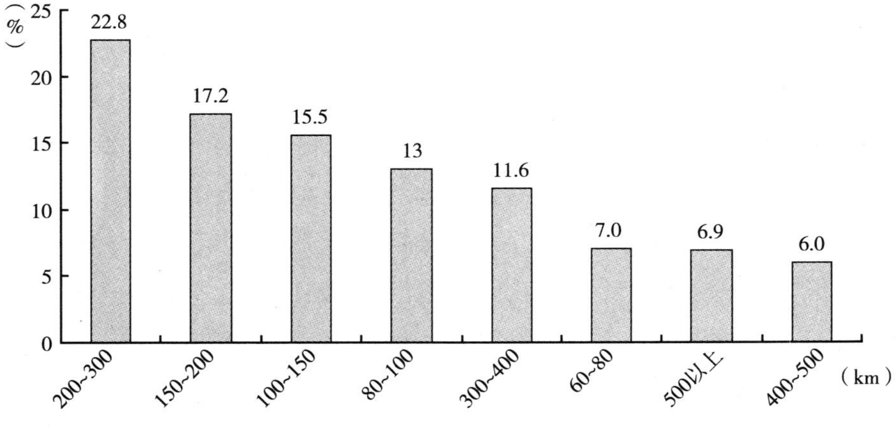

图 11　纯电动乘用车最大续驶里程需求调查结果

在纯电动乘用车最高设计时速需求方面，30.8%的消费者希望纯电动乘用车最高设计时速为80～100km/h，30.1%的消费者希望纯电动乘用车最高设计时速为100～120km/h，19.5%的消费者希望纯电动乘用车最高设计时速为120～150km/h，而希望纯电动乘用车最高设计时速为60～80km/h的消费者也达15.5%，而150km/h以上的最高设计时速的纯电动乘用车需求并不高。从调查结果可以看出，纯电动乘用车最高设计时速为80～120km/h是消费者需求较大的车型范围，而低速纯电动乘用车居然也有一定的市场需求（占比15.5%），这值得汽车生产企业关注，同时也希望政府主管部门应该尽快规范其发展（见图12）。

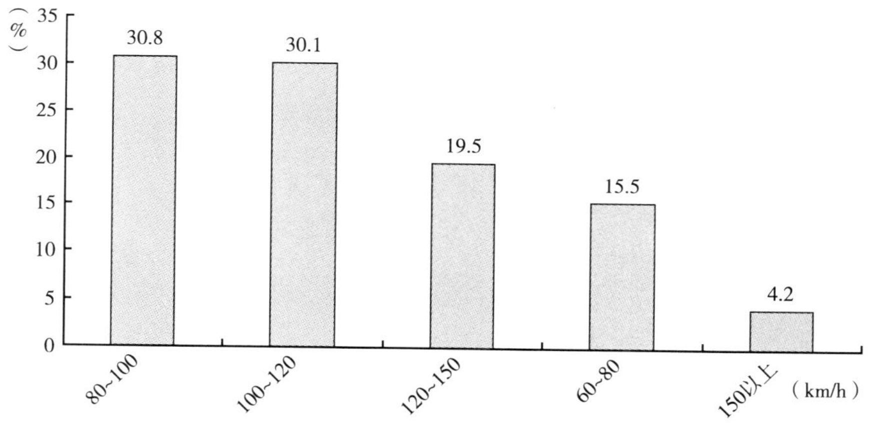

图12　纯电动乘用车最高设计时速需求调查结果

四　停车条件及充电需求调查

在消费者拥有固定停车位方面，60.7%的消费者无固定停车位，在居住小区拥有固定停车位的家庭仅占32.3%，工作单位有固定停车位的比例也仅7%。从调查结果可以看出，中国消费者大部分家庭无固定停车位，停车存在困难，建设家庭用充电桩也相当困难，这也使中国的新能源乘用车难以得到较快推广（见图13）。

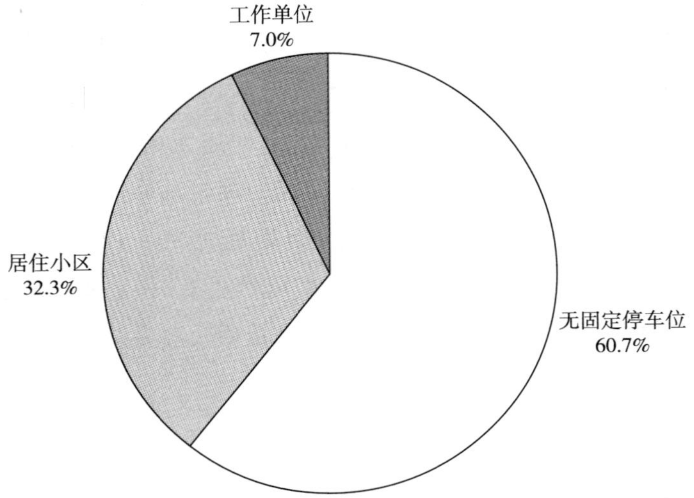

图 13　消费者拥有固定停车位调查结果

在消费者倾向充电方式方面，56.3%的消费者倾向于在家充电，另外有18.0%的消费者希望在公共充电站充电，希望在单位充电的比例也达到了15.6%。从调查结果可以看出，中国消费者希望可以在家进行充电，因此在居民小区推进充电基础设施建设对于新能源汽车产业化进展至关重要（见图14）。

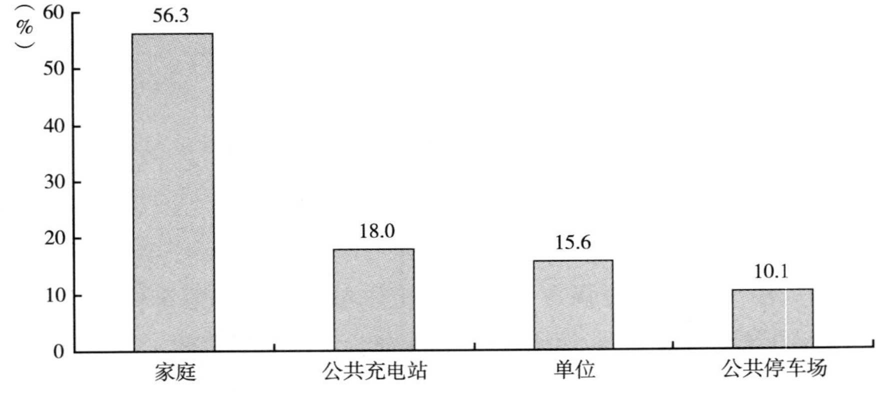

图 14　消费者倾向充电方式调查结果

在消费者愿意接受的充电电价方面，79.5%的消费者希望按照家用电价计费，17.5%的消费者希望新能源汽车充电单独定价，能够接受工商业电价的消费者极少。从调查结果可以看出，中国消费者并不愿意接受较高的充电电价，为推动新能源汽车进入家庭，建议政府有关部门能出台充电价格优惠政策（见图 15）。

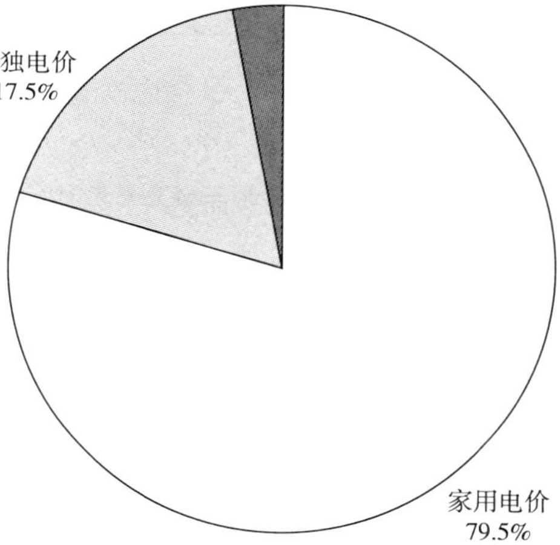

图 15 消费者愿意接受的充电电价调查结果

在消费者期望纯电动乘用车慢充充电时间方面，39.7%的消费者希望充电时间为 3～5 小时，26.3%的消费者希望充电时间为 1～3 小时，22.6%的消费者希望充电时间为 5～8 小时，消费者不希望充电时间超过 8 小时，也不需要过短的充电时间。从调查结果可以看出，中国消费者希望纯电动乘用车一般充电时间不应过长，最好在 5 小时以内（见图 16）。

在消费者期望在外面快充电时间方面，26.9%的消费者希望充电时间为 10～15 分钟，24.6%的消费者希望充电时间为 15～20 分钟，21.7%的消费者希望充电时间为 20～30 分钟，消费者并不需要过短的充电时间。从调查结果可以看出，中国消费者希望纯电动乘用车快速充电时间为 10～20 分钟即可，对几分钟的充电时间并不苛求（见图 17）。

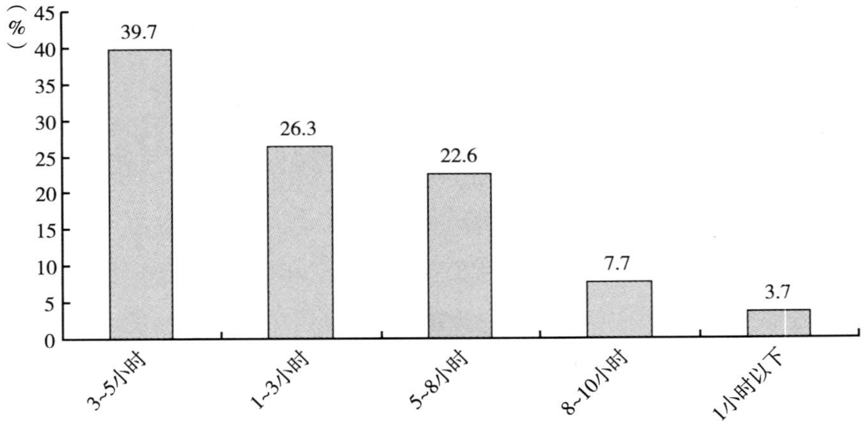

图 16　消费者期望纯电动乘用车慢充充电时间调查结果

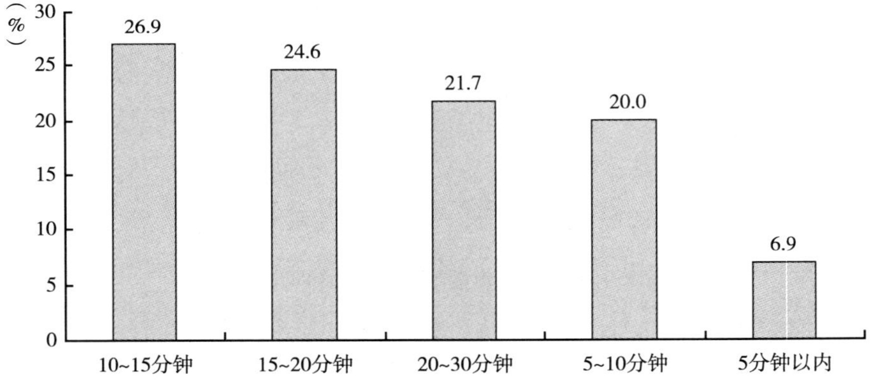

图 17　消费者期望纯电动乘用车快充电时间调查结果

五　支持政策需求调查

在消费者期望政府支持政策方面，有 30.8% 的消费者希望减免相关税收，26.7% 的消费者希望政府财政补贴购买差价，23.7% 的消费者希望免过桥过路费等，限号、限牌城市的消费者希望对新能源乘用车区别对待。从调查结果看，中国消费者更希望减免相关税收和享受财政购置补贴（见图 18）。

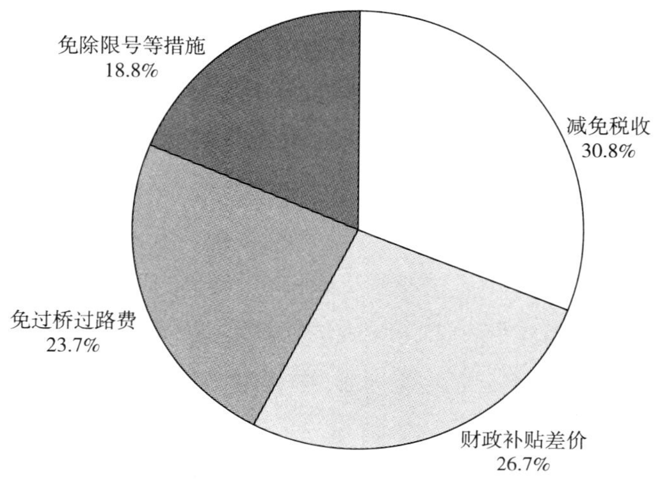

图 18　消费者期望政府支持政策调查结果

六　被调查人员相关情况分析调查

在被调查者年龄分布方面，31.6% 的被调查者年龄在 25～30 岁，28.8% 的被调查者年龄在 30～40 岁，27.9% 的被调查者年龄在 25 岁以下。从调查结果看，被调查者年龄分布较为合理，既覆盖这个社会的主流人群，也兼顾了各年龄段人群（见图 19）。

在被调查者学历分布方面，415 个被调查者拥有本科学历，217 个被调查

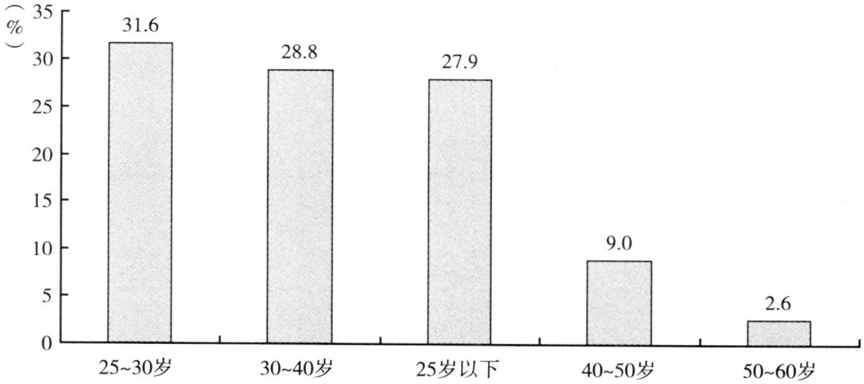

图 19　被调查者年龄分布结果

者拥有专科学历，122 个被调查者拥有硕士学位，另外还有少量的博士和中学学历的被调查者。从学历调查结果看，被调查者学历分布较为合理，覆盖了社会的各个教育层次的人员（见图 20）。

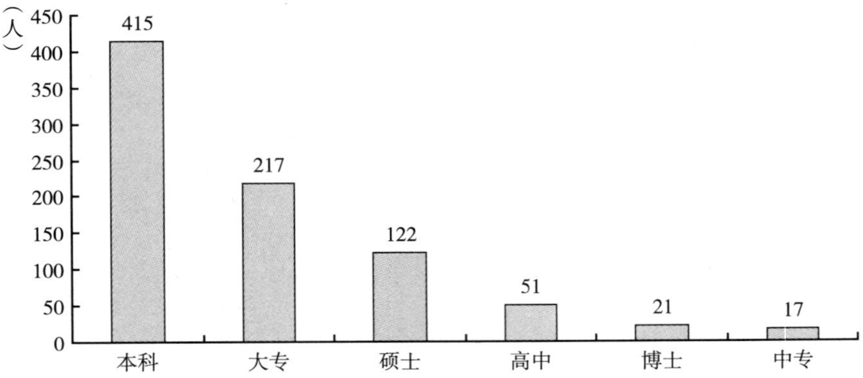

图 20　被调查者学历分布结果

在被调查者工作背景方面，有 281 人为管理人员，246 人为技术人员，129 人为自由职业者，另外还有少量的其他从业者。从工作背景调查结果看，被调查者工作背景涉及广泛，基本涵盖了社会的主要分工，但人员分布较为偏向拥有一定技能的专业人才，这与调查区域主要在城市有较大关系（见图 21）。

在被调查者家庭年收入分布方面，33.3% 的被调查人员家庭年收入在 5 万元～

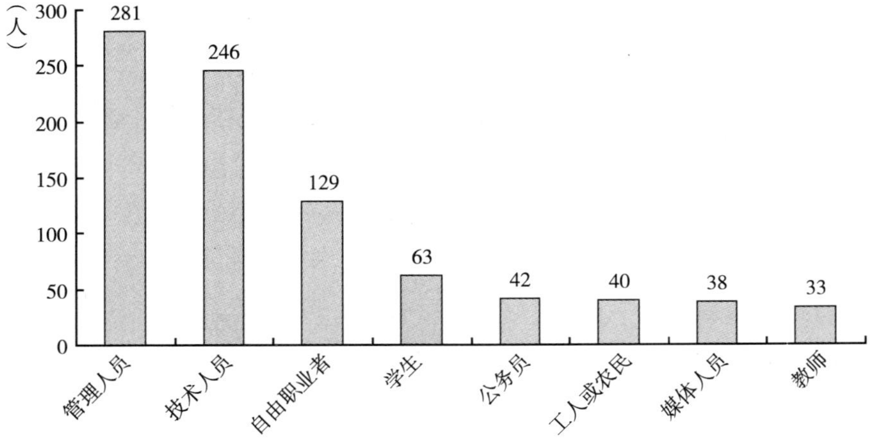

图 21　被调查者工作背景结果

10 万元，29.4%的被调查人员家庭年收入在 10 万元~20 万元，14.2%被调查人员家庭年收入在 5 万元以下，13.6%的被调查人员家庭年收入在 20 万元~30 万元，被调查人员家庭年收入高于 30 万元的所占较少。从被调查者家庭年收入统计数据看，被调查者家庭收入分布符合中国城市居民家庭年收入的实际（见图 22）。

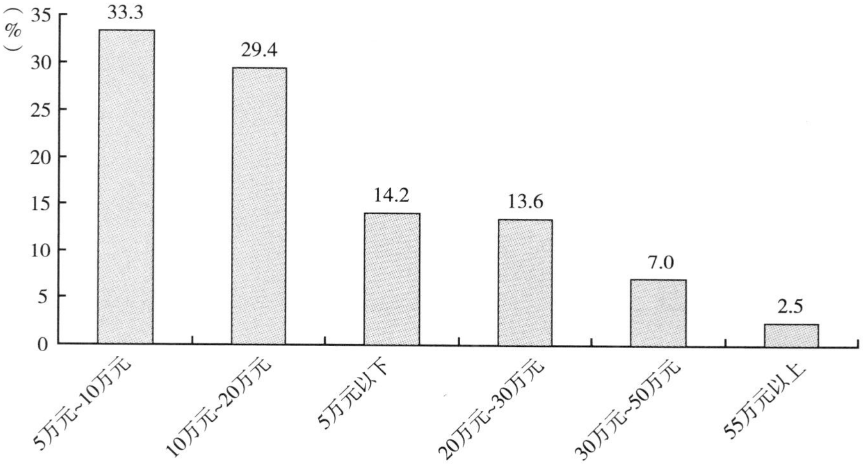

图 22　被调查者家庭年收入分布结果

在被调查者家庭拥有传统燃油车辆方面，53.8%的被调查者家庭拥有 1 辆车，37.1%的被调查者家庭尚未购车，拥有 2 辆车以上的被调查者家庭较少。从被调查者家庭拥有车辆情况统计数据看，调查对象大多是社会的中间阶层，高收入家庭数量较少（见图 23）。

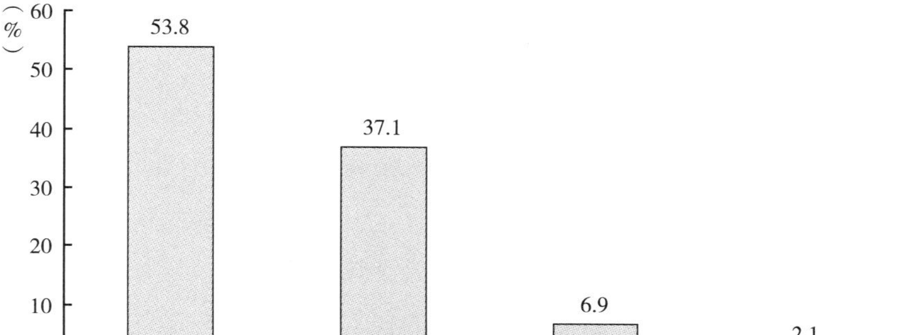

图 23　被调查者家庭拥有传统燃油车辆结果

在被调查者居住地域分布方面，75%的被调查人员居住在市区，17.7%的被调查人员居住在城乡接合部，居住在农村和乡镇的被调查人员很少（见图24）。

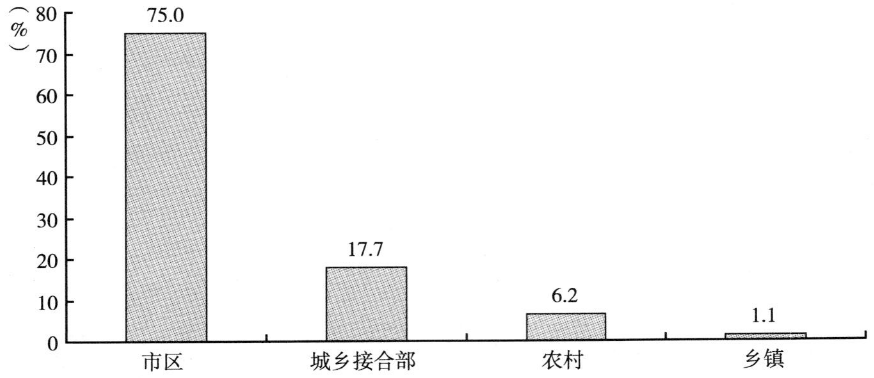

图24　被调查者居住地域分布结果

七　调查总结

尽管政、产、学界对新能源汽车投入较多精力，也在积极推动新能源汽车产业化，但从消费者角度来看，新能源汽车市场化仍存在较多困难，当前新能源汽车性能和售价尚未达到消费者的期望，新能源汽车的使用环境也有待优化。

一是中外企业认知度差距不大，新能源乘用车市场短期内尚难实现突破性发展。比亚迪通过不断地推出新产品，取得了知名度领先的位置。新能源汽车性价比仍是影响消费者决策的重要因素，价格高的产品市场空间有限。消费者逐渐认同了新能源乘用车主要适合短途出行，但大部分消费者对性能存疑，尚没有强烈的新能源乘用车购买欲望，仍然处于观望中，新能源乘用车市场短期内较难打开。中国消费者对新能源乘用车的技术成熟度仍不放心，另外价格太高、基础设施不完善也是阻碍市场推广的重要原因。

二是中国消费者较为关注车辆性价比，性能要求适中。中国消费者希望购买新能源乘用车的方式仍然是以整车购买为主，当前开展新能源汽车整车租赁业务并不容易进行。消费者购买新能源乘用车最希望的是节省使用费用，同时能够促进节能环保。当前纯电动乘用车的续驶里程和充电时间仍不能充分满足消费者的需求，安全性也让消费者不太放心，消费者对动力性也有所疑虑。消费者并不愿意接受新能源乘用车比对应级别传统乘用车售价过高（如超过20%），而目前新能源乘用车售价普遍比对应级别传统乘用车售价高过50%，这也是新能源乘用车市场难以打开的根本原因之一。消费者期望购买的新能源乘用车售价较为集中在8万元~15万元，占到调查人数比例的近50%，这个售价区间应该引起生产厂家的重视。由于新能源汽车价格仍然较高，中国消费者更希望减免相关税收，同时继续享受财政购置补贴政策。最大续驶里程为150~300km的纯电动乘用车是消费者需求较大的车型范围，这个续驶里程也基本可以满足消费者中短途出行的需要。纯电动乘用车最高设计时速为80~120km/h是消费者需求最大的车型范围，而低速纯电动乘用车也有一定的市场需求（占比15.5%），这值得汽车生产企业关注。同时尽快规范低速纯电动乘用车发展就是当务之需。

三是充电设施尚难满足消费者需求，充电基础设施建设充满挑战。中国城市人口集中、人口密度大，大部分居民住在多层楼房中，造成中国消费者大部分家庭无固定停车位，停车存在困难，这对建设家用充电桩带来了挑战。令人困惑的是中国大部分消费者希望可以在居住小区为新能源汽车充电，因此如何在居民小区推进充电基础设施建设需要政府相关部门通力协作才能解决。而且中国消费者也不愿意接受较高的充电电价，这使基础设施建设成本分摊变成了难题，需要深入研究解决。令人稍感欣慰的是中国消费者对纯电动乘用车充电时间长短并不苛求，但这是以纯电动乘用车大部分可以在家里充电为前提条件的。

B.13

电动汽车安全事故调查

朱一方　方海峰*

摘　要：

近年来，国内外发生了多起电动汽车着火事故，使电动汽车的安全性受到公众关注，这给电动汽车推广应用造成一定阻力。本文以电动汽车着火事故为切入点，结合权威机构对典型事故的调查结果，对电动汽车安全性进行了综合分析和评价。从消防安全、人员触电防护、碰撞安全、电磁辐射四个主要方面来看，电动汽车安全有一些特殊性，但风险并不高。而且，作为未来汽车产业发展的重点领域和综合解决汽车能源环境问题的有效途径，电动汽车尚处于产业化和市场化初期。随着相关标准法规的升级和技术、工艺的进步，电动汽车产品安全性还会得到进一步提高。

关键词：

电动汽车安全　事故调查　起火原因

一　近几年电动汽车着火事故回顾

随着保有量的增加，汽车对社会生活的影响也不断加深。作为重要的个人交通工具，其安全性已成为很多消费者购车时考虑的首要因素①。近年来，电

* 朱一方，工程师，中国汽车技术研究中心汽车产业政策研究室；方海峰，博士，高级工程师，新能源汽车研究部部长，中国汽车技术研究中心汽车产业政策研究室。

① 2012 年，中国消费者协会联合新浪网和腾讯网在线开展汽车安全消费调查，回收 14443 份有效问卷。针对“购车时您最关注什么?”这一问题，“安全性”获 6714 票，得票数明显高于价格、动力性、售后服务、外观、品牌、排放指标和内饰等其他选项。

动汽车技术不断进步，产品日趋成熟，消费者对电动汽车的认知度和接受度明显提高。在电动汽车市场推广初见成效的同时，国内外陆续发生了多起电动汽车着火事故，事故涉及众泰、比亚迪、安凯、通用、菲斯科、特斯拉、博洛雷等国内外多家生产企业的电动汽车产品，事故车辆中既有乘用车，也有商用客车。这些事故引起了相关部门的高度重视，给当事企业造成了巨大的舆论和经济压力，电动汽车安全性受到公众的关注。

（一）国内外电动汽车着火事故简要回顾

- 2010 年 1 月 7 日凌晨，新疆维吾尔自治区乌鲁木齐市天山区十七户路的公交车调度站，停放在车库内的 1 辆安凯牌 12 米纯电动城市客车起火，调度站值班员于 5 时 51 分发现火情并报警，7 时整大火被扑灭。火灾导致起火车辆本身烧毁，邻近的 1 辆公交车玻璃烤裂，库内其余 4 辆公交车不同程度烟熏，彩钢结构的车库顶部和周围墙面部分过火。
- 2011 年 4 月 11 日下午，浙江省杭州市，一辆众泰朗悦纯电动出租车行驶到武林路女装街街口时，乘客闻到一股焦煳味。司机发现后座下电池仓盖缝隙处有烟冒出，火苗从后排座椅下方窜出。几分钟后车辆几乎完全烧毁，无人员伤亡。
- 2011 年 6 月 6 日，美国高速公路安全管理局（NHTSA）接到威斯康星州 MGA 测试中心报告，停车场内数辆测试车辆在 6 月 4 日或 5 日（6 月第一个周末）发生火灾，包括一辆曾在三周前（5 月 12 日）接受侧面柱碰撞测试（含碰撞后的翻转测试）的 Volt 增程式电动轿车。火灾造成 Volt 及周围车辆完全烧毁，无人员伤亡。
- 2011 年 7 月 18 日中午 12 时，上海市中山公园附近，一辆 825 路公交车在站点自燃，火焰很快被扑灭。事故车辆系上海雷博新能源汽车技术有限公司与江苏常隆客车有限公司合作生产的纯电动城市客车，火灾导致车辆下部及部分电池组烧毁，无人员伤亡。
- 2012 年 5 月 2 日，美国休斯敦地区，一辆菲斯科 Karma 增程式电动跑车在车主私家停车场突然自燃。火灾将 Karma 完全烧毁，周围车辆受牵连，无人员伤亡。

- 2012 年 5 月 26 日凌晨 3 时许，广东省深圳市，一辆比亚迪 e6 纯电动出租车被超速行驶的跑车撞击后失控。经过碰撞与旋转，e6 尾部与路边绿化带大树发生柱碰撞，车体严重变形并起火。e6 基本完全烧毁，车上司机与乘客共 3 人在剧烈撞击中死亡。

- 2012 年 8 月 10 日，美国伍德塞地区，一辆菲斯科 Karma 增程式电动跑车在停车场内突然起火，火灾被及时扑灭。车辆仅左前部被烧毁，无人员伤亡。

- 2012 年 10 月 30 日，美国新泽西州纽瓦克港口，16 辆菲斯科 Karma 增程式电动跑车和 1 辆丰田 Prius 插电式混合动力轿车在经飓风桑迪袭击、遭受近 4 米深的海水浸泡后，全部起火。火灾导致 17 辆电动汽车完全烧毁，无人员伤亡。

- 2013 年 10 月 1 日早 8 时，美国华盛顿州西雅图城外 167 号高速公路上，一辆特斯拉 Model S 纯电动轿车在行驶途中撞击路上的金属残片，车载警报系统引导车主停车，车辆前部起火。火灾导致车辆前部烧毁，无人员伤亡。

- 2013 年 10 月 14 日早晨，法国巴黎第 20 区某街道，2 辆博洛雷 BlueCar 自助租赁用纯电动轿车在充电时起火，并发生爆炸。火灾导致这 2 辆车完全烧毁，无人员伤亡。

- 2013 年 10 月 18 日，墨西哥尤卡坦州梅里达（Merida）附近，一辆特斯拉 Model S 纯电动跑车在行驶时，撞穿混凝土墙后与一棵大树碰撞并停下，随后车辆起火。车辆在碰撞和火灾中严重受损，但未导致人员伤亡。

- 2013 年 11 月 6 日下午，美国田纳西州纳什维尔附近的公路上，一辆特斯拉 Model S 纯电动跑车与掉落路面的拖车挂钩发生撞击，车载警报系统引导车主停车后，车辆前部燃烧。事故导致车辆前部烧毁，无人员伤亡。

- 2013 年 11 月 15 日，美国南加州，一辆特斯拉 Model S 在车主私家车库充电时起火，车主发现火情并报警，消防员赶到并扑灭火灾。火灾导致 Model S和车库烧毁，无人员伤亡。

- 2013 年 11 月 30 日 14 时许，深圳市龙华新区华荣路桃园宾馆站路段，一辆牌号为粤 BN3037 的五洲龙牌 FDG6111HEVG2 型混合动力城市客车在行驶中起火。火灾造成车辆烧损，无人员伤亡。

• 2014 年 2 月初，加拿大多伦多，一辆停放私家车库中的特斯拉 Model S 在没有插充电器的情况下，发生自燃，消防队员随后赶到并迅速将火扑灭，无人员伤亡。

• 2014 年 7 月 4 日清晨，美国洛杉矶，一辆被盗的 Model S 在以约 100mph（约 161 km/h）的速度逃避警察追捕过程中，与路灯柱及其他车辆发生碰撞。剧烈碰撞导致 Model S 车身断成两段，动力电池起火燃烧，被撞车辆不同程度受损，盗车嫌疑人与被撞车辆驾乘人员共 6 人受伤。

（二）着火事故后各方的反应及影响

作为综合解决交通能源与汽车污染等问题的有效途径之一，电动汽车自诞生以来，其发展就受到各国政府、汽车企业、环保人士、社会媒体和一些消费者的持续关注。在发生着火事故后，有关的汽车企业、运营单位和政府部门多采取了积极有效的应对措施，舆论媒体也进行了大量的调查分析和跟踪报道。

1. 政府有关部门高度重视，组织专业力量展开调查

电动汽车着火事故发生后，除交通管理部门和消防部门迅速反应、抓紧开展事故处理和调查外，国家和地方负责电动汽车推广的有关部门和机构也高度关注，并组织专业力量，与公安交管部门合作，对电动汽车起火的原因、火灾发生过程、电动汽车和关键零部件产品质量进行调查，并发布政策文件指导安全管理工作。在杭州众泰和上海 825 路两次事故发生后，四部委于 2011 年 7 月 27 日发布了《关于加强节能与新能源汽车示范推广安全管理工作的函》，从隐患排查、安全监控、制度建设、从业人员技术培训、舆论监督等方面，提出了加强节能与新能源汽车示范运行安全管理的十一条具体措施。此外，电动汽车及关键零部件标准化管理部门和技术机构也根据事故分析结果，对相关标准和技术要求进行修订完善，加快标准制修订进程，通过日益完善的电动汽车标准体系，引导企业提高产品的安全性能。

2. 当事企业积极配合调查，采取措施提升产品安全性

在着火事故后，相关企业均能积极承担社会责任，迅速派出工作人员赶赴事故现场了解情况；向有关部门和机构提供产品设计和运行数据，配合调查；依法依规向事故车辆用户提供赔偿和帮助，并及时向社会发布可

靠信息。在“5·26”交通事故后，比亚迪立即暂停 e6 订单；国内两起出租车起火后，出租车运营单位还立即停运了相关车辆，直至确认车辆无质量问题；特斯拉 CEO 马斯克通过博客介绍事故过程，并对比传统汽车着火事故率，澄清 Model S 的安全性。此外，电动汽车生产企业还积极采取措施提升产品安全性，如改进冷却系统、加强电池保护、优化控制系统，以及更换关键零部件供应商等。

3. 相关企业股票下跌，个别企业陷入经营危机

电动汽车着火事故被媒体报道后，迅速引发资本市场波动。比亚迪股价在“5·26”交通事故后的一个月内跌幅近 14%；特斯拉股票价格在几次着火事故后均出现不同程度的下滑，在 2013 年 10 月至 12 月间，最大下滑幅度近 40%。与比亚迪、特斯拉相比，着火事故对菲斯科公司的负面影响更为严重，2012 年 8 月的着火事故导致了菲斯科 Karma 增程式电动跑车的大规模召回，加上因新车型推迟上市导致美国能源部冻结资助贷款，以及电池供应商 A123 破产，菲斯科公司最终因资金链断裂走向破产。

4. 电动汽车更受关注，社会公众对着火事故反映日渐平和

社会媒体对事故的跟踪报道和相关分析，使社会各界更加关注电动汽车这个新生事物，这从某种程度上提高了电动汽车、相关企业以及整个行业的社会认知度。新闻报道中对有关电动汽车技术、节能环保效果和安静驾乘环境等方面内容，也有一定的正面宣传作用。

在着火事故与调查结果相关报道的影响下，多数公众已经可以理性地看待电动汽车着火事故，一些消费者能够在尊重客观事实和权威调查结果的基础上形成相对独立的观点和看法。社会媒体也由早期的盲从跟风报道，转变为在掌握一些准确信息的情况下，通过访问专业人士进行较为客观的分析和解读。

二　五类典型事故的调查过程和结果

根据化学常识，发生燃烧须同时具备可燃物、助燃物（氧化剂）和温度（达到燃点）三个要素。无论是传统燃油汽车还是电动汽车，车辆均搭载了大容量储能装置，配有大量塑料、橡胶、纤维等可燃材质的零部件；车辆正常使用可直接接触空气；传统汽车和电动汽车的动力系统和控制系统在车辆运行时都存在不同程度的升温。也就是说，汽车本身就具备发生燃烧所需的三个要素。而且，一辆汽车装配有上万个零部件，生产过程和工作过程极为复杂，还要运行于不同的气候环境、不同的路况，甚至要应对涉水、碰撞、翻车等极端情况。因此，车辆火灾的起火原因、火焰传播路径和伤害形式都比建筑火灾和森林火灾更为复杂。

本小节根据电动汽车发生着火事故时的车辆状态与可能诱因，选取五类较为典型的电动汽车着火事故，对事故后有关单位的调查过程和调查结果进行了系统整理。

（一）正常行驶中起火

2011 年 4 月，众泰朗悦纯电动出租车是在正常行驶过程中发生自燃的。

该车型是在杭州采取换电模式进行推广，运营主体为杭州市新能源出租汽车公司。事故发生后，提供换电服务的杭州市电动汽车服务有限公司将事故车拉到市郊一处停车场。在充电服务公司、众泰汽车、大有科技（杭州新能源出租汽车有限公司出资方）等单位技术人员现场拍照、初步分析后，把 4 箱电池运回了服务公司所在的古翠换电站。

随即，由杭州市电力局副局长牵头，整车制造商众泰汽车公司、电池供应商万向电动汽车公司、充电站服务商杭州市电动汽车服务有限公司、杭州市新能源出租汽车公司和涉及电子系统的中恒电子等单位负责人聚集在古翠路换电站召开事故分析会，并对事故车的 1 号电池进行了拆解。各方初步达成一致意见：初步排除人为因素、电控系统故障、电池接插件接触不良引起事故的可能。但在确定车辆起火点的问题上，众泰和万向产生了分歧。

之后，杭州市政府委托第三方独立机构进行了检测工作。经鉴定，此次自燃事故原因为：①电池箱内电池单体出现两包以上漏液，电池单体和电池箱铝壳之间的绝缘受损；②电池箱内出现局部电池短路；③绝缘损毁点通过电池箱及支架接地构成强电压的短路回路；④电池箱被部分举升后引起火势扩大，点燃内饰。

最终调查结果：2011 年 6 月 8 日，杭州市政府召开新闻通报会，发布调查结果。鉴定报告显示，该事故不能认定为电池单体设计、制造方面存在的质量问题，而是电池成组后不能完全满足车辆运行环境所致。车辆在实际运行过程中，出现了电池漏液、绝缘受损以及局部短路的情况，且未能及时发现，在经过多次重复使用以后，隐患显现，引发事故。

（二）剧烈撞击后起火

2012 年 5 月 26 日凌晨，比亚迪 e6 纯电动出租车是在交通事故中经过两次严重撞击后起火燃烧。以下为事故调查的主要过程与结果①。

事故发生后，在公安部门对车祸事故进行调查取证的同时，深圳市节能与新能源汽车示范推广领导小组办公室也迅速启动了“5·26”重大交通事故纯电动出租车质量鉴定工作。由深圳计量质量检测研究院（简称“SMG”）牵头，组织国内电动汽车整车及动力系统、部件安全、结构安全、汽车碰撞、电子电气安全、动力电池、汽车交通事故鉴定、火灾调查、材料燃烧特性等领域的 13 名专家组成专家组，展开调查。这些专家分别来自中国汽车技术研究中心、交通运输部公路科学研究院、公安部天津消防研究所火灾物证鉴定中心、北方汽车研究所动力电池测试中心、广东省消防总队和 SMG 六个单位，且他们都具有高级工程师及以上技术职称，其中广东省内专家 2 名，省外专家 11 名。

6 月 11 日，专家组到达深圳，召开第一次工作会议，并进行了为期 3 天的调查取证。期间，专家组听取了深圳市交警对事故过程和事故现场，以及比亚迪技术人员对车辆设计情况的介绍；对事故现场、事故相关车辆进行了实地勘察、初步测量和影像记录，并与目击者进行了交流；最后对事故中焚毁的 e6 纯电动出租车进行了拆解勘验和分析，记录了车辆、动力电池系统等损坏情况，提取了起火、火焰传播的相关物证。完成调查取证后，专家组分成整体协调、事故现场调查与再现、碰撞安全分析、火灾物证鉴定、内饰材料可燃性分析、动力电池系统调查分析等几个小组，分头行动，对搜集到的证据进行深入分析。

6 月 26 日，各小组在天津召开第二次工作会议，研讨初步调查结果，提出补充调研需求，制定了实证验证的试验计划。经调查分析，排除了外来火源和轮胎摩擦引起火灾的可能，确定了两次碰撞中的机械伤害是对 e6 车内的三

① 根据网络公开信息整理，并通过专家访谈核实。

名乘员造成致命伤害的原因。事故再现分析显示，GTR 肇事车以约 242km/h 的速度行驶，经制动减速，以超过 180km/h 的速度与同向行驶、车速为 81km/h 的 e6 纯电动出租车发生碰撞，碰撞时两车相对速度约 100km/h。碰撞后 e6 车辆失控，发生旋转，与路边绿化带大树发生柱碰撞，树干侵入车体 1050mm。车辆碰撞分析结果显示，两次碰撞导致车身后部严重内陷，导致动力电池组托盘、高压配电箱受到严重挤压，部分电池单体破损。乘员伤害分析结果显示，两次碰撞中，e6 车内三名乘员承受的机械伤害程度远超人体极限，乘员颅骨开裂概率均大于 90%，与之前的法医尸检报告相吻合。

6 月 27 日，专家组赴深圳进行补充调研，重点对 e6 受损电池进行勘查。在车辆搭载的 96 节电池单体中，仅有 24 节（占所有电池单体的 25%）出现燃烧现象，有大块电池壳体受到损伤，里面的电极暴露出来。但单体电池内部结构整齐，没有外翻等不规则形态，未发现爆炸痕迹。随后在天津中国汽车技术研究中心对 e6 所配动力电池进行了 4 项模拟事故状态的验证试验。

7 月 11 日，专家组在深圳召开全体大会，在乘员伤害、起火原因、车辆安全设计等主要结论上达成共识。

最终调查结果：两次严重碰撞对 e6 车内乘员造成致命性伤害。车辆起火原因为车身后部及电池托盘严重变形、动力电池组和高压配电箱受到严重挤压，导致部分动力电池破损短路、高压配电箱内的高压线路与车体之间形成短路，产生电弧，高温电弧烧穿配电箱盖和保护板，引燃内饰材料及部分动力电池等可燃物质。e6 纯电动出租车通过了国家相关检验机构的整车碰撞安全、系统电安全、电池安全等试验，符合国家相关标准要求。动力电池系统在整车上的安装布局、绝缘防护及高压系统等方面设计合理，整车安全设计未见缺陷。

（三）碰撞后延迟起火

2011 年 6 月初，雪佛兰 Volt 是在进行侧面柱碰撞试验三周后发生的自燃。以下为事故调查的主要过程与结果①。

---

① 美国高速公路安全管理局：*Chevrolet Volt Battery Incident Overview Report*（《雪佛兰 Volt 电池事故概览》）。

火灾发生后，MGA 测试中心向 NHTSA 汇报了火灾情况，当地消防部门随后进行现场勘查，排除了人为纵火的可能。NHTSA 与来自 Hughes Associates 公司①的电池和火灾专家达成协议，合作调查车辆的起火点和起火原因。7 月，经初步调查，Hughes Associates 的专家认为火灾极有可能从 Volt 内部开始。

为了进一步调查，被烧毁的 Volt 连同动力电池被运往 NHTSA——位于俄亥俄州的车辆研究与检测中心（VRTC），Hughes Associates、NHTSA 和通用汽车公司对车辆进行进一步检测，并对电池进行拆解。检测结果显示，5 月 12 日的碰撞测试造成 Volt 车体变形，驾驶员座位下方的横突结构刺入电池包，造成电池单体和电池冷却系统损坏。Volt 碰撞测试的照片和视频，也证实电池包冷却液泄漏。

Hughes Associates 得出结论：电池单体损坏和冷却系统泄漏，部分电池单体短路、发热，引发连锁反应，在冷却系统失效的情况下，电池热量在电池包内不断累积，最终导致火灾。

2011 年 9 月 21 日，NHTSA 在 MGA 测试中心对另一辆 Volt 进行了侧面柱碰撞测试，试图再现之前的着火事故，但测试并未对电池造成损坏和短路，也没有出现冷却系统泄漏的现象，碰撞测试后对车辆监控 3 周也没有发生火灾。NHTSA 汇总了 2011 年先后对 Volt 进行的 5 次碰撞测试数据和资料，发现仅 5 月 12 日碰撞测试后发生火灾。

2011 年 11 月中旬，NHTSA 联合美国能源部（DOE）与美国国防部（DOD），针对三个动力电池包进行撞击测试，这三个完好的电池包来自另外三辆经过碰撞测试的 Volt 电动汽车。测试中，测试人员故意破坏掉电池冷却系统，以模仿 5 月 12 日整车碰撞后冷却系统失效的情况。在对电池进行撞击测试后，进行翻转测试，即将电池包固定于翻转台架，以 90°为增量，逐步翻转至 360°后静置。三个电池包中，1 号电池包未起火，2 号电池包在完成测试一周后起火，3 号电池包翻转至 180°时突然起火。测试结果与 Hughes Associates 之前的调查结论基本一致。

最终调查结果：基于事故调查和后续的测试，NHTSA 于 2011 年 11 月公

① Hughes Associates 公司是一家国际领先的专业从事安全保护、消防系统、电力与能源风险评估、应急计划与培训等业务的专业化咨询服务企业。

布了事故调查报告。鉴于尚未出现 Volt 增程式电动汽车在现实使用过程中着火的报告，且通用汽车公司愿采取积极的补救措施，NHTSA 发布公告称，“没有证据表明雪佛兰 Volt 或其他电动车比传统汽车有更高的起火风险”，也未要求通用汽车公司对 Volt 进行强制召回。

（四）非充电状态静置起火

2010 年 1 月 7 日凌晨，安凯纯电动公交车是在非充电状态静置下发生的自燃。以下为事故调查的主要过程与结果①。

火灾发生后，新疆消防总队及乌鲁木齐市消防支队、乌鲁木齐市公安局天山分局联合成立了“1·7”火灾专案组，邀请了自治区电业局、新疆新能源公司技术部的专家以及车辆生产厂家人员参与勘验。

经初步勘验，车库内自北向南依次停放 6 辆电动公交车，车头均朝东。6 辆电动公交车因冬季车辆暖气不良、天冷路滑等原因自 2009 年 12 月 23 日起停运并统一停放到事发车库内。车库内除车辆自身电源及用电器、充电装置、车库照明外，未发现其他易燃自燃物品、明火源等。起火车辆为停放于最北侧的 1 号车，车辆左侧距车头 3.1m 处的座位及车厢下部的电池箱烧毁最为严重，左侧距车头 3.1m、4.3m 处的下部两组电池箱外侧车体护盖烧毁掉落，车辆左右两侧其余 9 组电池箱外侧护盖均完整未过火。

对车辆左侧距车头 3.1m 处电池箱进行拆解后，发现电池组上部覆盖的环氧玻璃布板的向下一面受火烧较为严重，表面涂层被烧毁，整体呈黑色，局部发白玻璃丝暴露，布板上有破损孔洞。箱内电池壳体碎裂、电池芯散乱不规则，表面碳粉裸露，单体电池内卷筒金属铜箔铝箔纸散开，在与玻璃布板上破裂孔洞对应部位处的电池有熔断的铜质接线柱、汇流铜板，并有若干颗大小不等的铜质熔珠。据此确定起火点位于 1 号车距车头 3.1m 处的左侧第一个电池箱内某处。

对车内提取的供电总线、起火部位提取的电池箱组连接线、电池内部之间跨接线以及小电池金属壳等熔痕在送公安部消防局沈阳火灾物证鉴定中心鉴定后，结论为电池供电总线熔痕和电池箱体外部连接线导线熔痕均为二次短路电

① 贾广华、刘宏星：《纯电动公交车自燃火灾事故调查》，《消防科学与技术》2010 年第 7 期。

熔痕，其电池箱体内部烧毁的电池金属壳和跨接线熔痕为火烧熔痕，这充分证明了故障点是在电池组内部，外部的线缆短路痕迹均为二次火烧作用形成。

最终调查结果：事故电动公交车左侧第一组电池箱内部电池发生故障，并未能及时发现，车辆停放过程中热量聚集，产生高温，自燃起火，进而引燃车内可燃装饰材料形成大火。

（五）与路面异物碰撞起火

在特斯拉 Model S 已发生的 5 次火灾中，有 2 次是在与路面异物碰撞后起火，分别是 2013 年 10 月 1 日在美国华盛顿州的高速公路与金属残片撞击后起火和 2013 年 11 月 6 日在田纳西州的高速公路上与掉落在路面的拖车挂钩撞击后起火。两次火灾均由车辆底盘前部遭到异物撞击破坏而引起，导致车辆前部烧毁，但无人员伤亡。

在 10 月的着火事故发生后，NHTSA 表示，没有证据表明特斯拉 Model S 汽车存有安全缺陷或未遵循联邦安全标准，因此 NHTSA 不对该事故展开调查。但 11 月的着火事故发生后，NHTSA 于 11 月 15 日开始对特斯拉公司生产的 Model S 型纯电动汽车碰撞后起火问题展开调查。

在 NHTSA 展开调查的同时，特斯拉公司向德国联邦汽车运输管理局（KBA）提供了 Model S 撞击异物后着火事故的相关资料和数据，并于 12 月初得到 KBA 的反馈信息。KBA 调查认为，没有发现与制造商有关的缺陷，按照德国产品安全法，特斯拉公司无须采取进一步措施。

2014 年 3 月初，特斯拉公司在经过一百五十余次试验后，宣布将通过提升 Model S 底盘高度和加装钛合金护板等方式保护电池系统免于碰撞损坏，以降低车辆着火风险，在用的 Model S 车辆可到销售店加装防护装置。试验表明，整套防护装置可明显降低车辆底部电池包被路面异物撞击破损的可能。

最终调查结果：2014 年 3 月 26 日，鉴于尚未确定特斯拉 Model S 车辆是否存有缺陷，且特斯拉公司采取了有效的防护措施，NHTSA 宣布停止对特斯拉 Model S 纯电动轿车碰撞后起火问题的调查。同时 NHTSA 也表示将保留在新情况发生时采取进一步行动的权利。

三　电动汽车起火原因及影响因素分析

（一）电池系统故障是电动汽车着火事故的最主要原因

根据前文提及的十余起电动汽车着火事故过程及部分典型事故调查结果来看，可以发现，动力电池系统起火是导致电动汽车着火事故的最主要原因。其中，因动力电池短路形成热失控而起火的情况最多。另外，充电装置、散热风扇等其他设备的异常也可能起火并引燃电动车辆。

（二）电动汽车着火事故是多因素共同作用的结果

动力电池系统故障是导致电动汽车着火事故的主要原因，但电动汽车的消防安全性能并不能简单地等同于电池单体质量、电池管理系统技术水平或电池包强度。就已发生的十余起电动汽车着火事故来看，电池单体采用哪种材料，采用什么样的控制策略，以及是否对电池系统进行冷却等任何单一因素都不能与车辆火灾建立起必然联系。电动汽车着火既与车辆安全设计、产品质量管理等因素有关，也与车辆运行状况、日常维保乃至驾驶员驾驶习惯有关。电动汽车着火事故主要原因及影响因素如图 1 所示。

（三）正常行驶与非充电停置状态起火主要由电池内部损坏引起

在没有经历碰撞、翻车、浸水等极端情况时，电动汽车在正常行驶或非充电停置状态下起火主要是因为动力电池系统自身可靠性不足。若用于成组的电池单体一致性不好、电池成组技术及工艺水平较低或电池与管理系统设计存在缺陷，则会导致动力电池系统在装配车辆后无法满足其运行需要，个别或部分单体极有可能出现过充、过放、集流体接触不良和电解液泄漏等问题。而当个别电池单体出现安全隐患时，若未通过及时有效地保养、维修排除隐患，则故障单体很可能形成短路、燃烧，进而引发周边电池单体的连锁反应，最终形成难以控制的火灾。

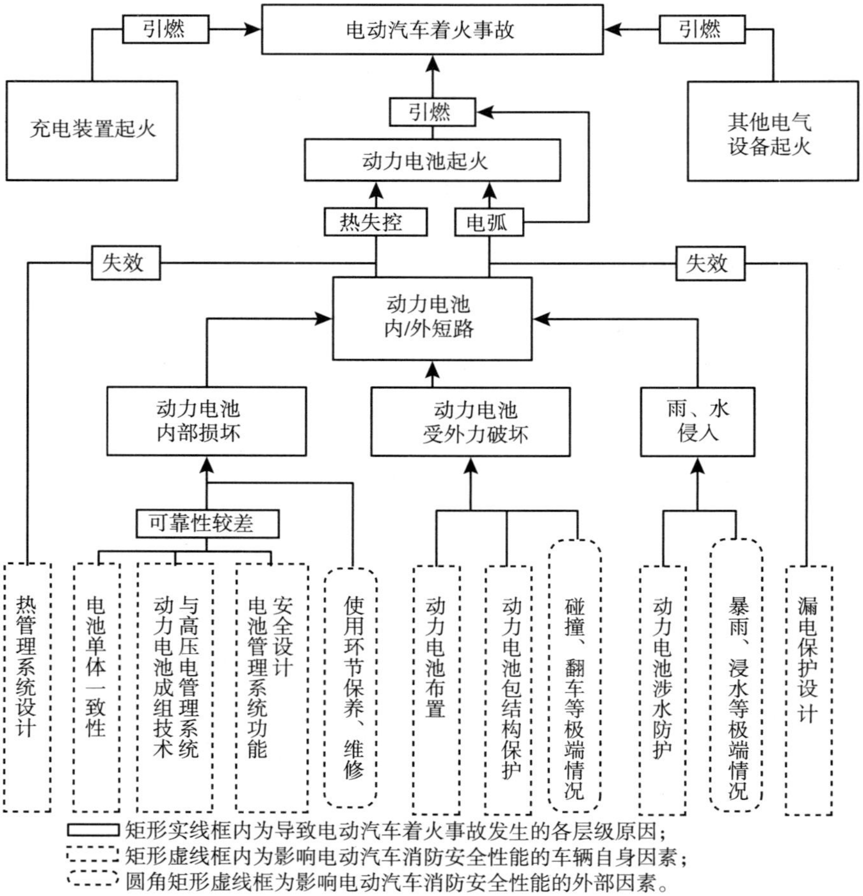

图 1　电动汽车着火事故的主要原因及影响因素

资料来源：作者根据事故调查结果和专家访谈信息绘制

（四）合理的布置与防护对避免电池起火和降低事故伤害至关重要

目前，能量密度较高的锂离子电池是国际车用动力电池的主流选择。对高能量密度的锂离子电池单体来说，撞击、挤压会破坏其结构，造成电池隔膜破损、电解液泄漏，电池内部或外部短路、放热，进而在一定条件下形成燃烧甚至爆炸的现象。为保护动力电池系统免受外力破坏和雨水进入，保障电动汽车的安全行驶，就必须通过加强电池包壳体结构强度、优化防水设计、合理布置动力电池以及改变车身骨架结构对电池提供适当的安全防护。另外，还应通过设计间隔或防火墙，对整个电池系统进行适当的分隔，以防止火焰在电池包内传播造成更大损失。

四　电动汽车安全性综合评价

汽车的安全性能与汽车安全标准主要分为“主动安全”、“被动安全”和“一般安全”三个方面。主动安全标准主要包括照明与光信号装置、车轮悬架、制动和转向、汽车行驶的稳定性和可靠性标准等；被动安全标准主要包括约束系统、碰撞与防护、防火标准等；一般安全标准是指与车辆安全性相关的视野、指示器与信号装置、车辆结构以及防盗装置标准等。

电动汽车作为汽车大家族中的一员，除电驱动系统和车载储能系统外，其他构造、功能与传统汽车基本一致，现行汽车安全相关的国家标准和行业标准也同样适用于电动汽车。与传统汽车相比，电动汽车特殊安全性集中在以下几个方面：①高能量储能系统潜在的安全隐患；②高压电气系统带来的潜在触电危险；③装备大质量车载能源及其相关系统对车辆整体结构安全性及乘员、第三方的潜在机械伤害；④大量电力电子系统的电磁辐射隐患。

（一）电动汽车消防安全不亚于传统汽车

尽管前文罗列了十余起电动汽车起火事件，特斯拉 Model S 还曾创下半年内发生 5 次着火事故的纪录，引起了舆论媒体和社会公众对电动汽车安全性的质疑，但实际上，电动汽车火灾发生概率明显低于传统汽车。电动汽车方面，截至 2013 年年底，特斯拉 Model S 纯电动轿车累计销售 24763 辆，发生着火事故 4 起，火灾发生概率约为 1.6 起/万辆；传统汽车方面，美国近几年汽车保有量保持在 2.5 亿辆左右，而据美国消防协会（NFPA）统计，美国 2008 年发生 20.70 万起车辆火灾，2010 年发生 21.55 万起车辆火灾，火灾发生概率为 8.3 起/万辆 ~8.6 起/万辆，约为特斯拉 Model S 火灾发生概率的 5 倍多。如果算上日产 Leaf 和雪佛兰 Volt 等车型的保有量，美国电动汽车火灾发生概率更低。

各国电动汽车相关标准法规均对电动汽车整车、动力电池及其他零部件的消防安全性能做出明确要求。主要电动汽车生产企业也从电池单体可靠性、整车布置、动力电池系统安全设计，以及内饰材料阻燃性和生产工艺水平等全方位考虑，确保电动汽车产品具备在正常使用和一般事故中保护乘员免受火灾伤害的能力。电动汽车生产企业在采购动力电池时，都要求其对外部输入的机械力、电能、热量等具有一定耐受能力。多数电动车型的动力电池布置在最不易受到碰撞破坏的底盘中部位置（见图2），并通过碰撞保护系统、电池管理系统和冷却系统等确保电池的工作条件不超过其耐受范围。一些车型的动力电池系统被防火墙分隔成若干电池包，当部分电池包受损、起火，防火墙能阻隔或延缓火焰传播，减小事故损失，为乘员逃离和灭火工作争取时间。

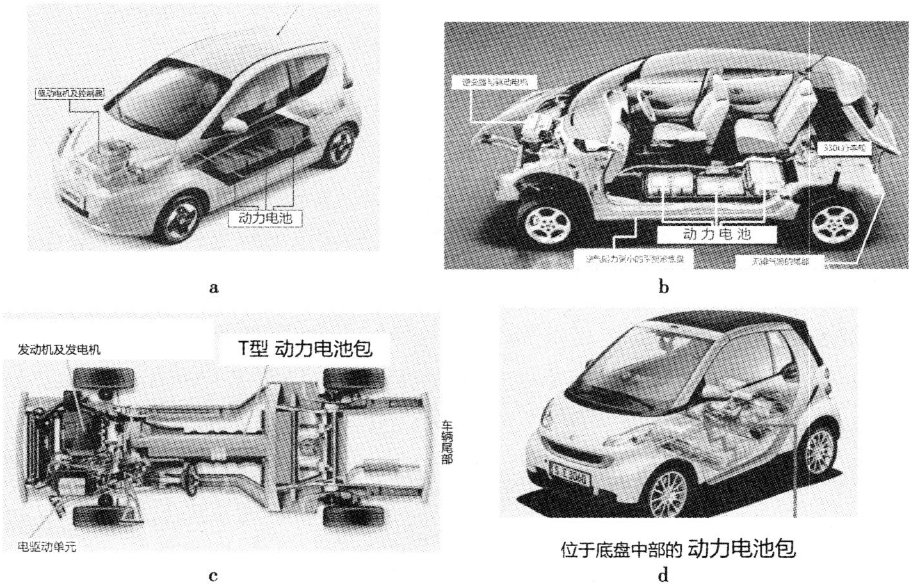

图2　荣威 E50（a）、日产 Leaf（b）、雪佛兰 Volt（c）与 Smart Ed（d）的动力电池布置位置

（二）标准约束与技术手段有效避免人员触电

高压电气系统是电动汽车与传统燃油汽车最显著的结构差别之一，自电动汽车诞生之日起，人员触电保护就得到了相关行业机构和电动汽车生产企业的重视。

电动汽车触电防护标准是我国出台最早的电动汽车标准之一。我国根据电动汽车发展需要，于 1998 年经国家标准化主管部门批准，成立了全国汽车标准化技术委员会电动车辆分技术委员会，并着手开展电动汽车的标准化工作。2001 年，GB/T 18384—2001《电动汽车安全要求》系列标准与 GB/T 18487—2001《电动车辆传导充电系统》系列标准发布，其中 GB/T 18384.3《电动汽车安全要求 第 3 部分：人员触电防护》规定了电动汽车在没有与外部供电源相连时人员触电防护的要求，GB/T 18487—2001《电动车辆传导充电系统》规定了电动汽车与外部供电电源连接时的要求。随后，又于 2005 年和 2009 年发布 GB/T 19751—2005《混合动力电动汽车安全要求》、GB/T 24549—2009《燃料电池电动汽车安全要求》两项标准。目前，《电动汽车安全要求》与《电动车辆传导充电系统》标准的修订工作正在进行。

电动汽车生产企业采取多种技术和措施提升产品触电防护能力。目前多数电动汽车产品采用了密封式的电池包、强撞击自动断电、异常状态监视报警系统、防短路散压装置和自熔保险等防电措施。例如，某知名纯电动轿车将高压电气系统密封到钢质保护壳中，进行了绝缘，并通过导线将高压电气系统保护壳与车身相连，即使在高压电气系统绝缘失效、保护壳体带电的情况下，也能通过电位平衡保证乘员体内没有危险电流；还设计了对车辆碰撞进行检测并在剧烈撞击时切断电源的装置，以及电池短路自熔保险丝等。在涉水能力方面，当车辆通过较深的积水时，传统燃油汽车可能会因为进、排气管浸水而熄火，而对电驱动系统进行密封保护的电动汽车则可顺利通过。

（三）电动汽车碰撞安全评价等级较高

从国际范围的碰撞安全标准方面看，美国、日本、欧盟和我国对电动汽车碰撞安全要求和试验方法方面基本与传统汽车采用相同标准。也就是说，市场上合法销售的电动汽车，都经过了与传统汽车同样严格的碰撞安全检测，满足同样的标准法规要求。联合国欧洲经济委员会还在 ECE R94《就正面碰撞中成员防护方面批准车辆的统一规定》和 ECE R95《就侧碰撞中乘员防护方面批准车辆的统一规定》两项法规中对电动汽车碰撞后的安全要求做出了规定，我国正在制定的《电动汽车碰撞后安全要求》标准已经进入报批阶段。

从电动汽车生产企业的能力看，尽管大质量车载能源及其相关系统使电动汽车在运行时具备更大动能、碰撞时车身需要承受更大的冲击力，但在较为成熟的车辆安全设计理念、3H 车身结构①、高强度合金材料以及更先进的冲压、焊接等生产工艺的保障下，电动汽车在发生碰撞、翻车等极端情况时有与传统汽车相当或更好的安全表现，很多电动汽车产品在美国 NCAP、欧洲 E－NCAP 等严格的碰撞测试中获得 4 星、5 星的评价（见表 1）。

表 1　部分电动汽车碰撞测试评价

车型	测试时间	评价体系	测试评级
日产 Leaf	2011	E－NCAP	★★★★★
	2011	NCAP	★★★★★
通用雪佛兰 Volt	2011	NCAP	★★★★★
	2011	E－NCAP	★★★★★
三菱 i－MiEV	2011	E－NCAP	★★★★
	2012	NCAP	★★★★
戴姆勒 Smart Fortwo ED	2012	E－NCAP	★★★★
	2013	NCAP	★★★★
特斯拉 Model S	2013	NCAP	★★★★★
三菱欧蓝德 PHEV	2013	E－NCAP	★★★★★
宝马 i3	2013	E－NCAP	★★★★

资料来源：根据网络公开信息整理。

（四）电动汽车电磁辐射强度与常用家电相当

随着电子电气产品深入到现代生活的各个角落，电磁辐射已成为继水污染、空气污染和噪声污染之后的第四大污染。由于电动汽车通过电动机驱动车辆行驶，高压电器系统电压高达几百伏，很多消费者担心电动汽车的电磁辐射会影响乘员、行人的健康。

暴露在不同频率磁场中可接受的安全限值是由国际非电离辐射保护委员会

① 3H 车身结构是一种加强车身结构，因布置于车顶和两侧车门框架部位，形似 3 个字母“H”而得名。3H 车身结构能在车辆发动机舱和其他部位变形时保证乘员舱空间，以保护乘员安全。

（ICNIRP）制定的。2006 年，世界卫生组织（WHO）向各成员国推荐采纳 ICNIRP《限制时变电场、磁场和电磁场（300GHz）暴露导则，1988》。ICNIRP 确认，强度低于 100μT（微特①）的电磁场对人体无害。2010 年，根据“国际电磁场计划”的评估结果和最新科学进展，ICNIRP 把 100kHz 以下频段的磁场强度安全限值提高至 200μT。

在欧盟资助下，由挪威科技工业研究院主导、7 国科学家共同参与开展了一项针对电动汽车电磁安全的全面研究。该研究项目的目标是建立一套标准化的方法，用以测量电动汽车的电磁场，并提高公众对电动汽车磁场安全性的信心。研究选取含纯电动汽车、非插电式混合动力汽车、插电式混合动力汽车和燃料电池汽车在内的 8 辆电动汽车，以及 2 辆汽油车和 1 辆柴油车，使用在头部、胸部、脚部装有传感器的人体模型来采集标准的、可比较的数据。测试结果显示，无论在何种情况下，电动汽车车内各个位置磁感应强度均低于 20μT，不到 ICNIRP 规定的安全限值的 20%，而传统燃油汽车的测量结果约为安全限值的 10% 左右。研究结果表明电动车的磁感应强度与传统汽车没有显著差别，测量结果也远低于国际公认的安全水平。

实际上，人们日常生活使用的大小家电都会产生不同程度的电磁辐射，一般的台式计算机、电吹风、电动剃须刀工作时其附近的磁感应强度约为 10 ~ 20μT，与电动汽车车内辐射水平相当，而电磁炉、微波炉和吸尘器等电器工作时，其附近的磁感应强度一般可达到几十甚至上百微特。

（五）小结

综合来看，虽然电动汽车着火事故给电动汽车的推广带来一定阻力，给当事企业造成了巨大的舆论压力和经济压力，但经过调查和分析，电动汽车安全性能并不像个别新闻报道中所说的那么悲观，更不会给消费者增加额外的安全风险。而且，作为一种新技术催生的新型交通工具，电动汽车仍处在不断完善的过程中，发展中的问题会在发展中得到解决，随着相关标准法规升级和技术、工艺的进步，产品安全性还会有进一步的提高。

① μT（微特）为磁通量密度和磁感应强度单位，1000μT = 1T。

此外，电动汽车本身就是一个非常复杂的系统，其安全性受多个因素的综合影响。因此，对其进行安全评价也要采用系统化思维，将整车或整个动电池系统作为评价对象，不能片面地把电池单体性能或其他某单一因素作为电动汽车安全性的评价依据。

为缓解汽车普及与化石能源供应、城市空气环境之间的矛盾，普及电动汽车是这个时代的趋势。面对电动汽车以越来越快的步伐走进社会生活，笔者提出如下几点建议。

一是建议相关部门、机构强化对电动汽车使用、运营环节的检验和监督，尽量预防安全事故的发生，并根据电动汽车安全事故特点，对相关人员开展电动车辆火灾消防处理等有针对性的培训，以提高事故发生时的应急处理能力。

二是建议电动汽车及关键零部件企业不断提高电动汽车安全相关技术水平，加快形成电动汽车安全技术自主创新能力，为消费者提供性能卓越、安全可靠的电动汽车产品。

三是建议媒体用理性、客观的眼光分析和报道电动汽车安全事故，不能因为发生个别极端事故就质疑和否定电动汽车的发展，媒体还要加强交通安全方面的宣传教育。

总之，希望社会公众在了解电动汽车在节能环保和交通智能化方面优势的同时，对电动汽车安全性坚定信心，提倡安全驾驶、文明用车，共建安全、文明、和谐的绿色交通体系。

B.14

新能源和传统燃油公交车全生命周期成本调查与比较研究

姚占辉　张雷　刘斌*

摘　要：

本章结合国内公交行业发展现状和公交车燃油补贴政策，对传统燃油和新能源公交车运营成本、综合成本进行了对比分析。总的来看，在新能源汽车享受中央、地方两级购置补贴的情况下，纯电动公交车和燃油公交车购置费用基本相当，运营环节能耗、维保费用纯电动公交车略低，但由于纯电动公交车可能需要更换一次电池，纯电动公交车全生命周期成本高于传统燃油汽车。建议对纯电动公交车给予运营补贴或电补等政策，以凸显其综合优势。

关键词：

新能源公交车　燃油补贴　综合成本　运营补贴

一　目前我国公交车保有量及燃油公交车油补政策

（一）公交车保有量现状

据交通运输部统计，截至2013年年底，我国公共汽电车运营车辆保有量

* 姚占辉，工程师，新能源汽车研究部副部长，中国汽车技术研究中心汽车产业政策研究室；张雷，工程师，中国汽车技术研究中心汽车产业政策研究室；刘斌，博士，高级工程师，中国汽车技术研究中心汽车财税和金融研究领域首席专家，汽车产业政策研究室副主任。

达50.96万辆，每年新增2万~3万辆公交车，年均增长率约为5.46%。从所用燃料分布来看，柴油车型保有量最大，2013年达59.3%，天然气车型为24.3%，汽油车型为3.4%，其他车型为13%。但柴油车、汽油车所占比例逐年下降，而天然气汽车比例显著增长（见表1）。

表1　全国公共汽电车运营车辆保有量及增长率测算

单位：万辆

年份	保有量	保有量增长率	备注
2009	41.19	—	—
2010	42.05	2.1%	柴油车、天然汽车、汽油车分别占69.0%、13.0%和8.1%
2011	45.33	7.8%	柴油车、天然汽车、汽油车分别占67.1%、15.2%和6.2%
2012	47.49	4.8%	柴油车、天然汽车、汽油车分别占64.5%、18.2%和5.0%
2013	50.96	7.3%	柴油车、天然汽车、汽油车分别占59.3%、24.3%和3.4%

*根据《城市公共汽电车客运管理办法》（建设部令第138号）中对城市公共汽电车的定义：指在城市中按照规定的线路、站点和时间营运，供公众乘坐的客运车辆。

资料来源：交通运输部：《公路水路交通运输行业发展统计公报》。

（二）公交车油补政策

随着油价的不断攀升，公交客运企业承担的运输成本日益提高，为此国家出台了一系列政策对公交客运企业给予油价补贴。

2006年，《国务院办公厅转发发展改革委等部门完善石油价格形成机制综合配套改革和有关意见的通知》提出妥善解决成品油调价对城市公交行业的影响。

2008年12月，国务院下发《国务院关于实施成品油价格和税费改革的通知》，决定自2009年1月1日起实施成品油价税费改革，将以前的公路养路费、航道养护费、公路运输管理费、公路客货运附加费、水路运输管理费、水运客货运附加费等6项收费取消，提高成品油消费税税率，同时提出由中央财政对成品油价格调整，对城市公交增加的成本给予补贴。

2009年，财政部发布了《关于成品油价格和税费改革后进一步完善种粮农民部分困难群体和公益性行业补贴机制的通知》提出当成品油出厂价高于2006年成品油价格（柴油3870元/吨）时，便对城市公交企业启动补贴机制，中央财政对高于3870元/吨部分实行财政全额负担。2010年，财政部下发了

《城乡道路客运成品油价格补助资金管理暂行办法》，进一步明确了补助对象、资金申请流程等事项。

（三）燃油公交车补贴测算

调研显示，城市公交车一般单车年运营天数约350天，日运行里程约为200km，年行驶里程约为7万km，百公里油耗约为35L。按照《关于成品油价格和税费改革后进一步完善种粮农民部分困难群体和公益性行业补贴机制的通知》和《城乡道路客运成品油价格补助资金管理暂行办法》，燃油补贴标准确定的方法为“以国家确定的成品油出厂价与2006年成品油价格机制改革前油价（汽油4400元/吨、柴油3870元/吨）之间的差价为基础，全年加权平均测算确定油价补贴的标准”。可以简单理解为：城市公交车用0号柴油补贴起点价格约为3.29元，超过3.29元的部分国家全额补贴。如果按目前柴油价格测算，一般12米柴油公交车每年可享受油补约为10.78万元，8年累计可享受油补达到86.24万元（见表2）。

表2　12米普通柴油城市公交车燃油补贴估算

主要参数	参数值
每日行驶里程(km)	200
年运营时间(天)	350
年行驶里程(km)	70000
百公里油耗(L/100km)	35
柴油价格(元/L)	7.69
燃油补贴额度(元/L)	4.4
年燃油补贴金额(万元)	10.78
8年总燃油补贴金额(万元)	86.24

* 根据2014年5月9日《国家发展改革委关于降低国内成品油价格的通知》（发改电〔2014〕118号）调整后的北京市0号柴油最高供应价格每吨为8945元，约合7.69元/L。

二　燃油公交车和新能源公交车成本比较分析

本节主要从购置环节、运营环节对传统公交车和新能源公交车的成本进行对比，并综合车辆购置、能耗、维修保养、车辆折旧、电池更换等因素，对传统公交车和新能源公交车的综合费用进行比较分析。

（一）购置环节比较

按市场平均水平来看，12 米燃油公交车、插电式混合动力（燃油）公交车、纯电动公交车售价分别约为 50 万元、100 万元、160 万元。

根据当前财政补贴政策，12 米纯电动公交车可享受 50 万元中央财政购置补贴，12 米插电式混合动力公交车可享受中央财政 25 万元购置补贴，大部分地方政府按照 1∶1 配套补贴公交企业。两级补贴后，公交企业购置新能源公交车承担的购置成本与传统气柴油车辆相当（见表 3）。

表 3　公交企业购置不同类型 12 米公交车的购置成本

单位：万元

项目	柴油公交车	插电式（燃油）	一般纯电动公交车	比亚迪 K9	换电公交车
车辆售价	50	100	160	210	100
车辆购置税	0	0	0	0	0
中央财政补贴	0	25	50	50	50
地方财政补贴	0	25	50	50	50
扣除中央补贴后购置价	50	75	110	160	50
扣除两级补贴后购置价	50	50	60	110	0

* 表中一般纯电动公交车为含电池价格，除比亚迪 K9 外，新能源公交车为市场均价。比亚迪 K9 纯电动公交车由于电池加多、续驶里程长，售价达 210 万元，扣除两级补贴后购置价仍为 110 万元，比传统燃油车高 60 万元。换电公交车价格为不含电池的裸车价格，理论上应该接近或低于燃油车价格，但目前由于规模较小，单车成本普遍较高。

（二）运营环节费用对比

一般情况下，公交运营费用包括：人工成本、能耗（燃油与用电）成本、维修保养费用、场站设施和场站费用以及保险等费用。与一般燃油公交车相比，新能源公交车的运营费用主要在能耗、维修保养方面发生较大变化。为此，本文运营环节费用比较是指传统公交车和新能源公交车运营能耗、维修保养费用的综合比较，由于充电基础设施建设模式存在较大差异，成本分摊尚存在很多不确定因素，难以测算，暂不考虑。

通过比较得出，在燃油公交车扣除国家油补后，其运营环节费用仍高于纯电动公交车。全生命周期（8 年，下同）内，燃油公交车在扣除燃油补贴后的运营费用为 104.48 万元（约 1.87 元/km），一般纯电动公交车运营费用为 93.76 万元（约 1.67 元/km），比亚迪 K9 运营费用为 60.4 万元（1.09 元/km）。比亚迪对 K9 承诺电机、电控、电池 8 年免维护、免更换，导致其维护保养费用偏低。

由于纯电动公交客车存在换电、充电等模式，充电基础设施建设模式也存在较大的差异，其成本分摊难以测算，考虑到充换电基础设施建设成本后，纯电动公交客车运营费用将高于传统燃油公交客车。

此外，对换电模式的纯电动公交车初步测算显示，如果充电价格按照 2.87 元/度测算（见表 4），其运营能耗费用远高于其他车辆，但由于换电模式公交车充电价格受服务公交车辆数量、电池租赁价格影响较大，其成本比较还存在较多不确定性。如果考虑换电站的建站成本分摊，设备折旧等因素，其充电价格将显著上升，导致运营成本也将显著升高。不同类型公交车全生命周期运营费用比较（见图 1）。

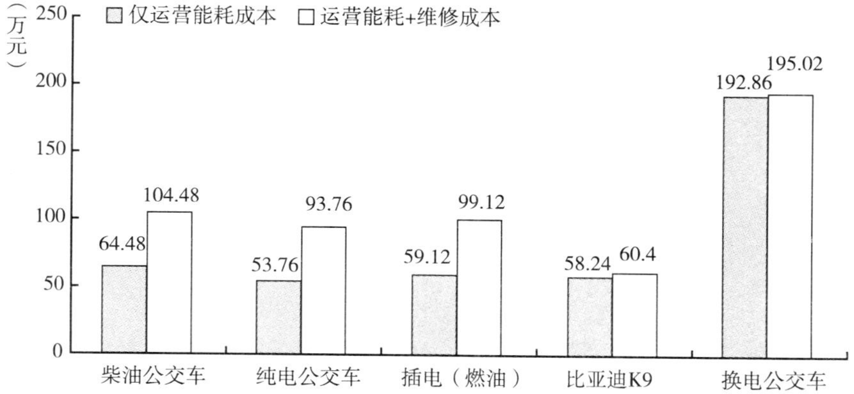

图 1　不同类型公交车全生命周期运营费用比较

* 柴油公交车、插电或混合动力公交车运营能耗成本已扣除燃油补贴金额。

表 4　换电模式纯电动公交车运营费用估算

	运行维护项目	运行费用
充电价格核算	资产维护及修理费用（换电站充电机、监控系统、滤波设备、安防、配电系统维护）	200 万元/年
	充换电站人工运行成本（15 人）	120 万元/年
	服务公交车辆数量（200 辆）	——
	换电站充电耗电费用 = 0.8083 元/kW·h × 1.2kW·h/km × 70000km × 200 辆	1358 万元/年
	折合度电价	0.99 元/kW·h
电池租赁价格核算	电池系统的成本	3 元/W·h
	电池租赁费：依据电池系统成本 3 元/W·h，按 1600 次循环寿命计算度电价：3 元/W·h × 1000 ÷ 1600 = 1.875 元/kW·h	1.875 元/kW·h
充电价格（0.99 元/kW·h + 1.875 元/kW·h = 2.865 元/kW·h）		2.865 元/kW·h

* 相关运行费用根据调研资料估算确定，具体以换电站实际运行费用为准。充电价格未考虑换电站建设成本分摊。

（三）全生命周期综合费用对比

纯电动公交车综合费用一般包括购置费用、车辆折旧、维修保养、电池更换费用、运营能耗费用以及充电基础设施成本的分摊、充电服务费用和电池回收利用等。当前阶段，充电基础设施分摊成本、充电服务费用、电池回收费用尚存在很多不确定因素，难以测算，综合费用比较暂不考虑在内。

如果考虑到电池更换、车辆折旧等费用（不包括充电基础设施成本的分摊、充电服务费用和电池回收利用等因素），则纯电动公交车全生命周期综合成本高于传统燃油公交车（增加的 50 万元总成本与更换电池的成本基本相当）。纯电动公交车即使在能获得地方购置补助的情况下，其全生命周期综合成本仍然较高。在此条件下，纯电动公交车全生命周期综合成本为 203.76 万元，柴油公交车在扣除燃油补贴后的综合成本为 154.48 万元，纯电动公交车成本高 49.28 万元。比亚迪 K9 全生命周期综合成本为 170.4 万元，高于传统柴油公交车（24 万元）。如果纯电动公交车不能获得地方购置补助，与传统柴油公交车成本相差更大。

可见，更换一套电池对全生命周期成本影响较大。安凯、宇通等企业纯电动公交车购置价格为160万元左右，但在全生命周期内需要更换一套电池（50万元~60万元），导致全生命周期成本明显增加。比亚迪纯电动公交车虽然不需要更换电池，但其购置价格较高（210万元），与其他企业更换电池的成本影响差不多。

此外，对换电模式的纯电动公交车初步测算显示，不考虑巨额的换电站投资费用，如果充电价格按照2.87元/度测算（见表4），其综合成本低于一般充电模式的纯电动公交车，但高于传统燃油公交车。插电式混合动力公交车在不更换电池情况下，其综合成本相比传统公交车略有优势（实际综合成本与使用工况密切相关）。不同情景下公交车全生命周期综合成本比较。（见图2）。

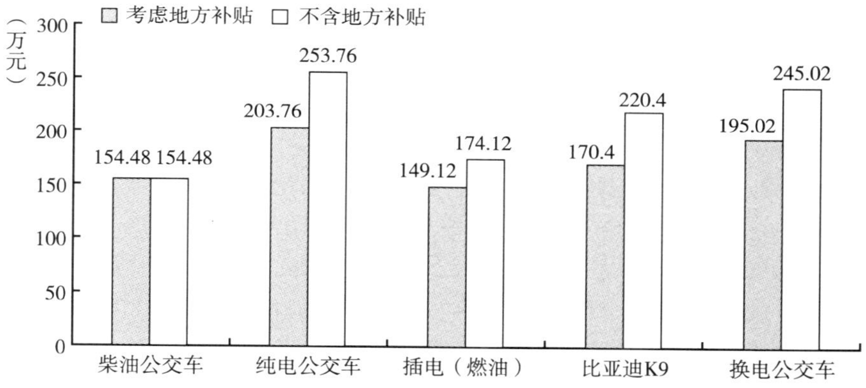

图2　不同类型12米公交车全生命周期综合成本

＊柴油公交车、插电或混合动力公交车运营能耗成本是排队燃油补贴金额。

综上，在新能源汽车享受中央、地方两级购置补贴的情况下，纯电动公交车和燃油公交客车购置基本相当，运营环节能耗、维保费用纯电动公交车略低，但由于纯电动公交客车可能需要更换一次电池，所以纯电动公交客车全生命周期成本远高于传统燃油汽车。

三　推进新能源公交车推广应用的建议

目前，燃油补贴已成为公交车企业保障运营的重要资金来源，纯电动公交客车存在电分离，车电结合等多种形式，不同形式下购置、运营成本差异较大，总的来看，由于纯电动公交客车可能需要更换一次电池，全生命周期综合成本高于传统燃油公交车，影响了公交企业推广应用新能源公交车的积极性。基于新能源公交车辆全生命周期综合成本较高等因素，其增加额度主要是在运营环节更换电池时产生，为鼓励公交企业加大新能源汽车的使用力度，建议政府在运营环节给予新能源公交车运营补助或电价补助，鼓励新能源公交车推广使用。

1. 直接给予纯电动公交车运营补助

（1）政策思路

根据燃油公交车和纯电动公交车综合成本差价，给予纯电动公交车运营补贴。在补贴方式上，可考虑三种方式：一是在新能源公交车初始购置时给予一次性的运营补助；二是在公交车运营 4 年后，再给予一次性运营补助；三是对新能源公交车分年度给予运营补贴。

（2）补贴标准：共给予 50 万元运营补助。

纯电动公交车在能获得中央及地方购置补助情况下，其全生命周期综合成本相比燃油公交车成本高 50 万元左右，为推广使用纯电动公交车，给予 50 万元补助可弥补其运营成本差额。插电式混合动力公交车运营补助可按照纯电动公交车补助标准的一定比例给予。

2. 按照“油电综合成本相当”原则，按照里程标准给予纯电动公交车运营补助

（1）政策思路

根据柴油公交车和纯电动公交车综合成本相当的原则，确定纯电动公交车每公里的补贴标准，补贴金额按年核定，每年发放，多用多补、少用少补。同时，为鼓励使用，设定纯电动公交车最低运行里程（如 5 万 km），年运行里程达到最低运行里程以上才能获得补助。

在补贴流程上，参考公交车燃油补贴的方式，每年由公交企业根据纯电动公交车实际使用情况，向财政部门申报运营补助。财政部门逐级审核后，将运营补助资金补贴给公交运营企业。

（2）补贴标准：纯电动公交车 0.7 元/km

初步计算，每年纯电动公交车和同级别燃油车综合成本差距约为 6.16 万元，按照年运行7万km计算，每公里综合成本相差0.88元。随着纯电动公交车的规模效应逐步显现，其维护保养成本、电池更换成本都将下降。为推动纯电动公交车技术进步，建议每公里补贴0.7元。

3. 给予新能源公交车（含纯电动、插电式）充电电价补助

（1）政策思路

确立新能源公交车充电基础电价，并给予公交企业电价差额补助。参考传统公交车燃油补贴的方式，每年由公交企业根据用电量情况，向财政部门申报用电补助。财政部门逐级审核后，将用电补助资金补贴给公交运营企业。

（2）基础电价标准：0.3元/度

以纯电公交车为例，在现行油价、纯电动公交车成本下，如果纯电动公交车充电电价为0.1元/度，则纯电动公交车的综合成本与传统燃油车基本相当。考虑到技术进步、规模效应带来的综合成本下降趋势，以及为推动纯电动公交车加快技术进步，将基础电价上调至0.3元/度（一般低谷电价）。此情况下，插电式混合动力公交车综合成本优于传统燃油汽车。

此外，也可研究采取逐步降低油补金额（提高燃油公交车的燃油补贴油价门槛），将节省的资金用于新能源公交车的运营补助；通过模式创新，降低公交企业初始购置成本，减少公交企业运营财务风险等方式，调动公交企业推广使用新能源公交车的积极性。

借　鉴　篇

International Lessons

充电基础设施、标准化工作、车队管理、消费者培育都是新能源汽车普及中的重要基础工作，本篇围绕这四个方面对国际上的发展现状及相关工作进行了分析，以对我国的相关工作提供有益借鉴。

《日、美、欧电动汽车充电设施发展现状及趋势》希望通过分析国外充电设施发展模式和趋势，对我国的新能源汽车基础设施和规划提供决策参考。开展电动汽车标准化和国际标准协调是确保产业发展的重要基础工作，《国外电动汽车标准化工作进展情况介绍》通过分析国际电动汽车标准组织和工作动态，以推动我国电动汽车标准化和国际协调工作。加州零排放汽车规定作为落实 2025 年 150 万辆零排放汽车上路行驶目标的重要措施，取得了积极效果，《加州零排放汽车规定及其积分交易制度对加快我国新能源汽车推广的借鉴》对此规定以及相应的积分交易制度进行了介绍和评价。深入分析新能源汽车消费者特征是新能源汽车研发和市场培育的重要基础工作，2013 年加州电动汽车销量占到美国电动汽车销量的 44%，《美国加州新能源汽车消费及使用特征调查分析》分析了加州新能源汽车消费者的家庭特征、车辆使用特征和充电行为，以对我国新能源汽车的产品研发和政府培育市场提供参考。

B.15

日、美、欧电动汽车充电设施发展现状及趋势

武守喜*

摘　要：

本文梳理了2013年以来日本、美国及欧洲典型国家电动汽车充电设施的发展现状、趋势及目前主要的充电模式，希望能为我国下一阶段新能源汽车基础设施规划和建设提供良好的借鉴。虽然发展思路不同，但日、美、欧均将充电设施视作电动汽车能否得到有效推广的关键因素之一，不断加大快速公用充电设施的建设力度，缓解电动汽车“里程焦虑”。

关键词：

日美欧　充电设施　发展现状　趋势

与我国新能源汽车充、换电模式共同发展不同的是，日、美、欧基本只采取充电模式。目前，日、美、欧主流的充电规范有日本电动汽车快速充电器协会（CHAdeMO）制定的充电标准、欧美车企主导推出的联合充电标准（Combined Charging System，简称CCS）和特斯拉充电标准三种。CHAdeMO充电标准分为家庭普通充电和公共快速充电，家庭普通充电不需建立充电桩。该标准的使用者包括日产、丰田、三菱和斯巴鲁等日本车企。CCS充电标准使用者包括福特、通用、大众、克莱斯勒、宝马、奥迪等欧美车企，该模式将普通充电和快速充电两种充电模式一体化。特斯拉充电标准为特斯拉公司于2012年9月制定，目前只为特斯拉“Model S”服务。

---

* 武守喜，工程师，中国汽车技术研究中心汽车产业政策研究室。

一　日本电动汽车基础设施发展现状及趋势

日本电动汽车快速充电器协会（CHAdeMO）最初由日产、丰田、三菱、富士重工（斯巴鲁）、东京电力公司等158家企业发起成立，旨在统一日本电动汽车充电标准。后来，瑞士ABB公司、德国博世公司、韩国三星公司、香港中华电力公司以及中国泰坦能源技术集团有限公司等加入该组织。CHAdeMO快速充电器通过输出直流电流在短时间内充入电荷，充电功率一般为50千瓦，一辆日产聆风电动汽车可在30分钟之内充满80%的电池电量①。

截至2014年3月底，CHAdeMO已在日本境内安装快速充电器1922个②（见表1），覆盖了全国每一个道、府、县，且基本覆盖了全部的高速公路。截至2014年6月底，这一数字已增长至1978个（全球总计安装3816个）。

表1　日本各地区快速充电桩安装数量

单位：个

地区	数量	地区	数量	地区	数量
北海道	75(28)	富山县	25(8)	香川县	9(4)
青森县	21(6)	石川县	20(10)	爱媛县	23(14)
岩手县	24(6)	福井县	22(7)	高知县	17(7)
宫城县	39(7)	岐阜县	32(10)	福冈县	68(18)
秋田县	31(9)	爱知县	95(16)	佐贺县	21(11)
山形县	23(7)	三重县	22(9)	长崎县	34(16)
福岛县	48(13)	滋贺县	21(5)	熊本县	23(11)
东京都	121(93)	京都府	44(25)	大分县	20(6)
茨城县	23(12)	大阪府	66(38)	宫崎县	20(5)
栃木县	54(21)	兵库县	76(21)	鹿儿岛县	15(8)
群马县	39(16)	奈良县	8(2)	冲绳县	34(25)
埼玉县	108(39)	和歌山县	16(3)		
千叶县	48(25)	鸟取县	31(11)		
神奈川县	175(119)	岛根县	22(16)		
新潟县	47(18)	冈山县	61(32)		
山梨县	18(7)	宽岛县	40(18)		
长野县	38(15)	山口县	26(5)		
静冈县	66(37)	德岛县	13(9)		
合　计	1922(844)				

* 统计数据截至2014年3月底，括号内为截止到2013年3月底数据。

① 日本电动汽车快速充电器协会。

② 日本电动汽车快速充电器协会。

从图 1 可以看出，日本 CHAdeMO 快速充电桩主要分布在各大城市内道路及城市间的高速公路沿线，为电动汽车提供快速充电服务。

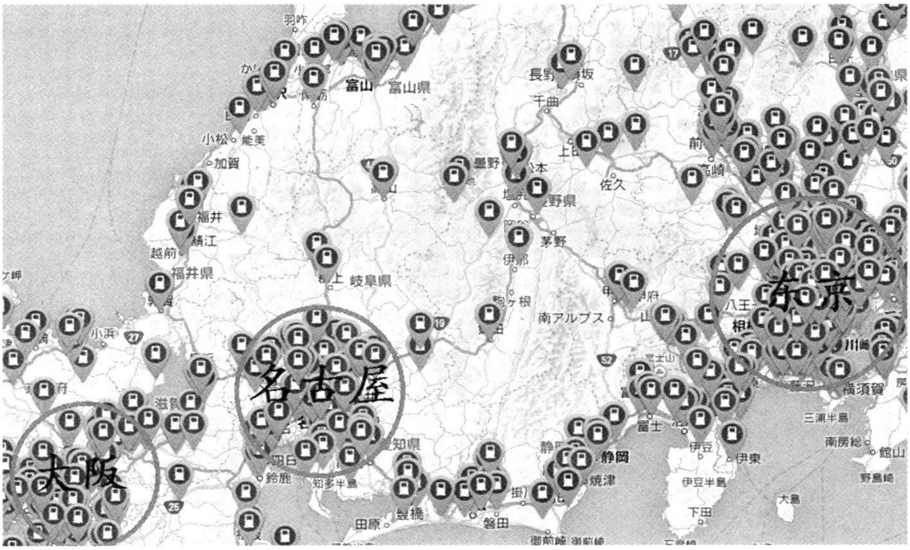

图 1　日本关东、关中地区充电设施分布

2013 年 7 月 30 日，丰田、日产、本田和三菱四家车企签署协议[①]，共同宣布将在日本联合兴建 1.2 万座充电站。通过合作可以节省充电设施建设成本，提高充电设施的建造效率和使用效率，并使其分布更合理。按照协议，四家车企将针对以下几方面展开合作：①加速兴建电动车充电站。1.2 万座新充电站中，普通充电站将主要设于大型商场、店铺、饭店等地，原因是上述地点客户逗留时间较长，而在高速公路监测站、加油站等地点建设快充站。②暂时承担充电站的安装及维护费用，以快速推广充电站。③建立完善的充电设施网络。可以使用同一张卡在任意一家车企授权的充电桩上进行充电，而之前各品牌电动车充电存在局限，只能在相应的车企安装的特定充电桩上进行充电。④加强与政府机构合作。日本政府计划到 2020 年，将纯电动汽车、插电式混合动力汽车和普通混合动力汽车的销售比例提升至全日本新车销量的 15% ~20% 。

除日本外，CHAdeMO 在美国、欧洲等其他地区也安装了大量充电器。截

① 中国汽车报网。

至2014年3月底，CHAdeMO快速充电器已在全球安装了超过3000个[①]。从图可以看到，CHAdeMO快速充电器在日本以外地区的安装数量从2012年11月开始飞速增长，在不到一年半的时间里，增长了将近五倍（见图2）。图3、图4分别为CHAdeMO快速充电器在美国和欧洲的安装情况。

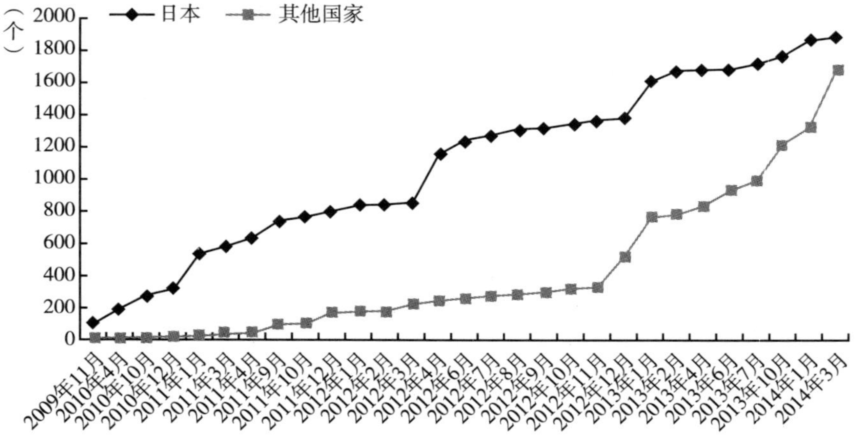

图2　日本CHAdeMO快速充电器全球安装增势

图3　日本CHAdeMO快速充电器在美国的安装情况（截至2014年3月底）

① 日本电动汽车快速充电器协会。

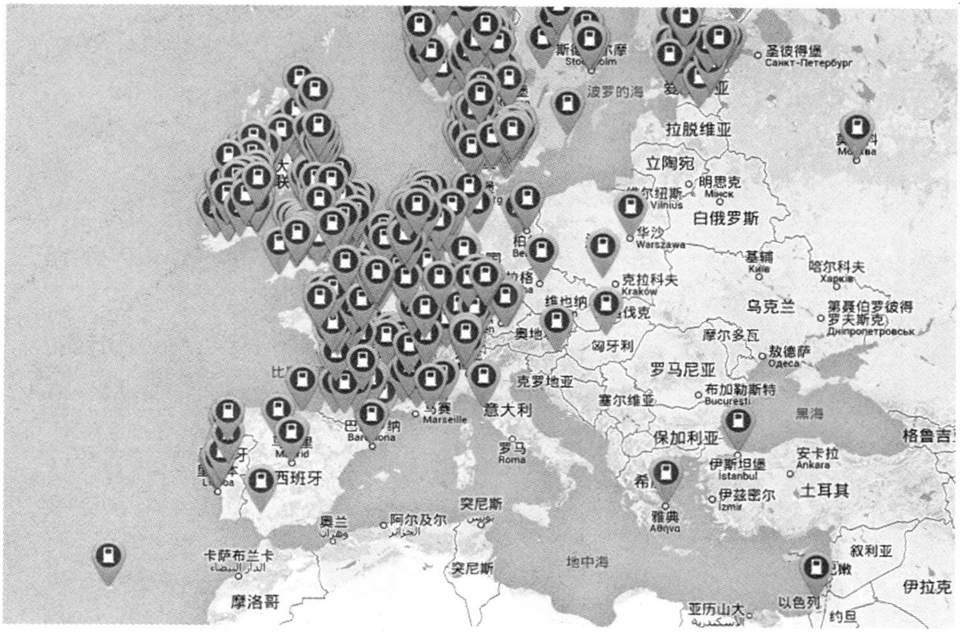

图4　日本 CHAdeMO 快速充电器在欧洲的安装情况（截至 2014 年 3 月底）

截至 2014 年 3 月底，兼容 CHAdeMO 充电器的车型达 20 种，其中，日本品牌有日产、丰田、三菱、本田、马自达、斯巴鲁等，欧洲品牌有标致、雪铁龙等。另外，特斯拉 Model S 通过特定的电源适配器，也可以使用 CHAdeMO 充电器（见表 2）。

表 2　CHAdeMO 充电标准适配车型

车型	日产聆风	三菱 Outlander 插电式混合动力	雪铁龙 C－ZERO	标致 iOn
图片				

续表

车型	特斯拉 Model S	雪铁龙 Berlingo	标致 Partner	三菱 i－MiEV
图片				
车型	三菱 MINICAB－MiEV	三菱 MINICAB－MiEV 卡车	本田飞度电动版	马自达 DEMIO EV
图片				
车型	土耳其 BD 公司 eFiorino	土耳其 BD 公司 etrafic panel van	土耳其 BD 公司 ekangoo Passenger	土耳其 BD 公司 educato panel van
图片				
车型	丰田 eQ	斯巴鲁 Stella 插电混动车	日产 eEV200	英菲尼迪 Sedan 电动版
图片				

二　美国电动汽车基础设施发展现状及趋势

随着日产聆风、雪佛兰沃蓝达等电动汽车的畅销，2013 年，美国越来越多的零售店、百货商店、超市等场所开始设置充电桩，从而使得 2013 年美国公共充电桩数量大幅上升。据美国能源部统计，截至 2014 年 5 月底，美国已经建成充电站 9857 座，充电桩 22935 个。其中，公共领域建设充电站 8237 座，充电桩 19940 个，私人领域建设充电站 1620 座，充电桩 2995 个。其中，库仑科技公司

（Coulomb Technologies）的“美国充电场（ChargePoint America）”项目[①]截至2013年12月已经建成并投入使用的充电桩有15084个，2014年该项目将以每月350个（每年约4000个）的数量增加，在2014年底可能达到20000个（见表3）。

表3　美国各州充电设施建设情况

序号	地区	公共（充电站/充电桩）	私人（充电站/充电桩）
1	亚拉巴马州	29/35	34/49
2	阿拉斯加州	0/0	0/0
3	亚利桑那州	285/725	20/30
4	阿肯色州	22/34	10/10
5	加利福尼亚州	1822/5326	309/760
6	科罗拉多州	146/280	24/71
7	康涅狄格州	133/247	33/42
8	特拉华州	9/15	4/5
9	哥伦比亚特区	56/120	5/19
10	佛罗里达州	457/1000	91/122
11	佐治亚州	210/447	43/52
12	夏威夷州	153/351	32/67
13	爱达荷州	11/18	3/3
14	伊利诺伊州	295/595	65/102
15	印第安纳州	87/155	33/45
16	爱荷华州	43/83	10/10
17	堪萨斯州	56/98	20/31
18	肯塔基州	25/85	14/15
19	路易斯安那州	25/43	20/22
20	缅因州	13/18	7/7
21	马里兰州	233/545	32/73
22	马萨诸塞州	221/553	31/39
23	密歇根州	250/645	41/91
24	明尼苏达州	149/327	20/32
25	密西西比州	17/19	18/19
26	密苏里州	79/147	21/34
27	蒙大拿州	1/1	3/1

① 关于该项目的详细介绍参见2013年“新能源汽车蓝皮书”。

续表

序号	地区	公共(充电站/充电桩)	私人(充电站/充电桩)
28	内布拉斯加州	16/29	4/4
29	内华达州	74/208	1/1
30	新罕布什尔州	24/34	14/19
31	新泽西州	92/182	38/51
32	新墨西哥州	18/51	4/3
33	纽约州	369/811	67/104
34	北卡罗来纳州	212/468	69/159
35	北达科他州	3/4	2/2
36	俄亥俄州	108/169	46/57
37	俄克拉荷马州	19/28	11/13
38	俄勒冈州	375/881	29/78
39	宾夕法尼亚州	149/256	50/54
40	罗得岛州	59/144	3/3
41	南卡罗来纳州	117/206	24/24
42	南达科他州	7/19	4/4
43	田纳西州	324/813	51/79
44	得克萨斯州	597/1576	95/189
45	犹他州	47/77	12/25
46	佛蒙特州	30/64	5/7
47	弗吉尼亚州	170/456	44/73
48	华盛顿州	450/1237	69/225
49	西弗吉尼亚州	18/87	8/11
50	威斯康星州	127/216	26/58
51	怀俄明州	5/12	1/1
总计		8237/19940	1620/2995

资料来源：根据美国能源部网站数据整理。

除 CHAdeMO、CCS 充电器外，特斯拉汽车公司也在美国建设了大量的充电设施，并实行免费充电政策。截至 2014 年 3 月底，特斯拉在北美已经建设了 94 座超级充电站，这些充电站平均每 20 分钟便可为 Model S 充满一半的电量①。

图 5 是截至 2014 年 3 月底美国高速公路已建成的充电设施布局情况，从图中可以看出，横贯美国东西海岸的北部高速公路已初步建成了快速充电网

① 特斯拉汽车公司（中国）官方网站。

络。结合图6可以看出，这些充电网点大多是特斯拉超级充电站。南部高速公路的一些充电网点是日本CHAdeMO投资建设的（截至2014年6月底，CHAdeMO已在美国境内安装了633个快速充电器，见图6）。图7是特斯拉公司2015年的建设规划，若能按期实施的话，这些充电网点将覆盖美国绝大多数的高速公路。

图5　美国高速公路充电设施布局

资料来源：http：//www. plugincars. com/charging - stations。

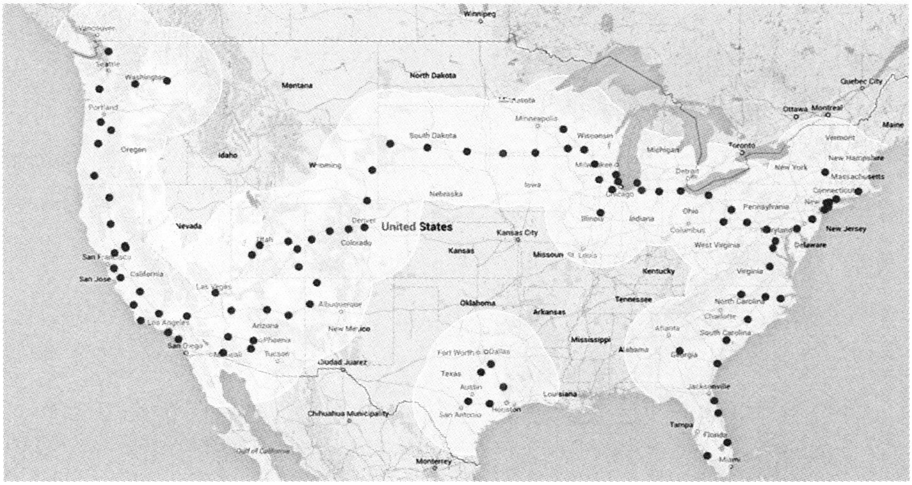

图6　特斯拉已建成投用的超级充电网络（截至2014年3月底）

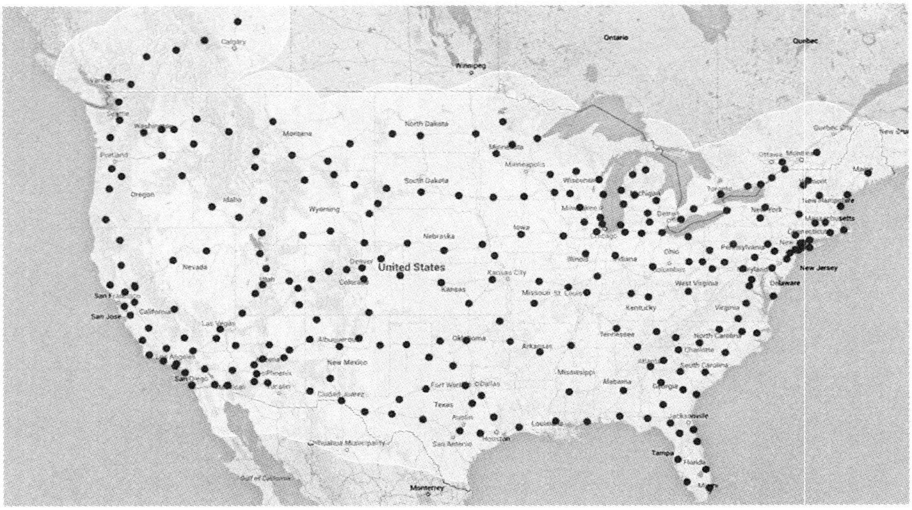

图 7　特斯拉规划建设的超级充电站网络（截至 2015 年底）

除了美国本土，特斯拉汽车公司在欧洲、中国等地也建成了一些超级充电站。截至 2013 年底，欧洲已经有 14 座特斯拉超级充电站分布在中欧和北欧，截至 2014 年 5 月，这一数字已经提高到 17 座。

三　欧洲电动汽车基础设施发展现状及趋势

2014 年初，欧洲议会通过一项决议，要求欧盟各成员国到 2020 年必须在全国范围内建设替代燃料供给设施，修建适当数量的电动汽车充电网点并面向公众开放①。该决议弱化了 2013 年初欧盟发布的有关部署替代燃料（Alternative Fuel）基础设施建设的指令。指令曾明确指出，欧盟各成员国在充电设施安装的数量上应当满足“两倍于电动汽车数量的基础设施”的要求，并且其中的 10% 应当属于公共充电设施，要求欧盟 27 个成员国于 2020 年 12 月 31 日前安装 787.7 万个充电设施。这份协议将在 2017 年得到一次复审的机会。因此，在 2017 年之前，各国几乎没有建设充电设施的压力，这很可能会导致整个欧

① 张冬梅：《欧盟 2020 充电桩目标成哑炮》，《中国汽车报》2014 年 4 月 15 日。

洲充电设施建设放缓。

得益于政府的扶持政策，挪威可称为全球电动汽车发展最好的国家之一。2013 年 11 月和 12 月，挪威以超过 11% 的市场份额成了世界最大的电动汽车市场。2013 年，在挪威新注册的电动乘用车数量为 7882 辆，比 2012 年的 3950 辆增长了将近一倍，大约相当于每卖出 20 辆汽车就有 1 辆是电动汽车，电动汽车占整体汽车市场的份额也因此升至 5.5%。截至 2013 年年底，累计有 1.7 万辆电动汽车在挪威街头上路，至 2014 年底预计将发展为约 4 万辆①。挪威政府推行的优惠政策为电动汽车普及起到了极大的激励作用。电动汽车可在收费道路免费通行，免缴停车费和交通拥堵费，还可以使用公交车道，这使得挪威人更愿意选择电动汽车。此外，传统汽车在挪威的售价因政府税费高导致售价较高，但对电动汽车来说，政府规定可以免税至 2018 年，直到实现 5 万辆的推广目标（见图 8、图 9）。

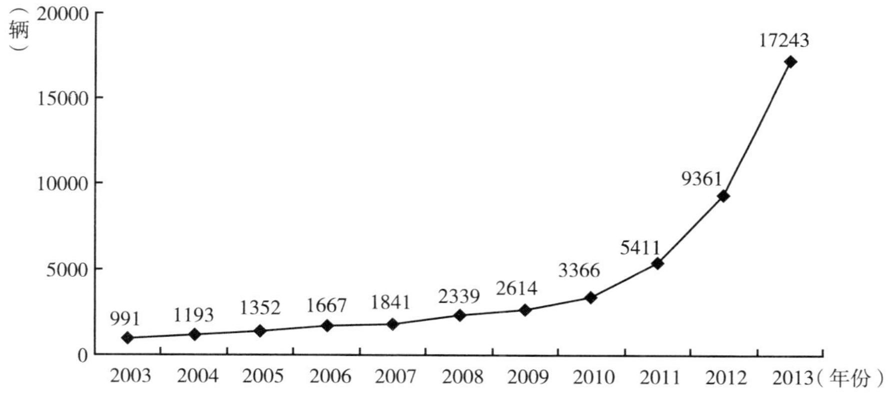

图 8　2003～2013 年挪威电动汽车保有量增势

电动汽车的快速普及，使电动汽车充电网络也在不断增加，截至 2013 年底，挪威共有 5000 个公共充电桩，大约 500 个位于首都奥斯陆。这些充电网络的建设方包括日本 CHAdeMO（主要为日产聆风服务）、特斯拉等。

截至 2014 年 6 月底，CHAdeMO 在欧洲各国安装了 1181 个快速充电器，

① 挪威电动汽车协会。

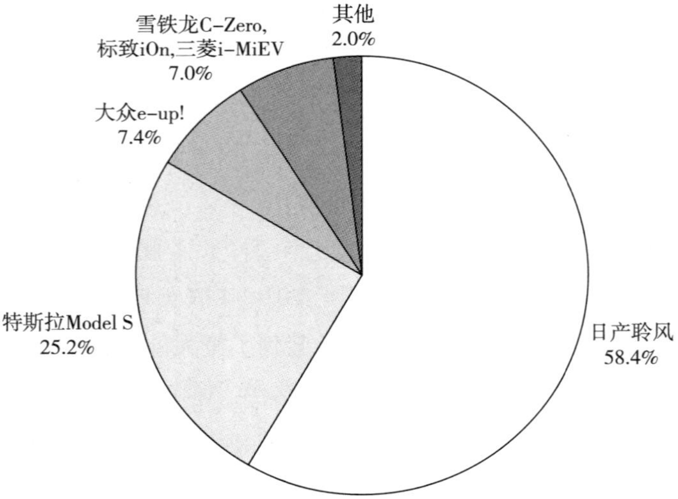

图 9　2013 年挪威电动汽车分车型销量

特斯拉也在欧洲建设了 17 座超级充电站（截至 2014 年 5 月底，见图 10）。因为挪威推广电动汽车进展较快，因此，日本 CHAdMO 和特斯拉均将挪威作为欧洲主要充电设施建设基地之一。

作为汽车工业强国之一，德国发展电动汽车充电设施的进度落后于其他汽车工业发达国家。虽然德国早就提出了要在 2020 年前实现 100 万辆电动车上路的目标，但是，截至 2013 年底，德国上路的电动汽车仅约 10 万辆，充电设施也仅有 2100 个，与之相对应的是，德国目前拥有加油站 1.4 万个。2013 年，德国电动汽车充电设施基本无进展。2014 年 5 月 14 日，德国东部城市莱比锡到南部城市慕尼黑的 A9 高速路上建成投用 8 个电动车快速充电站，这种快速充电站可使电动汽车在半小时内充满电，四星期内所有车辆可免费充电。这一充电站项目耗资大约 770 万欧元，其中德国政府补贴了 300 万欧元[①]（见图 11）。

2013 年，法国累计销售了 13954 辆电动汽车，比 2012 年同比增长 50%。截至 2013 年年底，法国境内充电设施数量超过了 8000 个，法国工业与发展部计划

① 《快速充电站现身德国高速路》，新华网，http：//news. xinhuanet. com/world/2014 - 05/15/C 11/0704780. htm。

图 10　特斯拉在欧洲建设的超级充电站（截至 2014 年 5 月底）

在 2014 年底之前将这一数字翻一番①。2014 年 5 月 6 日，法国国民议会通过一项社会党法案，旨在加快和促进电动汽车充电设备在法国推广和发展，目前只有市镇有能力和条件在公共场所设立充电站。在政府推动的同时，汽车生产企业也十分重视充电设施的发展。从 2013 年 9 月 30 日开始，雷诺在法国境内的 372 家经销商开始增设电动汽车快速充电设备，并提供一小时免费充电服务，同时与法国连锁超市 ELeclerc 进行合作，在超市停车场建立电动汽车快速充电站②（见图 12）。

① 机动车环保网（转自《费加罗报》），http：//www. vecc - mep. org. cn/news/news_ detail. jsp? newsid = 62262。

② 《破解推广困境　多家电动车企业自建充电桩》，中国汽车报网，http：//www. cnautonews. com/cvc/201402/t 2014025 290479. htm。

图 11　德国 A9 高速公路示意

2013 年 6 月 27 日，爱尔兰共和国及北爱尔兰联合启动了一项由欧盟资助的跨境快速充电网络（欧洲首个跨境电动汽车快速充电网络）项目①，该项目的实行也在爱尔兰共和国及北爱尔兰地区进一步扩大了可交互操作式电动汽车快速充电网络的覆盖面。该项目总投资达 420 万欧元，投资内容包括在爱尔兰各地新建 46 个快速充电站及配套 IT 系统的开发工作。每隔 60 公里建立一处快速充电站，并在不受地点限制的情况下实现无缝式充电及支付。该项目预计

① 爱尔兰电力供应委员会。

图 12　法国街头的快速充电桩

将持续至 2014 年 9 月，届时将在主要城际道路沿线、各交通枢纽如机场和爱尔兰沿岛各港口等安装共计 46 处电动汽车快速充电站。其中，将在爱尔兰共和国设置 41 处快速充电站，在北爱尔兰设置 5 处。

爱尔兰电力供应委员会（简称 ESB）主要负责爱尔兰境内所有电动汽车充电站的安设工作。2010 年 3 月 ESB 在都柏林安装了首个沿街充电站，随后便推广至爱尔兰全境。未来 ESB 的安装目标是 2000 处家庭充电站和 1500 处公共充电站（包括主要城际道路沿线的快速充电站），以满足全国电动汽车充电需要。截至 2013 年底，ESB 已在爱尔兰全境安装了 1000 处充电设施，基本覆盖了所有乡村及 90% 的大型城镇。爱尔兰快速充电设施可使驾驶者仅花费 20～25分钟的充电时间即可将电动车的行驶范围延长 130 公里。这将有利于长距离城际旅行并减少人们的“里程焦虑”感。该项资金也将有助于快速充电基础设施网络配套 IT 系统的发展以及促进跨境漫游和电费支付技术的提升。

小　结

在全球发展清洁能源的大趋势下，世界主要汽车工业国家纷纷采取措施，推进电动汽车的推广使用，大力建设充电设施。尤其是日本和美国，在日产、丰田、通用、特斯拉等车企的推动下，2013 年，这两个国家的充电设施建设已取得显著成效，初步建成了全国性的充电服务网络，在很大程度上支撑了电动汽车的区域运行，提升了车辆的有效行驶里程。相比之下，欧洲则有些滞后，仅挪威、德国等取得了一些进展。

随着电动汽车运行数量的快速增加，简单孤立的充电设施已不能满足车辆的运行需求，公共快速充电网络已成为行业取得长远发展的物质基础和重要保障。因此，虽然目前各国充电标准尚未统一，充电模式也没有得到很好的认证，但随着电动汽车市场的进一步扩张和潜在消费人群的持续扩大，所有这些问题必将迎刃而解，智能快速充电网络必将得到新的更大的发展。

B.16

国外电动汽车标准化工作进展情况介绍

周荣 齐蒙 赵红莎 郭岩*

摘 要：

发展电动汽车已经逐步成为世界各国加快推进交通能源战略转型的重要途径，如何更快更好地开展电动汽车标准化及其国际标准的协调工作，已成为促进电动汽车在世界范围内普及的重中之重。目前，国际标准化组织、国际电工委员会、联合国世界车辆法规协调论坛等国际标准化组织分别在各自职权范围内积极开展国际电动汽车标准化的制修订及协调工作；与此同时，美国、德国、日本等主要汽车发达国家与欧盟等区域性组织均有各自的电动汽车标准化组织，根据自身发展需要制订了相应的电动汽车标准化工作计划，并积极开展与电动汽车相关的标准化制修订与协调工作。

关键词：

电动汽车　国际标准　标准化组织　标准动态　发展趋势

自20世纪70年代的世界石油危机以来，寻找新的能源取代传统的石化能源被汽车工业界提到了议事日程，进入21世纪后，发展电动汽车逐步成为世界各国加快推进交通能源战略转型的重要措施。开展电动汽车标准化和国际标准协调工作是确保电动汽车产业健康有序发展的最重要的基础工作，国际法规和标准化组织以及美国、欧洲、日本等发达国家和地区先后成立了一些组织和机构，开展电动汽车标准的研究、制修订和国际标准协调工作。

* 周荣，总工程师，资深首席专家，研究员级高工，中国汽车技术研究中心汽车标准化研究所；齐蒙，硕士，河北工业大学研究生院；赵红莎，硕士，河北工业大学研究生院；郭岩，硕士，河北工业大学研究生院。

一　国际电动汽车标准化组织及工作介绍

目前，国际上开展电动汽车标准化工作的组织机构主要有国际标准化组织（ISO①）、国际电工委员会（IEC②）、联合国世界车辆法规协调论坛（WP29）等。ISO 的工作主要涉及电动汽车整车、安全、能耗、充电等方面；IEC 则主要涉及电动汽车关键零部件领域，可从驱动、充电、储能等方面进行划分；WP29 主要负责协调世界各国共同参与制修订全球统一的汽车技术法规（GTR）。

（一）ISO

1. 组织介绍

国际标准化组织（ISO）成立于 1947 年，是世界上最大的标准化机构（非政府组织），它主要负责制修订 ISO 标准，开展国际标准化的协调工作。国际标准化组织/道路车辆技术委员会（ISO/TC22）主要承担电动汽车整车标准的研究工作。ISO/TC22/SC21 是电动车辆分技术委员会，它们从 1993 年 3 月第 2 次工作会议开始便加快了电动汽车方面的标准化工作，目前已形成了多项标准草案。ISO/TC22/SC21 下分 3 个工作组（WG1 ~ 3），WG1 工作组主要负责车辆安全运行、车载牵引电能存储、人员触电防护和术语等方面的标准化工作；WG2 工作组主要负责车辆性能和能量消耗量的测量方法和定义；WG3 从事电动汽车动力蓄电池领域的标准化，主要涉及电池包和电池系统。ISO 中和电动汽车相关的委员会和工作组组织结构见图 1。

2. 电动汽车标准化体系

截至 2014 年 2 月，ISO 在电动汽车方面已发布或正在起草的标准有 47 项，主要分为安全、整车、储能、能耗、充电几大块内容③。其中，我国在起草《电动汽车用锂离子动力蓄电池包和系统测试规程》时参考了 ISO 12405 系列标准，在修订 GB/T 18384 时则参考了 ISO 6469 系列标准。ISO 电动汽车标

① ISO，即 International Standardization Organization。

② IEC，即 International Electrotechnical Commission。

③ 由中国汽车技术研究中心标准化研究所提供。

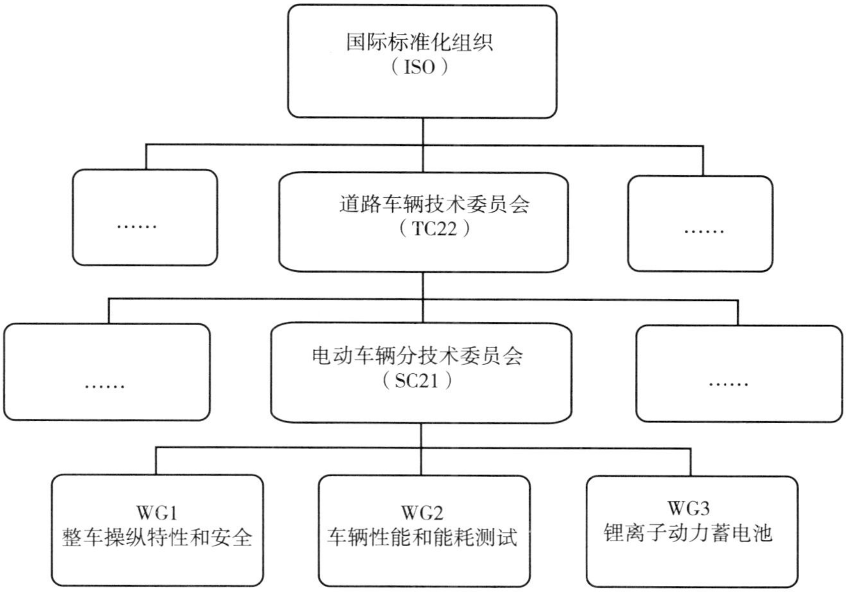

图 1　ISO 中与电动汽车相关的委员会和工作组

资料来源：ISO 官网，http：//www. iso. org/iso/home. htm。

准体系框架如图 2 所示。

3. 近期工作动态

ISO/TC22 的秘书处为发挥其下属分委会的作用，加强对国际标准项目的运行管理，于 2013 年对现有组织机构进行了调整。将现有的 26 个分委会及直属工作组整合为 9 个分委会。TC22 秘书处已将重组方案征求各成员国意见，预计于 2014 年末发布结论。

（二）IEC

1. 组织介绍

国际电工委员会（IEC）成立于 1906 年，是非政府性国际电工标准化机构，负责电子电气工程领域的国际标准化工作。国际电工委员会/电动道路车辆技术委员会（IEC/TC69）是该机构的电动道路车辆和电动工业卡车分机构，主要从事电动车辆相关标准的研究，主要涉及 WG2 电机和控制系统、WG4 能量供应与充电等。其他分支机构相关联合工作组有 TC 21/JWG 69 Li（由

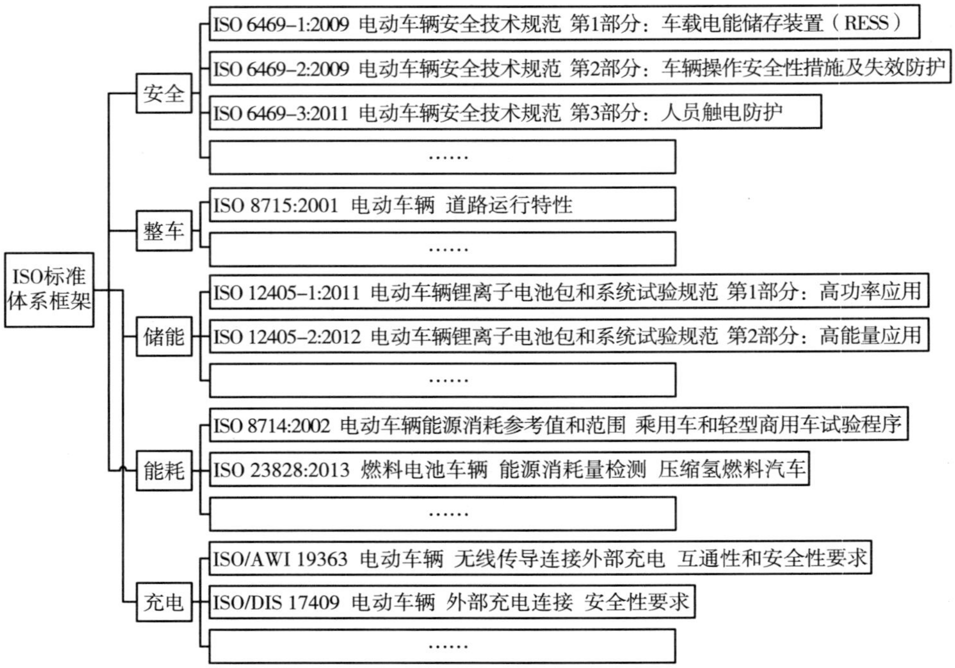

图 2 ISO 标准体系框架

资料来源：中国汽车技术研究中心标准化研究所。

TC21/SC21A 和 TC69 组成）汽车用锂电池和 TC 21/JWG 69 Pb－Ni（由 TC 21/SC 21A 和 TC 69 组成）铅酸与镍基电池系统等，IEC 中与电动汽车相关的委员会和工作组见图 3。

ISO 和 IEC 有联合工作组，它们共同起草电动汽车和电网的通信协议等标准，IEC 和 ISO 联合起草的标准情况如图 4 所示。

2. 电动汽车标准化体系

截至 2014 年 2 月，IEC 在电动汽车方面已发布或正在起草的标准有 52 项，主要分为驱动、储能、充电三方面内容①。其中，我国在修订 GB/T 18487.1 时参考了 IEC61851 系列标准，而在修订 GB/T 20234 时则参考了 IEC 62196 系列标准。IEC 电动汽车标准体系框架如图 5 所示。

① 由中国汽车技术研究中心标准化研究所提供。

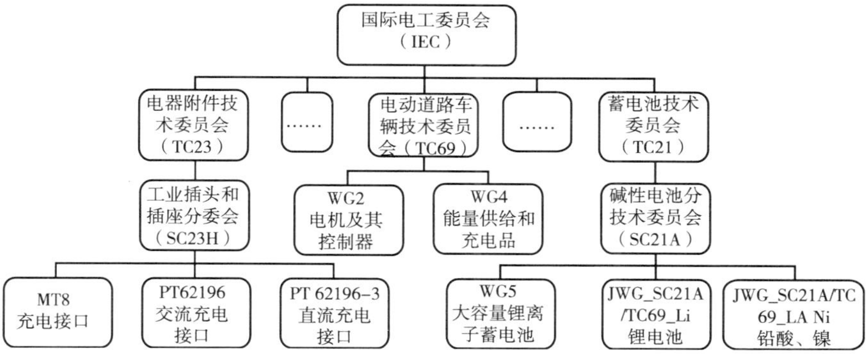

图 3　IEC 中与电动汽车相关的委员会和工作组

资料来源：IEC 官网，http：//www. iec. ch/。

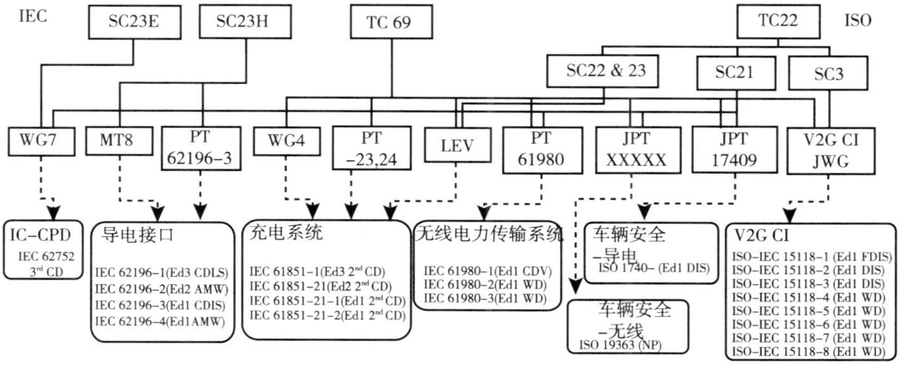

图 4　IEC 和 ISO 联合起草的标准情况

资料来源：JARI：《电池充电标准化工作组活动报告》。

3. 近期工作动态

IEC/TC69 下的 WG4 工作组负责制修订的 IEC 61851 系列的 4 项标准均处于委员会草案（CD）阶段，同时 JPT 61851 -3 工作组负责的 IEC/TS 61851《电动车辆传导供电系统》系列的 4 项技术规范也处于草案阶段，预计于 2015 年 7 月发布，该 4 项技术规范分别是：“轻型电动车辆（LEV）交流和直流传导供电系统通用要求”、“轻型电动车辆（LEV）直流非车载传导供电系统要求”、“轻型电动车辆（LEV）电池更换系统要求”及“轻型电动车辆（LEV）通信要求”。

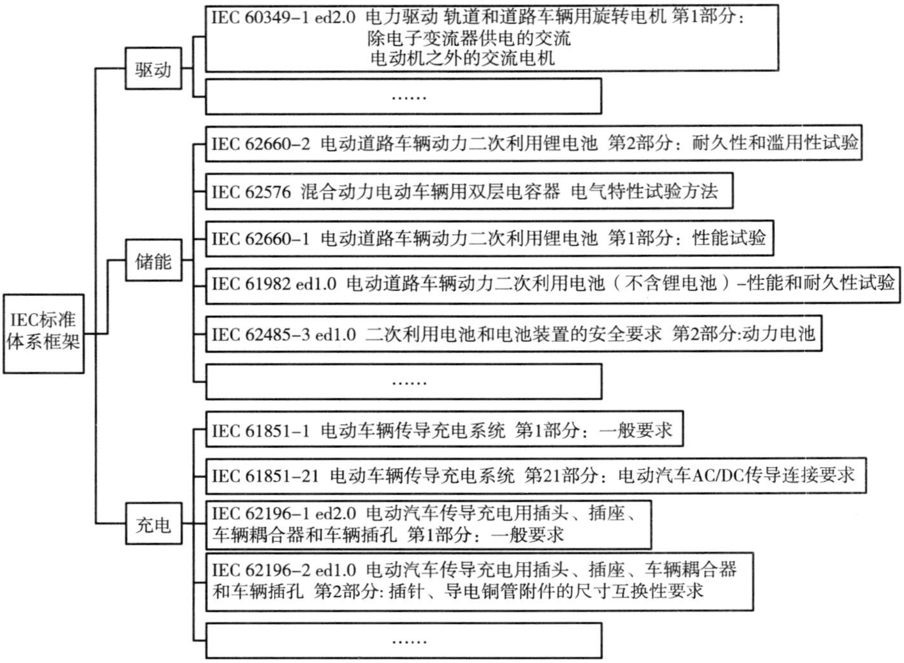

图 5　IEC 标准体系框架

资料来源：中国汽车技术研究中心标准化研究所。

（三）WP29

1. 组织介绍

联合国世界车辆法规协调论坛（UN/WP29）是联合国层面的标准化机构。WP29 在《1958 年协定书》框架下负责整个欧洲范围内的统一汽车技术法规（即 ECE 法规）的制修订及实施工作。从 1998 年开始，WP29 于《1998 年协定书》框架下负责协调各成员国共同制修订全球统一的汽车技术法规（GTR），同时 WP29 按照《1958 年协定书》继续制修订 ECE 法规。我国实际参与了 WP29 世界车辆法规的制定工作，这对我国汽车产业和国际贸易的发展有着至关重要的作用。

WP29 下设有 6 个工作组：一般安全性工作组（GRSG）、被动安全性工作组（GRSP）、污染与能源工作组（GRPE）、灯光及光信号工作组（GRE）、噪声工作组（GRB）、制动及底盘工作组（GRRF），在各个正式工作组下面又包含多个非正式工作组。负责电动汽车方面的小组主要有 EVE、EFV、EVS、ELSA 等。该机构的组织结构图如图 6 所示。

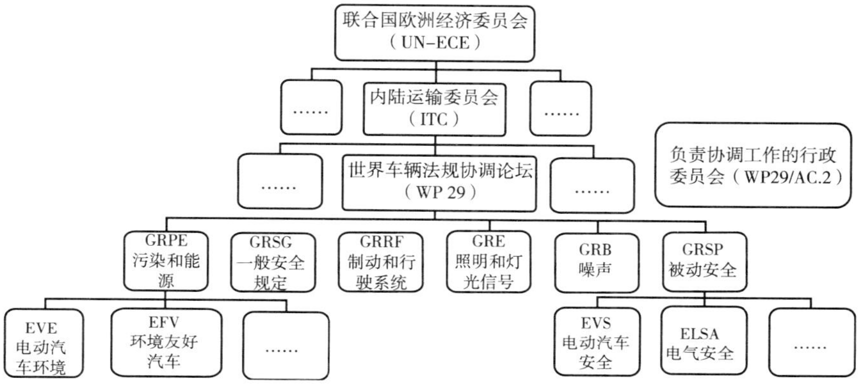

图 6　WP29 的组织结构

资料来源：联合国欧洲经济委员会官网，http：//www. unece. org/。

目前我国电动汽车方面主要参与 GRPE 下 EVE 工作组、GRSP 下 EVS 和 ELSA 工作组的工作。EVE 工作组负责电动汽车法规参考指南的工作，EVS 工作组负责电动汽车安全全球技术法规的工作，ELSA 负责电动汽车碰撞后安全、REESS 等方面的工作。

2. 电动汽车标准化体系

（1）ECE 法规主要成果

截至 2014 年 3 月，WP29 已正式制定颁布的 ECE 法规共计 131 项①，主要分为整车、储能、能耗、安全四个方面，与电动汽车有关的有 15 项。我国在起草《电动汽车碰撞后安全要求》标准时参考了 ECE R94、R95 的修正案。ECE 电动汽车法规体系框架如图 7 所示。

（2）GTR 法规主要成果

截至 2014 年 3 月，WP29 已出台 14 项法规成果，包括 13 项全球统一汽车技术法规（GTR）和一项规范性技术文件（S. R. 1），其中电动汽车相关的法

① 全国汽车标准化技术委员会，中国汽车技术研究中心标准化研究所：《汽车标准法规目录（2014）》。

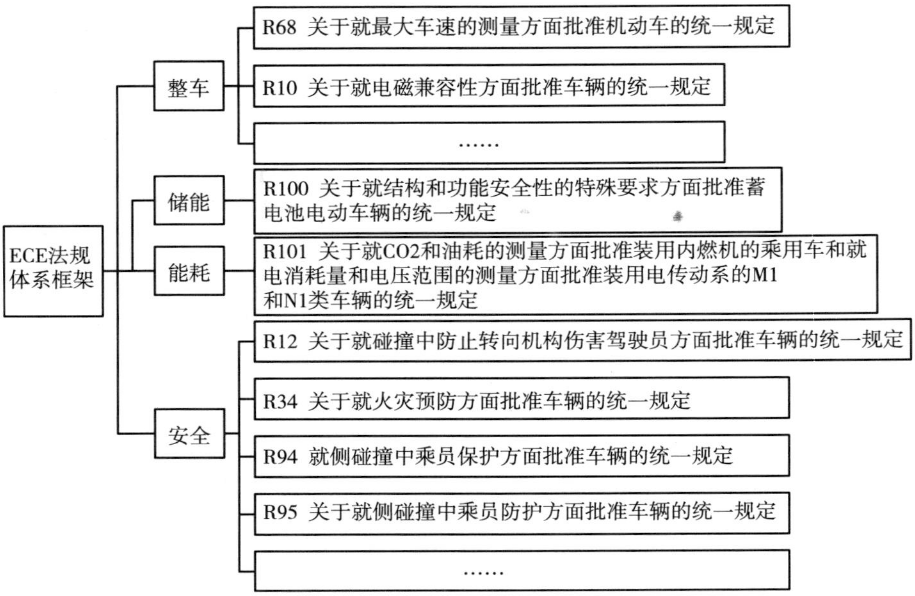

图 7　ECE 法规体系框架

资料来源：《汽车标准法规目录（2014）》。

规为 2013 年 7 月发布的 GTR 13《氢燃料电池车辆》[①]。该法规主要解决了车载储能系统安全、整车安全和其他环节方面的要求，主要内容包括碰撞后的氢气释放、压力释放系统、单点失效情况等。

3. 最新工作动态

（1）WP29 - EVS 工作动态

在 2014 年 4 月 10 日的 EVS 中国专家组第 3 次会议上，针对第四次 EVS 工作组会议所形成的电动汽车安全全球技术法规草案（EVS - GTR，EVS - 04 - 07e 版）专家组汇报了针对相应问题所做的研究工作，认为 EVS - GTR 的实施须采取“一步走”的战略，即在 2015 年底正式发布第一版。

（2）WP29 - EVE 最新工作动态

2014 年 2 月 17 ~ 18 日，EVE 非正式工作小组第 9 次会议在美国召开。会

① 全国汽车标准化技术委员会，中国汽车技术研究中心标准化研究所：《汽车标准法规目录（2014）》。

议重点讨论了正在起草的 Electric Vehicle Regulatory Reference Guide（《电动汽车法规参考指南》）第三版草稿，逐条讨论了对前期各国和各机构针对第三版草稿的反馈意见，并将在此基础上修改形成正式版文件，提交至污染与能源工作组（GRPE）和 WP29 管理委员会讨论投票。

二　欧洲（欧盟）电动汽车标准化工作

（一）欧洲标准化工作机构及职能

在欧洲，涉及汽车标准化工作有欧洲标准化委员会（CEN①）、欧洲电工标准化委员会（CENELEC②）、欧洲电信标准协会（ETSI③）三个接受委托制定与协调欧盟标准的标准化机构，以及欧盟各国国内标准化组织。其中，CEN 负责协调与加强欧盟成员间的标准化交流，贯彻与实施国际标准与欧洲标准在本区域内的认证工作；CENELEC 则是通过制定相关欧洲标准来协调各成员国之间电工电子方面的标准。CENELEC 和 CEN 以及它们的联合机构 CEN/CENELEC 是欧洲最主要的标准制定机构，CEN－CENELEC 标准体系各职能部门的组织结构如图 8 所示。

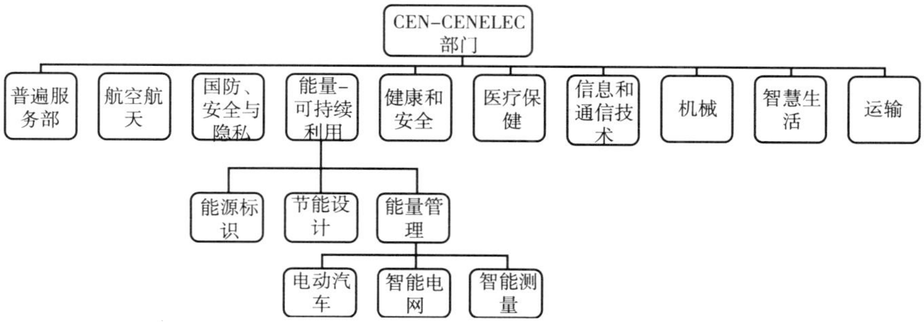

图 8　CEN－CENELEC 组织结构

资料来源：CEN－CENELEC 官网，http：//www. cencenelec. eu/Pages/default. aspx。

① CEN，是法语的缩写，英文为 European Committee for Standardization。

② CENELEC，是法语的缩写，英文为 European Committee for Electrotechniccal Standardization。

③ ETSI，即 European Telecommunication Standards Institute。

（二）主要工作成果及标准体系

欧洲的标准化机构积极推动欧洲标准与国际标准的接轨。1991 年 6 月，ISO 与 CEN 签订了技术合作协定（ISO/CEN 维也纳协定），1996 年 IEC 和 CENELEC 签订了《IEC 和 CENELEC 技术合作协定》。因此，欧盟在制定电动汽车标准时，也参考了 ISO 和 IEC 等相应的国际标准，目前已发布 14 项整车标准、2 项关键零部件标准、19 项动力电池标准、4 项周边设施标准①。欧盟电动汽车标准体系框架如图 9 所示。

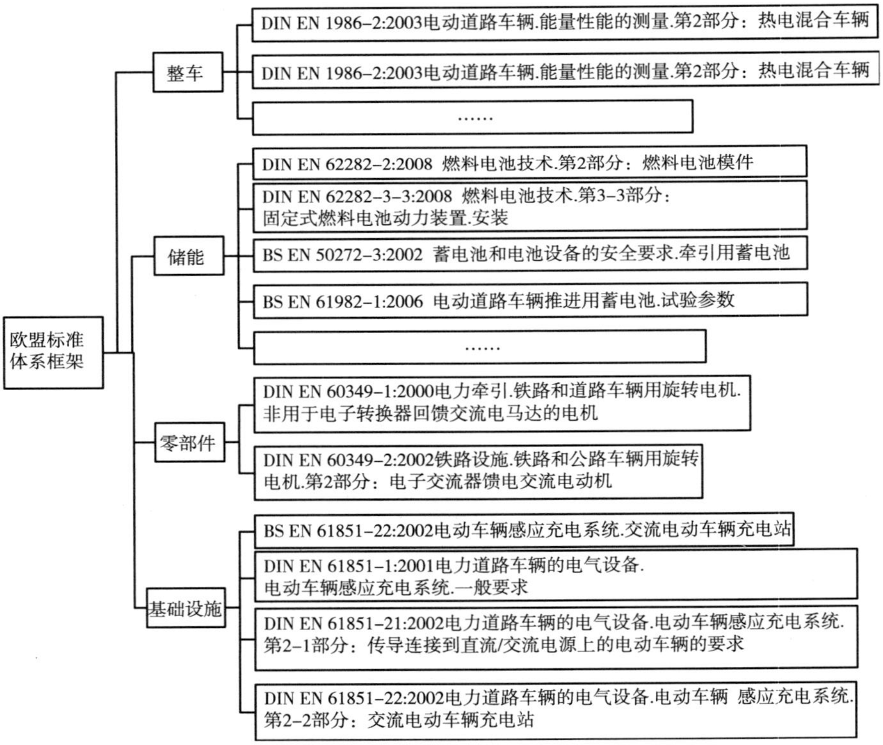

图 9 欧盟电动汽车标准体系框架

---

① 技术壁垒资源网，http：//www. tbtmap. cn/portal/Contents/Channel_ 2125/2012/0613/146613/content_ 146613. jsf? ztid =2205。

（三）最新工作动态

CEN 和 CENELEC 在 2011 年 10 月建立了电动汽车专项小组，以适应 M/468 指令（电动汽车充电）的要求，该指令涉及道路车辆和相关基础设施标准化，代表了欧洲电动汽车特殊标准化需求。2012 年 3 月 CEN - CENELEC 电动汽车协调小组（eM - CG）成立并举行了第一次会议。eM - CG 同样跟踪 IEC 和 ISO 相关标准化工作的进展，并保证欧盟活动和国际层面活动的联系。在 2014 年的 CEN - CENELEC 的工作计划中，CEN 将与 CENELEC 和 ETSI 一起完成并发布一项关于电动汽车智能充电参考框架的报告。

三　德国电动汽车标准化工作

（一）德国标准化工作机构和职能

1. 德国标准化学会

德国标准化学会（DIN①）成立于 1917 年，总部设在首都柏林，是德国最大具有广泛代表性的公益性标准化民间机构。DIN 目前大约有六千多个工业公司和组织会员，设有 123 个标准委员会和 3655 个工作委员会。根据与德国联邦政府的协议，它开展工作的百分之九十都是欧洲或国际性质的。其主要工作就是通过与利益相关者紧密的合作来发展基于共识的标准，使其满足市场的要求，以代表其作为欧洲标准化委员会（CEN）和国际标准化组织（ISO）成员的利益。

DIN 是 ISO 和 IEC 两大国际标准化组织的积极支持者，在几百个技术委员会中，由它承担的秘书工作约占 15%②，在 ISO 和 IEC 标准中有不少是 DIN 推荐的，随着欧洲标准不断采用国际标准，它也推进了 DIN 标准采用国际标准

① DIN 是该机构的德文缩写。

② 世界资料网，http：//bbs. infoeach. com/forum. php? mod = viewthread&tid = 38577&fromuid = 70908。

的工作。DIN 的道路车辆工程标准委员会由德国汽车工业协会支持，负责所有涉及汽车的标准制定，包括系统及关键零部件。

2. 德国电工委员会

德国电工委员会（DKE①）是 DIN 和德国电气工程师协会（VDE②）的联合机构，VDE 负责 DKE 的日常运作。DKE 是一个现代化的、非营利的服务性组织，促进安全合理产品的产生和电的使用，遵从大众的利益。它代表了其在欧洲电工标准化委员会（CENELEC）和国际电工委员会（IEC）的利益。

DKE 的任务就是发展和出版电力工程、电子和信息技术领域的标准，出版 DIN 的标准，尤其是德国标准总集部分，其中也包括安全条款。

（二）德国标准体系框架结构图介绍

德国在电动汽车领域的标准化工作框架如图 10、11 所示，其中 DKE 是 IEC 在德国的对口组织，而 DIN 是 ISO 在德国的对口组织。

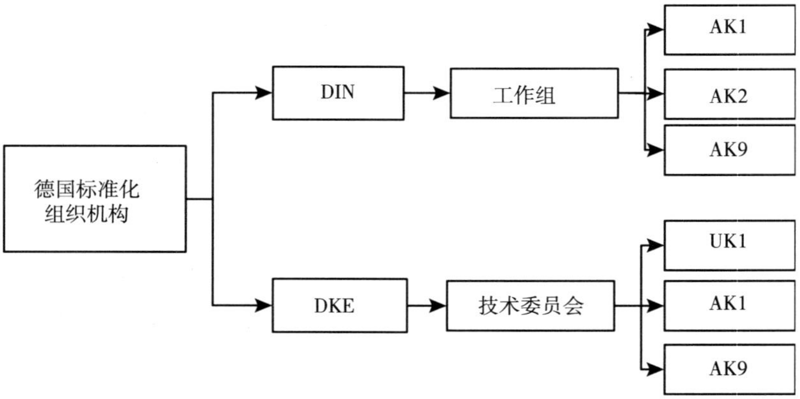

图 10 德国标准化组织结构

资料来源：http：//www. sto. net. cn/bbs/viewthread. php？ tid = 10500&page = 1。

① DKE 是该机构的德文缩写。

② VDE 是该机构的德文缩写。

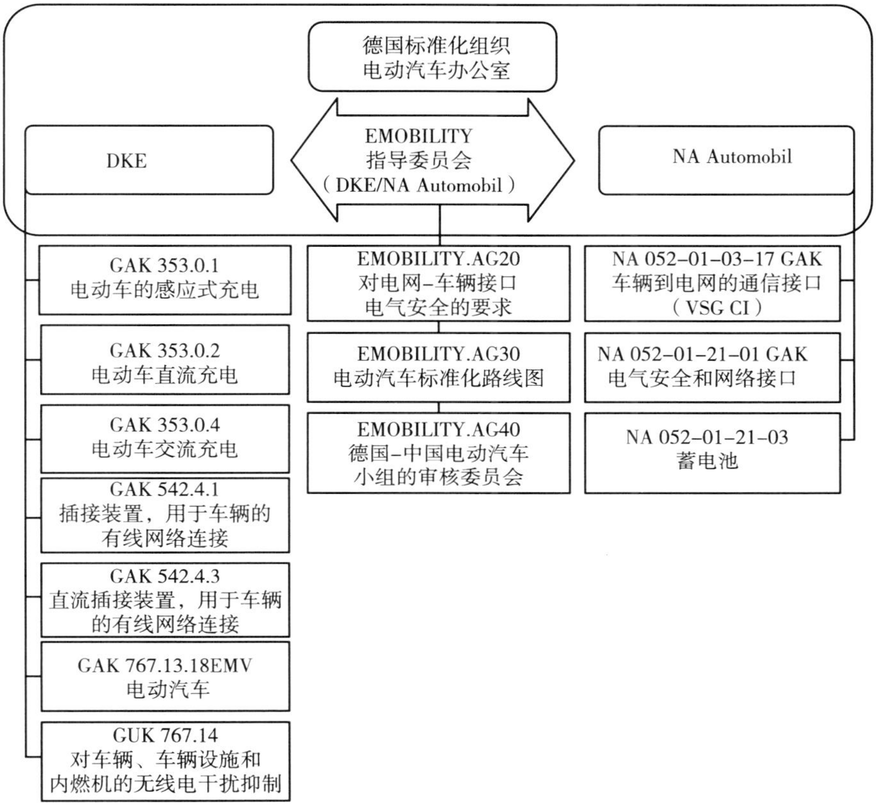

图 11　德国标准化组织电动汽车办公室组织结构

资料来源：The German Standardizaiton Roadmap for Electromobility – Version 1. 0. 1。

（三）主要工作成果和最新工作动态

1. 电动汽车标准化体系

（1）参与组织及活动

DIN 于 1951 年加入国际标准化组织（ISO）。由 DIN/VDE 联合组成的德国电工委员会（DKE）代表德国参与国际电工委员会（IEC）的标准化工作。此外，DIN 还是欧洲标准化委员会（CEN）、欧洲电工标准化委员会（CENELEC）和欧洲电信标准学会（ETSI）的成员，并在其中发挥着重要作用。

（2）标准体系框架

德国电动汽车标准主要从整车、能耗、安全、充电等四个领域划分，如图12 所示。

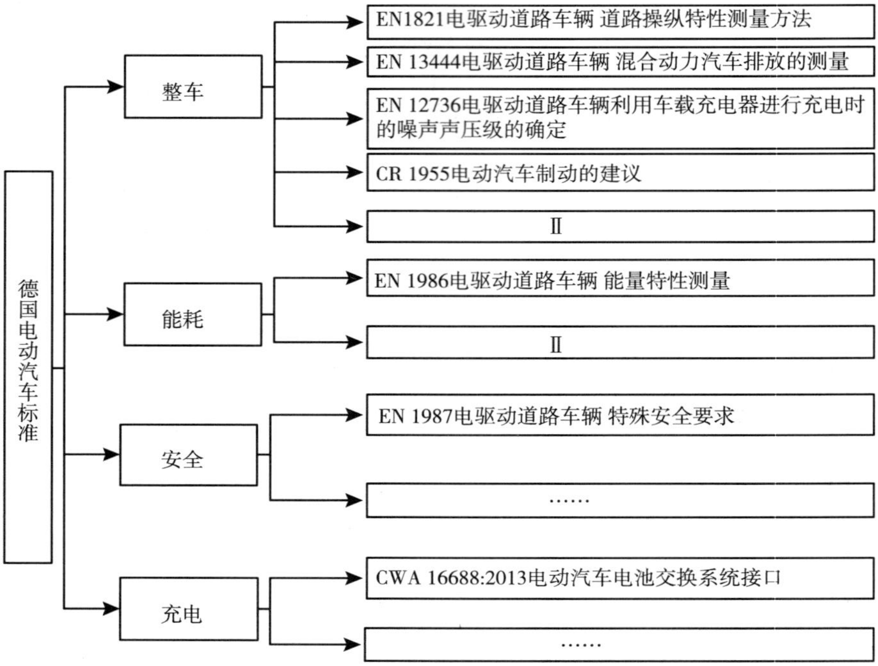

图 12　德国电动汽车标准

资料来源：根据全国汽车标准化技术委员会秘书处提供数据整理，http：//www. catarc. org. cn/。

2. 最新工作动态

德国是 ISO/TC22/SC21 下第三工作组的召集人，该工作组从事电动汽车动力蓄电池领域的标准化，主要涉及电池包和电池系统。近期，德国在国际电动汽车标准化方面的主要工作如表 1、表 2。

表 1　电池标准化工作组负责项目

新修订（德国）	ISO 12405－3，Ed. 1 电动汽车用锂离子电池包·系统测试规程－安全性能要求	FDIS 投票中（2014－3 投票截止）

资料来源：JARI：《电池标准化 2013 年度成果报告书》。

表 2　电池充电标准化工作组负责项目

新修订（德国）	ISO/IEC 15118－2, Ed. 1, 汽车到电网的通信接口：技术协议及 OSI 层要求	2014－01 FDIS 审批 IS 发行准备中
新修订（德国）	ISO/IEC 15118－3, Ed. 1, 汽车与电网之间的通信接口：物理层与数据链层的要求	FDIS 递交准备中

资料来源：JARI：《电池标准化 2013 年度成果报告书》。

四　日本电动汽车标准化

（一）日本电动车辆协会

1. 组织介绍

日本电动车辆协会（JEVA[①]）成立于20 世纪70 年代，其时便开始系统地进行电动汽车标准化的研究工作，其下设有由整车、动力蓄电池、电机及控制器等生产企业与标准化组织组成的、专门负责电动汽车标准化工作的委员会，另分设整车、基础设施与蓄电池三个分委员会。

此外，JEVA 还制定了6 项级别低于标准的技术导则，以避免标准在制定过程中出现因技术或缺少必要信息而停滞的问题。

2. 电动汽车标准化体系

在 2002 年以前，JEVA 是负责日本国内电动车辆标准化工作的机构，制定和发布了约 30 项电动车辆标准，涉及整车、动力蓄电池和充电器等标准[②]。2002 年以后，JEVA 合并到日本汽车研究所。

目前 JEVS 标准体系主要可分为储能、驱动、整车、充电、安全、能耗等方面，如图 13 所示。

① JEVA，即 Japan Electric Vehicle Association。

② 《日本电动汽车标准目录》。

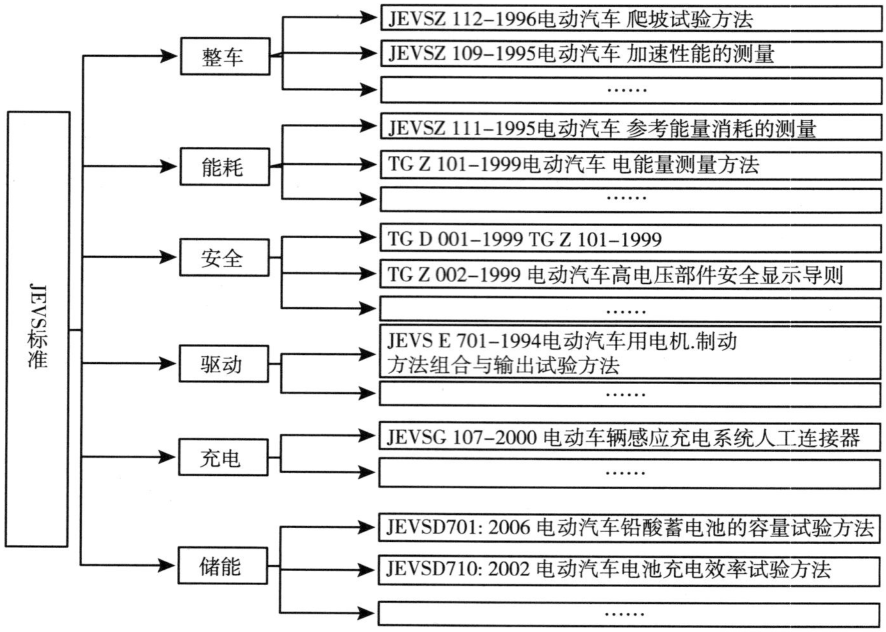

图 13　JEVS 标准体系框架

资料来源：根据全国汽车标准化技术委员会秘书处提供数据整理，http：//www. catarc. org. cn/。

（二）日本汽车研究所

1. 组织介绍

日本汽车研究所（JARI①）是一家致力于汽车测试和研究活动的公益组织。2003 年，JARI 合并前日本电动车协会和日本汽车行驶电子技术协会，并充分利用三个组织所积累的知识和专长，在能源、电气、机械及信息通信行业扩大了合作，积极从事开拓性研究项目和活动。

JARI 主要研究内容。

（1）环境和能源：包括燃油经济性和尾气排放、道路噪声、空气质量改善、健康影响、氢能和燃料电池、电池、电动车；

（2）安全：被动安全、主动安全、个人护理机器人；

① JARI，即 Japan Automobile Research Institute。

（3）IT 及电子：自动驾驶、功能安全（ISO 26262）、ITS 的发展趋势和标准化活动的调查。

2. 电动汽车标准化体系

2002 年以后，JEVA 合并到 JARI，自此 JARI 成为日本国内标准制定和国际标准协调的结构，并在国际标准化工作中发挥重要作用。目前，JEVA 已先后发布了 60 多项电动汽车标准，涉及电动汽车术语、整车、关键零部件以及充电基础设施等多个方面，基本形成了较为系统的电动汽车标准体系。JARI 作为 IEC/TC69 及 ISO/TC22/SC21 的国内审议团队参与相关项目的同时，还根据与 EC/SC23H（工业用插头插座）国内审议团体日本配线系统工业会达成的一致共识，负责电动汽车充电用车辆接口等国内审议和国际项目，并担任 4 个与充电相关的国际项目的召集人①。

（1）国际标准化的体制

电动汽车用电池充电相关国际标准化由 IEC/TC69（负责电动汽车的专门委员会）、ISO/TC22/SC21（负责电动汽车的小委员会）等负责。JARI 是应对此类业务的国内审议团体，并一直作为此项目的事务局在开展活动。此项目相关的国内审议在国内审议体制下进行，并向国际审议体制所示的国际会议提交日本提案及进行建议活动。2013 年度 JARI 共出席了 29 次国际会议，并审议了相关标准方案。

（2）国内审议体制

日本国内的审议工作由汽车、电池、电力、组件等相关行业和专业人士所组成的委员会负责。

（三）日本汽车技术会

1. 组织介绍

日本汽车技术会（JASO②）成立于 1960 年，是日本国内 ISO/TC22 的归口单位，全面负责日本汽车标准化工作。JASO 内部按不同方向设立了包括车身、底盘、电气、发动机、表面处理等在内的 8 个技术委员会，每个委员会下

---

① JARI：《电池标准化 2013 年度成果报告书》。

② JASO，即 Japan Automobile Standards Organization。

设多个分技术委员会。

其主要工作有：接受日本工业标准调查会（JISC，Japan Industrial Standards Committee）的委托，负责组织日本汽车行业的标准化工作；根据WTO/TBT协议的要求，代表日本参加ISO/TC22的道路车辆国际标准化工作；配合政府部门进行日本汽车技术法规的国际协调，并承担具体工作。

2. 主要工作成果

日本电动汽车标准主要分为整车、能耗、安全、充电、储能、驱动等六个领域，标准框架如图14所示。

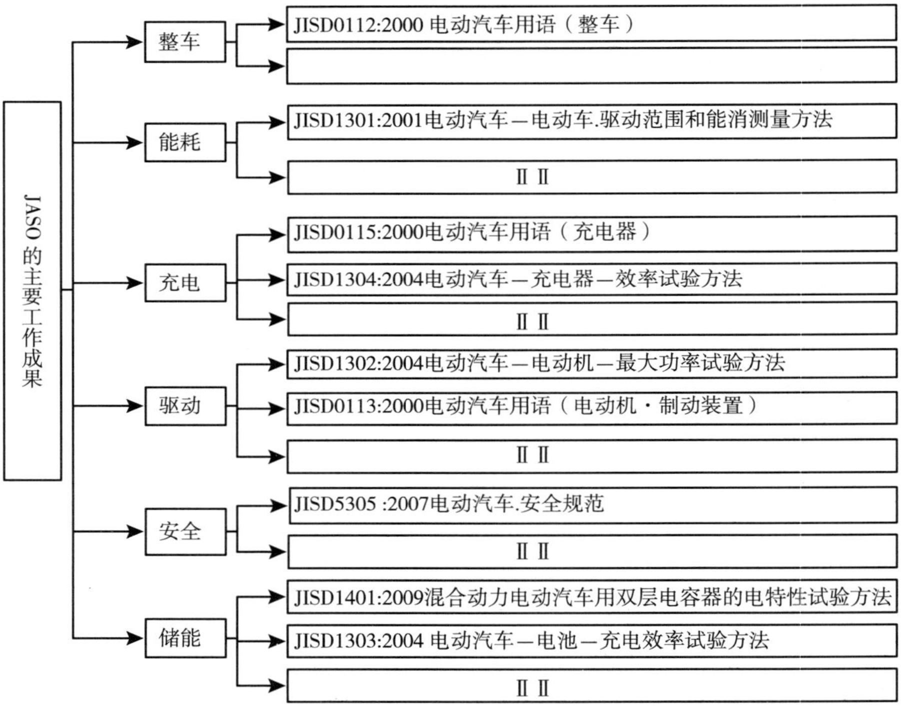

图14 JASO标准体系框架

资料来源：根据全国汽车标准化技术委员会秘书处提供数据整理，http：//www. catarc. org. cn/。

（四）日本参与国际电动汽车标准化工作情况

2013年6月，《1998年协定书》管理委员会举行了第38次会议，日本代表向大会通报，工作组已就全球技术法规草案的框架达成一致，工作组正在对法规制定路线进行讨论。2014 年 4 月，JARI 进行了锂离子电池包的振动试验条件妥当性验证的研究。

目前，在日本参与的 15 场 IEC、ISO 电动汽车用电池、充电相关会议中，在其中的 6 场会议担任主席国（包括项目召集人），近期主要参与的国际电动汽车标准化工作如表 3、表 4。

表 3　电池标准化工作组

新制定	IEC 62660 - 3, Ed. 1 电动汽车用锂离子蓄电池（单体）的安全要求	2013 - 05 NP 审批 CD（2014 - 1 意见征询截止）
新制定	IEC 61982 - 4, Ed. 1 电动汽车用镍氢蓄电池的安全要求	2013 - 8 NP 审批 WD 审议中

资料来源：JARI：《电池标准化 2013 年度成果报告书》。

表 4　电池充电标准化工作组

新制定（日本）	IEC 61851 - 23, Ed. 1, 电动车传导充电系统：直流充电站	2014 - 01 FDIS 审批 IS 发行准备中
新制定（日本）	IEC 61851 - 24, Ed. 1, 电动车传导充电系统：直流充电控制数码通信	2014 - 01 FDIS 审批 IS 发行准备中
新制定（日本）	IEC 62196 - 3, Ed. 1, 电动车传导充电用直流电动车辆接口尺寸互换性	FDIS 递交准备中

资料来源：JARI：《电池标准化 2013 年度成果报告书》。

（五）日本电动汽车标准体系框架结构介绍

日本经济产业省（METI①）下的日本新能源产业的技术综合开发机构（NEDO②）和日本汽车研究组织（JEWA③）以及环境和安全技术小组通过

① METI，即 Ministry of Economy，Trade and Industry。

② NEDO，即 The New and Industrial Technology Development Organization。

③ JEWA，即 Japan Electrical Wiring Devices and Equipment Industries Association。

JARI 相联系，同时，JARI 作为 IEC/TC69 及 ISO/TC22/SC21 的国内审议团队也参与相关项目。日本标准体系框架图如图 15 所示。

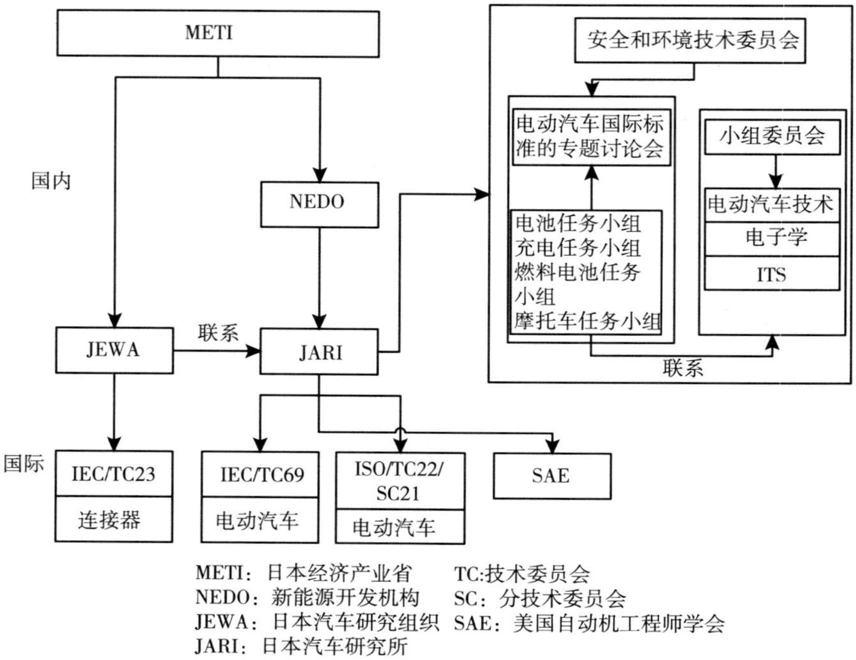

图 15　日本标准体系框架

资料来源：中国汽车技术研究中心标准化研究所：《中国电动汽车标准化路线图》草案，2013。

五　美国电动汽车标准化工作

（一）美国国家标准学会

美国国家标准学会（ANSI①），成立于 1918 年，是由企业、政府和其他成

① ANSI，即 American National Standards Institute。

员组成的非营利性质的民间标准化组织，是美国国家标准化活动的中心。通过审议和审批相应标准化组织及行业技术团体所自愿提交的标准，ANSI 来指导美国国内标准化工作。其组织机构如图 16 所示。

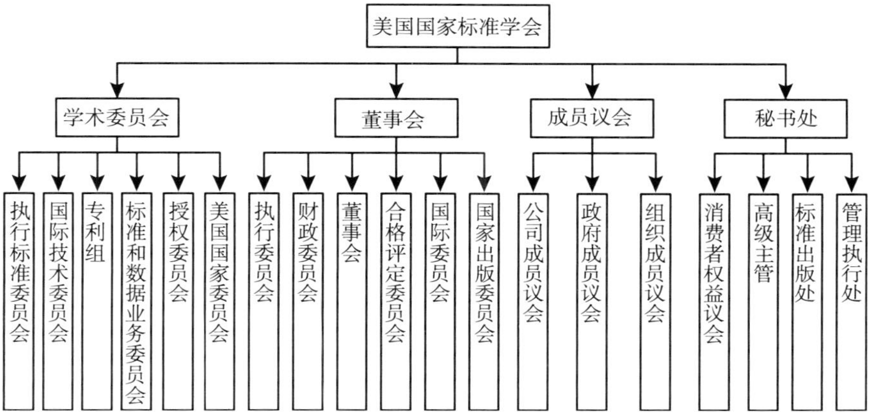

图 16　美国国家标准学会（ANSI）组织结构

资料来源：深圳市华诺丰源技术管理咨询有限公司，http：//www. runesd. com/view. php？ id = 80。

在汽车标准化方面，美国国家标准协会主要依托美国自动机工程师学会来完成相关汽车标准的制修订工作。在电动汽车标准化方面，美国国家标准学会现已经成立了一个跨部门的且囊括了汽车整车及零部件企业、政府机构、公共事业、标准和合格评机构的电动汽车标准制定工作小组，以协调美国的电动汽车技术和基础设施标准，其目的就是制定统一的标准，以确保正在美国市场上大规模部署的电动汽车都必须经过严格的安全测试。

（二）美国自动机工程师学会

1. 组织介绍

美国自动机工程师学会（SAE①）成立于 1905 年，是国际上最大的汽车

① SAE，即 Society of Automotive Engineers。

工程学术组织，其设立的电动车辆标准论坛委员会包括论坛委员会、四个标准委员会，具体机构组成及设置如图 17 所示①。

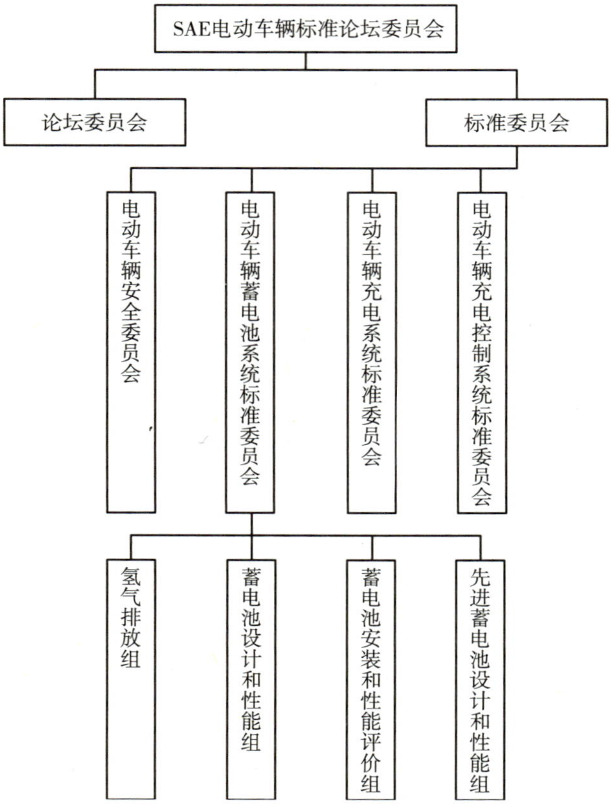

图 17　SAE 电动车辆标准论坛委员会组织结构

资料来源：《中外新能源汽车标准化体系对比研究》，《中国标准化》2011 年 9 月。

2. SAE 电动汽车标准化体系

在电动汽车标准化工作方面，SAE 在标准制修订的数量和速度上在世界范围内都处于领导地位，其所制定的标准也被视作众多国家标准化组织机构制修订标准时的依据。特别是近几年，制修订标准非常多，在这些制修订的标准

① 孙林：《国内外电动汽车产业发展战略研究》，http：//www. wanfangdata. com. cn/。

中，针对电动汽车的标准法规主要涉及电动汽车的相关术语及指南、整车系统性能、电池振动及碰撞安全、充电系统及通信协议、能源消耗量及能量转换系统等方面。

针对电动汽车，美国国家标准协会依托美国自动机工程师学会制修订的标准法规主要可以分为整车系统、零部件、充电基础设施三大类，其具体的标准体系框架如图 18 所示。其内容具体包括各类电动汽车的术语和安全技术要求，整车动力性、经济性和排放、电磁场强度等试验和测量方法，蓄电池和蓄电池组的各种试验规程及电动车辆用的高压电线、线束与元器件、连接件的技术要求和试验方法。

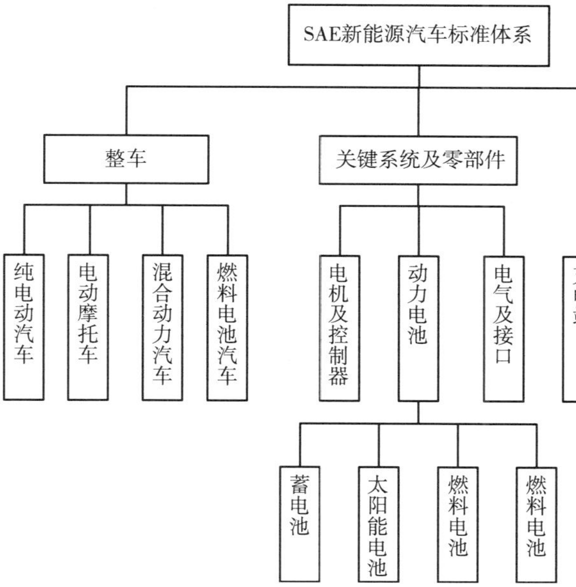

图 18　SAE 电动汽车标准化体系

资料来源：《中外新能源汽车标准化体系对比研究》，《中国标准化》2011 年 9 月。

截至 2014 年 6 月，SAE 已确认 95 项电动汽车标准有效①。相关主要标准的制定情况如图 19 所示。

① 根据全国汽车标准化技术委员会秘书处和美国 SAE 提供资料整理。

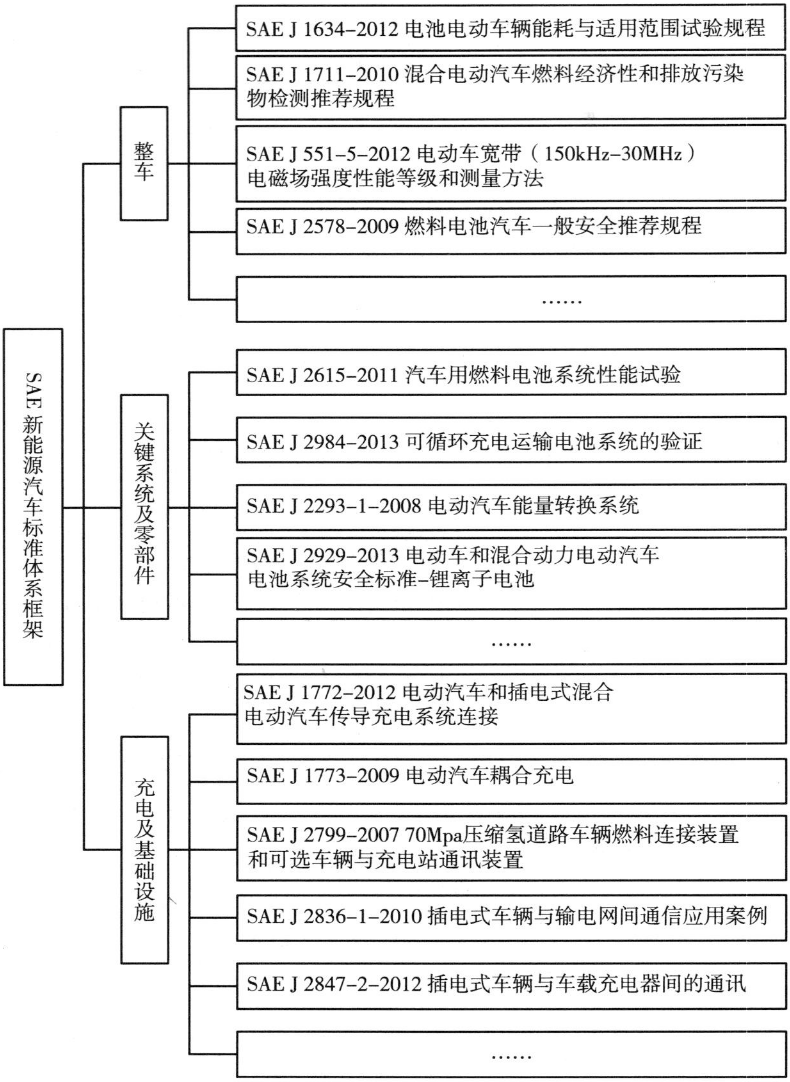

图 19　SAE 电动汽车标准框架

资料来源：根据全国汽车标准化技术委员会秘书处和美国 SAE 提供资料整理。

六　未来国际电动汽车标准化工作热点

随着传统能源危机和低碳经济时代的来临，电动汽车将逐渐成为国际汽车产业的主要发展方向。尽管国际电动汽车标准化已经取得一定的成绩，但目前现有的电动汽车标准体系尚不能完全覆盖一些新出现的技术或产品，仍存在产品或技术缺乏适用标准或标准化工作跟不上发展需要等情况。此外，各国之间技术标准规范缺乏统一，这也成为制约未来国际电动汽车产业发展的瓶颈。因此，电动汽车国际标准化工作仍需要紧跟电动汽车产业发展的步伐，不断完善以满足科研、产业化和产品管理的需要。

电动汽车标准化工作涉及安全、能耗、排放、动力蓄电池、充电基础设施以及电磁兼容等多个领域。目前，整车领域的标准相对较为完善，而充电基础设施标准相对缺口较大，尤其是涉及互换性的一系列充电接口、通信协议等标准仍在制订中。此外，电动汽车的电磁兼容标准是标准化工作的难点之一，也是国际标准化组织重点研究的领域。

当然，完成这些工作必定会经历一个长期而艰巨的过程，也势必会需要电动汽车整车及零部件制造商、电气设备制造商、电力企业等各利益相关方加强合作，共同推动电动汽车国际标准化工作，从而推动电动汽车在未来稳步快速的发展。

B.17

加州零排放汽车规定及其积分交易制度对加快我国新能源汽车推广的借鉴*

刘斌　时间**

摘　要：

加州通过强制规定汽车企业零排放汽车销售比例和允许积分交易相结合的方式，迫使汽车企业推广零排放汽车。我国可借鉴其经验对汽车生产企业提出新能源汽车产销量占比要求，并通过新能源汽车积分交易鼓励技术先进的电动汽车企业加大新能源汽车研发和产业化，以助推国家实现2020年新能源汽车推广目标。

关键词：

加州零排放汽车　规定　新能源汽车　积分交易

为降低汽车尾气污染以及二氧化碳排放量，美国加州从1990年开始大力推动零排放汽车普及，除了实施财税优惠、充电设施、车队管理、消费者培育等综合性措施外，还专门出台了针对汽车生产企业的零排放车（Zero Emission

---

* 本文为能源基金会中国“节能与新能源汽车财税制度创新”项目研究成果。参考了2014年4月18日在北京召开的“加州零排放汽车法案与中国节能制度创新国际研讨会”会议资料，包括加州大学戴维斯分校能源学院及交通研究院院长丹尼尔·斯柏林（Daniel Sperling教授）的《加州及中国的ZEV法规——为什么、是什么以及如何?》、加州空气资源委员会Analisa Bevan的《ZEV规定及积分》，并就相关问题咨询了丹尼尔·斯柏林教授、Analisa Bevan及加州大学戴维斯分校能源学院及交通研究院的王云石教授，在此一并感谢。

** 刘斌，博士，高级工程师，中国汽车技术研究中心汽车财税和金融研究领域首席专家，汽车产业政策研究室副主任；时间，高级工程师，中国汽车技术研究中心汽车产业政策研究室。

Vehicle，简称ZEV）规定，利用“胡萝卜加大棒”的政策迫使和激励企业研发并提高零排放车产销量，以支撑其实现2025年上路行驶零排放车达150万辆的目标。我国《节能与新能源汽车产业发展规划（2012～2020年）》已确定2015年、2020年新能源汽车累计产销量分别达到50万辆、500万辆的目标，可借鉴加州经验出台有关措施推动新能源汽车普及。

一 加州ZEV规定简介

20世纪80年代的加州也面临严重的环境污染问题，为减少汽车尾气排放和治理大气污染，加州从1990年开始推广零排放汽车，并实施了强制性的ZEV规定，在实施过程中，结合温室气体减排需要，该规定也兼顾减少二氧化碳的排放。目前，加州ZEV规定的目标为：改善城市空气质量，在2050年前持续降低温室气体排放，支持零排放汽车尽快跨过产业发展的导入期（2025年前），推动ZEV的技术研发和产业化（零部件等）。

加州ZEV规定实施中几经调整（政策经过7次评估和调整），期间也面临一些反复，目前已逐步完善，并将在2018年逐步简化。1990年计划1998年实现ZEV占新车市场的2%，但1996年取消了2%的规定，1998年增加了清洁汽车和替代燃料汽车等汽车，2001年进行政策调整增加燃料电池汽车（FCV），2008年确定2009～2017年零排放车目标，2012年确立2018～2025年零排放车要求，计划2025年零排放汽车达到汽车销量的15%（可能一半为插电式混合动力汽车，一半为ZEV），2017年还将对2025年的目标进行中期评估。

加州之所以强制要求汽车生产企业推广零排放汽车的比例，主要是认为在从传统能源汽车向零排放汽车转变过程中存在市场失灵，为此，需要借助政府之手加速ZEV普及进程。在ZEV规定实施中，充分借助市场力量既是避免规定过于刚性、保证参与者获得最大灵活性的重要手段，也是引导汽车企业响应政策规定、逐步提高ZEV推广积极性的有效激励措施。为此，允许企业间的积分交易制度作为重要的市场手段，成为ZEV规定的重要组成部分。此外，政策设计者也认识到这种强制性的规定应在市场失灵的情况下实施，而不能作为永久性的规定，因此，主要是在2025年前的产业导入期实施。

值得注意的是，加州认为，零排放汽车的推广是一项系统工程，ZEV强制性规定仅是推广零排放汽车的一种政策工具，倘若没有充电设施的配套建设和消费者行为的转变，仅仅要求汽车生产企业推广ZEV是不现实的。为此，为实现到2025年累计150万辆零排放汽车上路行驶的目标，加州同时实施相关的配套政策，如通过财税优惠政策鼓励消费者购买零排放汽车，通过制定标准（AB 1092法案要求加州建筑标准委员会、住房和社区发展部制定电动汽车充电设施相关标准）和要求充电站开放使用（SB 454法案实施电动汽车充电站开放使用行动方案）提高充电设施建设速度和使用便利性，最终实现建设必要的基础设施、提升零排放汽车社会认知度、提高零排放汽车市场份额等目标。可见，政府的ZEV行动计划、财税优惠、充电设施的规划和建设、车队管理、消费者培育等诸多综合性措施是不可或缺的，只有这样才能形成良好的ZEV消费环境，真正促进ZEV的普及。

二　加州ZEV规定与积分交易制度介绍

（一）加州ZEV规定政策思路

加州零排放汽车规定通过强制规定汽车企业零排放汽车销售比例和允许积分交易相结合的方式，迫使企业推广零排放汽车。总体思路是要求在加州汽车年销售量达4500辆以上的企业必须承担零排放汽车生产责任，即具备一定的零排放车辆积分，具体以企业传统车年销量乘以零排放车占比要求（如2012～2014年为12%）来确定企业应达到的ZEV积分目标。企业可以通过销售各种零排放车和清洁汽车（金车、“银+”车、银车和铜车）来满足，也可以通过购买其他企业的富余积分（额度交易）获得，否则必须按照健康安全法向加州政府缴纳每个积分5000美元的罚款。

零排放汽车是指车辆在使用过程中所排放的任何污染物均为零，并经政府部门认定的零排放汽车，主要为纯电动汽车、燃料电池汽车。其他清洁汽车包括清洁汽油汽车、混合动力汽车等。

（二）实施步骤

加州零排放汽车规定的实施主要有以下九个步骤。

（1）根据政策实施前三年的加州销量平均值来确定企业规模，不同规模企业承担不同的 ZEV 义务。因为认识到零排放汽车需要投入较大的研发、产业化、推广成本，中小型企业无力承担，为此，加州主要根据企业规模的大小设定不同的 ZEV 要求，规模越大的企业要求越严格。企业规模根据汽车企业在加州的前三年年销量均值确定。

具体来说，根据汽车企业乘用车、轻型货车和中型车①的总销量将企业划分为小规模生产商（加州年销售量低于 4500 辆）、独立小规模生产商（加州年销售量低于 10000 辆）②、中等规模生产商（年销售量为 4501 ~ 60000 辆）、大规模生产商（年销售量大于 60000 辆）。

如果企业规模增加，给予 5 年的过渡准备期；如果规模减小，则转年开始计算；如果企业兼并，则给予 3 年的过渡准备期；如果一家厂商拥有另一家厂商大于等于 50% 的所有权，那么在确定规模时这两家生产厂家的销售量合并计算。

（2）以当年法（开始实施的那一年销量）或往年法（开始实施的前 4、5、6 年均值）为基准，确定企业（传统能源）汽车销量。企业年销量是确定企业 ZEV 积分目标的基础，销量越大则其积分目标越高。

（3）设定加州年度行业目标（ZEV 占传统车销量的最低比例），企业销量乘以年度行业目标则为企业零排放车积分总目标。生产企业的 ZEV 积分目标根据加州零排放汽车年度目标确定。加州年度目标逐年提高，分别从 2009 ~ 2011 年的 11%、2012 ~ 2014 年的 12% 提高到 2015 ~ 2017 年的 14% 和 2018 年后的 16%。例如，2014 年一家年销量 10000 辆的汽车企业，其 ZEV 积分总目标为 10000 × 12% = 1200 积分。

① 乘用车：总重不超过 6000 磅，载客不超过 10 人；轻型货车：总重不超过 10000 磅的汽车；中型车：总重为 14001 ~ 26000 磅的汽车。

② 其中小规模生产商是指在加州年销量小于 4500 辆，但是被其他大型制造商拥有股权的企业，而独立小规模生产商是指在加州年销量小于 10000 辆，不被其他大型制造商拥有股权的企业。

（4）零排放汽车分类和金车积分要求。企业可以通过销售各种零排放车来实现零排放车积分目标，为此，加州根据不同类型技术将零排放汽车划分为金、银+、银、铜车，其中纯电动和氢燃料电池汽车为金车，插电式混合动力为"银+"车，普通混合动力和压缩天然气汽车等为银车，其他清洁汽车为铜车。

企业除了应达到积分总目标，还应实现金车积分目标。2012～2014年零排放车的总体比例必须达12%，其中金车比例要达0.79%。譬如，一家年销售1万辆的企业，其零排放车积分总目标为1200积分，同时其金车积分目标为1万辆×0.79%＝79积分，而且必须通过生产金车或购买金车积分获得这79积分。2015～2017年零排放车的年度目标提高到14%，其中金车比例提高到3%（见表1）。

表1　历年零排放车额度值目标

单位：%

	总体目标	ZEV *（最低要求）	TZEV **	AT PZEV ***	PZEV ****
2012～2014年	12	0.79	1	3	6
2015～2017年	14	3	3	2	6

* ZEV：零排放汽车，为便于理解，翻译为金车。
** TZEV：过渡零排放汽车，翻译为银+车。
*** ATPZEV：高技术零排放汽车，翻译为银车。
**** PZEV：部分零排放汽车，翻译为铜车。

（5）车辆（单车）积分的确定

①零排放车中的纯电动汽车的积分根据纯电续驶里程的不同分为2、2.5、3、4、5、7分（见表2、图1）。

表2　零排放汽车（纯电动汽车）单车积分

车型	定义	积分/车
5型	300英里以上续驶里程FR（快充）	7
4型	200英里以上续驶里程FR（快充）	5
3型	100英里以上里程FR（快充）或200英里以上续驶里程	4
2型	100英里以上续驶里程	3
1.5型	75～100英里续驶里程	2.5
1型	50～75英里续驶里程	2

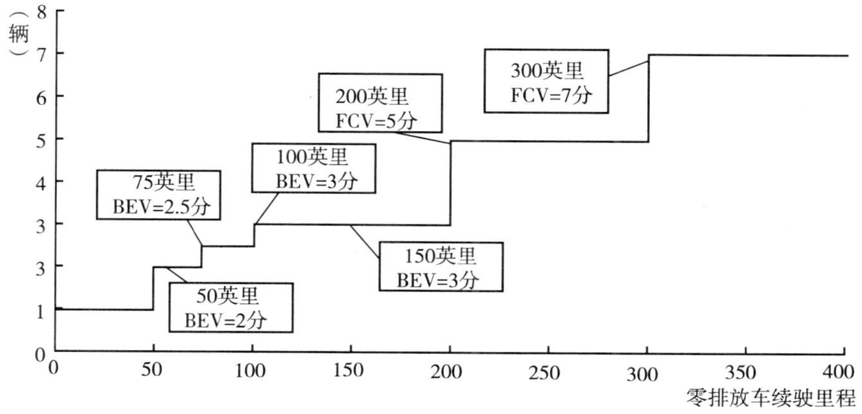

图1　目前零排放车续驶里程和积分对应关系

②部分零排放车的积分根据四个方面确定。

一是对排放标准符合美国超低排放标准规定和零蒸发排放标准、满足车载诊断系统15万英里要求，且15年或15万英里保修的部分零排放车给予基础分0.2分。

二是对非甲烷有机气体（NMOG）小于等于0.01克/英里，车辆只使用压缩天然气或氢燃料的汽车给予零排放燃料循环加分0.3分。

三是对等效全电动行驶距离满足不同距离标准的零排放车，给予行驶英里数（VMT）加分（见表3）。

表3　零排放车行驶英里数对应积分值

等效全电动行驶距离	市区实际电池使用英里数	排放奖励分值
10	10	0.7
10	12	0.725
15	18	0.846
15	15	0.927
20	25	0.972
20	20	1.094
40	40	1.35

四是先进零部件（AC）加分（见表4）。

表4　先进零部件对应积分

类型	C型	D型	E型	F型	G型
峰值输出功率	≥10kW	≥10kW	≥50kW	≥10mi AER UDDS	≥10mi AER US06
牵引电压	<60V	≥60V	≥60V	≥60V	≥60V
2012~2014年	0.15	0.35	0.45	0.67	0.9

资料来源：http：//www. arb. ca. gov。

五是不同车辆积分汇总。

部分零排放车车辆积分是根据该车型满足此四类积分奖励的要求汇总得到，其中清洁汽车积分为0.2，普通混合动力积分为0.2+AC，插电混合动力积分为0.2+VMT+AC，压缩天然气汽车为0.7分。

（6）积分结转和企业间的积分交易。制造商超过积分要求的富余积分可以被储存转为将来使用，也可以出售给任何企业。为避免受到政府的处罚，未达到要求的汽车企业一般向其他企业购买积分。

（7）区域间的积分转移。依据“清洁空气法案”第177款，零排放车排放信用可以用来满足加州零排放车的要求，以及转移到其他州用来满足要求。康涅狄格州、马里兰州、马萨诸塞州、纽约州、罗得岛州、俄勒冈州和佛蒙特州等7个州也加入加州零排放车法规，加州的零排放车积分可以按照“销量比值”的计算原则转移到其他七个州。例如某制造商在纽约州的销售量只有加州销售量的50%，其在加州的10辆3型零排放车为40个信用积分，如果转移到纽约州则只值20个零排放车信用积分。

（8）厂商上报职责。在实施年的转年5月1日前，厂家必须要完成所有的报告。比如2008年实施，则报告要在2009年5月1日完成。生产商在9月之前还可以更新报告，没有ZEV义务的厂家可以随时提交ZEV积分情况，并可以随时报告ZEV积分的交易或销售情况。

（9）罚则。企业未达到积分目标，则有额外2年的时间来弥补零排放车辆赤字。如果企业仍不满足规定，必须接受健康安全法（HSC）第43211款所规定的经济惩罚，即按照5000美元/积分交纳罚款。

（三）加州企业间 ZEV 积分交易形式

（1）交易标的：在加州销售零排放汽车产生的积分。

（2）交易形式：企业一对一私下商谈、交易。企业仅将交易结果告知加州空气资源委员会即可，不用事前审批。

（3）积分报告

各企业间积分额度及积分购买和销售情况都会向加州空气资源委员会报告。2012 年 10 月 1 日至 2013 年 9 月 30 日，售出积分最多的企业为特斯拉，达 37472 分（见表 5、表 6、表 7）。

表 5　2012 年 10 月 1 日至 2013 年 9 月 30 日企业零排放车信用值购买情况

购买 ZEV 积分的厂商	车辆类型	信用值积分
Chrysler	ZEV	15034
Chrysler	PZEV	714
GM	ZEV	10539
GM	AT PZEV	14500
Honda	ZEV	9253
Jaguar Land Rover	ZEV	2137
Land Rover	PZEV	433
Subaru	ZEV	1177
Volkswagen	ZEV	1143

表 6　2012 年 10 月 1 日至 2013 年 9 月 30 日企业零排放车信用值销售情况

售出 ZEV 积分的厂商	车辆类型	信用值积分
CODA	ZEV	101
Ford	PZEV	433
Mitsubishi	ZEV	477
Nissan	PZEV	714
Polaris	ZEV	34
Suzuki	ZEV	1177
Tesla	ZEV	37472
Think	ZEV	22
Toyota	AT PZEV	14500

表 7 各厂商信用值情况

厂商	ZEV	NEV	TZEV	AT PZEV	PZEV
Azure Dynamics	0	0	0	0	0
BMW	5048	0	0	0	279
Chrysler Group	11869	7944	0	0	0
CODA	8	0	0	0	0
Ford	4788	26970	0	14417	21619
FUJI Heavy Industries/Subaru	0	1177	0	0	3566
General Motors	18709	16289	5861	22540	0
Honda	16321	20456	1864	16203	9752
Hyundai	896	0	0	1840	3476
Jaguar Land Rover	2137	0	0	0	0
KIA	325	0	0	1352	1151
Land Rover	0	0	0	0	0
Mazda	0	0	0	0	7036
Mercedes Benz	2350	1233	0	0	0
Mitsubishi	53	0	0	0	1468
Nissan	21154	0	0	0	37866
Polaris	0	0	0	0	0
Tesla	7888	0	0	0	0
Think	0	0	0	0	0
Toyota	25031	0	3495	213712	5879
Volkswagen	1143	0	0	0	2267
Volvo	0	0	0	0	3365
Wheego	6	0	0	0	0
Zipcar	0	0	0	613	488
总 计	117726	74069	11220	270677	98212

资料来源：http：//www. arb. ca. gov。

（4）交易价格

目前加州 ZEV 还没有被惩罚的企业，主要原因是企业间“积分交易”非常活跃。在加州，一个积分的交易价格最多是 5000 美元，但不是所有的积分交易都涉及货币交易，也有非货币交易。比如有些厂商间会达成技术共享协议，有的是财务共享，有的是信用积分共享，还有的是所有权的部分拥有，此时产生的交易即为非货币交易。

（5）信息上报

企业间的交易信息要上报给相关的主管部门，但是交易价格不用上报。加州空气资源委员会也会监控相关的上报数据，保证数据的真实性。

（6）管理部门

加州空气资源委员会在零排放车管理和商业化推广中承担着重要的职责，包括环境性能标签、消费者使用指南、替代燃料车返利计划等。在加州 ZEV 规定实施中，加州空气资源委员会的汽车法规及科学部门有成员 20 人，负责包括接受企业报告、统计和核实数据（车辆产销数据、参数等）、积分转移、惩罚、监督、政策评估和修订等，其中也有 3 人专职负责加州 ZEV 推广的总体协调工作。

（四）未来趋势

加州空气资源委员会计划在 2018 年实施新的 ZEV 规定，届时将目前的内容进行简化，主要体现在车辆类型和车辆积分计算方法的调整，目的可能是集中推广零排放汽车，并简化政策的实施。

1. 车辆类型简化

2018 年以后给予积分的车辆只有两种：一是零排放汽车（纯电动、燃料电池）；二是过渡零排放汽车（如插电式混合动力汽车）。

2. 车辆积分简化

（1）零排放汽车根据行驶里程线性确定积分（见图 2）。

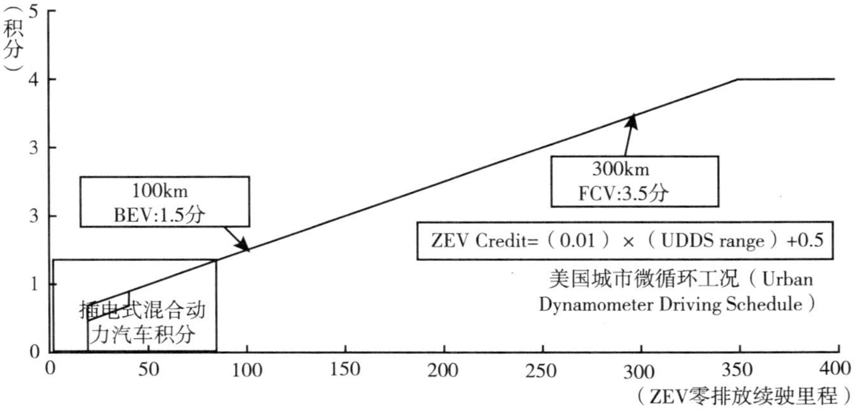

图 2　2018 年以后零排放车续驶里程和积分对应关系

（2）过渡零排放车（插电式混合动力）是根据城市工况下纯电模式（即荷电耗尽）实际续驶里程计算积分（见表8）。

表8　城市工况下纯电模式续驶里程计算积分

城市工况下纯电动模式续驶里程，英里	TZEV 积分
<10	0
≥10	(0.01)×Rcda+0.30
>80	1.1

* Rcda 为城市工况下纯电动模式续驶里程。

三　效果评价

总体来看，加州 ZEV 的推广得益于其需求侧和供应侧的综合措施，需求侧主要是降低车辆价格、鼓励价值体验、提供拼车道使用权和停车位、完善基础设施；供应侧主要是 ZEV 规定和允许积分交易制度，不断激励企业生产和提供零排放汽车。1990 年以来尽管加州 ZEV 规定在实施中曾几经调整，但总体来看，取得了较大的成功。

一是在强制性要求及多项政策的推动下，新能源汽车在加州加速普及，加州已成为新能源汽车的重要销售市场，从 2011 年开始至今美国累计销售新能源汽车 19 万辆，其中加州销售 67675 辆，占全美销量的 36%。尤其是 2013 年加州电动汽车销量已经占全美销量的 44%。

二是加州零排放汽车规定成为加快电动车供给多样化的强劲推动力。财务罚款的风险迫使汽车厂家加快在产品规划中考虑增加清洁车型，企业为满足合规要求推动了清洁车辆研发创新，从而为加州消费者提供多样化的零排放车产品以供选择。

三是 ZEV 规定尤其是积分交易制度，为特斯拉等创新型企业提供了良好的成长土壤。积分交易为特斯拉等企业提供了足够的市场激励，使其不断加大技术研发投资。譬如，特斯拉认为积分交易的收入直接支持其进行 Model S 的开发与投产。此外，积分交易也为汽车制造商提供了合规的灵活度，而不会影响零排放车强制要求总体目标的实现。

四是电动汽车市场快速增长带动了充电基础设施等相关产业的发展。电动汽车市场的扩大推进了基础设施建设，引导行业内外资源不断加大对超级充电网络建设、汽车销售和售后服务的投资力度。

四 借鉴加州 ZEV 规定加快中国新能源汽车推广应用的建议

（一）借鉴的必要性和可行性

借鉴加州 ZEV 规定在我国探索建立新能源汽车（New Energy Vehicle，简称 NEV）规定和积分交易市场具有较强的必要性。一是当前我国面临和加州类似的环保压力，机动车作为污染物的重要分担者，亟待采取硬性措施推动新能源汽车普及以降低城市尾气污染。二是为实现新能源汽车普及目标，应尽快落实新能源汽车目标的分解。加州基于大型企业具有研发能力、同时应承担更多社会责任的考虑，提出零排放车占比要求具有一定的合理性。三是新能源汽车占比要求是迫使中国汽车企业尽快研发、产业化新能源汽车的重要举措。由于新能源汽车产业化时间较长，需要进行长期的持续投资和开展研发工作，主要企业对新能源汽车研发和产业化缺乏内生动力。目前，主要跨国公司正在大力推动新能源汽车产业化，我国应加紧采取措施推动我国新能源汽车产业化进程。

我国借鉴加州 ZEV 规定建立中国 NEV 积分市场具有较强的可行性。一方面，加州 ZEV 与我国 NEV 的界定类似，我国的新能源汽车补贴、加州纯电动汽车的 ZEV 积分均与纯电续驶里程挂钩，其成功经验可为我国提供重要参考；另一方面，我国新能源汽车推广取得一定效果，积累了不少管理经验，部门合作机制正在建设，将有助于部门间形成共识，并凝聚合力推动政策实施。

（二）建立中国 NEV 规定的总体思路和具体措施建议

1. 总体思路

可借鉴加州经验，企业每生产销售一辆传统能源汽车，则欠相应的积分，需要通过生产销售新能源汽车（或向有新能源汽车富余积分的企业购买）来归还所欠积分，否则，应接受政府的积分罚款惩罚。具体由强制性规定和积分交易市场组成。

一是通过规定新能源汽车所占比例的强制性规定，建立取之于车（传统能源车）、用之于车（新能源汽车）的产业发展反哺机制。企业每生产销售一辆传统能源汽车，则欠相应的积分，需要通过生产销售新能源汽车（或向有新能源汽车富余积分的企业购买）来归还所欠积分，否则，应接受政府的积分罚款惩罚。

二是创建市场，通过积分交易驱动技术先进企业加大长期投资。创建 NEV 积分市场，允许企业间的富余积分交易，通过市场激励让社会分担新能源汽车推广成本，鼓励技术先进的企业加大长期投资。需要明确具体的罚则，如参照加州 1 个积分为 5000 美元的惩罚措施，量化未达积分目标企业的经济责任，同时创建 NEV 市场让企业间的交易为新能源汽车推广提供价格信号，让企业抉择是自行研发生产新能源汽车还是向优势企业购买积分。

2. 具体措施建议

一是根据企业产销规模，确定具有积分义务的汽车生产企业。可根据不同企业的产销规模，设定差别化的积分总目标，原则上产销规模越大的企业应承担更多的新能源汽车积分义务。

二是设定新能源汽车单车积分。可与中央对新能源汽车的补贴标准对应设置不同的单车积分值，如续驶里程越长的电动汽车积分值越高。

三是建立生产企业传统能源汽车产销、新能源汽车产销申报、统计系统，确定企业所欠积分和所挣积分，并对企业年度积分进行公示。

四是确定积分转让、结转、使用规则。如同一周期内，积分可按富余额度结转，积分跨周期结转则必须折扣使用。富余积分可在企业间自由交易。

五是建立专门技术支撑部门负责积分报告、政策的实施工作。加州 ZEV

由加州空气资源委员会的20人团队专门负责政策执行、报告、评估等工作，我们应借鉴其经验由专门的团队负责日常管理，以及对政策实施进行效果评估，适时调整、完善政策措施。

六是确定罚则。确定达不到积分目标的生产企业向政府购买新能源汽车积分的价格，以及制定其他惩罚措施。

七是系统规划，做好新能源汽车推广应用的配套措施。加州的经验也表明，针对企业的规定只是推动零排放车的一种措施，必须做好其他的众多措施，形成合力才能真正保障该政策的实施。应充分认识到新能源汽车普及是一项系统工程，由于受到新能源汽车成本高、充电设施、消费意识等瓶颈制约，仅要求汽车生产企业产业化新能源汽车无法实现普及目标，为此，需要从财税优惠、充电设施建设、建设统一市场、优化消费环境、培育消费意识等着手培育新能源汽车市场。建议以财税优惠为先导，完善充电设施建设规范、规划和建设力度，尽快打破新能源汽车消费的地方保护壁垒，培育新能源汽车消费意识和文化。

八是统筹协调，加强组织。建立新能源汽车推广总体协调机制，分析、研究推广中的问题，积极协调相关部门出台推进措施。定期评估政策实施情况，展开政策实施效果后的评价和调整研究，不断完善相关政策措施。

B. 18

美国加州新能源汽车消费及使用特征调查分析

姚占辉*

摘　要：

本文根据美国加州大学戴维斯分校交通运输研究所（Drs. Gil Tal and Michael Nicholas）提供的调查报告①，整理了美国加州新能源汽车消费者的家庭特征、车辆使用特征和充电行为特征等内容，并借鉴美国加州的相关调查结论，提出了推动中国新能源汽车消费及制定政策、支持政策的建议。

关键词：

加州　新能源汽车　消费　使用特征

美国作为新能源汽车产销大国，其新能源汽车相关调查结论对我国开展新能源汽车推广应用具有重要参考意义。美国加州大学戴维斯分校交通运输研究所（Drs. Gil Tal and Michael Nicholas）提供的调查报告②分析了美国加州新能

---

* 姚占辉，工程师，新能源汽车研究部副部长，中国汽车技术研究中心汽车产业政策研究室。
本文特别感谢加州大学戴维斯分校中国交通和能源中心王云石主任的支持，对其提供相关报告以及对本文提出的修改意见深表感谢。

① Gil Tal, Michael A. Nicholas, *Studying the PEV Market in California: Comparing the PEV, PHEV and Hybrid Markets*. EVS27 Barcelona (Spain, November 17 - 20, 2013).

Gil Tal, Michael A. Nicholas, Justin Woodjack, Daniel Scrivano, *Who Is Buying Electric Cars in California? Exploring Household and Vehicle Fleet Characteristics of New Plug - In Vehicle Owners*. February 2013.

Michael A. Nicholas, Gil Tal, *Charging for Charging: The Paradox of Free Charging and Its Detrimental Effect on the Use of Electric Vehicles*. October 2013.

② Gil Tal, Michael A. Nicholas, *Studying the PEV Market in California: Comparing the PEV, PHEV and Hybrid Markets*. EVS27 Barcelona, Spain, November 17 - 20, 2013. （转下页注）

源汽车购买者的家庭特征、车辆使用特征和充电行为特征等内容，对我国推广新能源汽车具有重要的参考价值。

一　新能源汽车使用者家庭特征分析

在加州空气资源委员会（ARB）指导下，加州大学戴维斯分校与加州可再生能源中心（CCSE）调查了3881个用户，其中有效样本数量为3201个。结论显示，只有10%的用户拥有车辆少于9个月，而86%的用户拥有车辆少于1年，4%的用户拥有车辆时间大于1年。该调查代表了大约13.6%的“加州环保车辆补贴项目（CVRP）”群体以及在2010年1月到2013年6月之间在加州销售的大约10%的纯电动汽车（BEV）和插电式混合动力汽车（PHEV）（BEV和PHEV简称PEV，类似于我国新能源汽车中的纯电动汽车和插电式混合动力汽车）群体，涵盖了三大主要车型：日产Leaf、雪佛兰Volt和丰田Prius插电式混合动力汽车。

1. 家庭收入与汽车购买数量关系

按照2012年加州交通局调查及2009年NHTS调查（The National Household Travel Survey，全国家庭出行调查）① 发现，2/3的被调查家庭在过去五年中未购买新车，部分家庭在过去五年以上的时间购买了新车。统计显示，拥有新能源汽车的车主中，美国加州小部分人群占有较大的新车份额，过去5年大约7%的家庭购买了2辆以上的新车，占已售新车总量的近1/3。

新车购买数量与收入高度相关。一般情况下，收入越高，新车购买量越大。但是也存在例外现象，譬如部分年收入超过10万美元的家庭在过去5年中也未购买任何新车，部分低收入家庭也购买了一辆或多辆的新车（见图1）。

（接上页注②）Gil Tal，Michael A. Nicholas，Justin Woodjack，Daniel Scrivano，*Who Is Buying Electric Cars in California? Exploring Household and Vehicle Fleet Characteristics of New Plug - In Vehicle Owners*. February 2013.

Michael A. Nicholas，Gil Tal，*Charging for Charging: The Paradox of Free Charging and Its Detrimental Effect on the Use of Electric Vehicles*. October 2013.

① NHTS是由美国联邦公路行政机关Federal Highway Administration（FHWA）和交通运输统计局Bureau of Transportation Statistics（BTS）联合发起。

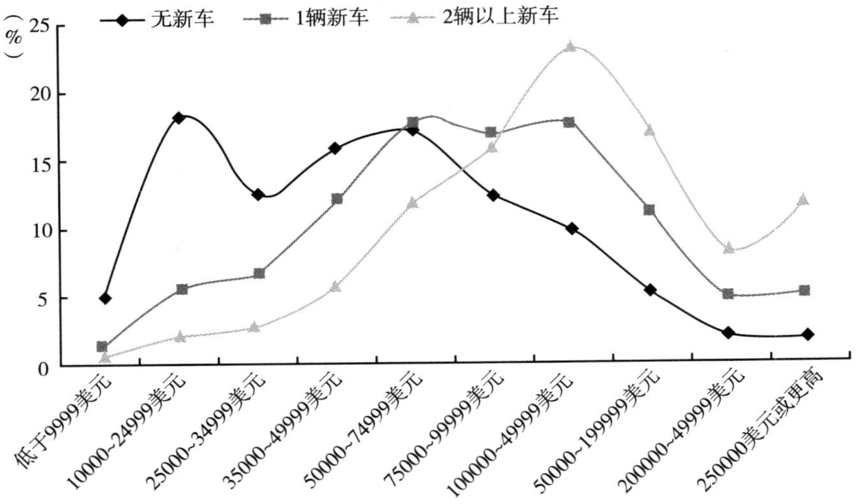

图1　过去5年家庭收入及新车购买情况对比

2. 家庭收入与新能源汽车购买的关系

购买PEV的家庭所购买的车辆多于一般家庭。PEV车主在购买PEV之前，还购买了更多其他车辆。调查显示，36%的PEV车主在最近5年内购买了一辆新车，13%在最近5年内购买了两辆或以上新车。在过去一年中更多的PEV家庭购买了两辆车，购买的车辆数量多于一般家庭。但是，也存在部分家庭在购买PEV前多年未购买新车，这可能是PEV新技术刺激了这些家庭的购买意愿。

内燃机汽车（Internal Combustion Engine，ICE）、非插电式混合动力汽车（Hybrid Electric Vehicle，HEV）和PEV购买家庭的年收入存在较大差异，购买PEV的家庭收入普遍较高。如图2所示，51%的ICE买主（或承租人）年收入低于10万美元，年收入为10万~15万美元的家庭购买ICE的比例最高，占到25%，仅13%的ICE车主家庭年收入高于20万美元；对于HEV，年收入为10万~15万美元的家庭购买比例最高，占到30%；对于PEV，年收入在10万美元以下的家庭购买PEV的比例仅为11%，购买PEV的家庭收入集中在10万美元以上，其中，家庭收入在20万美元的家庭购买PEV的比例最高，达34%。此外，调查样本还包括了50个拥有特斯拉S型车的家庭，50%的特斯拉拥有者年收入超过20万美元，大约22%不愿意告知其收入（不愿意告知收入，表示受访者收入可能更高）。

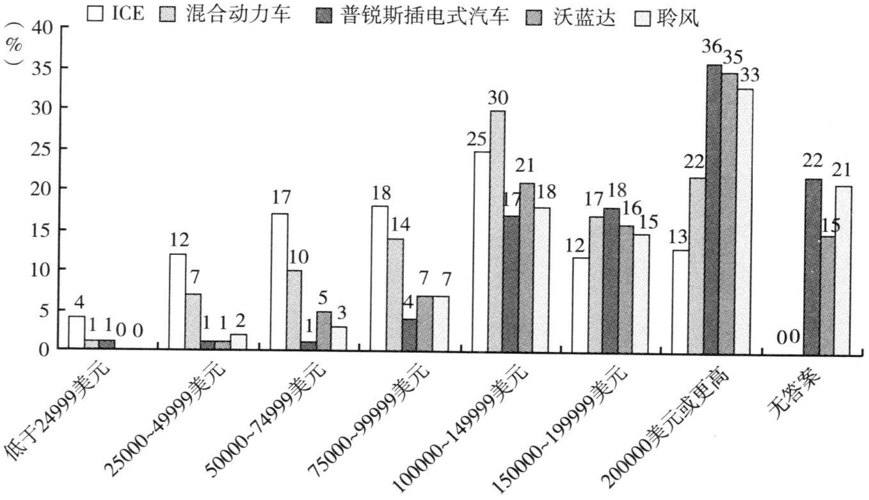

图2　家庭收入与各类车型购买关系

3. 教育水平与新能源汽车购买的关系

受教育水平越高，购买PEV车辆和HEV的可能性越大。调查显示，受教育程度与其收入高度相关，受教育程度越高的人员，其新车购买比例越高。PEV和HEV的车主主要集中在具有学士学位或本科及以上学历。HEV车主的受教育程度与PEV车主的受教育水平类似，二者的受教育水平普遍高于ICE车主的受教育水平（见图3）。

4. 住宅类型与新能源汽车购买的关系

大多数新能源汽车购买者拥有独立式住宅，单套公寓或公寓套间住户购买纯电动汽车的比例最低。调查显示，PEV、HEV和ICE新车买主基本相同，大多生活在独立式住宅中；在单套公寓/公寓套间居民中，特斯拉、Leaf购买比例最小，占比分别为4.26%和3%左右；插电式混合动力汽车（含Volt、Prius插电式）购买者中有6%住在单套公寓或公寓套间（见表1）。

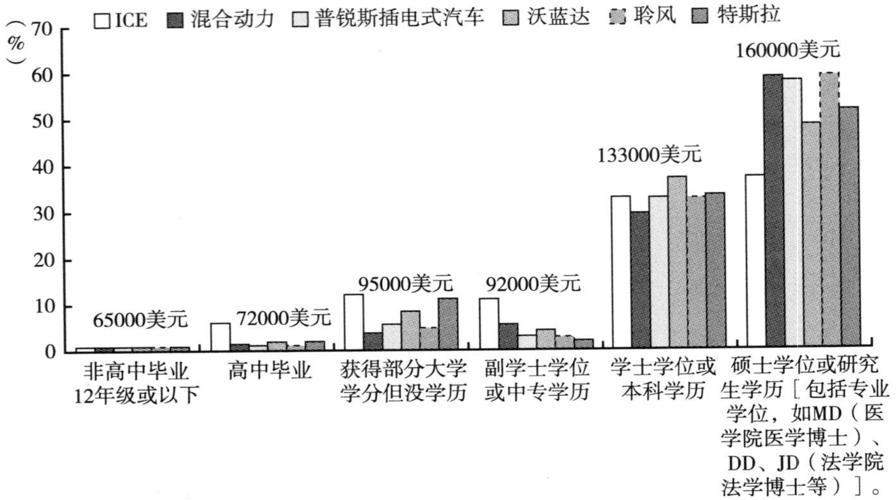

图3　教育背景与新车购买关系

表1　住宅类型与新车购买的关系

单位：%

车型	样本数	独立式住宅	联排式住宅（联排别墅，二联或三联式等）	单套公寓/公寓套间	其他
ICE	5108	86. 63	5. 29	7. 97	0. 04
HEV	612	87. 42	5. 23	7. 35	0. 00
Prius 插电式	814	86. 36	7. 49	6. 02	0. 12
雪佛兰 Volt	623	84. 43	8. 83	6. 10	0. 64
日产 Leaf	2130	90. 14	6. 10	3. 05	0. 70
特斯拉	47	91. 49	4. 26	4. 26	0. 00

5. 家庭驾驶员数量与新能源车辆购买的关系

调查显示，多数家庭车辆数量多于驾驶员数量。在车辆数量超过驾驶员数量的家庭中，将购买新能源汽车作为家庭补充用车的比例最高。具体而言，对于车辆数量超过驾驶员数量的家庭，19% 家庭新购买 PEV 是作为家庭补充车辆用的，而不是为了更换车辆。此结果反映高收入家庭拥有“专业化”车辆或特殊需求车辆的趋势，也反映了部分家庭根据其出行需求选择使用 PEV。

2012 年通过对日产车型的调查显示发现，8. 2% 的新日产 Leaf 车主拥有或更换日产内燃机汽车，以获取日产 Leaf；32.4% 家庭在其购买 PEV 前拥有一辆 HEV；10.7% 使用 PEV 替换 HEV；25.2% 同时拥有 HEV 和 PEV；在大多数情况下，购买 PEV 目的是作为 HEV 的补充，或者在拥有两辆 HEV 的家庭中替代一辆旧的 HEV。

二　2013 年新能源汽车消费行为调查

1. 大约 1/3 的 PEV 家庭现在拥有或过去曾拥有 HEV 或替代燃料车辆，并且目前在许多 BEV 家庭中，HEV 仍作为家庭第二辆车。在拥有日产 Leaf 的家庭中，有近 10% 的家庭曾经拥有过（现在不再拥有）HEV，有超过 25% 的家庭现在仍拥有 HEV。在拥有 Prius 插电式的家庭中，有近 30% 的家庭曾经拥有（现在不再拥有）HEV，有近 25% 的家庭现在仍然拥有 HEV。此外，对样本中的 50 户特斯拉 S 型家庭进行调查显示，HEV 车辆正在被 PEV 车辆替代（见图 4）。

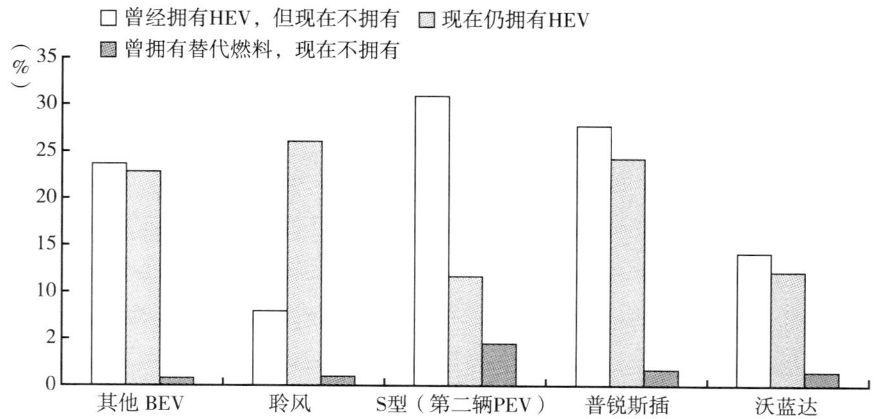

图 4　不同类型家庭拥有的混合动力和替代燃料车辆情况

2. 部分家庭拥有多辆 PEV 车型。特斯拉 S 型电动汽车在家庭第二辆 PEV 车辆中占比最高，聆风、沃蓝达和普锐斯群体中也包含 6% ~7% 的拥有两辆 PEV 的家庭。

3. 新能源汽车中有部分车辆属于租赁使用。2012 年 2 月之后获得的 3800 辆 PEV 所有人中有 71% 购车，仅 29% 租车。Volt 所占租赁比率最高，为 38%，Leaf 租赁比率为 31%，普锐斯插电式汽车租赁比率仅为 18%。调查显示，租赁或购买与收入没有直接关系，年收入超出 20 万美元的家庭中有 28% 选择了租车。租赁与地域有一定关联，例如洛杉矶地区的所有者租车比率最高，原因可能是居住在这一地区的汽车公司职员数量众多，导致租赁 PEV 需求加大。

三 消费者使用目的和习惯调查

1. 车辆日均行驶里程和用途

从车辆行驶里程看，插电式混合动力汽车（PHEV）行驶里程超过纯电动汽车（BEV），尽管特斯拉的续驶里程高于其他类型的纯电动汽车产品，但其日均行驶里程仍远小于 PHEV。表 2 所示为样本中主要车型日均行驶里程，可以看出，Prius 插电式的日均行驶里程最高，其次是 Volt，Leaf 的日均行驶里程最低。

表 2 各地区及车型日均所有行驶里程

单位：英里

—	Volt		Prius 插电式		Leaf	
地区	样本数	平均值	样本数	平均值	样本数	平均值
所有	659	38.2	845	45.7	2191	27.9
旧金山湾地区	233	37.2	271	39.9	882	28.3
洛杉矶	291	38.3	451	48.8	644	28.6
萨克拉门托	23	34.4	19	48.3	64	26.7
圣地亚哥	49	36.5	46	41.4	378	26.8
农村地区	48	44.2	51	53.5	187	26.6

* 不是所有的差异在统计学概念上都很显著，如需了解详情，请看原文“Studying the PEV Market in California：Comparing the PEV”，PHEV and Hybrid Markets。

从车辆用途看，主要利用 PEV 进行上下班通勤。如图 5 所示，有超过 80% 的家庭将 PEV 用作上下班通勤，其中，利用纯电动车辆进行上下班通勤的比例要低于利用 PHEV 上下班通勤的比例。

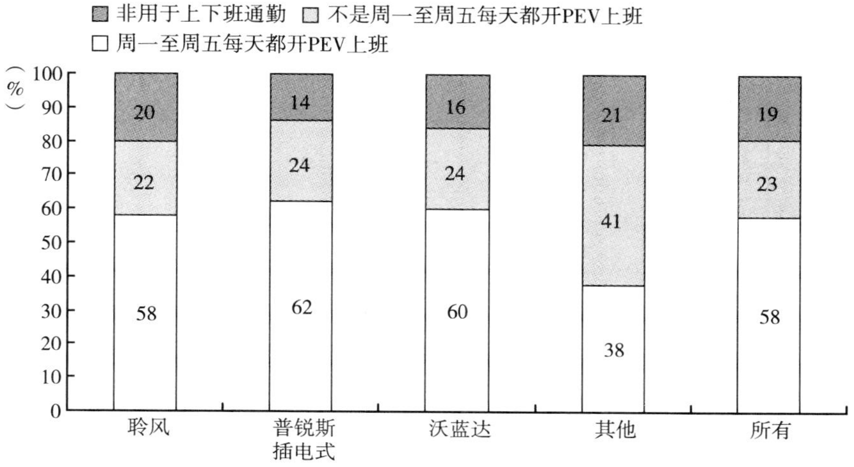

图5　车型的通勤频率

如图6所示，Prius插电式上下班通勤里程最长，基于最短路线计算的单程平均数值为24英里。Volt电动汽车的通勤里程要比Prius插电式短1.9英里，而日产Leaf上下班单程平均距离为17.3英里。

虽然上下班距离能反映车辆的行驶里程数，但是上下班距离与日均英里数之间的关系相对较低（R2＝0.28），这意味着非上下班期间人们也大量使用PEV，且各类车辆非上下班期间使用PEV的里程是不相同的。Leaf所有者行驶范围恰在家庭充电范围内，Volt用户采用其纯电动模式行驶的上下班通勤距离和总英里数较长，而Prius插电式驾驶员则充分利用其良好的燃油经济性优势，其行驶里程仅受限于加油站分布。

2. 不同类型新能源汽车高载客量交通车道（HOV）使用情况

在美国加州，压缩天然气汽车（CNG）、氢燃料汽车、电动车和插电式混合动力车（PHEV）中凡符合加州和联邦的相关排放标准，并贴有加州机动车清洁空气汽车标签的车辆，有高载客量交通车道（HOV）使用权（或称为拼车道使用权）。白色的清洁空气车贴可以不限制数量的提供给合格的压缩天然气汽车（CNG）、氢燃料汽车和电动车。绿色的清洁空气车贴仅提供给优先申请的40000名购买或者租赁合格PHEV的申请者。这两种车贴的使用期限均为

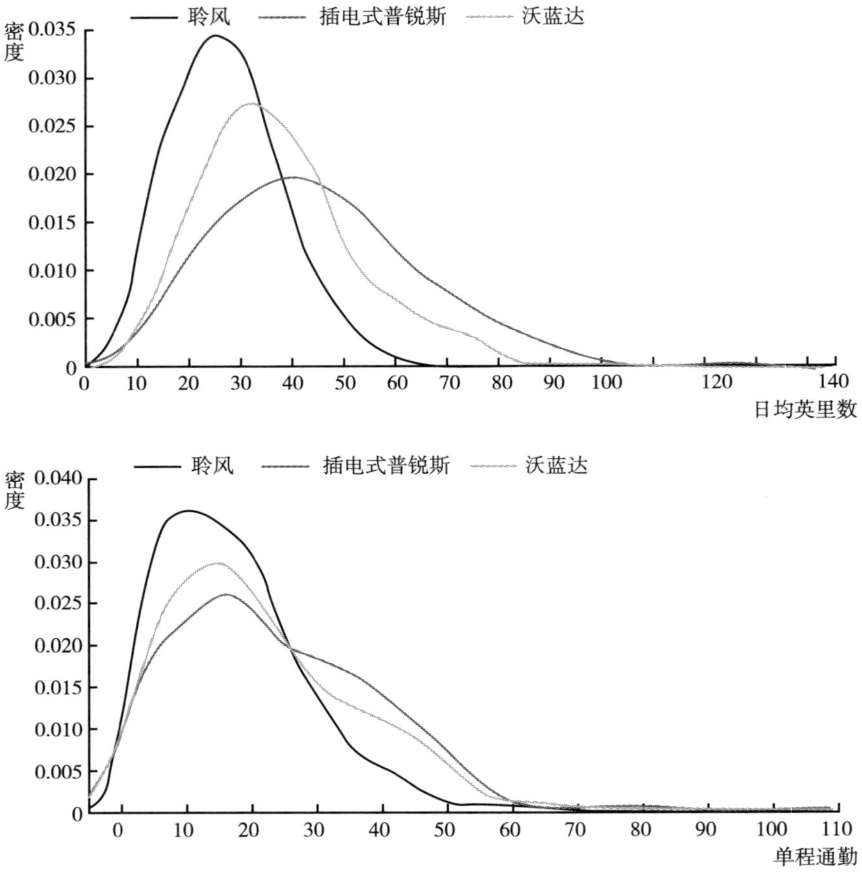

图6　日均英里数与通勤距离

2015 年 1 月 1 日为止。这些车辆同时也可免除高载客量收费（HOT）车道的收费，除非联邦法禁止。

调查显示，美国加州不同类型的新能源汽车获得“加州机动车清洁空气汽车标签”的比例不同。PHEV 车型获得的标签最多，其中普锐斯为 95%，沃蓝达为 89%。BEV 最高的是 Leaf，为 79%。在测试区域影响时，发现在所有车辆中人口密集的旧金山湾地区和洛杉矶的标签占有率较高，同时也拥有较高的 PHEV 占有率。调查说明，普锐斯插电混合动力车的车主把能够得到 HOV 使用权作为买车的主要动机（见图 7）。

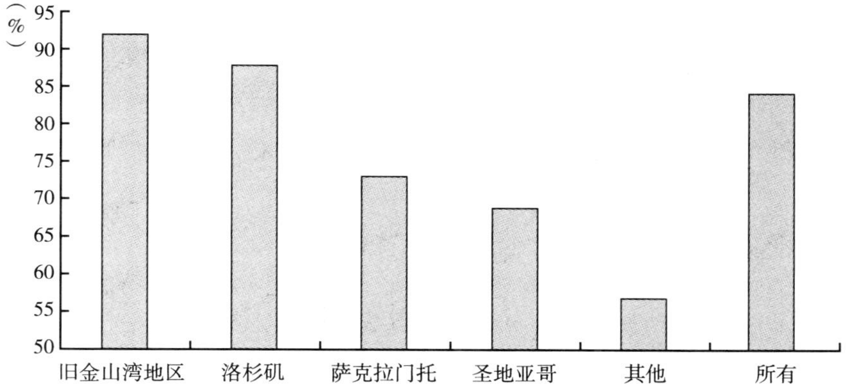

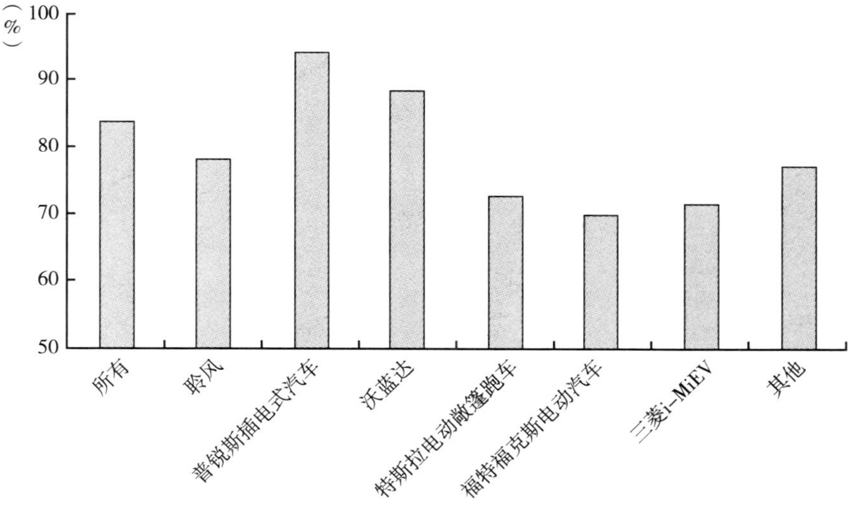

图 7　有 HOV 标签的 PEV 车辆

四　充电设施对新能源汽车的影响调查

1. 充电设施建设费用与新能源车辆购买的关系

调查显示，家庭安装二级[①]充电设备的成本可能会成为许多潜在买主的障

① 美国家庭电源电压 110V，称为一级充电设备，加上 200V 以上的充电设备，称为二级充电设备。

碍，但这也可能是已拥有 PEV 的家庭购买第二辆 PEV 的原因。BEV 家庭安装充电设施（EVSE）的数量要超出 PHEV 家庭，拥有大容量电池车辆的家庭要超出拥有小容量电池车辆的家庭。预计到 2015 年左右，已在家安装充电设施的租赁者有可能会成为第一批用新 PEV 代替其原有 PEV 的群体（见图 8）。

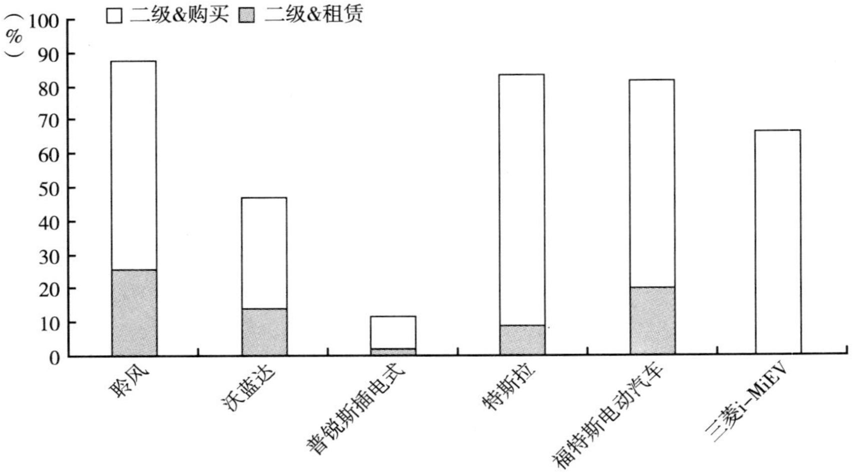

图 8 不同类型 HEV 用户购买和租赁二级充电设备比例

2. 工作场所免费充电优缺点调查

（1）工作场所免费充电优点较多，大多数受访者的工作场所充电免费

目前工作场所 78% 的受访者称充电是免费的。工作场所免费充电的优点，主要有：增加新能源汽车的潜在销量；简化充电设备在工作场所的安装和程序设定；避免收费的行政管理问题；避免对雇主产生小气的印象；为员工提供工作场所福利。

（2）工作场所免费充电的缺点是导致充电阻塞

调查表明，工作场所充电器经常存在堵塞，38% 被调查者称，充电机至少每周有一天堵塞。另外，如果充电免费，用户将从家庭转移到工作场所充电，不管在工作场所是否有充电的需要。这种情况导致免费充电使得充电器被那些不需要充电的车辆占用，而使那些确实需要充电的车辆无法使用。

在工作场所充电实施收费，将使充电设备利用率明显下降。如图 9、图 10、图 11 显示，对插电式普锐斯、Volt 用户的调查表明，如果工作场所充电免费，80%的用户每周插入充电4次或以上，而如果价格是家庭用电的2倍，则只有13%的用户以相同的频率在工作场所充电。另外，这项调查也显示了不同类型新能源汽车用户对充电价格的敏感度，如果工作场所充电价格是家庭充电价格的2倍，在工作场所充电次数将显著减少，其中有Volt和Prius插电式汽车的人群有60%左右不会在工作场所充电，但是，日产Leaf驾驶员因为电池大且有里程忧虑，偶尔支付充电费的意愿更高。

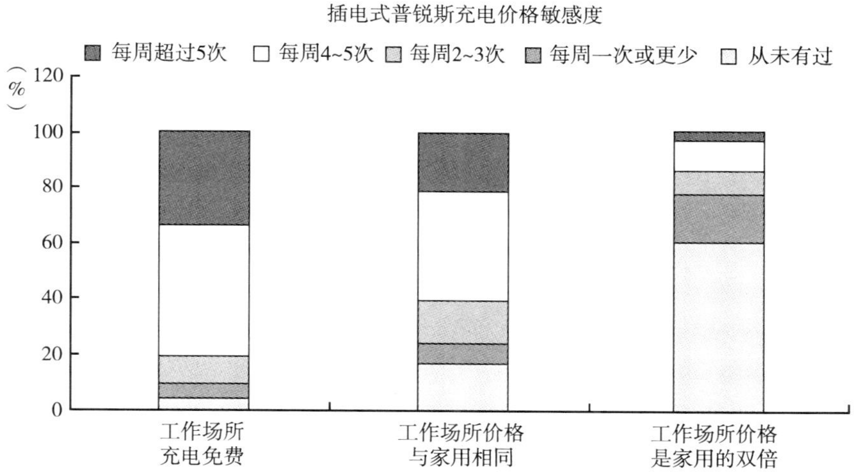

图9 不同定价模式下插电式普锐斯在工作场所充电次数

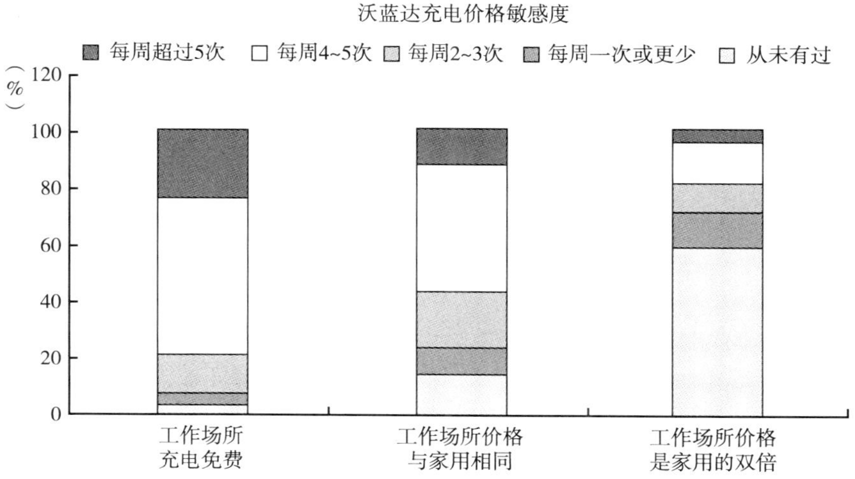

图10 不同定价模式下Volt在工作场所充电次数

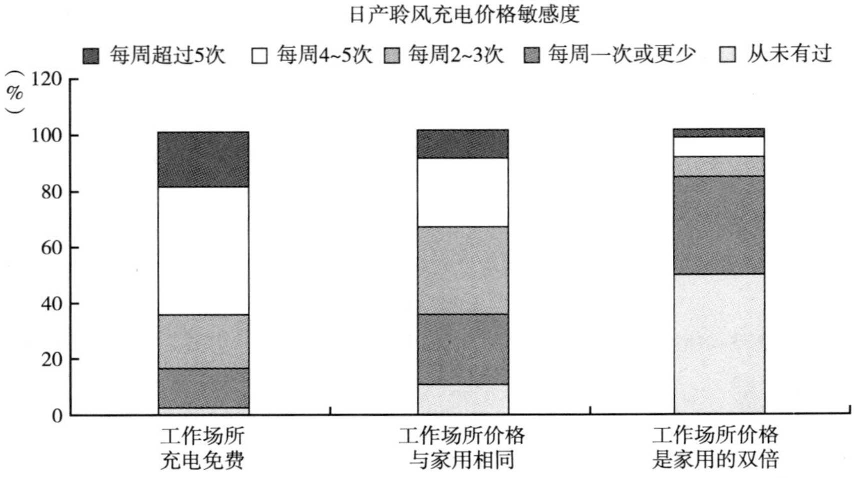

图 11　在不同定价模式下 Leaf 在工作场所的充电次数

五　总结及对中国的启示

美国消费者在新能源购买、使用及充电等方面的特征以及对我国的启示如下。

(1) 从消费者家庭特征看，新能源汽车在加州更容易得到高收入、高教育水平家庭的青睐。加州新能源汽车购买群体与传统汽车购买群体存在差异：一是从家庭收入看，ICE、HEV 和 PEV 购买家庭的收入存在较大差异。购买 PEV 的家庭收入普遍较高，而且 PEV 家庭购买的车辆多于一般家庭。二是从购买群体来看，受教育水平越高，购买 PEV 车辆和 HEV 的可能性越大。PEV 和 HEV 的所有者主要集中在具有学士学位或本科及以上学历。HEV 所有者的受教育程度与 PEV 所有者的受教育水平类似，二者的受教育水平普遍高于 ICE 所有者的教育水平。三是从住宅情况看，美国大多数家庭拥有独立式住宅，而大多数新能源汽车购买者也是拥有独立式住宅的用户。虽然单套公寓或公寓套间住户也有购买新能源汽车的消费者，但是购买比例很小，其中单套公寓或公寓套间居民购买插电式混合动力汽车的比例要高于购买纯电动汽车的比例。可见，在新能源汽车购置、使用等综合成本大幅高于传统内燃机汽车的情况下，我国新能源汽车的私人推广应以高收入、高学历用户群为重点。

（2）从消费行为来看，原有的 HEV 用户或者替代燃料汽车用户将成为新能源汽车消费的重要群体，而且租赁用车将成为新能源汽车消费的重要组成部分。一是很多 PEV 用户是由 HEV 用户或者替代燃料汽车用户转化过来的，并且目前在许多 BEV 家庭中，HEV 仍作为家庭第二辆车。另外，在美国加州，部分家庭拥有多辆 PEV 车型。二是租赁使用是新能源汽车消费的重要组成部分。如 2012 年 2 月之后获得的 3800 辆 PEV 所有人中有 71% 购车，有 29% 租车。Volt 所占租赁比率最高，为 38%，Leaf 租赁比率为 31%，普锐斯插电式汽车租赁比率为 18%。

非插电式混合动力汽车车主、新能源汽车租赁者都是潜在的新能源汽车消费用户，我国汽车企业也要重视新能源汽车租赁，这既能直接推动新能源汽车使用，也能积极培育潜在的新能源汽车消费者。此外，加州购买新能源汽车的家庭所购买的车辆多于一般家庭，一些 PEV 购买者将 PEV 作为家庭补充车辆使用，这也告诉我们，新能源汽车的推广应以有车家庭的第二辆车为主，而不应在政策制定时将拥有传统燃油汽车的车主排除在外。

（3）从车辆用途来看，新能源汽车主要用于上下班通勤，但是在非上下班期间，也存在大量使用新能源汽车的现象。有超过 80% 的家庭将 PEV 用作上下班通勤，其中，利用纯电动车辆进行上下班通勤的比例要低于利用 PHEV 上下班通勤的比例。上下班距离与日均行驶里程之间的关系相对较低（R2 = 0.28），这意味着非上下班期间也大量使用 PEV。

对我国新能源汽车企业来说，其生产的新能源汽车产品应先以满足上下班通勤为主，同时，也要兼顾其他出行需求。即使是作为家庭第二辆车，也不要认为车主仅将新能源汽车作为一种用途的车来使用。

（4）与纯电动汽车相比，插电式混合动力汽车具有相对较高的行驶里程，对充电设施的依赖较小，可能更容易满足用户需要。不同类型车辆日均行驶里程存在差异，纯电动汽车更容易面临“里程焦虑”问题。加州 PEV 车主实际使用中，插电式混合动力汽车（PHEV）行驶里程超过纯电动汽车（BEV），而插电式混合动力汽车对工作场所的免费充电依赖更少。这也说明，推广纯电动汽车必须做好家庭、工作场所、社会等充电设施的建设。同时，为防止出现为得到多种好处才购买 PHEV 车而不充电的现象，要保证 PHEV 车的电池足够大而发动机又很小、车上仪表可监督车辆充电的次数和充电量、消费者在家里或工作单位可以充电。

（5）新能源汽车用户使用高载客量交通车道（HOV）比例较高，这也反映出高载客量交通车道是推动新能源汽车消费的一个有效措施。我国北京、上海、广州、天津、杭州等限行城市应尽快实施新能源汽车免限行的措施，甚至给予新能源汽车上公交车道的权利，这对新能源汽车的推广可能产生重要的激励效果。

（6）充电设施建设费用及充电费用对新能源汽车的购买和使用有较大影响。

首先在家庭安装充电设施的费用可能会阻碍潜在买主购买新能源汽车，但是如果家庭已经安装了充电设施，也可能促进部分家庭购买第二辆新能源汽车，而拥有纯电动汽车的用户在家庭安装充电设施的积极性更高。

其次在新能源汽车推广初期，工作场所充电免费能促进新能源汽车销售，尤其是对纯电动汽车，所以工作场所免费充电非常必要。但长期来看，工作场所充电完全免费会导致充电设备被那些充电需求不迫切的车辆（如 PHEV）占用，而使需要充电的车辆无法使用，造成充电设施使用效率变低。因此，工作场所免费充电应首先满足纯电动汽车的充电需求（而不是 PHEV）。

总之，虽然中美两国在消费文化上存在很大差异，但是通过总结美国加州新能源汽车消费群体的相关调查结论，对我国新能源汽车产品开发和政策制定仍有一定的借鉴意义。一是教育水平较高的中等及以上的较高收入群体是新能源汽车购买和使用的最重要消费群体，在政策制定上应重点考虑这部分群体的消费需求。二是我国城市居民高层住宅特征将极大影响新能源汽车消费，政策上应专门考虑解决这一部分群体用户的充电设施建设问题。三是租赁将成为新能源汽车消费的重要组成部分，要注重培育和开拓新能源汽车租赁市场。四是较好的交通通行便利将有效促进新能源汽车消费，建议我国在新能源汽车通行、停车等方面出台有效的支持措施。五是要科学研究充电设施的建设和充电收费政策，在新能源汽车推广初期，家庭、工作场所充电设施建设非常有必要，并建议在工作场所提供免费充电。随着新能源汽车保有量增加，可对插电式混合动力汽车收取一定的充电费用，以提高充电设施使用效率。

附　录

Appendix

B.19

附录一：中国新能源汽车大事记（2013）

2013 年 1 月 1 日　国务院印发的《能源发展“十二五”规划》提出，加强供能基础设施建设，为新能源汽车产业化发展提供必要的条件和支撑；到 2015 年，形成 50 万辆电动汽车充电基础设施体系。

2013 年 1 月 30 日　天津市发展和改革委员会印发的《天津市节能与新能源汽车示范推广及产业发展规划（2013～2020 年）》提出，到 2015 年、2020 年，天津各类节能与新能源汽车保有量达 3.5 万辆和 7.2 万辆。

2013 年 1 月 30 日　郑州市人民政府印发《郑州市新能源汽车示范带动和产业发展行动计划（2013～2015 年）》，提出了促进新能源汽车产业做大做强的思路、方向和目标。

2013 年 2 月 20 日　广东省发展改革委印发的《广东省新能源汽车产业发展规划（2013～2020 年）》提出，到 2015 年新能源汽车综合生产能力达 20 万辆以上、累计产销量力争达 5 万辆，到 2020 年广东成为产业规模、创新能力和品牌影响均达到国际前列的新能源汽车产业基地。

2013 年 3 月 29 日 上海市人民政府办公厅转发《上海市鼓励电动汽车充换电设施发展暂行办法》，提出了支持方式、标准和措施。

2013 年 4 月 21 ~ 29 日 由中国汽车工业协会、中国国际贸易促进委员会、中国贸促会汽车行业分会主办的第十五届上海国际汽车工业展览会隆重举行，中外车企展出十多款新能源汽车。

2013 年 5 月 6 日 陕西省人民政府印发《关于贯彻落实国务院节能与新能源汽车产业发展规划的实施意见》，提出了发展任务和保障措施。

2013 年 5 月 30 日 2013 年电动汽车国际示范城市与产业发展论坛在上海举行，旨在分享中国（上海）电动汽车国际示范城市（EVZONE）实践探索的成果，交流电动汽车倡议（EVI）成员国示范推广电动汽车的经验，推动新能源产业经济更好更快发展。

2013 年 6 月 26 日 广州市人民政府办公厅印发《广州市中小客车总量调控管理办法》，明确单位和个人需要办理新能源车车辆登记的可以直接申领其他指标。

2013 年 8 月 1 日 国务院发布的《国务院关于加快发展节能环保产业的意见》提出，在北京、上海、广州等城市扩大公共服务领域新能源汽车示范推广范围，每年新增或更新的公交车中新能源汽车的比例达 60% 以上，开展私人购买新能源汽车和新能源出租车、物流车补贴试点；抓紧研究制定政府机关及公共机构购买新能源汽车的实施方案。

2013 年 9 月 7 日 由中国汽车技术研究中心与日产（中国）投资有限公司、东风汽车有限公司组织编撰，社会科学文献出版社出版的首部“新能源汽车蓝皮书”，即《中国新能源汽车产业发展报告（2013）》在天津隆重发布。

2013 年 9 月 12 日 国务院印发的《大气污染防治行动计划》提出，大力推广新能源汽车，公交、环卫等行业和政府机关要率先使用新能源汽车，采取直接上牌、财政补贴等措施鼓励个人购买；北京、上海、广州等城市每年新增或更新的公交车中新能源和清洁燃料车的比例达到 60% 以上。

2013 年 9 月 13 日 财政部、科技部、工信部、工业和信息化部、发展改革委联合发布了《关于继续开展新能源汽车推广应用工作的通知》，正式启动了新一轮的新能源汽车推广应用工作。

2013年10月8日 北京市发布《北京市2013～2017年机动车排放污染控制工作方案》，在任务分解表中提出，2014年起北京小汽车摇号指标将从目前每年24万个减少至15万个，其中新能源车的配比率将逐年递增，2014年到2017年分别为2万个、3万个、6万个和6万个。

2013年10月24～25日 由中国汽车技术研究中心、电动汽车科技发展“十二五”重点专项总体组等单位共同主办的“2013电动汽车科技创新国际论坛（EVTIF 2013）”在北京成功举办。论坛以“从示范运行走向商业市场”为主题，来自国内和美国、德国、日本等国家的逾500名代表就电动汽车从示范运行到市场化过程在关键技术、市场环境、政策措施、运营模式等方面内容进行了深入的交流和探讨。

2013年11月21日 上汽荣威550插电式混合动力车在广州车展上正式上市，售价为24.88万元～25.98万元。

2013年11月26日 财政部、科技部、工信部、国家发改委公布了第一批28个新能源汽车推广应用城市或区域名单，有北京市、天津市、太原市、晋城市、大连市、上海市、宁波市、合肥市、芜湖市、青岛市、郑州市、新乡市、武汉市、襄阳市、长株潭地区、广州市、深圳市、海口市、成都市、重庆市、昆明市、西安市、兰州市；河北省城市群、浙江省城市群、福建省城市群、江西省城市群、广东省城市群。

2013年11月28日 北京市交通委员会等14个单位联合发布《〈北京市小客车数量调控暂行规定〉实施细则（2013年修订）》，明确了示范应用新能源小客车指标管理办法，示范应用新能源小客车指标单独配置。

2013年12月13日 东风日产与广州市花都区政府举行了电动车示范运营交车仪式，东风日产正式向广州市花都区交付120辆启辰晨风纯电动汽车。

2013年12月17日 比亚迪·秦双模混动新能源轿车在北京正式上市，售价为18.98万元～20.98万元。

2013年12月20日 “新能源汽车商业化推广模式座谈会”在北京召开，万钢部长在讲话中指出，新能源汽车规模化发展要发挥市场配置资源的决定性作用，探索新型商业模式是实现新能源汽车规模化发展的重要途径。

B.20

附录二：世界新能源汽车大事记（2013）

2013 年 1 月 24 日 丰田汽车公司与宝马汽车集团为了实现可持续发展的汽车愿景，构筑长期战略性合作关系，签署了关于“共同开发燃料电池系统”、“共同开发运动车型”、“共同研究开发轻量化技术”的合作协议。

2013 年 1 月 28 日 戴姆勒宣布同福特、雷诺－日产结成战略合作关系，共同加快燃料电池汽车技术的商业化。

2013 年 1 月 31 日 万向集团以 2.57 亿美元成功收购了美国 A123 电池公司。

2013 年 2 月 美国能源部公开承认，美国 2015 年前部署 100 万辆电动汽车的目标无法实现。

2013 年 3 月 美国能源部宣布停止发放“Advanced Technology Vehicles Manufacturing Loan Program，ATVM”项目余下的 166 亿美元电动车低息贷款，“ATVM”项目预算达 250 亿美元。

2013 年 3 月 奥巴马宣布，美国政府计划未来 10 年总计拨款 20 亿美元用于新能源车开发，以降低对化石燃料的依赖。

2013 年 5 月 27 日 德国总理默克尔重申德国在 2020 年累计销售 100 万辆电动汽车的计划不变。

2013 年 5 月 美国电动车制造商 Coda 宣布申请破产，转而专注于能量存储。

2013 年 7 月 2 日 日本本田汽车公司和美国通用汽车公司确立在环境技术领域开展合作，双方将在电池核心技术方面合作。

2013 年 9 月 通用电气宣布正同劳伦斯伯克利国家实验室合作开发一种液态电池，该电池成本仅为现有电池的 1/4，但有望使电动汽车里程增加两倍。

2013 年 9 月　美国伊利诺理工大学和阿贡实验室宣布，已获美国能源部 340 万美元的研发资金，用于开发电动汽车动力电池，实现单次充电续驶里程为 800 ~ 1600km。

2013 年 10 月　英国启动首个电动汽车共享服务项目“E - CAR 俱乐部”，为企业集团客户和当地社区服务。

2013 年 10 月 24 日　美国纽约、加州、麻省等八个州的州长一起宣布，将在 2025 年达 330 万辆“零排放”汽车保有量，来借此改变温室效应、空气污染等方面存在的问题。

2013 年 11 月　美国 SAE 确定电动汽车无线充电输出功率和频带指标。

2013 年 11 月 18 ~ 20 日　第 27 届世界电动车大会（EVS27）在西班牙巴塞罗那举行。

B.21

附录三：主要国家及企业新能源汽车销量数据

表 1　2011～2013 年主要国家近年新能源汽车销量数据

单位：辆

国家	2011			2012			2013		
	纯电动	插电式	合计	纯电动	插电式	合计	纯电动	插电式	合计
美国	10144	7671	17815	14592	38585	53177	47589	49043	96632
日本	13449	0	13449	15943	7241	23184	16661	14122	30783
中国	5576	613	6189	11375	1416	12791	14604	3038	17642
法国	4012	36	4048	9215	225	9440	8260	85	8345
挪威	2000	0	2000	3945	165	4110	7207	89	7296
荷兰	520	14	534	611	3142	3753	2559	3000	5559
英国	930	0	930	1167	522	1689	2464	819	3283
德国	1800	241	2041	2976	863	3839	2846	360	3206
加拿大	193	275	468	436	1288	1724	638	1143	1781
瑞典	0	0	0	264	681	945	442	1105	1547
瑞士	395	41	436	342	395	737	987	166	1153
西班牙	426	8	434	614	49	663	882	73	955
意大利	296	0	296	517	100	617	826	26	852
韩国	0	0	0	548	—	548	715	—	715
丹麦	364	2	366	289	21	310	489	7	496
比利时	175	11	186	355	210	565	413	34	447

续表

国家	2011			2012			2013		
	纯电动	插电式	合计	纯电动	插电式	合计	纯电动	插电式	合计
澳大利亚	49	0	49	172	80	252	188	101	289
葡 萄 牙	176	0	176	35	17	52	114	7	121
合 计	40505	8912	49417	63396	55000	118396	107884	73218	181102

资料来源：国际知名数据调查机构。

表 2 2013 年主要企业新能源汽车销量数据

单位：辆

企业/集团	纯电动汽车	插电式混合动力汽车	合计	主要新能源车型
日产	47742	—	47742	Leaf、Venucia
通用	648	28197	28845	Volt、Ampera、Spark EV 等
特斯拉	22370	—	22370	Model S、Roadster
丰田	1099	17688	18787	Prius PHEV、RAV4 EV、eQ 等
三菱	5581	9704	15285	i – MiEV、Minicab – MiEV、Outlander 等
福特	1749	13243	14992	Focus Electric、Fusion Energi、C – MAX Energi 等
比亚迪	1556	1147	2703	e6、F3DM、秦等
宝马	1405	—	1405	i3 等
本田	662	588	1250	Fit EV、Accord Plug – in 等
标致雪铁龙	1181	—	1181	C – ZERO、iOn 等
戴姆勒	1156	—	1156	Smart、A 级、B 级等
现代起亚	277	—	277	Ray 等
大众	70	102	172	up!、Panamera 等

资料来源：国际知名数据调查机构，其中日产全球销量数据由日产（中国）投资有限公司提供。

B.22

附录四：国内已上市新能源乘用车车型信息

车型	生产企业	动力类型	长*宽*高（mm）	轴距（mm）	整备质量（kg）	电池容量（kW·h）	最高时速（km/h）	综合工况纯电续驶里程(km)	电池质保年限	市场指导价（万元）	国家补贴（万元）
和悦 iEV	安徽江淮汽车股份有限公司	纯电动	4190*1650*1445	2400	1200	19.2	95	160	5年或10万km	16.98	4.75
荣威 E50	上海汽车集团股份有限公司	纯电动	3569*1551*1540	2305	1080	18	120	120	5年或10万km	23.49	3.325
赛欧 SPRINGO	上海通用汽车有限公司	纯电动	3947*1690*1503	2465	1385	21.4	130	130	5年或10万km	25.8	3.325
E150EV	北京汽车股份有限公司	纯电动	3998*1720*1503	2500	1370	24.4	125	—	5年或10万km	22.08~23.08	—
绅宝 EV (C70GB)	北京汽车股份有限公司	纯电动	4861*1820*1462	2755	1760	—	130	130	—	35.48	4.75
e6	比亚迪汽车工业有限公司	纯电动	4560*1822*1630	2830	2360	61.4	140	300	终身保修	30.98~36.98	5.7
M1 EV	奇瑞汽车股份有限公司	纯电动	3601*1587*1527	2330	1060	16.2	120	100	5年或10万km	16.98	3.325

续表

车型	生产企业	动力类型	长 * 宽 * 高（mm）	轴距（mm）	整备质量（kg）	电池容量（kW·h）	最高时速（km/h）	综合工况纯电续驶里程(km)	电池质保年限	市场指导价（万元）	国家补贴（万元）
荣威 550 plug - in	上海汽车集团股份有限公司	插电式混合动力	4648 * 1827 * 1479	2705	1699	11. 8	200	56	5 年或 10 万 km	24. 88 ~ 25. 98	3. 325
腾势	比亚迪汽车工业有限公司	纯电动	4642 * 1850 * 1642	2880	2090	47. 5	150	253	5 年或 10 万 km	36. 9 ~ 39. 9	5. 7
秦	比亚迪汽车工业有限公司	插电式混合动力	4740 * 1770 * 1480	2670	1720	13	185	70	终身保修	18. 98 ~ 20. 98	3. 325
之诺(ZINORO) 1E	华晨宝马汽车有限公司	纯电动	4503 * 1798 * 1564	2760	1970	24	130	150	—	短租 400 元/日，长租 7400 元/月	—
沃蓝达(Volt)	General Motors Corporation	增程式混合动力	4498 * 1787 * 1439	2685	1700	16	160	64	6 年 15 万 km	49. 98	—
Model S	Tesla Motors	纯电动	4978 * 2189 * 1435	2959	2100	60 ~ 85	190 ~ 210	390 ~ 502	8 年 20 万 km(85kW·h 版不限里程)	64. 8 ~ 85. 25	—

资料来源：根据公开数据整理。

中国皮书网

www.pishu.cn

发布皮书研创资讯，传播皮书精彩内容
引领皮书出版潮流，打造皮书服务平台

栏目设置：

- ☐ 资讯：皮书动态、皮书观点、皮书数据、 皮书报道、皮书新书发布会、电子期刊
- ☐ 标准：皮书评价、皮书研究、皮书规范、皮书专家、编撰团队
- ☐ 服务：最新皮书、皮书书目、重点推荐、在线购书
- ☐ 链接：皮书数据库、皮书博客、皮书微博、出版社首页、在线书城
- ☐ 搜索：资讯、图书、研究动态
- ☐ 互动：皮书论坛

中国皮书网依托皮书系列“权威、前沿、原创”的优质内容资源，通过文字、图片、音频、视频等多种元素，在皮书研创者、使用者之间搭建了一个成果展示、资源共享的互动平台。

自2005年12月正式上线以来，中国皮书网的IP访问量、PV浏览量与日俱增，受到海内外研究者、公务人员、商务人士以及专业读者的广泛关注。

2008年、2011年中国皮书网均在全国新闻出版业网站荣誉评选中获得“最具商业价值网站”称号。

2012年，中国皮书网在全国新闻出版业网站系列荣誉评选中获得“出版业网站百强”称号。

权威报告　热点资讯　海量资源

当代中国与世界发展的高端智库平台

皮书数据库　www.pishu.com.cn

皮书数据库是专业的人文社会科学综合学术资源总库，以大型连续性图书——皮书系列为基础，整合国内外相关资讯构建而成。该数据库包含七大子库，涵盖两百多个主题，囊括了近十几年间中国与世界经济社会发展报告，覆盖经济、社会、政治、文化、教育、国际问题等多个领域。

皮书数据库以篇章为基本单位，方便用户对皮书内容的阅读需求。用户可进行全文检索，也可对文献题目、内容提要、作者名称、作者单位、关键字等基本信息进行检索，还可对检索到的篇章再作二次筛选，进行在线阅读或下载阅读。智能多维度导航，可使用户根据自己熟知的分类标准进行分类导航筛选，使查找和检索更高效、便捷。

权威的研究报告、独特的调研数据、前沿的热点资讯，皮书数据库已发展成为国内最具影响力的关于中国与世界现实问题研究的成果库和资讯库。

皮书俱乐部会员服务指南

1. 谁能成为皮书俱乐部成员？

- 皮书作者自动成为俱乐部会员
- 购买了皮书产品（纸质皮书、电子书）的个人用户

2. 会员可以享受的增值服务

- 加入皮书俱乐部，免费获赠该纸质图书的电子书
- 免费获赠皮书数据库100元充值卡
- 免费定期获赠皮书电子期刊
- 优先参与各类皮书学术活动
- 优先享受皮书产品的最新优惠

3. 如何享受增值服务？

（1）加入皮书俱乐部，获赠该书的电子书

第1步 登录我社官网（www.ssap.com.cn），注册账号；

第2步 登录并进入“会员中心”—“皮书俱乐部”，提交加入皮书俱乐部申请；

第3步 审核通过后，自动进入俱乐部服务环节，填写相关购书信息即可自动兑换相应电子书。

（2）免费获赠皮书数据库100元充值卡

100元充值卡只能在皮书数据库中充值和使用

第1步 刮开附赠充值的涂层（左下）；

第2步 登录皮书数据库网站（www.pishu.com.cn），注册账号；

第3步 登录并进入“会员中心”—“在线充值”—“充值卡充值”，充值成功后即可使用。

4. 声明

解释权归社会科学文献出版社所有

皮书俱乐部会员可享受社会科学文献出版社其他相关免费增值服务，有任何疑问，均可与我们联系

联系电话：010-59367227　企业QQ：800045692　邮箱：pishuclub@ssap.cn

欢迎登录社会科学文献出版社官网（www.ssap.com.cn）和中国皮书网（www.pishu.cn）了解更多信息

“皮书”起源于十七、十八世纪的英国，主要指官方或社会组织正式发表的重要文件或报告，多以“白皮书”命名。在中国，“皮书”这一概念被社会广泛接受，并被成功运作、发展成为一种全新的出版形态，则源于中国社会科学院社会科学文献出版社。

皮书是对中国与世界发展状况和热点问题进行年度监测，以专业的角度、专家的视野和实证研究方法，针对某一领域或区域现状与发展态势展开分析和预测，具备权威性、前沿性、原创性、实证性、时效性等特点的连续性公开出版物，由一系列权威研究报告组成。皮书系列是社会科学文献出版社编辑出版的蓝皮书、绿皮书、黄皮书等的统称。

皮书系列的作者以中国社会科学院、著名高校、地方社会科学院的研究人员为主，多为国内一流研究机构的权威专家学者，他们的看法和观点代表了学界对中国与世界的现实和未来最高水平的解读与分析。

自 20 世纪 90 年代末推出以《经济蓝皮书》为开端的皮书系列以来，社会科学文献出版社至今已累计出版皮书千余部，内容涵盖经济、社会、政法、文化传媒、行业、地方发展、国际形势等领域。皮书系列已成为社会科学文献出版社的著名图书品牌和中国社会科学院的知名学术品牌。

皮书系列在数字出版和国际出版方面成就斐然。皮书数据库被评为“2008~2009 年度数字出版知名品牌”;《经济蓝皮书》《社会蓝皮书》等十几种皮书每年还由国外知名学术出版机构出版英文版、俄文版、韩文版和日文版，面向全球发行。

2011 年，皮书系列正式列入“十二五”国家重点出版规划项目；2012 年，部分重点皮书列入中国社会科学院承担的国家哲学社会科学创新工程项目；2014 年，35 种院外皮书使用“中国社会科学院创新工程学术出版项目”标识。

法律声明